JN002983

第**4**版

判断推理・資料解釈

Logical inferences & Handling data

TAC出版編集部編

テキスト 📖

TAC出版

TAC PUBLISHING Group

はじめに

　地方初級・国家一般職(高卒者)試験は，各試験によって多少の違いはあるものの，おおむね高校卒業～20代前半の人を対象として行われ，難易度は高校卒業程度とされています。近年は少子化や「全入時代」ともいわれる大学進学率の増加によって受験者数は減少していますが，公務員制度改革や財政難などの理由で採用予定者数も減少しており，国家系の試験で最終合格率は10％程度，地方系だとそれ以下という難関試験であることにかわりはありません。

　この試験は，主要5科目＋公務員試験独特の科目が出題されるため，付け焼き刃の勉強で太刀打ちできるものではありません。その一方で，「何から手をつければよいのか分からない」，「問題集を購入したが最初からつまずいてしまい，勉強するのが嫌になった」などの声もよく聞きます。

　公務員試験に限ったことではありませんが，勉強において最も重要なのは，「基礎力を身につける」ことです。基礎を理解せずに勉強を進めても高い学力は身につきませんし，分からない部分が出てきたときに「どこでつまずいているのか？」を自分自身で判別することができません。

　本シリーズは，基礎学力の向上を目的として，地方初級・国家一般職(高卒者)試験に挑む方々のために作られました。まず，各科目を分野別に分け，そこで覚えてほしいことや基本的な解き方を示すことで基礎的な知識を身につけ，代表的な問題を解くことで理解を深めていくという形で構成されています。迷ったときや分からなくなってしまったときは，解説部分をもう一度見直してみてください。何らかの道しるべとなるはずです。

　皆さんと私たちの望みは1つです。

　「憧れの公務員になること」

　この本を手にした皆さんが，念願の職に就けることを心から願っております。

2024年1月　ＴＡＣ出版編集部

本シリーズの特長

① 科目別の６分冊

地方初級・国家一般職(高卒者)の教養試験で問われる学習範囲を，分野ごとに編集し，「数学・数的推理」「判断推理・資料解釈」「国語・文章理解」「社会科学」「人文科学」「自然科学」の６冊にまとめました。

※国家公務員試験は，平成24年度から新試験制度により実施されています。新試験制度では，「数的推理」は「数的処理」に，「判断推理」「空間把握」は「課題処理」に，それぞれ名称が変更されています。しかしながら，これはあくまで名称上の変更にすぎず（名称は変更となっていますが，試験内容には変更はありません），本シリーズでは受験生の方が理解しやすいように，これまでどおりの科目名で取り扱っています。

② 基礎的な分野から段階を追った学習が可能です。

各テーマの記述は，まず，基礎的な解説，ぜひ覚えたい事項の整理からスタートします。ここでしっかり解き方や知識のインプットを行いましょう。続いて，演習問題を掲載しています。学んだ解き方や知識のアウトプットを行いましょう。演習問題は，比較的やさしい問題から少し応用的な問題までが含まれていますので，本試験へ向けた問題演習をしっかり行うことができます。

●ＴＡＣ出版では，国家一般職(高卒者)試験の対策として，以下の書籍を刊行しております。本シリーズとあわせてご活用いただければ，より合格が確実なものとなることでしょう。

『ポイントマスター』(全６冊)
〜本試験問題も含め，もっと多くの問題を解いて学習を進めたい方に

『適性試験のトレーニング』
〜適性試験対策にも力を入れたいという方に

本書のアイコンについて

⬦ **解法のポイント**　　各章で取り扱う内容のうち，しっかりと理解して欲しい点を示しています。繰り返し読んで，確実に身につけましょう。

❗ **注意点**　　問題を解く際に注意すべき点を説明しています。ここを押さえれば，自信を持って例題にチャレンジできるはずです。

◈ **参考**　　例題としてとりあげた問題について，参考となる情報を補足として付しています。

判断推理の出題状況

■国家一般職（高卒者）

例年7題出題で，うち2題は空間把握。集合と論理，対応関係，位置関係，順位関係が頻出。最近は時間や手順の問題も出題されている。空間把握は平面系1題，立体系1題が多く，軌跡，折り紙の切り取り，正多面体の展開図，立体の切り口，立体構成など。

■地方初級

| 全 国 型 | 例年6〜8題程度出題，うち3〜4題が空間把握。基本的には国会一般職（高卒者）の出題傾向と同じく，論理，対応関係，位置関係，順位関係，平面，展開図，立体構成等が頻出。 |

| 東京23区 | 例年9題前後出題。基本的には国会一般職（高卒者）の出題傾向と同じだが，他試験種に比べ暗号問題の出題率が高い。 |

＜対策について＞

頻出問題の基礎的解法を確実にマスターする。例えば，集合と論理なら記号化と対偶。対応関係は文章で与えられた条件を表にする。位置や順位は図式化など，基本を頭に入れたうえで様々なバリエーションの問題を自分なりに工夫しながら解くことで，実力を身につけていく。

空間把握は，最初なかなかイメージをつかめない場合も多いので，実際に紙などを使って立体を作成し，展開したり切断したりすることで問題に慣れていく，というような方法も一考である。図形全般を平面上で表現する様々な方法を，演習を通して学習することが大切である。

いずれの場合も，クイズやパズル感覚で楽しみながら学習することである。

資料解釈の出題状況

■国家一般職（高卒者）

例年2題出題。表の問題が1題，グラフの問題が1題である。

■地方初級

| 全 国 型 | 例年2題出題。表の問題が1題，グラフの問題が1題である。 |

| 東京23区 | 例年4題出題。表の問題が1題，グラフの問題が1題で，少々複雑なグラフも見受けられる。 |

＜対策について＞

資料の構造，数字の全体における意味，比較する際の基準点，グラフが何を示しているのかなど，直感力と概略的な計算能力が必要である。

選択肢の文章から求めるべき数値を読み取り，短時間で正確に計算する力が求められる。日頃から新聞，ニュース等で用いられる表やグラフを見ることで，統計資料を読む訓練をしておくとよい。また，様々な形態の問題を解いていくことが肝要である。

「判断推理・資料解釈」 目次

第1編

判断推理

第1章 命題・論理

　命題を一般的に定義すると,「1つの判断を言語や式によって表したもの」といえる。また命題は,必ず正しいか正しくないかをはっきりと定めることができる。公務員試験における命題・論理系の問題は,やり方さえ理解してしまえば比較的容易に解答を導くことができるので,解き方をしっかりマスターしよう。

Q 例題①

　男子生徒**20**人を集めたところ,「帽子をかぶっていない者は,マフラーをしている」「帽子をかぶっている者は,眼鏡をかけていない」ことがわかった。これらのことから確実にいえることは,次のうちどれか。

① マフラーをしている男子生徒は,眼鏡をかけていない。
② マフラーをしている男子生徒は,帽子をかぶっていない。
③ マフラーをしていない男子生徒は,眼鏡をかけている。
④ 眼鏡をかけている男子生徒は,マフラーをしている。
⑤ 眼鏡をかけていない男子生徒は,帽子をかぶっている。

A 解答・解説

　上のように,「〜ならば〜である」というように定義されるものを**命題**という。この手の問題が出てきたときは,以下の方法に従って解いていく。

命題・論理系問題の基本　その1　「記号化」
① 「**A**ならば**B**である」というような命題を,「**A**→**B**」と記号化する。

　文章のままにしておいても,問題を解くことはできないので,簡単な形に記号化する。もちろん,自分さえわかればどのような形でもいいのだが,数学で命題を扱うときは「⇒」という記号を使うので,それにならって矢印を使うのがいいだろう。

② 「Aでない」という命題は，命題の上に線をつけて「$\overline{A}$」と表す。

　記号化するときに，「～ではない」というものが出てきたら，記号化した命題の上に「－」をつけて，否定を表す（以下，便宜的にこの線のことを「否定線」と呼ぶ）。

　これに従って，例題1を記号化してみると，
- $\overline{帽子}$　→　マフラー
- 帽子　→　$\overline{眼鏡}$

となる。

命題・論理系問題の基本　その2　「対偶をとる」

　「AならばBである」＝「A→B」で表したとする。これの前後を逆にしたもの（「B→A」：BならばAである）を**逆**，両方とも否定したもの（「$\overline{A}$→$\overline{B}$」：AでないならばBではない）を**裏**，前後を逆にして両方とも否定したもの（「$\overline{B}$→$\overline{A}$」：BでないならばAではない）を**対偶**という。

```
              逆
A→B ─────────────────────→ B→A
        前後をひっくり返す

        対偶：前後をひっくり返して両方否定
裏
両
方
否
定

↓
              ─→ $\overline{B}$→$\overline{A}$：成立する（必ず真）
$\overline{A}$→$\overline{B}$
```

このうち，逆・裏は必ず成立するとは限らないが，対偶は必ず成立する。

　そこで，命題を記号化したものの対偶をとる。

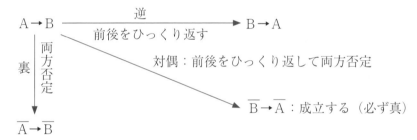

　例題①を使うと，上のようになる。

　ここで帽子と眼鏡の否定線を見ると，否定線が2本ついている。これを日本語に戻すと，「帽子をかぶっていないわけではない」「眼鏡をかけていないわけではない」となり，これは「帽子をかぶっている」「眼鏡をかけている」と同じことである。

　この否定線が2本ついたものを「**二重否定**」といい，これが出てきたら，**否定線を2本とも消さなければならない。**

結果，先ほどの対偶は，

- $\overline{マフラー}$ → 帽子
- 眼鏡 → $\overline{帽子}$

となる。

🛇 注意点

先ほども書いたが，対偶は必ず成立するが，逆・裏は成立するとは限らない。

例えば「人間は動物である」という命題の場合，逆は「動物は人間である」，裏は「人間でないならば動物ではない」となるが，犬や猫などの動物が存在するので，逆と裏は成立しない。

世の中には逆や裏が成立するものもあるのだが，**判断推理では，逆・裏は成立しないものとして**考える。対偶をとるときに，誤って逆や裏にしないようにしよう。

命題・論理系問題の基本　その3　「三段論法」

ここまで出てきた命題は，以下の4つである。

- $\overline{帽子}$ → マフラー
- 帽子 → $\overline{眼鏡}$
- $\overline{マフラー}$ → 帽子
- 眼鏡 → $\overline{帽子}$

これからもう一工夫すると，新たな命題を生み出すことができる。それが**三段論法**である。やり方は，「**頭とおしりが同じものをくっつける**」。

どういうことか，実際にやってみる。

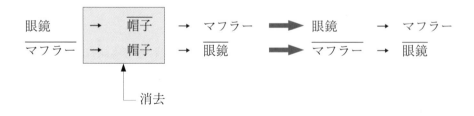

　以上の4つの命題で，頭とおしりが一緒なのは「眼鏡→$\overline{帽子}$」と「$\overline{帽子}$→マフラー」，「$\overline{マフラー}$→帽子」と「帽子→$\overline{眼鏡}$」である。これをくっつけたものが前ページの図の左側。こうした場合，「接着剤」になった部分（ここでは上が$\overline{帽子}$，下が帽子）は消去する，というルールがあるので，それに従って消去すると右側のようになる。こうして導かれた命題も成立する。これが三段論法である。

　この問題の場合はたまたま対偶になっている（眼鏡→マフラーと$\overline{マフラー}$→$\overline{眼鏡}$）が，**三段論法で導かれた命題も，対偶が成立する。**

❗ 注意点

　三段論法は，**頭とおしりが一緒の場合のみ**，くっつけることができる。「頭が一緒」や「おしりが一緒」では，くっつけることができない。三段論法の考え方は「しりとり」である。「すい㋕→㋕もめ→㋱ダル→……」は成立するが，「㋵いか→㋴るめ→㋱し」や「すい㋕→めだ㋕→イル㋕」は成立しない。それと同じである。

　これで，すべての命題が出た。では選択肢と見比べてみよう。

① マフラー　　→　$\overline{眼鏡}$　　……誤
② マフラー　　→　$\overline{帽子}$　　……誤
③ $\overline{マフラー}$　→　眼鏡　　……誤
④ 眼鏡　　　　→　マフラー　……正
⑤ $\overline{眼鏡}$　　　→　帽子　　……誤

例題①　**答　④**

☞ 解法のポイント

> 《命題・論理の解き方　基本》
> **(1)** 記号化する。
> **(2)** 対偶をとる。
> **(3)** 三段論法でくっつける。

Q 例題②

> 「スキーが好きでテニスが好きではない人は，バスケットが好きである」「スキーが好きか
> テニスが好きな人は，サーフィンが好きである」「ヨットが好きな人は，テニスが好きである」
> 以上のことがわかっているとき，正しくいえるものはどれか。
>
> ① ヨットが好きではない人は，バスケットが好きである。
> ② ヨットが好きな人は，サーフィンが好きである。
> ③ サーフィンが好きではない人は，バスケットが好きである。
> ④ スキーが好きではない人は，ヨットが好きである。
> ⑤ バスケットが好きではない人は，ヨットが好きである。

A 解答・解説

やり方は同じなのだが，この問題では「スキーが好きでテニスが好きではない」や「スキーが好きかテニスが好き」というように，複数の条件が併記されている。この場合は以下のようにして解く。

命題・論理系問題の基本　その４　「and と or」

「スキーが好きでテニスが好きではない」というのは「スキーが好きで，なおかつテニスが好きではない」ということだ。この場合，「and」という言葉を使って２つのものをつなげる。例題②なら，

『スキー　and　$\overline{\text{テニス}}$　→　バスケット』 ‥‥‥ 命題(1)

一方，「スキーが好きかテニスが好き」は，「スキーが好き，もしくはテニスが好き」ということになる。この場合は，「or」という言葉で２つをつなげる。例題②なら，

『スキー　or　テニス　→　サーフィン』 ‥‥‥ 命題(2)

もう１つの命題は，『ヨット→テニス』（‥‥‥ 命題(3)）と書けるので，問題からわかる３つの真の命題が出そろった。

次に対偶をとるわけだが，『ヨット→テニス』の対偶は『$\overline{テニス}$→$\overline{ヨット}$』でいいとして，残った2つの命題の対偶を，今まで通りのやり方でとってみると，

- $\overline{バスケット}$ → $\overline{スキー}$ and $\overline{テニス}$
- $\overline{サーフィン}$ → $\overline{スキー}$ or $\overline{テニス}$

「二重否定」なので，否定線が2本とも消える

ここで問題になるのが，「and と or の否定形」だが，**and の否定形は「or」**，**or の否定形は「and」**になる。

したがって，以下のことが成立する。

「and」と「or」の対偶

- A and B → C ——— $\overline{C}$ → $\overline{A}$ or $\overline{B}$

対偶

- A or B → C ——— $\overline{C}$ → $\overline{A}$ and $\overline{B}$

これをふまえて，残った2つの命題の対偶をとると，

- $\overline{バスケット}$ → $\overline{スキー}$ or テニス ……命題(1)の対偶＝命題(1)′
- $\overline{サーフィン}$ → $\overline{スキー}$ and $\overline{テニス}$ ……命題(2)の対偶＝命題(2)′

これで真の6つの命題が出たことになる。

- スキー and $\overline{テニス}$ → バスケット ····命題(1)
- スキー or テニス → サーフィン ····命題(2)
- ヨット → テニス ·················命題(3)
- $\overline{バスケット}$ → $\overline{スキー}$ or テニス ····命題(1)′
- $\overline{サーフィン}$ → $\overline{スキー}$ and $\overline{テニス}$ ····命題(2)′
- $\overline{テニス}$ → $\overline{ヨット}$ ·················命題(3)′

頭とおしりに同じものがないので「三段論法」は使えないように思えるが，実は「and」と「or」を使った命題には，**『矢印前の「or」と矢印後の「and」は分割可』**という原則がある（9ページの「注意点」参照）。

例として，上から 2 番目の命題(2)「スキー or テニス→サーフィン」について見ていく。この場合，→の前に or があるので，この 2 つを分割して，**「スキー→サーフィン」**と**「テニス→サーフィン」の 2 つの命題が成立している**と考えてかまわない。また同様に，この命題の対偶「$\overline{\text{サーフィン}}$→$\overline{\text{スキー}}$ and $\overline{\text{テニス}}$」も，→の後に and があるので，「$\overline{\text{サーフィン}}$→$\overline{\text{スキー}}$」と「$\overline{\text{サーフィン}}$→$\overline{\text{テニス}}$」が両方とも成立している。

「and」と「or」の分割

- A or B → C ──────
  $\begin{cases} A \to C \\ B \to C \end{cases}$

- A → B and C ──────
  $\begin{cases} A \to B \\ A \to C \end{cases}$

よってこの 6 つの命題は，分割すると，

- スキー and $\overline{\text{テニス}}$ → バスケット ・・・・ 命題(1)
- スキー → サーフィン ・・・・・・・・・・・・・・・・・ 命題(2)− 1
- テニス → サーフィン ・・・・・・・・・・・・・・・・・ 命題(2)− 2
- ヨット → テニス ・・・・・・・・・・・・・・・・・・・・ 命題(3)
- $\overline{\text{バスケット}}$ → $\overline{\text{スキー}}$ or $\overline{\text{テニス}}$ ・・・・ 命題(1)′
- $\overline{\text{サーフィン}}$ → $\overline{\text{スキー}}$ ・・・・・・・・・・・・・・・・・ 命題(2)′− 1
- $\overline{\text{サーフィン}}$ → $\overline{\text{テニス}}$ ・・・・・・・・・・・・・・・・・ 命題(2)′− 2
- $\overline{\text{テニス}}$ → $\overline{\text{ヨット}}$ ・・・・・・・・・・・・・・・・・ 命題(3)′

の 8 つになる。

三段論法によって命題(3)と命題(2)− 2，命題(2)′− 2 と命題(3)′ がくっつき，

- ヨット → サーフィン
- $\overline{\text{サーフィン}}$ → $\overline{\text{ヨット}}$

が成立する。

したがって，答えは②。

例題② **答** ②

❗ 注意点

同じand，orを使った命題でも，**矢印前のand（A and B→C）と矢印後のor（A→B or C）を分割することはできない。**

例えば例題②で考えると，命題(2)（スキー or テニス→サーフィン）が分割できるのは，**スキー好きならば必ずサーフィン好きになるし，テニス好きならば必ずサーフィン好きになるから**だ。ところが命題(1)（スキー and $\overline{\text{テニス}}$→バスケット）の場合，スキー好きで，なおかつテニスが好きではないという**2つの条件が同時に満たされない限り**，バスケット好きにはならない。つまり，「スキーが好きでテニスも好き」や「スキーもテニスも好きではない」はバスケット好きにはならない。したがって，命題(1)を「スキー→バスケット」と「$\overline{\text{テニス}}$→バスケット」に分割してしまうと「スキーが好きでテニスも好き」「スキーもテニスも好きではない」はいずれもバスケット好きになってしまい，論理に矛盾してしまう。

また矢印後のorの場合，命題(1)′（$\overline{\text{バスケット}}$→$\overline{\text{スキー}}$ or テニス）を分割して「$\overline{\text{バスケット}}$→$\overline{\text{スキー}}$」と「$\overline{\text{バスケット}}$→テニス」にすると，「バスケットが好きでない人はスキーも好きではない」と「バスケットが好きでない人はテニスが好き」という2つの条件が並立してしまい，結果，「$\overline{\text{バスケット}}$→$\overline{\text{スキー}}$ and テニス」と同じことになってしまう。

以上のことから，似たようなものでも，andとorの位置によって，分割できるときとできないときがあるので気をつけよう。

👁 解法のポイント

《命題・論理の解き方　and と or》
(1) 「～で（なおかつ）～」ならば『and』，「～か（もしくは）～」なら『or』
(2) 「and」の対偶は「or」，「or」の対偶は「and」
(3) 矢印前の「or」と矢印後の「and」は分割できる。
矢印前の「and」と矢印後の「or」は分割できない。

📝 参考

命題(1)は，「注意点」でも書いたとおり，「スキーが好き」や「テニスが好きではない」だけではバスケットが好きにはならない。**両方の条件を兼ね備えた者のみが「バスケットが好き」に該当**する。

その対偶で「バスケットが好きではない者」を考えると，「スキーが好きではなくて，なおかつテニスが好き」である必要はない。なぜなら，「スキーが好きではない」段階で「バスケットが好き」には該当しないし，「テニスが好き」でも同様だからだ。

　ということは，**「バスケットが好きでない者は，スキーが好きではないか，もしくはテニスが好き」**が成立する。

　つまり，**「and」の否定形は「or」**である。

　一方の「or」だが，これは**どちらか一方の条件が当てはまれば，該当者**になりうる。命題(2)は「スキーが好き」と「テニスが好き」のどちらかの条件さえ持っていれば「サーフィンが好き」になる。その対偶で「サーフィンが好きではない者」を考えると，こちらは「スキーが好きではないかテニスが好きではない」とはならない。なぜなら，「スキーが好きではなく，テニスが好き」な人の場合，「テニスが好き」である以上，前の条件から「サーフィン好き」になってしまうからだ。したがって，**「サーフィンが好きではない者は，スキーが好きではなく，なおかつテニスが好きではない」**が成立する。

　つまり，**「or」の否定形は「and」**である。

Q 例題③

次のことがわかっているとき，確実にいえるものはどれか。

● バイオリンが弾ける者は，ビオラを弾ける。

● ビオラとチェロを両方弾ける者はいる。

● 3つとも弾ける者はいない。

① バイオリンしか弾けない者が存在する。

② バイオリンとチェロを両方弾ける者は存在しない。

③ バイオリンとビオラの両方弾ける者は存在しない。

④ チェロしか弾けない者は存在しない。

⑤ ビオラしか弾けない者は存在しない。

A 解答・解説

一番上の命題はいいとしても，下の2つを今までのやり方で表そうとしても，うまく書くことができない。こういう場合は，「ベン図」を使うとよい。

1．「バイオリンが弾ける者は，ビオラを弾ける」のベン図

左がそのベン図である。ベン図は〇の中が，それに該当していることを示す。このように描くと，バイオリンの中の人間は，必ずビオラの中に含まれているので，「バイオリンを弾ける者は，ビオラを弾ける」となる。

気をつけなければならないのは，左のように逆のベン図を描いてしまうことだ。こう描いてしまうと，図の×に該当する人間が，「バイオリンが弾けて，ビオラが弾けない」になってしまう。これは題意に反する。注意しよう。

2.「ビオラとチェロを両方弾ける者はいる」のベン図

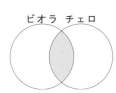
ビオラ チェロ

「両方弾ける者はいる」ということは,「両方弾けない者もいる」ので, 左のようになる。□部分が両方弾ける者, それ以外の○の中が, それぞれ「ビオラのみ弾ける者」「チェロのみ弾ける者」である。

この2つのベン図を合わせると, 下の2通りが考えられる。

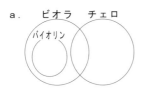
a. ビオラ チェロ
バイオリン

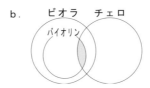
b. ビオラ チェロ
バイオリン

ここで最後の命題「3つとも弾ける者はいない」を考慮すると, 上図bのベン図では3つの○が重なっている部分がある（□部分）。これは「3つとも弾ける者」を意味するので, 題意に反する。したがって, 正しいベン図はaのほうである。

では, このベン図を使って, 選択肢を見てみよう。

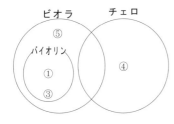
ビオラ チェロ
⑤
バイオリン
①
③
④

ベン図中の番号が選択肢と矛盾している。（①・③はバイオリンとビオラを両方弾くことができる。④はチェロのみ, ⑤はビオラのみ弾くことができる。）ところが, ②は該当する場所がない＝存在しないので, これが正しい。

例題③　**答　②**

◈ 解法のポイント

《命題・論理の解き方　その他》
「〜の一部や」などの記述があったり, →を使ってもうまく表せないような問題は『ベン図』を使う。

基本問題

No.1

（解答 ▶ P.1）

「a でないならば b である」という命題が成り立つとき，これと同時に常に成り立つ命題は次のうちどれか。

① a ならば b である。

② b ならば a である。

③ b ならば a でない。

④ b でないならば a である。

⑤ b でないならば a でない。

No.2

（解答 ▶ P.1）

あるクラスで持ち物調査をしたところ，次のことがわかった。

● パソコンを持っている生徒は，スマートフォンを持っている。

● PS 4 を持っていない生徒は，スマートフォンを持っていない。

このとき，確実にいえるものはどれか。

① PS 4 を持っている生徒は，パソコンを持っている。

② PS 4 を持っていない生徒は，パソコンを持っていない。

③ スマートフォンを持っている生徒は，パソコンを持っている。

④ スマートフォンを持っていない生徒は，PS 4 を持っていない。

⑤ パソコンを持っていない生徒は，スマートフォンを持っていない。

次のことがいえるとき, 確実にいえるものはどれか。

●体の丈夫な人は, 運動が得意である。

●バイクが好きな人は, 行動力がある。

●運動が得意な人は, 行動力がある。

① 体の丈夫な人は, バイクが好きな人である。

② 体の丈夫な人は, 行動力がある。

③ 行動力がある人は, バイクが好きな人である。

④ 行動力がある人は, 運動が得意である。

⑤ 運動が得意な人は, バイクが好きな人である。

次の3つの命題から正しく導かれる結論はどれか。

●リンゴが好きならば, 梨が好きである。

●リンゴが好きでないならば, ミカンが好きである。

●バナナが好きでないならば, ミカンが好きではない。

① 梨が好きならば, バナナが好きである。

② 梨が好きでないならば, バナナが好きである。

③ ミカンが好きならば, 梨が好きである。

④ ミカンが好きならば, 梨が好きではない。

⑤ バナナが好きならば, 梨が好きではない。

No.5

（解答 ▸ P.2）

次のうち，論理的に正しいものはどれか。

① おしゃべりをしている人は雑誌を読んでいない。雑誌を読んでいる人は小説を読んでいない。ゆえに，おしゃべりをしている人は，小説を読んでいない。

② ケーキが好きな人はシュークリームが好きである。女子はケーキが好きである。ゆえに，男子はシュークリームが好きではない。

③ ファーストキスはすっぱいものである。レモンはすっぱい味がする。ゆえに，ファーストキスはレモンの味がする。

④ バドミントンをする人はテニスをしない。テニスをする人は卓球をしない。ゆえに，バドミントンをする人は卓球をする。

⑤ 山を愛する人は緑が好きである。山を愛していない人は小鳥が好きではない。ゆえに，小鳥が好きな人は緑が好きである。

No.6

（解答 ▸ P.2）

次の命題が成り立つとき，確実にいえるものはどれか。

● 数学が得意な人は，計算が速い。
● 理科が得意な人は勉強熱心であり，数学が得意である。
● 社会が得意な人は，計算が速くない。

① 社会が得意な人は，勉強熱心である。

② 社会が得意な人は，理科は苦手である。

③ 理科が得意でない人は，社会が得意である。

④ 数学が得意でない人は，社会が苦手である。

⑤ 勉強熱心な人は，社会が得意である。

「すべてのAはBである」「すべてのCはBである」が成り立つとき，正しいものはどれか。

① すべてのAはCである。
② すべてのAでないものは，BでもCでもない。
③ すべてのBはAであり，Cである。
④ すべてのBでないものは，AでもCでもない。
⑤ すべてのCでないものは，AかBである。

次のことがわかっているとき，確実にいえるものはどれか。

● サッカーが好きな人は，運動神経がいい。
● 反射神経が優れている人は，運動神経がいい。
● サッカーが好きな人の一部は，反射神経が優れている。

① 運動神経がよくサッカーが好きで，反射神経が優れている人がいる。
② 運動神経がよくサッカーが好きな人は，反射神経が優れている。
③ 運動神経がよく反射神経が優れている人は，サッカーが好きである。
④ 運動神経がいい人は，サッカーが好きで反射神経が優れている。
⑤ サッカーが好きで反射神経が優れている人は，運動神経がよくない。

「健康な人は酒を飲む」，「煙草を吸う人は健康でない」ということがわかっているとき，「健康な人は食欲がある」ということがいえるには，次の中のどの条件が必要であるか。

① 酒の好きな人は，煙草を吸わない。
② 酒をよく飲む人は，食欲がない。
③ 健康な人は，煙草を吸う。
④ 煙草を吸わない人は，食欲がある。
⑤ 食欲がない人は，酒を飲む人が多い。

演習問題

No.1

（解答 ▶ P.4）

● 明るいものは輝いている。

● この鏡は曇っている。

● 輝いているものは曇っていない。

以上のことから確実にいえることは，次のうちどれか。

① この鏡は輝いている。

② この鏡は明るくない。

③ 輝いているものは明るい。

④ 輝いていないものは曇っている。

⑤ 曇っていないものは明るい。

No.2

（解答 ▶ P.4）

次のことがわかっているとき，確実にいえるのは次のうちどれか。

● 明太子が好きな人はすべて，ごはんが好きである。

● ごはんが好きでない人は，梅干が好きでない。

● ごはんが好きな人は，みそ汁が好きである。

① ごはんが好きな人は，梅干が好きである。

② ごはんが好きでない人は，みそ汁が好きでない。

③ 梅干が好きな人は，みそ汁が好きである。

④ みそ汁が好きな人は，明太子が好きである。

⑤ 明太子が好きでない人は，ごはんが好きでない。

次の文章のうち，論理的に正しいものはどれか。

① テレビを見る人はラジオを聞かない。新聞を読む人はラジオを聞かない。よって新聞を読む人はテレビを見ない。

② 人間は哺乳類である。哺乳類は動物である。よって人間は動物である。

③ 黄色い帽子は目立つ。黄色い帽子は安い。よって目立つ帽子は安い。

④ 背が高い人は足が長い。足が長い人は美しい。よって美しい人は背が高い。

⑤ 車を運転する人はバスに乗らない。車を運転する人はフェリーに乗る。よって車を運転しない人はバスに乗る。

「国語が好きな人は映画が好きである」，「音楽が好きな人は映画が好きである」，「美術が好きな人は映画が好きである」という3つのことがわかっているとき，確実にいえるのは次のうちどれか。

① 国語が好きな人は音楽が好きである。

② 映画が好きな人は音楽が好きである。

③ 映画が好きでない人は美術が好きでない。

④ 音楽が好きでない人は国語が好きである。

⑤ 音楽も美術も好きな人は国語が好きでない。

No.5

（解答▶P.5）

あるテレビ局で視聴者調査をしたところ，次のようなことが分かった。

- ●ニュースを見る者はスポーツも見る。
- ●ドラマを見る者はニュースも見る。
- ●歌謡番組を見る者はスポーツも見る。

これから確実にいえるのはどれか。

① 歌謡番組を見る者はドラマを見ない。
② ドラマを見る者はスポーツも見る。
③ ニュースを見る者は歌謡番組も見る。
④ ニュースを見る者はドラマも見る。
⑤ スポーツを見る者は歌謡番組も見る。

No.6

（解答▶P.5）

ケーキ店でショートケーキ，チーズケーキ，モンブランの3種類のケーキを売り出したとき，次のことがわかった。

- ●ショートケーキかチーズケーキのどちらかを買った人は，モンブランを必ず買った。
- ●3種類すべてのケーキを買った人はいない。

このとき，確実にいえることは次のうちどれか。

① モンブランしか買ってない人はいない。
② チーズケーキしか買ってない人がいる。
③ ショートケーキしか買ってない人がいる。
④ ショートケーキとモンブランの両方を買った人はいない。
⑤ ショートケーキとチーズケーキの両方を買った人はいない。

ある公園にいる人々について調べたところ，ア～エの結果が得られた。

ア　公園には大人と子供がいる。

イ　Tシャツを着ているのは，皆子供である。

ウ　子供の中には，ソフトクリームを食べている人はいない。

エ　Tシャツを着ている人は，皆帽子をかぶっている。

以上のことから判断して確実にいえるものは，次のうちどれか，

①　Tシャツを着ていない人は，皆帽子をかぶっていない。

②　Tシャツを着ていない人は，皆大人である。

③　ソフトクリームを食べている人は，皆帽子をかぶっている。

④　ソフトクリームを食べている人の中には，Tシャツを着ている人はいない。

⑤　大人の中には，帽子をかぶっている人はいない。

No.8

(解答 ▶ P.6)

あるクラスで生徒の家庭について兄・弟・姉・妹とペットおよび住居について話し合いがあり，次のような発言があった。

ア：「弟のいる生徒は，マンションに住んでいる。」

イ：「犬を飼っていない生徒には，兄がいる。」

ウ：「妹のいない生徒は，猫を飼っている。」

エ：「マンションに住んでいる生徒は，犬を飼っていない。」

オ：「猫を飼っている生徒は，犬を飼っている。」

すべての発言が正しいとすると，確実にいえるものはどれか。

① 弟のいない生徒には，妹もいない。

② 妹のいる生徒は，犬と猫を飼っている。

③ 猫を飼っている生徒には，弟がいない。

④ 兄のいない生徒は，マンションに住んでいる。

⑤ 犬を飼っている生徒には，弟がいる。

No.9

(解答 ▶ P.6)

「内向的でない人はスポーツを好む」という結論が引き出せるのは，次のうちどれか。

① 冷静な人はスポーツを好む。
 冷静な人は内向的でない。
 スポーツを好む人は内向的でない。

② 内向的でない人は音楽を好む。
 活動的な人はスポーツを好む。
 音楽を好む人は活動的である。

③ 明るい人はスポーツを好む。
 内向的でない人は読書を好む。
 スポーツを好む人は明るい。

④ 読書を好む人はスポーツを好まない。
 スポーツを好む人は音楽を好む。
 内向的でない人は読書を好む。

⑤ 活動的な人はスポーツを好む。
 スポーツを好む人は内向的でない。
 内向的でない人は明るい。

次の命題が成立するために，（　）内に当てはまるものとして，正しいものはどれか。

（　　　　　　　　　）

田中君は泳げない。

よって田中君は海が好きではない。

① 泳げる者は，海が好きである。

② 泳げる者でも，海が好きな者がいる。

③ 海が好きではない者は，泳げない。

④ 海が好きではない者にも，泳げない者がいる。

⑤ 泳げない者は，海が好きではない。

ある職場の男性社員における車とバイクの使用状況について調べたところ，次のことがわかった。

● 24歳以下の者で，ゴールド免許を所持している者はいない。

● 自動車とバイクを両方持っている者は，全員ゴールド免許である。

● 25歳以上の者は，全員ゴールド免許である。

● 毎月のガソリン代が1万円以上かかっている者は，自動車もバイクも持っている。

以上のことから確実にいえることは，次のうちどれか。

① 24歳以下の者で，自動車とバイクの両方を持っている者もいる。

② 24歳以下の者で，自動車とバイクを両方とも持っている者はいない。

③ 25歳以上の者は，車を持っている。

④ ゴールド免許を所持している者は，バイクを持っている。

⑤ 毎月のガソリン代が1万円未満の者は，全員ゴールド免許ではない。

あるサークルの仲間について，次のア～ウのことが分かっている。

ア　血液型がA型の人は，話好きである。

イ　コーヒーが好きでない人は，白い服が好きでない。

ウ　ピアノが弾ける人は，白い服が好きであり，かつ血液型がA型である。

以上から判断して，このサークルの仲間について確実にいえるのはどれか。

①　血液型がA型の人は，白い服が好きであり，かつピアノが弾ける。

②　コーヒーが好きな人は，ピアノが弾けず，かつ話好きである。

③　白い服が好きな人は，血液型がA型であり，かつコーヒーが好きである。

④　話好きな人は，白い服が好きでなく，かつ血液型がA型である。

⑤　ピアノが弾ける人は，話好きであり，かつコーヒーが好きである。

第 2 章 暗号

暗号問題はそれこそ無尽蔵にあり，そのすべてを説明することは到底不可能である。ただ，公務員試験で出題される暗号問題は，いくつかのパターンに当てはまることが多い。そのなかでも，代表的な 3 つのものを解説しよう。

Q 例題①

「ひまわり」を「－2－2－4－4－10－4－8－2」，「コスモス」を「＋6＋4＋4±0－4＋4＋4±0」で表す暗号がある。これを使って「＋8－4＋6－4－4－4＋2±0」で表される植物はどれか。

① 白百合

② 赤松

③ 片栗

④ 浜木綿

⑤ 浜茄子

A 解答・解説

パターンその 1 ：五十音表

暗号の問題が出てきたとき，一番最初にこのパターンを考える，最もオーソドックスな暗号。特徴は「**ひらがな 1 つに対して暗号が 2 つある**」ことだ。

1　五十音表を書く

	あ	か	さ	た	な	は	ま	や	ら	わ	ん
	A	K	S	T	N	H	M	Y	R	W	n
（あ＝）a											
（い＝）i											
（う＝）u											
（え＝）e											
（お＝）o											

　まず，上のような五十音表を書くことから始める。パソコンなどでローマ字入力に慣れている人は，ローマ字で考えるとわかりやすい（そうでない人はひらがなでかまわない）。ちなみに，「ん」は日本語で唯一，子音で終わる文字なので，他の文字とは別にして考える（通常は「わ行」の後にくっつけることが多い）。

2　五十音表の中に，与えられた暗号を入れる

　例題①の「ひ・ま・わ・り」と「こ・す・も・す」の暗号を五十音表に入れると，下のようになる。

	あ	か	さ	た	な	は	ま	や	ら	わ	ん
	A	K	S	T	N	H	M	Y	R	W	n
（あ＝）a							-4-4			-10-4	
（い＝）i						-2-2			-8-2		
（う＝）u			+4±0								
（え＝）e											
（お＝）o		+6+4					-4+4				

3　暗号の共通点を見つける

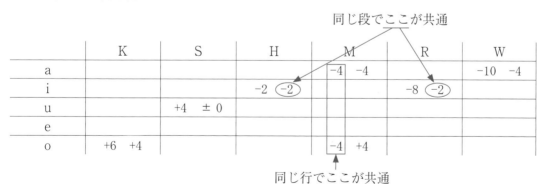

同じ段でここが共通

同じ行でここが共通

　2の五十音表の中から，暗号がある部分だけを抜き出したのが，3の表である。この中から共通点を見つけていく。

これは，暗号問題全般にいえることだが，**暗号には必ず何らかの規則性がある**。規則性がないと問題にならない。だから，共通点を見つけることで，その規則性を見破るわけだ。規則性さえわかってしまえば，暗号の「解読表」が完成する。

　その共通点だが，暗号をよく見てみると，同じま行の「ま」と「も」の暗号の前半部分に－4が，同じい段の「ひ」と「り」の暗号の後半部分に－2が共通点として存在する。これを基に他の行と段を見ると，

行：1つ左隣にあるは行の「ひ」の前半部分が－2，2つ右にあるら行の「り」の前半部分が－8

　　　→　暗号の前半部分が「子音」（＝A・K・S・T・N・H・M・Y・R・W）を表していて，「M＝ま行」から考えると，行が左に1つずれるごとに＋2，右に1つずれるごとに－2になっているのではないだろうか？

段：1つ上にあるあ段の「ま」の後半部分が－4，1つ下にあるう段の「す」の後半部分が±0

　　　→　暗号の後半部分が「母音」（＝a・i・u・e・o）を表していて，う段から考えると，段が1つ上に行くごとに－2，1つ下に行くごとに＋2になっているのではないだろうか？

と，想定できる。

　これに基づいて表を作ると，下のようになる。

		+8	+6	+4	+2	±0	−2	−4	−6	−8	−10	
		A	K	S	T	N	H	M	Y	R	W	n
−4	a							−4−4		−10−4		
−2	i						−2−2			−8−2		
±0	u			+4±0								
+2	e											
+4	o		+6+4					−4+4				

　他のひらがなもこの規則性に当てはまっているので，この想定が正しかったことがわかる。これで解読表が完成した。

　では，例題①の暗号を解読しよう。

　「＋8－4」＝あ，「＋6－4」＝か，「－4－4」＝ま，「＋2±0」＝つ　→赤松

例題①　**答**　②

◈ 解法のポイント

《暗号問題の解き方　五十音表》
(1)　五十音表を書き，明らかになっている暗号を埋め，共通点を見つける。
(2)　規則性を見極めて五十音表を完成させ，解読する。

◉ 参考

　日本語は，「あいうえお」の母音5つと「ん」以外のひらがなは，子音と母音の組み合わせで作られる。逆にいうと，子音と母音がなければ，「あいうえお」と「ん」以外のひらがなは作れない。つまり，五十音表を使った暗号は，1つのひらがなに対して，必ず2つの暗号が必要となる。(ただし，母音と「ん」は1つの暗号しかない場合もある。)

Q 例題②

　「京都太秦＝きょ・う・と・う・ず・ま・さ」が「タイシ・カ・キシ・カ・アカ・セハ・クハ」で表される場合，「タハ・ス・セシ・ス・タイシ・カ」と関係の深い県はどこか。

① 鳥取県
② 島根県
③ 岡山県
④ 広島県
⑤ 山口県

A 解答・解説

パターンその2：アルファベット

　五十音表を使った暗号の最大の欠点は，「濁音（ ゛）や半濁音（ ゜），促音（小さい「っ」）などが表せない」ことだ（正確にいえば，句読点を使って「，」を濁音にしたり，五十音表の「ん」の後にくっつけたりすれば，絶対にできないとはいえない）。

　例題②の「京都」に使われる小さい「ょ」もその1つで，五十音表では表しようがない。この場合には，アルファベットを使った暗号を疑ってみよう。

1. アルファベットを，下のように並べて書く

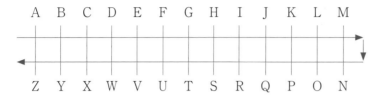

　まず，A～Mをアルファベット順に書き，N～Zはその下に**最初とは逆の順序**で書いていく。このときN～Zは，図のように上に書いたA～Mの真下に書くようにする。

2. 暗号を書き込む

A	B	C	D	E	F	G	H	I	J	K	L	M
ハ										タ		セ
Z	Y	X	W	V	U	T	S	R	Q	P	O	N
ア	イ				カ	キ	ク			シ		

　アルファベットの暗号は，アルファベットそのものかローマ字に変換したものでないと解読できない。そこで，「きょ・う・と・う・ず・ま・さ」をローマ字で表すと「KYO・U・TO・U・ZU・MA・SA」。これが「タイシ・カ・キシ・カ・アカ・セハ・クハ」なので，該当するアルファベットに暗号を書き込むと，上のようになる（濁音や促音が出てきたら，ローマ字に変換することを心がけよう）。

3. 規則性を見つける

　アルファベットの暗号の場合，規則は大まかに次の３つに分かれる。

a．通常のアルファベットの並び通りになっているパターン。

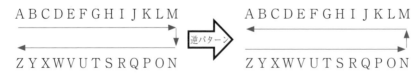

b．A～Mは通常の並びだが，N～Zは逆にさかのぼるパターン。

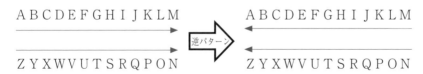

c．図のように，ジグザグになっているパターン。

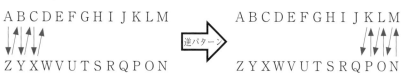

では，例題②を見てみよう。

A	B	C	D	E	F	G	H	I	J	K	L	M
ハ										タ		セ

Z	Y	X	W	V	U	T	S	R	Q	P	O	N
ア	イ			カ	キ	ク				シ		

　　　　　　　　　　(1)　　　　　　　　　　　　　　　(2)

　注目すべき点は2つ。まず(1)だが，Zが「ア」，Yが「イ」で，そのあと3つあいて「カ・キ・ク」と続いている。これから，「暗号はアイウエオ順で，『X・W・V』はそれぞれ『ウ・エ・オ』ではないか？」と想定できる。これをふまえて(2)を見ると，「ク」の4つ右横の「O」が「シ」なので，「R・Q・P」＝「ケ・コ・サ」と考えると，「アイウエオ順」で間違いない。そうすると，「N」に「ス」，「L」に「ソ」を入れると，「K」の「タ」につながる。したがってこの暗号は，「アイウエオ順で26ページのパターンaの逆パターン」である。解読表は以下の通り。

A	B	C	D	E	F	G	H	I	J	K	L	M
ハ	ノ	ネ	ヌ	ニ	ナ	ト	テ	ツ	チ	タ	ソ	セ

Z	Y	X	W	V	U	T	S	R	Q	P	O	N
ア	イ	ウ	エ	オ	カ	キ	ク	ケ	コ	サ	シ	ス

　これを例題②の「タハ・ス・セシ・ス・タイシ・カ」に当てはめると，「KA・N・MO・N・KYO・U」＝「かんもんきょう」＝「関門橋」になる。

　　　　　　　　　　　　　　　　　　　　　　　　　　　　例題②　答　⑤

◎ 解法のポイント

《暗号問題の解き方　アルファベット》
　下のようにアルファベットを書き，暗号と対応させ，規則性を見つける。

　　ABCDEFGHIJKLM
　　ZYXWVUTSRQPON

「ＮＡＤＥＧＨＮＬＲＧＳＩＡＵＺＪＰＢＹＫＴＯ」をある規則に従って整理削除した場合，
関連の深いところは次のうちどれか。

① 警察署
② 消防署
③ 郵便局
④ 税務署
⑤ 市役所

A 解答・解説

パターンその３：整理削除

　この手の暗号は，前の２つの暗号とは明らかに違う。五十音表やアルファベットは「解読表を作
成後，与えられた暗号を読み取る」が，これは「暗号そのものを読み取る」問題だ。この場合，考
えられるのは以下の２つの手法である。

a．削除：間によけいな文字などが入っているので，それを消す。
b．アナグラム：文字を並べ替えて，他の言葉を作る。
　それぞれどんなものか説明しよう。

a．削除

おとしだま

　　↓ローマ字化

ｏｔｏｓｉｄａｍａ

　　↓間にａｂｃ･･･を入れる

ｏａｔｂｏｃｓｄｉｅｄｆａｇｍｈａ

　左は，削除系の暗号の作り方だ。これを逆に考えれ
ば暗号が解読できる。つまり「文字をとばしながら読
んでいく＝間の文字を削除」すればいい。「１文字と
ばし」で読めなければ「２文字とばし」「３文字とばし」
･･･とやっていけばいい。

この場合，

　(1) 規則性があるので，「１文字とばしたあとに３文字とばして，そのあとが２文字････」
　　　などとなることはない。

(2) **前から読むとは限らない**ので，前からでうまくいかなければ後ろから読んでみる。
このことは念頭においておこう。

b．アナグラム

「アナグラム」は言葉遊びの一種で，単語を構成している文字を並べ替えて，新しい単語を作ることである。例えば「顔が寿司」を並べ替えると，「かおがすし」＝「すがしかお」＝「スガシカオ」とアーティスト名になる。

　こうやって文字を並べ替えて言葉を見つけるのだが，くどいようだが，暗号問題には必ず「規則性」があるので，単なるアナグラムが出題されることはない。何かの規則によってバラバラになっているはずなので，その規則を見つけよう。

　では，例題③を見てみよう。

　　　N~~A~~D~~E~~G~~H~~N~~L~~R~~G~~S~~I~~A~~U~~Z~~J~~P~~B~~Y~~K~~T~~O＝ＮＥＮＧＡＪＹＯ

　このように，２文字とばし＝間を２文字ずつ削除していくと，「ＮＥＮＧＡＪＹＯ」＝「年賀状」になる。関係の深い場所は「郵便局」である。

例題③　**答**　③

◈ 解法のポイント

《暗号問題の解き方　整理削除》
　文字を並べ替えたり削除することによって解答を得るが，必ず何らかの規則性がある。

No.1   (解答 ▶ P.8)

「イタリア」を「14・45・94・15」,「韓国」を「25・115・21・23」で表す暗号がある。このとき,
「42・115・34・115」と関係の深い国はどれか。

① フランス

② ドイツ

③ 中国

④ インド

⑤ イギリス

No.2   (解答 ▶ P.8)

「お疲れ様」が「1 j 3 g 5 i 2 b 5 h 5 d」で表されるとき,「2 f 3 b 5 d 2 j 4 f 4 j 3 j」
の答えとして, 正しいものはどれか。

① おはよう

② いただきます

③ こんにちは

④ こんばんは

⑤ おやすみ

No.3   (解答 ▶ P.8)

「THIS IS A PEN」が「20・8・9・21・9・21・1・24・5・26」で表されるとき,「8・25・
17・25・12・4・1・22・5・15・25・19」の答えとして, 正しいものはどれか。

① 弟が一人います。

② いいえ, 持っていません。

③ 自転車で来ました。

④ 18 歳です。

⑤ 1,800 円になります。

No.4

（解答 ▶ P.9）

「AGWDAUGYIMROAPKTIUSBI」をある法則に従って整理削除すると，関係の深い都道府県は北海道であるという。では，「AKMTISJGAJRYUOKRAUS」を同じ法則で整理削除した場合，最も関連の深い県はどれか。

① 福岡県
② 佐賀県
③ 大分県
④ 熊本県
⑤ 鹿児島県

No.5

（解答 ▶ P.9）

「きずうらやよあかしちんにく」をある規則に従って並べ替えると，「君子危うきに近寄らず」になる。次のうち，同じ法則で並べ替えたとき，ことわざになるものはどれか。

① うてめおいらといどえへしおようえ
② んもえうのあうりよふしでたそ
③ とるあしたけほじくんねぐるて
④ であふるんよだもうしらんゆい
⑤ ふうるくいうえへべぐやるしあう

No.6

（解答 ▶ P.9）

「ドイツ」を「LH．OKNH」，「メキシコ」を「MEOJOILJ」で表すとき，「NJ．PKMHPEPC」はどの国を表すか。

① ポルトガル
② ブルガリア
③ カンボジア
④ グアテマラ
⑤ コロンビア

No.7

（解答▶P.10）

「明日から夏休み」を「1 ÷ 1，9 ÷ 3，2 ÷ 2，9 ÷ 9，5 ÷ 5，12 ÷ 4，8 ÷ 8，9 ÷ 3，14 ÷ 7」と表すとき，「5 ÷ 5，12 ÷ 4，10 ÷ 5，3 ÷ 3，6 ÷ 2，4 ÷ 2，2 ÷ 1，45 ÷ 9，2 ÷ 1，6 ÷ 6，5 ÷ 5」の答えはどれか。

① あじさい
② ひまわり
③ はまなす
④ あさがお
⑤ ききょう

No.8

（解答▶P.10）

ある暗号によると，「砂糖」は「ｔｂｕｐｖ」，「塩」は「ｔｊｐ」で表される。このとき，「ｌｐｔｉｐｖ」は何のことか。

① コショウ
② からし
③ わさび
④ みりん
⑤ しょうゆ

No.9

（解答▶P.11）

図のような暗号解読表があるが，表が古くてはっきりわかるのはA，E，Xの３字だけであった。暗号「15，44，45，55，14，43，13，44」が「無人島」を意味することがわかっているとき，「沖縄」を意味する暗号はどれか。

① 13，32，55，14，11，24，11
② 13，33，55，14，11，42，11
③ 13，35，55，14，11，24，11
④ 13，35，55，14，11，42，11
⑤ 13，53，55，14，11，24，11

	1	2	3	4	5
1	A				
2			X		
3					
4					
5	E				

No.1
（解答 ▶ P.11）

ある暗号で「福岡」が「$3 \times \dfrac{6}{10}$, $3 \times \dfrac{2}{10}$, $5 \times \dfrac{1}{10}$, $1 \times \dfrac{2}{10}$」で表されるとき，「$2 \times \dfrac{3}{10}$, $1 \times \dfrac{7}{10}$, $4 \times \dfrac{5}{10}$」は何か。

① 岩手　　　② 秋田　　　③島根　　　④ 富山　　　⑤ 愛媛

No.2
（解答 ▶ P.11）

「ＫＡＧＯＳＨＩＭＡ」を「**21・1・13・24・16・15・17・25・1**」で表すとき，「ＨＡＫＯＤＡＴＥ」を表しているのは次のうちどれか。

① 15・1・21・24・5・1・12・8
② 15・1・21・24・7・1・14・9
③ 15・1・21・24・9・1・23・26
④ 15・1・21・24・10・1・19・3
⑤ 15・1・21・24・12・1・18・5

No.3
（解答 ▶ P.11）

「カ２　ケ５　ウ２　キ１」が「ヒロシマ」を示す暗号だとすると，「イ１　コ１　ウ１　イ２」は，どの地名を示しているか。

① シズオカ
② タカマツ
③ ナガサキ
④ カワサキ
⑤ ヤマナシ

No.4 （解答 ▶ P.12）

ある暗号システムによれば、「夕日は赤い」は「**38・31・26・16・11・12・21**」で表される。それでは「オキナワ」を表す数字は、次のうちどれか。

① 22・29・23・17
② 41・110・45・37
③ 51・21・17・110
④ 51・22・11・110
⑤ 51・22・15・110

No.5 （解答 ▶ P.12）

直江津が「**56・110・210・37**」、屈斜路湖が「**39・㊲・48・㊼・12・19**」で表されるとき、「**49・⑬・310・17・35**」は何地方にあるか。

① 東北地方
② 関東地方
③ 近畿地方
④ 四国地方
⑤ 九州地方

No.6 （解答 ▶ P.13）

ある暗号によると、「仏社研」は「きつね」、「札知化」は「たぬき」を意味する。このとき「こねこ」と読めるのは次のうちどれか。

① 冷秋作
② 加町次
③ 珍牧称
④ 次研礼
⑤ 価暗紋

No.7

(解答 ▶ P.13)

図はひらがなのカード **25** 枚をある規則に基づいて並べてから，そのうち **12** 枚を裏返したものである。Ａの位置にあるカードとして正しいものは，次のうちどれか。

①　あ
②　か
③　し
④　つ
⑤　ね

		て		な
た	お	A		
そ	え		く	
せ		い	け	
		さ	こ	の

No.8

(解答 ▶ P.13)

「天気予報」を「$\dfrac{8}{7}$，$\dfrac{22}{1}$，$\dfrac{4}{3}$，$\dfrac{16}{9}$，$\dfrac{12}{9}$，$\dfrac{2}{5}$」で表すとき，「$\dfrac{12}{3}$，$\dfrac{18}{9}$，$\dfrac{2}{3}$，$\dfrac{2}{5}$，$\dfrac{14}{3}$」の解読として，正しいものはどれか。

①　高い山　　　②　広い海　　　③　青い空　　　④　長い川　　　⑤　白い雪

No.9

(解答 ▶ P.14)

ある暗号について次のア，イのことがわかっているとき，暗号Ｘが示すものとして正しいものはどれか。

ア　「△，20〇，25△，24◎，25〇，14〇」は「オダノブナガ」を示している。

イ　「13△，6◎，14〇，7〇，×，●，3〇，15◎」は「トクガワイエヤス」を示している。

暗号Ｘ「6◎，20〇，2△，25△，25△，25〇，2〇，●」

①　ハハ　　　②　ミミ　　　③　モモ　　　④　チチ　　　⑤　クク

第3章 対応関係(1)勝敗

　勝敗の問題は「リーグ（総当たり）戦」の問題と「トーナメント戦」の問題に分けられる。リーグ戦ではリーグ表を作成し，トーナメント戦は与えられたトーナメント表を使う。そこに条件を正確に記入し，そこから確実にいえることを想定していくことが解法の基本になる。対応関係の問題の中では比較的わかりやすい分野なので，解き方をしっかりマスターしよう。

Q 例題①

　A～Dの4チームがリーグ戦でサッカーの試合をし，結果は下のア～エのようになった。このとき，確実にいえることは次のうちどれか。

　ア　引き分け試合はなかった。
　イ　Dは2勝1敗だった。
　ウ　Aは，Bには勝ったがCには負けた。
　エ　Cは，Dが勝った相手には負け，Dが負けた相手には勝った。

① AはDに負けた。
② BはCに勝った。
③ Bは2勝1敗だった。
④ CはDに勝った。
⑤ 全敗したチームがあった。

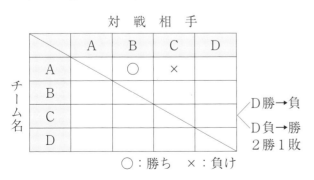

A 解答・解説

リーグ戦の勝敗についての問題である。この手の問題は「**リーグ表を書く**」ことから始める。

左が例題①のリーグ表だ。

まず，チーム数＋1のマス目を縦横に引き（例題①なら4チームなので，5×5のマス目），一番上と左端のマス目にチーム名を書く。また，同じチーム同士の対戦はないので真ん中のマスには斜線を引く。

対 戦 相 手

	A	B	C	D
A		1	2	3
B				
C				
D				

チーム名

↑ 表に書けない条件を記入

表の埋め方と見方だが，**当該チームの勝敗を横一列に書いていくことが望ましい**。そうすればマス目の欄外に「表に書き込めないそのチームのその他の条件（勝敗数など）」が書きやすい。例えば，上のリーグ表では，マス目「1」の位置に「AチームがBチームと戦ったときのAチームの結果」を，「2」の位置に「AチームがCチームと戦ったときのAチームの結果」を，「3」の位置に「AチームがDチームと戦ったときのAチームの結果」をそれぞれ書き込むようにする（もちろん，本人さえわかればいいのだから，縦横の意味を逆にしてもかまわない）。

※ これ以降，このテキストでは特段の定めがない限り，リーグ表はこのようにして見るものとする。

では，例題①の条件を表にしてみよう。

対 戦 相 手

	A	B	C	D
A		○	×	
B				
C				
D				

チーム名

D勝→負
D負→勝
2勝1敗

○：勝ち ×：負け

これで問題の条件をすべて書き入れた。これから，確実に想定できることを書き足していくのだが，リーグ戦の勝敗表の場合，最初にやることは「**相手チームの勝ち負けを入れる**」ことだ。

対　戦　相　手

	A	B	C	D
A		1	2	3
B	4			
C	5			
D	6			

チーム名

左の表で，　1　部分には「AチームがBチームと戦ったときのAチームの結果」が書き込まれる。一方，マス目「4」の位置には，「BチームがAチームと戦ったときのBチームの結果」が書かれる。**この2つの試合は，AチームとBチームが戦っているので，同じ試合である。**

したがって，AがBに勝っていればBはAに負け，AがBに負けていればBはAに勝っていることが，必然的にわかる。

このように**リーグ戦の表は，真ん中の斜線に対して対称の位置にあるマス目は，同じ試合になる**（上の表ならマス目「2」と「5」，「3」と「6」が同じ試合）。よって，**どちらかの試合結果がわかれば，対称の位置にある相手チームのマスには，逆の試合結果**（勝ったチームの相手チームは負け，負けたチームの相手チームは勝ち）**を書くことができる。**

対　戦　相　手

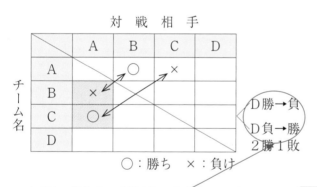

	A	B	C	D
A		○	×	
B	×			
C	○			
D				

チーム名

D勝→負
D負→勝
2勝1敗

○：勝ち　×：負け

この原則に従うと，例題①の表は上のようになる（　　　　が埋まったところ）。

次に見る条件はここだ。

「Cは，Dが勝った相手に負け，Dが負けた相手には勝った」を，Dの側からとらえると，「Dは，Cが負けた相手に勝ち，Cが勝った相手に負けた」となる。そうすると上の表から，「CはAと戦って勝ち」が判明しているので，「DはAには負けている」ことになる。ここで条件から，Dの戦績は「2勝1敗」で「1敗した相手はA」がわかるので，「残りの2チーム（BとC）」には勝っている。

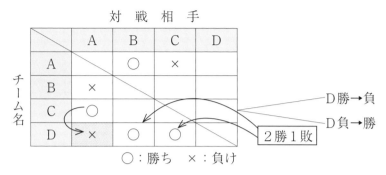

対 戦 相 手
○：勝ち ×：負け

これで，ここまで表ができあがる。あとはDの試合結果が出そろっているので，A・B・CのD
との試合結果を書き入れ，また，「Cは，Dが勝ったチームに負けている」ので，「BとCの試合は
Cの負け＝Bの勝ち」を書き込めば，表が完成する。

対 戦 相 手

	A	B	C	D
A		○	×	○
B	×		○	×
C	○	×		×
D	×	○	○	

チーム名

○：勝ち ×：負け

この表から，選択肢を見てみると，

① AはDに負けた。・・・・・・・・・・ AはDに勝っている：誤

② BはCに勝った。・・・・・・・・・・ 正

③ Bは2勝1敗だった。・・・・・・ Bは1勝2敗：誤

④ CはDに勝った。・・・・・・・・・・ CはDに負けている：誤

⑤ 全敗したチームがあった。・・ 全敗したチームはない：誤

例題①　答　②

《勝敗　リーグ戦》

(1) リーグ表を書き，条件からわかっている勝敗を書き込む。

(2) 表で対称の位置にある相手チームのマスに，逆の試合結果を書く。

Q 例題②

　ア～カの6チームが，トーナメント方式で野球の試合を行い，その結果として次の4つのことがわかった。

- a　イはエには勝ったが，オには敗れた。
- b　アは2回戦でウに勝った。
- c　カはアに負けた。
- d　アはオに勝った。

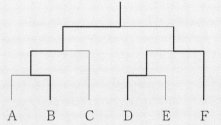

　このとき，チーム名とトーナメント表のA～Fの組み合わせとして正しいものはどれか。

① A＝ウ

② B＝エ

③ C＝イ

④ E＝カ

⑤ F＝オ

A 解答・解説

　トーナメント戦の問題は，だいたい「トーナメント表」が与えられているので，それに従って解いていく。

　重要な原則は1つ。「**負けると次の試合はない**」ということだ。

　例えば，条件a「イはエには勝ったが，オには敗れた」を考えてみよう。これはイとエ，イとオの試合結果について書かれたものだが，**「イとエ」との試合が，「イとオ」との試合のあとに組まれることは，絶対にない**。なぜなら，イがオに負けた段階で，イはこのトーナメントから消えるからだ。したがって，「イとエが1回戦で戦ってイが勝ち，イとオが2回戦で戦ってオが勝ち」か，「イとエが2回戦で戦ってイが勝ち，イとオが決勝戦で戦ってオが勝ち」かのいずれかである。

　そうすると，考えられるのは次の2つ。

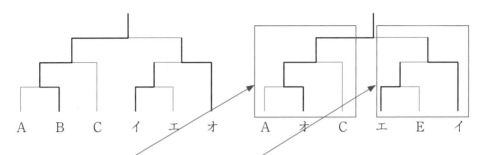

　次に条件 b を見ると，「アは 2 回戦でウに勝った」となっている。上の右側のトーナメント表で 2 回戦を見ると，山の左側がオと「C」，山の右側がイとエになるので，この条件が当てはまらない。

　したがって，この条件がうまく当てはまるのは左側のトーナメント表だけだ。

　2 回戦でアがウに勝っているので，「B」がア，「C」がウ。残った「A」がカになり，他の条件もきれいに当てはまる。

　よって，正しいトーナメント表は以下の通り。

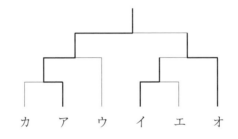

☆この問題のもう 1 つの考え方

　条件 b，c，d を見ると，アはウ，カ，オの 3 チームに勝っている。このトーナメント表で 3 回勝ったということは，アが優勝したことになる。そこから「B」＝アがわかり，2 回戦で戦ったウが「C」になる。したがって，アに負けたカとオは，「A」か「F」ということになる。「A」の位置にオを入れてしまうと，イとオが戦えないので条件 a に矛盾することから「A」＝カ，「F」＝オが確定し，条件 a から残りの 2 つもわかる。

　いずれにせよ，トーナメント表は上のようになる。

例題②　答　⑤

◈ 解法のポイント

《勝敗　トーナメント》
　「負けると次の試合はない」ことを念頭において，トーナメント表にチーム名を書き込んでいく。

◉ 参考

　判断推理の問題で問われることはあまりないが，リーグ戦とトーナメント戦の試合数について考えてみよう。

　まずリーグ戦だが，解説にも書いたように，リーグ戦の表は，真ん中の斜線に対して対称の位置にあるマス目は，同じ試合になる。したがってリーグ戦の試合総数は，真ん中の斜線よりも上（もしくは下）のマス目と同じ数になる。数式で表すと，参加チーム数が n の場合，

総試合数 $= \dfrac{n(n-1)}{2}$ となる。

　一方，トーナメント戦の場合，1試合につき1つのチームや人が敗れていき，最終的に1つだけが残るので，総試合数は「参加数 − 1」になる。数式で表すと，参加数が n の場合，

総試合数 $=(n-1)$ となる。

No.1　　　　　　　　　　　　　　　　　　　　　　　　　（解答 ▸ P.14）

A〜Fの6人が相撲の試合をリーグ戦で行った。結果はCが全勝，Aが1敗，Eが2敗，Fが3敗だった。以上から確実にいえるものはどれか。ただし，引き分けはなかったものとする。

① Bは，Dに勝ってFに負けた。
② Bは，Fに勝ってAに負けた。
③ Dは，Eに勝ってFに負けた。
④ Eは，Aに勝ってDに負けた。
⑤ Fは，Bに勝ってEに負けた。

No.2　　　　　　　　　　　　　　　　　　　　　　　　　（解答 ▸ P.15）

A〜Eの5チームが総当たり戦で野球の試合を行った。引き分けはなく，最終成績は5チームとも異なっていた。AはBとCに勝ち，BはCに勝ち，DはBに勝った。またEはDに勝ち2位だった。このとき，確実にいえることはどれか。なお，順位は勝利数の多い順につけるものとする。

① Bは2勝2敗だった。
② Cは1勝3敗だった。
③ CはEに勝った。
④ DはAに勝った。
⑤ EはBに勝った。

No.3

（解答 ▶ P.15）

A～Dの4チームが総当たりするサッカーの試合が行われた。次の条件のとき，確実にいえるものはどれか。

1　AはCに勝ち2勝1敗になった。

2　C対Dの試合は引き分けで，両チームは勝ち数，負け数，引き分け数すべてにおいて同じだった。

3　B対Cの試合は引き分けだった。

　①　BはDに勝った。

　②　C，Dの成績は1勝1敗1引き分けだった。

　③　引き分けは2試合あった。

　④　負け数が一番少ないのはBである。

　⑤　勝ち数が一番多いのはDである。

No.4

（解答 ▶ P.15）

下記の条件とトーナメント表から判断して，確実にいえることは次のうちどれか。

a　アはイに負けた。

b　イはエに勝った。

c　カは2回戦でエに負けた。

d　オはイに負けた。

e　ウはカに負けた。

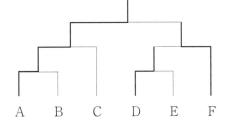

　①　アはBである。

　②　イはCである。

　③　ウはDである。

　④　エはFである。

　⑤　オはAである。

Ａ～Ｈの８チームが，下のトーナメント表で野球の試合を行った。その結果，優勝したのはＡで，準優勝はＨだった。ＢとＣは１回戦で対戦してＢが勝ち，Ｂは２回戦でＨに負けた。またＤは１勝１敗だった。このとき，優勝したＡが２回戦で対戦したチームはどれか。

① Ｃ

② Ｄ

③ Ｅ

④ Ｆ

⑤ Ｇ

Ａ～Ｈまでの８人のテニスの選手が下のようなトーナメント表で試合をすることになった。試合後，次のような発言がされた。

Ａ：「２回試合した。」

Ｂ：「１回戦で負けた。」

Ｃ：「Ｈに勝った。」

Ｆ：「Ａに勝ち，Ｃに負けた。」

Ｇ：「１回戦で負けた。」

Ｈ：「１勝１敗であった。」

以上のことから確実にいえるものはどれか。

① Ｃが優勝した。

② ＣはＤに勝った。

③ Ｄが優勝した。

④ Ｅが優勝した。

⑤ ＨはＥに勝った。

No.1

（解答 ▶ P.16）

A～Fの6人が総当たり戦でバドミントンの試合をした。結果は，A，C，Eがそれぞれ4勝，Fは2勝で，引き分けはなかった。

以上のことから確実にいえるものはどれか。

① BはDに勝ち，Fに敗れた。

② CはEに勝ち，Aに敗れた。

③ DはFに勝ち，Eに敗れた。

④ EはAに勝ち，Bに敗れた。

⑤ FはBに勝ち，Cに敗れた。

No.2

（解答 ▶ P.17）

A～Dの4人で，1人合計6試合ずつ，総当たり戦を2巡行うものとして腕相撲の大会をすることにした。1勝すれば3点与えられ，1敗すれば1点減点し，どちらかが勝利するまで試合を行うというルールで試合を進めていったところ，途中経過は次のようになった。ただし，総当たりの1巡目が終了し，2巡目の途中での経過であるとする。

ア　Aは現在8点獲得している。

イ　Bの現在の得点は0点である。

ウ　CはDに1戦1敗して，現在の得点は7点である。

このとき確実にいえるものは，次のうちどれか。

① Aは現在5試合目まで終了している。

② BはDに2戦2勝している。

③ CはBと1戦しかしていない。

④ Dの現在の得点は1点である。

⑤ これまでに行われた試合数は計9回である。

A～Eの5人が，下のようなトーナメント方式でテニスの試合を行った。試合後，この中の1人が次のような発言をした。

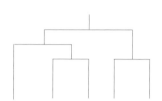

1　優勝したのはAさんだった。

2　田中さんは私と対戦したが，田中さんはそれ以外試合をしていない。また，田中さんも私もCではない。

3　私は3回試合をしたが，優勝しなかった。

4　私とEさんは対戦しなかった。

以上の条件から，発言者はA～Eのうちのだれか。

　　①　AかB　　　②　AかD　　　③　B　　　④　BかD　　　⑤　D

A～Fの6人で，じゃんけんの総当たり戦を行った。1勝すれば2点が与えられ，1敗すれば1点減点され，あいこになった場合はどちらかが勝つまでじゃんけんを繰り返すものとして全ての対決を行ったところ，次のような結果になった。

ア　Aの得点は10点だった。

イ　BはFとの対決に負け，得点は1点だった。

ウ　CはFとの対決に勝った。

エ　DはCとの対決に負け，Fよりも高得点を獲得した。

オ　Eの得点は−5点だった。

このとき確実にいえるものは，次のうちどれか。

① 　BはDとの対決に勝った。

② 　Cの得点は5点だった。

③ 　CとDの得点は同じだった。

④ 　DはFとの対決に負けた。

⑤ 　Fの得点は3点だった。

No.5 （解答 ▶ P.19）

A～Fの6人が卓球の試合を行った。試合はリーグ戦方式で，ア～ウのように行われた。

ア　AとB，EとFが対戦した。

イ　AB戦の勝者はCと，敗者はDと対戦した。

ウ　EF戦の勝者はDと，敗者はCと対戦した。

現在6試合を行った結果，BはCに負け，DはAに負けたがEに勝ち，CはFに勝った。引き分けはない。

まだ全試合が終了したわけではないが，現時点での順位として妥当なものはどれか。ただし，勝率が同じ場合は，対戦相手との勝敗によって順位をつけるものとする。

	1位		2位		3位		4位		5位		6位
①	A	→	B	→	C	→	D	→	E	→	F
②	A	→	C	→	B	→	D	→	F	→	E
③	A	→	C	→	B	→	E	→	D	→	F
④	C	→	A	→	B	→	E	→	D	→	F
⑤	C	→	B	→	A	→	D	→	E	→	F

池添，福永，和田，安藤，藤田，佐藤の6人が，卓球のリーグ戦を行った。その結果について，安藤，藤田，佐藤の3人が，次のような発言をした。

安藤：「福永に負けた。」

藤田：「佐藤に勝てれば全勝だったが……。でも1位だった。」

佐藤：「福永には勝てなかったが，池添，福永，和田と同じ2勝3敗だった。」

このとき，確実にいえることは次のうちどれか。

① 安藤は和田に負けた。

② 和田は福永に勝った。

③ 池添は福永に負けた。

④ 佐藤は和田に勝った。

⑤ 藤田は安藤に負けた。

第4章 対応関係(2) 対応

対応の問題を一言で言うなら「問題に挙げられる条件から推論して，確実にいえることを選ぶ問題」である。種類も多く一般的に定義することは難しいが，判断推理の核をなす重要な分野である。

基本的な解き方は，

(1) 問題の条件をすべて表（や線上）に間違わないように記入する。

(2) そこから確実に想定できることを書き足す。

ということになる。

この2点をふまえて，いろいろな種類の対応関係問題を見ていこう。

Q 例題①

A～Dの4人が同じ部屋にいる。1人は本を読み，1人はテレビを見，1人はインターネットをし，1人は寝ている。次のことがわかっているとき，確実にいえることはどれか。

ア　Aは本を読んでいないし，テレビも見ていない。

イ　Bはインターネットをしていないし，本も読んでいない。

ウ　Cは寝ていないし，インターネットもしていない。

エ　Dはインターネットをしていないし，テレビも見ていない。

① 　Bが寝ているならば，Cは本を読んでいる。

② 　Bがテレビを見ているならば，Dは寝ている。

③ 　Cが本を読んでいるならば，Aは寝ている。

④ 　Cがテレビを見ているならば，Dは寝ている。

⑤ 　Dが本を読んでいるならば，Bはテレビを見ている。

A 解答・解説

対応問題の解き方　その1　「対応表を作る」

　一般的な対応問題の場合，まず対応表を作らなくてはならない。

　例題①の対応表を作ると，上のようになる。

　「4人が4つのことをしている」ので4 + 1と4 + 1，つまり5×5のマス目を書き，一番上と左端に人や項目を入れる（この場合，どちらに人・項目を入れてもかまわないが，このテキストでは左端に人を，上に項目を入れる）。

　あとは問題の条件を書き込んで，そこから想定できることを書き加えていけばよい。

　では，問題の条件を書き込んでみよう。

	本	テ	イ	寝
A	×	×		
B	×		×	
C			×	×
D		×	×	

　このようになる。

　次に確実に想定できるものを考える。対応問題において，1つの項目に対して1つのものしか該当しない場合，**縦マス1列と横マス1列には，○が1つしかつかない**。

　このことを，この問題を使って具体的に見ていこう。次表の 　　　 を見てもらいたい。

	本	テ	イ	寝
A	×	×	○	×
B	×		×	
C			×	×
D		×	×	

　この問題では，4人の人間が4つのことをしているので，各項目（「本」,「テレビ」,「インターネット」,「寝ている」）につき，1人ずつ該当する人間がいるということになる。インターネットの縦マス1列（インターネットをしている人）を見てみると，B・C・Dはインターネットをしていない。よって，インターネットをしているのはAになる。また同時に，Aは，（インターネットをしているので）寝ていなかったことが判明する。

　このように，1つの項目に対して1つのものしか該当しない問題の場合，縦マス1列横マス1列を見て，**1マスを除いて列上すべてに×がついていれば，残っている1つに○をつける（これ以外に該当する可能性がない）**ことができる（逆に，○がついた（該当部が確定した）ものの縦マス1列と横マス1列の他のマスには，×をつける（可能性がなくなる）ことができる）。

※　ただし，あくまで**1つの項目に対して，1つのものしか該当しない場合にのみ使える**原則なので，気をつけること。

問題の条件からわかるのはここまでなので，「Bがテレビを見ている」と「Bが寝ている」の2つに分けて考える。

ア．Bがテレビを見ている場合

	本	テ	イ	寝
A	×	×	○	×
B	×	○	×	×
C		×	×	×
D		×	×	

左表のように，Bが寝ていることはなくなり，同時にCがテレビを見ている可能性も消える。こうなるとCは「テレビ」，「インターネット」，「寝ている」ことがなくなるため，必然的に「本を読んでいた」ことになり，残ったDが「寝ている」という結論になる（A，B，Cが寝ていないのでDが寝ているということもできる）。

	本	テ	イ	寝
A	×	×	○	×
B	×	○	×	×
C	○	×	×	×
D	×	×	×	○

したがって，左表のように表が完成し，A＝インターネット，B＝テレビ，C＝本，D＝寝ている，が確定する。

イ．Bが寝ている場合

	本	テ	イ	寝
A	×	×	○	×
B	×	×	×	○
C			×	×
D		×	×	×

アと同じ要領で考えると，「B＝テレビ」と「D＝寝ている」が×になり，「C＝テレビ」と「D＝本」が確定する。

	本	テ	イ	寝
A	×	×	○	×
B	×	×	×	○
C	×	○	×	×
D	○	×	×	×

したがって，左表のように表が完成し，A＝インターネット，B＝寝ている，C＝テレビ，D＝本となる。

❗ 注意点

　この問題は，2つの表が矛盾なく成立している。「どちらも成立するのはおかしい。どこかで間違えたのでは？」と考えがちだが，そうではない。判断推理の問題では，与えられた条件だけでは判断できないことがよくある。この例題もその一種で，もともと**どちらも成立するように作られた**問題である。複数のことが成立して完全な判断ができないようになっているため，**その複数の成立したものと選択肢とを見比べる**しかない。

　それをふまえて選択肢を見ていくと，

①　Bが寝ているならば，Cは~~本を読んでいる。~~ **テレビを見ている**　→　誤

②　Bがテレビを見ているならば，**Dは寝ている。**　→　　正

③　Cが本を読んでいるならば，Aは~~寝ている。~~ **インターネットをしている**　→　誤

④　Cがテレビを見ているならば，Dは~~寝ている。~~ **本を読んでいる**　→　誤

⑤　Dが本を読んでいるならば，Bは~~テレビを見ている。~~ **寝ている**　→　誤

例題①　**答**　②

☞ 解法のポイント

《対応　基本》

(1)　対応表を書き，条件を書き入れる。

(2)　1つの項目に対して1つのものしか該当しない場合，縦マス1列と横マス1列には，○が1つしかつかない。

(3)　複数の対応表が矛盾なく成立する場合もある。

Q 例題②

6頭が出走する競馬のレースを，A～Eの5人が予想した。

A：「6番が3着以内，2番は4着以下。」

B：「6番は5着，5番は6番に勝つ。」

C：「3番が2着，4番は3着か4着。」

D：「5番は3着以内，1番は5番に負ける。」

E：「1番が1着，2番は2着か3着。」

ところが，これらの予想は何一つとして当たらなかった。このとき，4着に入ったのは，何番の馬か。ただし，同着はなかったものとする。

① 1番

② 2番

③ 3番

④ 5番

⑤ 6番

A 解答・解説

対応問題の解き方　その2　「推理」

　この問題で気をつけなければならないのは，「**これらの予想は何一つとして当たらなかった**」という部分だ。これをどう考えるかだが，何一つ当たらなかったのだから，全員の発言の逆をとらえればよい。

　例えばAの発言「6番が3着以内，2番は4着以下」は，「6番は4着以下，2番は3着以内」となり，Bの発言「6番は5着，5番は6番に勝つ」は，「6番は5着以外，5番は6番に負けた」というように，各発言をひっくり返すと「予想は何一つとして当たらなかった」に該当する。

　これをふまえて，対応表を書いていく。

	1着	2着	3着	4着	5着	6着
1	×					
2		×	×	×	×	×
3		×				
4			×	×		
5	×	×	×			
6	×	×	×		×	

5番に勝つ

6番に負ける

　ここから明らかにわかるのは,「2番は2〜6着ではない＝2番が1着」。まずこれを表に書き入れる。(同時に3番・4番が1着ではないのも確定する。)

	1着	2着	3着	4着	5着	6着
1	×					
2	○	×	×	×	×	×
3	×	×				
4	×		×	×		
5	×	×	×			
6	×	×	×		×	

5番に勝つ

6番に負ける

　確実に想定できるのはここまでである。では例題①のように6番が「4着の場合」と「6着の場合」に分けて考えるかというと,そうではない。ここで少しだけ「**推理**」すれば,1番と6番が6着である可能性はなくなる。

　5番が6番に負けているを言い換えると,「6番は5番に勝っている」となる。つまり,1番と6番は5番よりも早くゴールしているので,**1番と6番が6着になることはない**。

よって1番と6番の「6着」が×なので,必然的に6番の4着が確定する。(同時に1番,3番,5番の4着もなくなる。)

	1着	2着	3着	4着	5着	6着	
1	×			×		×	5番に勝つ
2	○	×	×	×	×	×	
3	×	×		×			
4	×		×	×			**6番に負ける**
5	×	×	×	×			
6	×	×	×	○	×	×	

これ以外（＝１番，３番，４番，５番）の着順は判明しない。

４着は６番である。

例題②　答　⑤

⚠ 注意点

　上記解説の最後に「これ以外の着順は判明しない」と書いた。これが勉強を始めたばかりの人にとっては不安を抱くところなのだが，**判断推理の問題では，与えられた条件だけでは判断できないことがよくある。**

　例えばこの問題が「確実にいえるものはどれか」となっていて，「４番は２着である」という選択肢があったとする。４番が２着である可能性は否定できないが，２着ではない可能性もある（１番２着，３番３着，４番５着，５番６着など）。つまり，今までのような書き方で対応表を作成した場合，**空欄部分は「わからない」「どちらの可能性もある」という意味**になる。

　判断推理の問題は，「確実にいえるものはどれか」という問い方が多い。空欄部分が問われれば，『**どちらの可能性もある**』＝『**確実にはいえない**』＝**誤り**とせざるを得ない。

　このように「判断がつかない」ところがあり，そこを問われた選択肢は，基本的には「誤った選択肢」だと思っていいだろう。

◈ 解法のポイント

《対応　推理》

(1)　条件をよく読むと，推理することでマスが埋まることもある。

(2)　それでも埋まらない場合は，「確実にいえないこと」として空欄にしておく。

(3)　空欄部が選択肢で問われた場合は，「確実にはいえないので誤り」とする。

A～Cの3人は，それぞれ高校の水泳部，野球部，サッカー部のいずれかに所属しており，次のことがわかっている。

　ア　野球部に所属しているのは3年生である。

　イ　Aはサッカー部ではない。

　ウ　Bは水泳部に所属している。

　エ　Cは2年生ではない。

　3人の学年・所属部がそれぞれ別であるとき，確実にいえるものは次のうちどれか。

①　Aは1年生である。

②　Bは2年生である。

③　Cは野球部である。

④　水泳部に所属しているのは1年生である。

⑤　サッカー部に所属しているのは2年生である。

A 解答・解説

対応問題の解き方その3　「複合表」

　この問題では，A～Cの人物に対して，「所属部」と「学年」の2つの条件が挙げられている。

　こういう，「複数の条件」が与えられた場合は，**複合表**を書いて対応する。

	水	野	サ	1	2	3
A						
B		ア			イ	
C						
1						
2		ウ				
3						

複合表とは，左のように対応表を3つ並べたようなものをいう。

例題③を使って解説すると，　ア　のスペースにはA～Cと部活の対応，　イ　のスペースにはA～Cと学年の対応，　ウ　のスペースには，学年と部活の対応が入る。

	水	野	サ	1	2	3
A			×			
B	○					
C					×	
1						
2						
3		○				

解き方そのものは，普通の対応問題と同じだ。まず問題の条件を埋める。アの証言から「野＝3」に○。イの証言から「A＝サ」に×。ウの証言から「B＝水」に○。エの証言から「C＝2」に×をつける。

	水	野	サ	1	2	3
A	×		×			
B	○	×	×			
C	×				×	
1		×				
2		×				
3	×	○	×			

「Bが水泳部」の記述から，「A，Cは水泳部ではない」ことと，「Bは野球，サッカー部ではない」ことが判明するので，左表の　　　部に×が入る。

また同様に，「野球部は3年生」の記述から，「水泳部とサッカー部は3年生ではない」ことと，「野球部は1年生，2年生ではない」ことが判明するので，左表の　　　部に×が入る。

	水	野	サ	1	2	3
A	×	○	×			
B	○	×	×			
C	×	×	○		×	
1		×				
2		×				
3	×	○	×			

次に，A，Bともにサッカー部ではないことから「C＝サッカー部」が確定，同時に「C＝野」は×となる。また，Aが水泳部でもサッカー部でもないことから「A＝野球部」も確定する。

<table>

	水	野	サ	1	2	3
A	×	○	×	×	×	○
B	○	×	×			×
C	×	×	○		×	×
1		×				
2		×				
3	×	○	×			

「野球部＝３年生」の記述から「Ａ＝３年生」が確定。したがってＢとＣが３年生であることも，Ａが１，２年生であることもないので，それぞれの欄に×を書く。

	水	野	サ	1	2	3
A	×	○	×	×	×	○
B	○	×	×	×	○	×
C	×	×	○	○	×	×
1		×				
2		×				
3	×	○	×			

ここで，Ｃが２年生でも３年生でもないことから「Ｃ＝１年生」，Ａ，Ｃとも２年生でないことから「Ｂ＝２年生」であることが確定，同時に「Ｂ＝１」は×になる。

	水	野	サ	1	2	3
A	×	○	×	×	×	○
B	○	×	×	×	○	×
C	×	×	○	○	×	×
1	×	×	○			
2	○	×	×			
3	×	○	×			

Ｂは「水泳部の２年生」であることから「２年生＝水泳部」に○，Ｃは「サッカー部の１年生」であることから「１年生＝サッカー部」に○，同時に「１＝水」と「２＝サ」に×を入れると表が完成する。

以上のことから，正しい選択肢は②である。

例題③　**答　②**

◈ 解法のポイント

《対応　その他》

(1)　与えられた条件だけでは対応表が埋まらない場合は空欄のままにしておき，そこを問われた選択肢は，「確実にはいえないので誤り」とする。

(2)　「複数の条件」が与えられた場合は，複合表を書いて対応する。

No.1 (解答 ▶ P.20)

A〜Cの3人は，イチゴ，オレンジ，メロン，バナナの中から2種類のデザートを選んだ。次のことがわかっているとき，確実にいえることはどれか。

● Aはイチゴを選んだが，バナナは選ばなかった。

● Bはオレンジを選んだが，メロンを選ばなかった。

● CとBは2つとも違うものを選んだ。

● AとBは1つだけ同じものを選んだ。

● メロンは1つしかなかった。

① Aはメロンを選んだ。

② Aはオレンジを選ばなかった。

③ Bはバナナを選んだ。

④ Cはイチゴを選ばなかった。

⑤ Cはバナナを選んだ。

No.2

（解答 ▶ P.20）

A〜Eの5人に，ハンバーグ，ステーキ，からあげ，オムレツ，エビフライの5つのメニューから，好きなものを好きなだけ食べさせた。食後，5人に自分が食べたものを尋ねたところ，次のように答えた。

A：「ハンバーグを食べたが，ステーキは食べなかった。」
B：「オムレツを食べたが，からあげは食べなかった。」
C：「エビフライともう1つ，計2つを食べた。」
D：「オムレツを食べ，からあげは食べなかった。」
E：「ステーキを食べ，ハンバーグは食べなかった。」

あとで確認したところ，エビフライを食べたのは1人，からあげを食べたのが3人，それ以外の3つはそれぞれ2人ずつが食べていた。
このことから確実にいえることは，次のうちどれか。

① Aはからあげを食べた。
② Bは2つ食べた。
③ Cはステーキを食べた。
④ Dは3つ食べた。
⑤ Eはからあげを食べていない。

A〜Dの4人は，すべて住んでいる場所が違っていて，福岡市，北九州市，下関市，直方市のいずれかである。Aは下関市の人間ではなく，Bより年上である。Bは直方市の人間より若く，下関市の人間と年齢が1つ違いである。Dは直方市の人間ではなく，下関市の人間より年上である。

以上のことから確実にいえるものは，次のうちどれか。

① Aは直方市の人間である。
② Aは北九州市の人間である。
③ Bは福岡市の人間である。
④ Cは直方市の人間である。
⑤ Dは北九州市の人間である。

A〜Dの4人は，犬，猫，ウサギ，ハムスターをペットとして飼っており，これらの名前は，ラッキー，ベッキー，ビッキー，ロッキーのいずれかである。ア〜オのことがわかっているとき，確実にいえるものは，次のうちどれか。

ア　Aは猫を飼っているが，ラッキーではない。
イ　Bはベッキーもビッキーも飼っていない。
ウ　Cは犬もハムスターも飼っていない。
エ　ビッキーは猫でもウサギでもない。
オ　ロッキーは犬かハムスターである。

① Aはビッキーを飼っている。
② Bはハムスターを飼っている。
③ Dは犬を飼っている。
④ ラッキーはウサギである。
⑤ ロッキーはハムスターである。

No.5

(解答 ▶ P.22)

A〜Dの4人が，学校で月曜日から金曜日の間に，それぞれ英語を4コマ，国語を4コマ履修している。Aは水曜日に英語も国語も履修していない。火曜日にB以外は全員が国語を履修している。また，木曜日には4人とも英語を履修しているが，その日に国語も履修している者はそのうち2人である。水曜日に2科目履修している者はいない。

ここで，同じ科目は1日に2コマ以上ないとすると，正しいものはどれか。

① AとCは同じように履修している。
② AとDは同じように履修している。
③ Bは水曜日に国語を履修していない。
④ CとDは同じように履修している。
⑤ Dは月曜日に英語を履修していない。

No.6

(解答 ▶ P.23)

A〜Dの4人は，それぞれ地方公務員，郵便局員，警察官，消防士である。以下のことがわかっているとき，確実にいえるものはどれか。

1 Aは地方公務員より年上で，警察官より年下である。
2 Bは郵便局員より年下で，消防士より年上である。
3 Cは警察官の友人の姉で，郵便局員より年下である。
4 Dは消防士の妻の友人で，地方公務員とも友達である。

① Aは地方公務員である。
② Cは消防士である。
③ Dは郵便局員である。
④ 地方公務員は郵便局員より年上である。
⑤ 地方公務員と警察官は友人である。

No.1　　　　　　　　　　　　　　　　　　　　　　　　　　　（解答 ▶ P.23）

A〜Eの5人が1人あたり2つずつおにぎりを買った。おにぎりの具は梅，鮭，おかか，昆布，ツナの5種類であり，次のことがわかっている。

ア　梅・鮭を選んだのはそれぞれ3人，ツナは2人だった。

イ　Aは昆布を選んだが，梅は選ばなかった。

ウ　Bはおかかを選んだが，鮭は選ばなかった。

エ　Cはツナを選んだ。

オ　Dはツナを選ばなかった。

カ　Eは鮭を選ばなかった。

このとき，確実にいえるのは次のうちどれか。ただし，どの具も最低1人は選んだ者がいることとする。

①　Aは鮭を選んだ。

②　Bはツナを選んだ。

③　Cは梅を選んだ。

④　Dはおかかを選んだ。

⑤　Eは昆布を選んだ。

No.2　　　　　　　　　　　　　　　　　　　　　　　　　　　（解答 ▶ P.23）

A〜Dの4人がくじ引きをした。くじは金賞，銀賞，銅賞，ハズレの4種類がそれぞれ1枚ずつあり，引く前に4人とも誰がどのくじを引くかを下表のように予想した。結果，それぞれ自分の出目の予想ははずしたが，他の3人中1人の予想だけは的中させることができた。このとき確実にいえるのは次のうちどれか。

①　Aは金賞かハズレである。

②　Aは銀賞である。

③　Bは金賞か銅賞である。

④　Cは金賞か銀賞である。

⑤　Dは銅賞かハズレである。

	金賞	銀賞	銅賞	ハズレ
A	A	C	B	D
B	A	D	C	B
C	B	D	A	C
D	D	A	B	C

No.3

（解答▶P.24）

ある駐車場に駐車してある車についてア〜オのことが分かっているとき，確実にいえることとして妥当なのはどれか。

ア　駐車してある車の色は，赤色，白色，黒色のいずれかであった。

イ　駐車してある車は，A社製，B社製，C社製のいずれかであった。

ウ　赤色の車はすべてA社製の車であった。

エ　B社製の車はすべて白色であった。

オ　C社製の車は黒色ではなかった。

①　黒色の車はすべてA社製であった。

②　白色の車はすべてB社製であった。

③　A社製の車には白色はなかった。

④　C社製の車には白色と赤色があった。

⑤　A社製の車は赤色だけであった。

No.4

（解答▶P.24）

A〜Dの4人は部長，課長，係長又は主任のいずれか異なる役職に就いている。ある日の4人の行動について次のア〜エのことが分かっているとき，確実にいえるのはどれか。

ア　Aは，係長に会わなかった。

イ　Bは，部長に会ったがDに会わなかった。

ウ　Cは，課長と係長に会った。

エ　Dは，課長に会った。

①　Aは，部長である。

②　Aは，主任である。

③　Bは，係長である。

④　Cは，主任である。

⑤　Dは，係長である。

動物園に来園した4人の小学生A～Dに，ゾウ，カバ，キリン，ライオンについて聞いた。今，次のア～カのことが分かっているとき，確実にいえるのはどれか。

ア　A～Dは，いずれも2種類の動物が好きである。

イ　Aはカバが好きではない。

ウ　A，B，Cは共通した好きな動物が1種類あり，もう1種類は3人とも異なる。

エ　BとDは，共通した好きな動物がいない。

オ　Dの好きな動物はゾウで，もう1種類はCと同じである。

カ　キリン，ゾウが両方とも好きな小学生はいない。

① Aはゾウ，Bはカバが好きである。

② Aはライオン，Cはカバが好きである。

③ Bはキリン，Cはゾウが好きである。

④ Bはライオン，Dはキリンが好きである。

⑤ Cはキリン，Dはライオンが好きである。

No.6

（解答 ▶ P.25）

A〜Eの５人が，りんご，みかん，桃，梨の４つの果物から１人１つずつを選んだ。次のことがわかっているとき，確実にいえるものは次のうちどれか。ただし，どの果物も最低１人は選んだ者がいることとする。

ア　AとDは違う果物を選んだ。

イ　BまたはEはりんごを選んだ。

ウ　CとEはみかんを選ばなかった。

オ　梨を選んだ者は２人いるが，Cは梨を選ばなかった。

エ　DとEは桃を選ばなかった。

① Bがりんごを選んだとすれば，Dは梨を選んだ。

② Bがりんごを選んだとすれば，Aはみかんを選んだ。

③ Dがみかんを選んだとすれば，Eはりんごを選んだ。

④ Dが梨を選んだとすれば，Aはみかんを選んだ。

⑤ Eがりんごを選んだとすれば，梨を選んだのはBとDである。

No.7

（解答 ▶ P.26）

A〜Eの５人の好きな色は，赤，青，緑，白，黒のいずれかであり，それぞれ異なっている。Aは赤と緑が嫌いであり，Bの好きな色は緑，白，黒のいずれかであり，Cの好きな色は青，緑，黒のいずれかであり，Dは白が嫌いであり，Eは赤が嫌いである。全員の好きな色を特定するには，これらの条件に加えて，次のどの条件が加わればよいか。

① Aは青，Bは白が好きである。

② Aは青，Eは白が好きである。

③ Bは白，Cは黒が好きである。

④ Cは青，Dは赤が好きである。

⑤ Dは赤，Eは黒が好きである。

A〜Eの5人の好きな食べ物は天ぷら，刺身，寿司，カレー，ケーキのいずれかであり，それぞれ異なっている。だれがどの食べ物が好きなのかはわかっていないが，次のことが明らかになった。

ア　AとCは，刺身が好きな人より年上である。

イ　BとCは，カレーが好きな人と同い年ではない。

ウ　Eは，刺身が好きな人とカレーが好きな人より背が高い。

エ　ケーキが好きな人とEは，同い年である。

オ　カレーが好きな人は，Aより年上である。

カ　寿司が好きな人は，A，Eより年下である。

以上のことから，確実にいえるのは次のうちどれか。

①　Bはケーキが好きな人より年下である。

②　Cは寿司が好きな人より年上である。

③　Dはケーキが好きな人より年下である。

④　最年長はケーキが好きな人である。

⑤　最年少は寿司が好きな人である。

A〜Fの6人でアルバイトをしている。6人のうち3人は月・水・金曜日に働き，残りの3人は火・木・土曜日に働いて，日曜日は全員休みである。次のア〜ウのことがわかっているとき，確実にいえるのはどれか。

ア　A・D・Fの3人が全員同じ日に出勤することはない。

イ　A・E・Fの3人が全員同じ日に出勤することはない。

ウ　BとCの出勤する日は同じである。

①　AとDは同じ日に出勤する。

②　BとEは同じ日に出勤する。

③　CとEは同じ日に出勤する。

④　DとEは同じ日に出勤する。

⑤　DとFは同じ日に出勤する。

No.10

（解答 ▶ P.28）

ある学校で，月曜日から水曜日までの3日間，A～Fの6人が掃除当番と給食当番に交代でついた。次のことがわかっているとき，確実にいえることはどれか。

ア　当番は毎日各2人ずつである。

イ　Aは3日間毎日当番になっており，掃除当番と給食当番のどちらにもなっている。

ウ　BはAが掃除当番の日には，必ず掃除当番になっている。

エ　Cは月曜日と水曜日が掃除当番で，火曜日は当番についていなかった。

オ　Dは3日間のうち2日間当番につき，2日ともAと一緒に当番についた。

① Aは3日間のうち2日，掃除当番になっている。

② Bは1日しか当番についていない。

③ CはEと同じ日に掃除当番になっている。

④ Dは給食当番にしかなっていない。

⑤ Eは掃除当番と給食当番のどちらにもなっている。

No.11

（解答 ▶ P.28）

A～Dの4人がレストランに入り，料理と飲み物を注文した。4人が注文した料理はハンバーグ，グラタン，オムライス，カレーのいずれか，飲み物はコーヒー，紅茶，オレンジジュース，コーラのいずれかで，それぞれ異なっている。次のことがわかっているとき，正しいものはどれか。

ア　Aの注文した料理とグラタンは同じ値段だった。

イ　Cはコーラを注文し，Dはカレーを注文した。

ウ　ハンバーグを注文した人は紅茶を，オムライスを注文した人はオレンジジュースを，それぞれ注文した。

エ　Bの注文した料理とオムライスは，同時にテーブルに運ばれてきた。

① Aはハンバーグを注文した。

② Aはコーヒーを注文した。

③ Bはグラタンを注文した。

④ Bはオレンジジュースを注文した。

⑤ Dはコーヒーを注文した。

九州新幹線の博多～熊本間の停車駅について，以下のような原案が出された。

●以下の6つの駅を作る。

1　停車するパターンはA～Fの6つとする。

2　春日駅に停車するパターンはA・C・Eの3パターンのみとし，このうちAパターンは春日駅と八女駅にのみ停車する。

3　筑紫野駅に停車するパターンはB・Fパターンのみとする。

4　大牟田駅に停車するパターンは，2パターンのみとする。

5　各駅停車は作らず，博多～春日，大牟田～熊本を除いて，どのパターンも停車駅の前後の駅には停車しないものとする。ただし，利用者の利便性をはかるため，どの駅からも隣の駅以外の駅には，いずれかのパターンを使って行くことができるようにする。

6　どのパターンも，2駅もしくは3駅に停車する。

この原案が可決された場合，確実にいえることは次のうちどれか。

①　Bパターンの停車駅は，筑紫野と久留米である。

②　Cパターンの停車駅は，春日・久留米・大牟田である。

③　Dパターンの停車駅は，鳥栖と八女である。

④　鳥栖駅に停車するパターンは3つある。

⑤　久留米駅に停車するパターンは3つある。

MEMO

第5章 対応関係⑶類推

　対応問題は，基本的には対応表を書いて解いていくが，問題によっては対応表が書けないようなものもある。その場合は，問題の条件を書いたあと，そこから類推して答えを導かなければならない。では，そのやり方を見ていこう。

Q　例題①

　　A〜Gの7人が，親子丼・カツ丼・うどん・そばの4つのメニューから1つを注文した。それぞれの注文についてア〜エのようにわかっているとき，確実にいえるものはどれか。

　　ア　D・E・Fのうち1人が親子丼を注文した。
　　イ　A・B・Dのうち2人がカツ丼を注文した。
　　ウ　C・F・Gのうち2人がうどんを注文した。
　　エ　A・C・Gのうち2人がそばを注文した。

　　①　Aはカツ丼を注文した。
　　②　Cはそばを注文した。
　　③　Dは親子丼を注文した。
　　④　Fはうどんを注文した。
　　⑤　Gはそばを注文した。

A　解答・解説

類推系問題の解き方　その1　「矛盾しないように組み立てる」

　この問題内容では対応表が書けない。そこで，まず問題の条件を書き連ねてみる。

　1．D・E・F　→　1人が親子丼
　2．A・B・D　→　2人がカツ丼

3. $\boxed{C \cdot F \cdot G}$ → 2人がうどん
4. $\boxed{A \cdot C \cdot G}$ → 2人がそば

ここで注目しなければならないのが $\boxed{ここ}$ だ。

C・F・Gのうち2人がうどんをたのみ，A・C・Gのうち2人がそばをたのんでいる。すると，<u>CとGが同じものをたのんでいることはない</u>。なぜなら，C・Gの2人がうどんをたのんだとするならば，そばをたのんだ可能性があるのはAしかいないし，逆にC・Gがそばをたのんだとするならば，うどんをたのんだ可能性があるのはFしかいないことになるからだ。つまり，<u>CかGのどちらかがうどんをたのみ，うどんをたのまなかったほうがそばをたのんでいる</u>。

1. D・E・F → 1人が親子丼
2. A・B・D → 2人がカツ丼
3. $\boxed{C \cdot ⓕ \cdot G}$ → 2人がうどん
4. $\boxed{Ⓐ \cdot C \cdot G}$ → 2人がそば

── どちらか片方がたのんでいる。

この2人は確実にたのんでいる。

そうすると，うどん，そばともに2人ずつたのんでいることから，Fはうどんを，Aはそばをたのんでいることが確定する。

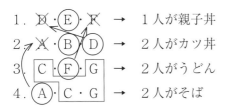

1. $\cancel{D} \cdot Ⓔ \cdot \cancel{F}$ → 1人が親子丼
2. $\cancel{A} \cdot Ⓑ \cdot Ⓓ$ → 2人がカツ丼
3. $\boxed{C \cdot F \cdot G}$ → 2人がうどん
4. $\boxed{Ⓐ \cdot C \cdot G}$ → 2人がそば

Aがそばをたのんでいることが確定した段階で，Aがカツ丼をたのんでいる可能性はなくなる。したがって，カツ丼をたのんだのはBとD。また，Fはうどんをたのんでいるので，必然的に親子丼をたのんだのはEとなる。

なお，CとGのどちらがうどんでどちらがそばかは判明しない。

例題① 答 ④

☞ 解法のポイント

《類推その1》

　対応表が書けない問題は，問題条件を書き連ねて，矛盾しないように組み立てる。

> A～Cの3人が，裏返されたトランプ2枚の色を予想するゲームをした。Aは赤・黒，Bは黒・赤，Cは両方黒と予想し，結果は両方当たった者，片方だけ当たった者，両方はずれた者が各1人ずつだった。以上から判断して，確実にいえるものは次のうちどれか。
>
> ① Aの予想は両方当たった。
> ② Aの予想は両方はずれた。
> ③ Bの予想は両方当たった。
> ④ Bの予想は両方はずれた。
> ⑤ Cの予想は片方だけ当たった。

A 解答・解説

類推系問題の解き方　その2　「場合分けなどして，矛盾するものを消去する」

まず，問題の条件を書いてみる。

Aの予想：	赤	黒
Bの予想：	黒	赤
Cの予想：	黒	黒

　あとわかっているのは，この中で両方当たった者，片方当たった者，両方はずれた者が1人ずついるということだ。

　この条件で，場合分けすると，

Aの予想が「両方当たり」の場合→Bは「両方はずれ」，Cは「片方当たり」 ➡ 成立

Bの予想が「両方当たり」の場合→Aは「両方はずれ」，Cは「片方当たり」 ➡ 成立

Cの予想が「両方当たり」の場合→A，Bとも「片方当たり」 ➡ 不成立

つまり，Cの予想が「両方当たり」の場合だけ，<u>条件に矛盾するので消去できる。</u>

また，「考えられる結果をすべて書いて，条件に矛盾する結果を消去する」という方法もある。

トランプの色は「赤」と「黒」で，それを2枚引くのだから，考えられる結果は，「赤・黒」，「黒・赤」，「赤・赤」，「黒・黒」の4通り。そうすると，

「赤・黒」の場合→A：両方当たり，B：両方はずれ，C：片方当たり ➡ 成立

「黒・赤」の場合→A：両方はずれ，B：両方当たり，C：片方当たり ➡ 成立

「赤・赤」の場合→A：片方当たり，B：片方当たり，C：両方はずれ ➡ 不成立

「黒・黒」の場合→A：片方当たり，B：片方当たり，C：両方当たり ➡ 不成立

このことから，下の2つ「赤・赤」と「黒・黒」の場合は，<u>条件に矛盾するので消去できる。</u>

したがって，AとBの「両方当たり」か「両方はずれ」は断定できないが，Cの「片方当たり」は間違いない。

このように，内容や結果を書いた後，成立条件に合わないもの＝**成立条件に矛盾するものを消去する**ことで，解答が得られる問題もある。

例題② **答 ⑤**

🔍 解法のポイント

《類推その2》
　うまく組み立てられない場合は，場合分けして矛盾するものを消去する。

No.1 （解答 ▶ P.30）

ある冬の日，結婚式に行ったA〜Dの4人は，4人ともコートを間違えて持って帰った。次のことがわかっているとき，確実にいえるものはどれか。

● Aが持って帰った黒いコートは，Cのものではない。

● Bが持って帰ったのは，Dのグレーのコートではない。

● 次の日に2人ずつ会ってコートを交換すると，全部のコートが持ち主の手に戻った。

① 黒いコートは2着あった。

② AはDのコートを持って帰った。

③ BはCのコートを持って帰った。

④ CはDのコートを持って帰った。

⑤ DはBのコートを持って帰った。

No.2 （解答 ▶ P.30）

ある会社には，総務課，経理課，人事課，営業課の4つの課がある。ある年の4月，大幅な配置転換があり，社員全員の所属している課が替わった。この会社に勤務するア〜エの4人について，以下のことがわかった。

● 去年，4人はすべて違う課に所属していたが，イが所属していたのは総務課だった。

● イは今年，人事課に配属されたが，そこには去年，ウが配属されていた。

● アが今年配属された課は，去年エがいた経理課ではない。

● 4人のうち，ウとエのみ同じ課に配属された。

このとき，確実にいえるものは次のうちどれか。

① アが今年配属されたのは，営業課である。

② アは去年，人事課にいた。

③ ウが今年配属されたのは，経理課である。

④ エは経理課から営業課に転属した。

⑤ 今年，4人が配属されなかったのは，総務課である。

No.3

(解答 ▶ P.30)

A～Fの6人が, 2人乗りで3台のバイクにまたがり, ツーリングに出かけた。次の4つのことがわかっているとき, 確実にいえるものはどれか。

1　CとDは, 行きに一緒のバイクに乗った。
2　AとDとEは, 行き帰りとも一緒のバイクには乗らなかった。
3　Aと帰りに一緒のバイクに乗った人は, 行きはEと一緒のバイクに乗った。
4　全員, 行きと帰りのパートナーは別人だった。

① 　AとBは, 行きに一緒のバイクに乗った。
② 　AとCは, 行きか帰りのどちらかで一緒のバイクに乗った。
③ 　CとEは, 帰りに一緒のバイクに乗った。
④ 　DとFは, 行きも帰りも一緒のバイクには乗らなかった。
⑤ 　EとFは, 行きに一緒のバイクに乗った。

No.4

(解答 ▶ P.30)

5枚のカードがある。それぞれのカードには, 表と裏にA～Jのアルファベットが1つずつ記されているが, だぶっている文字はない。これらのカードを表裏を考えずに3回並べたところ, 以下のようになった。このとき, 確実にいえるものはどれか。

1回目　E, J, G, F, A
2回目　I, F, H, D, E
3回目　B, G, I, D, F

① 　Aの裏はI
② 　Bの裏はJ
③ 　Dの裏はA
④ 　Eの裏はF
⑤ 　Gの裏はH

母親と娘のペアが３組おり，それぞれの人間をＡ～Ｆとする。次のことがわかっているとき，確実にいえるものは次のうちどれか。

ア　娘Ａと母親Ｄの身長は同じである。

イ　Ｂは他の５人とは身長が違う。

ウ　Ｃ・Ｅ・Ｆの３人の身長は同じである。

エ　ＥとＦは母親である。

オ　母親のうち２人は娘より背が低く，残りの１人は娘より背が高い。

  ①　ＡはＢより背が高い。

  ②　ＢとＥは親子である。

  ③　ＢはＡより背が高く，Ｃより背が低い。

  ④　ＣとＤは親子である。

  ⑤　ＤはＦより背が低い。

ある日，Ａ～Ｅの５人は学校の食堂で昼食をとった。ア～エのことがわかっているとき，確実にいえることは，次のうちどれか。

ア　ＡはＢ～Ｅのうち３人と食堂で会った。

イ　Ｂが食堂に入ったら，ＡとＣだけがいた。

ウ　Ｄが食堂に入ったときには，だれもいなかった。

エ　Ｅが食堂に入ろうとしたら，ちょうどＤが出てきた。

  ①　Ａは食堂でＥに会わなかった。

  ②　Ｂが食堂を出るときには，だれもいなかった。

  ③　ＣはＡよりも早く食堂に入った。

  ④　Ｄは食堂でＡに会った。

  ⑤　Ｅは食堂でＢに会っていない。

演習問題

No.1 (解答▶P.32)

ある高校にＡ〜Ｅの５人がいる。この５人のうち２人が，ペアを組んで卓球の試合に出ることになったが，この２人は性別，学年，血液型ともに異なっていた。試合に出る可能性がないのは，５人のうちだれか。

	性別	学年	血液型
Ａ	男	１年	Ａ型
Ｂ	女	３年	Ｂ型
Ｃ	男	２年	Ｂ型
Ｄ	女	２年	Ａ型
Ｅ	男	３年	Ｏ型

① Ａ

② Ｂ

③ Ｃ

④ Ｄ

⑤ Ｅ

No.2 (解答▶P.32)

Ａ〜Ｅの５人がプレゼント交換をするために，Ａは**500円**，Ｂは**400円**，Ｃは**300円**，Ｄは**200円**，Ｅは**100円**のプレゼントをそれぞれ用意した。プレゼントを交換した結果，Ａ，Ｃ，Ｄには自分が買ったものより安いプレゼントが渡され，Ｂ，Ｅには自分が買ったものより高いプレゼントが渡された。また，Ｅは**300円**のプレゼントを受け取った。このとき，確実にいえるものは次のうちどれか。

① Ａは400円のプレゼントを受け取った。

② Ａは200円のプレゼントを受け取った。

③ Ａは100円のプレゼントを受け取った。

④ Ｃは100円のプレゼントを受け取った。

⑤ Ｄは300円のプレゼントを受け取った。

No.3 (解答 ▶ P.33)

Aは1，3，5，7，9，11の6つの異なる数字がそれぞれ1つずつ書かれたカードを6枚持っており，Bは同様に2，4，6，8，10，12のカードを持っている。この2人が同時にカードを1枚ずつ出し，数字の大きいほうが勝ちというゲームを行う。Aは1，9，11のカードを出して負け，3，5のカードを出して勝った。最後にAが7のカードを出した際，Bが出すカードとしてあり得るものはどれか。ただし，カードはそれぞれ1度しか使えないものとする。

① 2

② 4

③ 8

④ 10

⑤ 12

No.4 (解答 ▶ P.33)

あるケーキ店で，ショートケーキ，チーズケーキ，モンブラン，ガトーショコラの4種類のケーキを売り出した。このとき，ケーキの売れ方について調査すると次のような結果が得られた。

●同じ種類のケーキを2つ以上買った人はいない。

●1つだけケーキを買った人はいない。

●ショートケーキとモンブランを両方買った人は，チーズケーキとガトーショコラも買った。

●チーズケーキを買った人は，3つ以上ケーキを買った。

このとき，すべての人が買ったケーキはどれか。

① ショートケーキ

② チーズケーキ

③ モンブラン

④ ガトーショコラ

⑤ すべての人が買ったケーキはない

A～Fの6人が喫茶店に入り，全員がデザートと飲み物がセットになったデザートセットを注文した。これは，ケーキ，アイスクリーム，プリンの中から1つのデザートを，コーヒー，紅茶から1種類の飲み物を，好きな組み合わせで選べるというものである。このとき，6人の注文についてア〜オのことがわかっている。

ア　6人はそれぞれ異なる組み合わせのセットを注文した。
イ　Aはプリンとコーヒーのセットを注文した。
ウ　C，E，Fの3人は同じ飲み物を注文した。
エ　Cはプリンを注文した。
オ　DとEは同じデザートを注文した。

このとき，確実にいえるものは次のうちどれか。

①　Bは紅茶を注文した。
②　Bはケーキを注文した。
③　Bがアイスクリームを注文したとき，Fはケーキを注文した。
④　Dがケーキを注文したとき，Fもケーキを注文した。
⑤　Dがアイスクリームを注文したとき，Fはケーキを注文した。

A～Eの5人が全員でジャンケンをしたところ，1回目は勝負なしであり，2回目で3人が勝ち残り，3回目で優勝者が決定した。

次のア～ウのことがわかっているとすれば，優勝したのはだれか。

ア　AおよびDはパー，Cはグー，Eはチョキを出さなかった。

イ　B，DおよびEは最初はグーを出した。

ウ　A，BおよびCは同じものを続けて出さなかった。

① A

② B

③ C

④ D

⑤ E

A氏は1から5までの数字が書かれたカードをそれぞれ1枚ずつ，B氏は3から7までの数字が書かれたカードをそれぞれ1枚ずつ持っている。ここで，2人が同時にカードを1枚ずつ出し，数字の大きいほうが勝ち，同じ数字の場合は引き分けとするゲームを行った。2人がすべてのカードを出し尽くした時点でのA氏から見た成績として，実際にあり得るものは次のうちどれか。なお，一度出したカードを再び出すことはできないものとする。

① 1敗4引き分け

② 1勝1敗3引き分け

③ 1勝3敗1引き分け

④ 2勝2敗1引き分け

⑤ 3勝2敗

（解答 ▶ P.35）

オレンジ味・イチゴ味・メロン味の飴がそれぞれ6個ずつあり，これをA〜Cの3人で6個ずつ分けた。分けた結果については次のようにわかっており，3人ともすべての種類の飴を最低1個は持っているものとする。

ア　Aはイチゴ味より，オレンジ味の飴を3個多く持っている。

イ　Bはオレンジ味より，メロン味の飴を1個多く持っている。

このとき，正しいものは次のうちどれか。

①　Aはメロン味の飴を2個持っている。

②　Bはイチゴ味の飴を2個持っている。

③　Bはメロン味の飴を3個持っている。

④　Cはイチゴ味の飴を2個持っている。

⑤　Cはメロン味の飴を4個持っている。

あるスーパーでは，肉，魚，野菜の特売をそれぞれ1週間に3回ずつ行っており，次のことがわかっている。

● 毎週水曜日だけは，肉，魚，野菜の特売が同時に行われる。

● 肉の特売日は，毎週月曜日，水曜日，日曜日である。

● 魚の特売日は，2日以上連続して行われることはない。

● 野菜の特売日は，月曜日，水曜日の2日だけ肉の特売日と一緒になる。

● 1週間のうち2日だけ，何も特売がない日がある。

このとき，確実にいえるのは次のうちどれか。

① 魚の特売は月曜日に行われる。

② 魚と野菜の特売が同時に行われるのは，水曜日だけである。

③ 野菜の特売は土曜日に行われる。

④ 肉と魚の特売が同時に行われるのは，水曜日だけである。

⑤ 火曜日と木曜日は何も特売がない。

No.10

（解答 ▶ P.36）

12個のみかんをＡに５個，Ｂに４個，Ｃに３個分けたところ，次のようになった。このことから確実にいえるのはどれか。

● ３人のうち２人が食べきれず，１人が食べ残した個数は，もう１人が食べ残した個数の２倍であった。

● ＡとＢは，ともにＣの３倍以上食べた。

● ３人とも１個以上食べた。

① 　ＡはＢより，ＢはＣより多く食べた。
② 　Ａが食べた個数とＢが食べた個数の差は，２個である。
③ 　Ｂは４個とも食べた。
④ 　食べた個数が最も多い者と最も少ない者とでは，４個の差がある。
⑤ 　残した個数はＣが最も多い。

（解答▶P.36）

A～Fの6人は，サイコロを振って出た目の大きいほうが勝ちというゲームを6人総当り方式で行った。同じ目が出た場合は差が出るまで振り続け，必ず勝敗をつけたところ，以下のような成績になった。

- AとBは同順位
- CはEに勝って，2勝3敗
- Eは4勝1敗
- FはBに負けて，3勝2敗

順位は勝ち数によって決めることとし，同順位は4人以上いなかったとすると，確実にいえるのは次のうちどれか。

① DはAに負けている。
② 少なくとも全員1勝はしている。
③ AはBに負けている。
④ 2勝3敗で同順位が3人いる。
⑤ FはEに勝っている。

 （解答▶P.37）

9枚のカードがあり，それぞれに1から9までの番号が1つずつ書かれている。A～Cの3人がこの中から1人3枚ずつカードを取ったとき，Aの取ったカードの中には1のカードが含まれ，3枚の数字を合計すると11になった。またBの取ったカードには3のカードが含まれ，3枚の数字を合計すると12になった。このとき，Cの持っているカードに確実に含まれているものは次のうちどれか。

① 5
② 6
③ 7
④ 8
⑤ 9

No.13

(解答 ▶ P.37)

いちご味の飴が5個，オレンジ味の飴が6個，メロン味の飴が3個ある。これをA～Dの4人がそれぞれ好きなだけ取ったところ，飴はすべてなくなった。次のア～オのことがわかっているとき，正しいものは次のうちどれか。

ア　全員が飴を3個か4個取っており，その中にはいちご味の飴が少なくとも1個入っている。

イ　Aはメロン味の飴を2個取った。

ウ　Bは3種類すべての飴を同数取った。

エ　Cはいちご味の飴とオレンジ味の飴を同数取った。

オ　Dは飴を4個取った。

① Aはいちご味の飴を2個取った。

② Bはメロン味の飴を2個取った。

③ Cはいちご味の飴を1個取った。

④ CとDはオレンジ味の飴を同じ数取った。

⑤ Dはオレンジ味の飴を3個取った。

No.14

(解答 ▶ P.38)

A～Eの5人が○×式の試験を受けた。問題は全部で4問あり，Aは4問，Bは3問正解した。4問のうちの2問について○を選んだのはAだけであり，Cはすべて×を選んだ。DはBと同数の○を選んだ。Eは，BかDのどちらか一方でも○を選んだ問題では○を選び，どちらも×を選んだ問題では×を選んだ。

まったく同じ解答をした者はいなかったとき，確実にいえることはどれか。

① Bは1問だけ○を選んだ。

② CはDより正解が多かった。

③ Dは最も正解が少なかった。

④ Eは2問正解した。

⑤ 1問も正解しなかった者がいる。

あんパンとクリームパンが合計9個ある。A～Cの3人で3個ずつ分けたところ，全員にあんパンとクリームパンの両方が行き渡ったが，AとBの持っているパンの組み合わせが全く同じになった。ここで，まずAとBで互いに異なる組み合わせの2個を交換し，さらにBとCでも同様に交換した。そうすると，3人の持っているパンの組み合わせは，3人とも異なっていた。このとき，最終的な組み合わせとして確実にいえることは次のうちどれか。

① Aは同じ種類のパンを3個持っている。
② Aはあんパンを少なくとも1個持っている。
③ Bはあんパンを3個持っている。
④ Cは同じ種類のパンを3個持っている。
⑤ あんパンは全部で5個ある。

5人が1チームとなってカード取りゲームに参加した。ゲームは3回行われ，結果は次のとおりであった。

第1回戦：チームとして3枚獲得したが，カードを取れなかった者のほうが多かった。
第2回戦：チームとして4枚獲得したが，2回戦ともカードを取った者は1人だけで，第2回戦までカードを取れなかった者は1人だけだった。
第3回戦：チームとして5枚獲得したが，3回戦のうち1回戦しかカードを取れなかった者は1人だけで，その者の獲得したカードは2枚であった。また，3回戦ともカードを取れなかった者はいなかった。

以上のことから，確実にいえるものはどれか。

① 個人別の総枚数では，少なくとも3人が2枚のカードを獲得した。
② 個人別の総枚数では，少なくとも1人が3枚のカードを獲得した。
③ 3回戦ともカードを獲得した者は1人だけであった。
④ 第1回戦では2人がカードを獲得した。
⑤ 第2回戦では4人がカードを獲得した。

No.17

(解答 ▶ P.39)

Aは赤い旗と白い旗を持っており，どちらか片方の旗をあげるという動作を5回繰り返した。B〜Dの3人は，Aがどちらの旗をあげるのかをあらかじめ予想し，以下の表が3人の予想と得点である。このときDの得点として正しいものはどれか。ただし，配点はすべて予想1問あたり**10**点である。

	1回目	2回目	3回目	4回目	5回目	得点
B	赤	白	白	赤	赤	40
C	赤	赤	白	白	白	10
D	白	白	赤	赤	白	

① 　0 点

② 　10 点

③ 　20 点

④ 　30 点

⑤ 　40 点

No.18

(解答 ▶ P.40)

A〜Eの5人に，白2枚，黒3枚の計5枚のカードの中から1枚ずつ，本人にしか見えないようにカードを配った。すると，AがBのカードをのぞいて，「Cのカードの色はわからない」と言った。それを聞いたBは，Cのカードをのぞいたが，「Aのカードの色はわからない」と言った。ところが，これらを聞いていたCが「Bのカードの色はわかった」と言った。

このとき，確実にいえるものはどれか。ただし5人は，5枚のカードが白2枚，黒3枚ということは知っている。

① 　Aのカードは白

② 　Aのカードは黒

③ 　Bのカードは白

④ 　Bのカードは黒

⑤ 　Cのカードは白

ある町で走っているモノレールは，A駅から順に，B駅，C駅，D駅，E駅，F駅，G駅，H駅と
8つの駅がある。ある日の昼，A駅発H駅行きのモノレールのある車両に，ア～クの8人がA駅か
ら乗り込んだ。この8人の下車状況は，次のとおりであった。

1　オはクが降りたあとに降りた。

2　E駅で降りたのはイかウのどちらかであり，もう一方はE駅よりも前で降りた。

3　D駅で降りたのはカのみであり，アともう一人はそれよりも前の駅で降りていた。

4　F駅ではキのみが降り，G駅では2人が降りた。

途中，この車両にはだれも乗車してこなかったとすると，確実にいえるものは次のうちどれか。

　①　アはC駅で降りた。

　②　イはB駅で降りた。

　③　ウはC駅で降りた。

　④　エはH駅で降りた。

　⑤　クはG駅で降りた。

MEMO

第6章 対応関係(4) 嘘つき問題

　今までの対応問題は,「問題の条件」には偽りがないことを前提に解いてきた。しかし,問題によっては「この中の1つが嘘だとすると……」というように,問題の条件そのものに嘘が混じっているものもある。そのような問題を「嘘つき問題」という。

「嘘つき問題」の基本的な解き方は

(1) 本当のものを仮定して対応表を作る。

(2) 場合分けして,矛盾しないものが正解。

では,いくつかのパターンを挙げて,具体的な解き方を見ていこう。

Q 例題①

　高橋,木村,田中の3人は,白,赤,緑の帽子をかぶっている。このことについて,これを見たA〜Dの4人が次のように述べた。

　　A:「田中は白い帽子をかぶっている。」
　　B:「緑の帽子をかぶっているのは,木村ではない。」
　　C:「木村は白い帽子をかぶっていない。」
　　D:「赤い帽子をかぶっているのは田中である。」

　このうち1人が嘘をついているとすると,正しいのは次のうちどれか。ただし,同じ色の帽子をかぶっている者はいないものとする。

① 高橋は緑の帽子をかぶっている。
② 木村は白い帽子をかぶっている。
③ 田中は赤い帽子をかぶっている。
④ 白い帽子をかぶっているのは高橋である。
⑤ 緑の帽子をかぶっているのは田中である。

A 解答・解説

パターン　その1　「証言そのものに矛盾がある場合」

　この問題では，条件に「このうち1人が嘘をついているとすると」という一文が入っている。これを丁寧に言い換えるなら，「このうち1人が嘘をついているので，その証言を除いて正しい証言だけで対応表を作ったとすると」となる。

　そこで，嘘の証言を見破るために4人の証言をまとめると，下のようになる。

A：田中＝白　┐
B：木村≠緑　│　←　ここが矛盾
C：木村≠白　│
D：田中＝赤　┘

　これを見ると，Aが言うように「田中の帽子が白」ならば，Dの言う「田中の帽子は赤」は嘘になるし，Dが言っていることが本当なら，Aが言っていることは嘘になる。つまり，この2人のうち，どちらかが嘘をついている。

　そこで，Aの言っていることが**本当だと仮定して**対応表を書くと，

	白	赤	緑
高橋	×		
木村	×		
田中	○	×	×

⇓

(1)　Aの言っている「田中＝白」が本当だとすると，「田中」は赤でも緑でもないので，□部分の×が確定。同時に高橋と木村が白い帽子をかぶっていることもなくなる（表中□部）。

	白	赤	緑
高橋	×	×	
木村	×	○	×
田中	○	×	×

⇓

(2)　問題の条件が「1人が嘘をついている」，その嘘つきがAかDなので，BとCは嘘をついていない。したがって木村は白，緑ではなく赤い帽子をかぶっていることが確定。同時に高橋が赤い帽子をかぶっていることもなくなる（表中□部）。

	白	赤	緑
高橋	×	×	○
木村	×	○	×
田中	○	×	×

(3)　「田中＝白」，「木村＝赤」なので，必然的に「高橋＝緑」となり，矛盾せずに表が完成する。

⇩

Aは本当のことを言っている＝これが正しい

一方，Dの言っていることが**本当だと仮定すると**，

	白	赤	緑
高橋		×	
木村		×	
田中	×	○	×

⇩

	白	赤	緑
高橋		×	
木村	×	×	×
田中	×	○	×

(1) Dの言っている「赤＝田中」が本当だとすると，「田中」は白でも緑でもないので，□□□部分の×が確定し，同時に高橋と木村が赤い帽子をかぶっていることもなくなる（表中□□□部）。

(2) 99ページの(2)と同じ理由で，BとCは嘘をついていない＝木村は白，緑の帽子をかぶっていないのだが，そうすると**木村のかぶっている帽子の色が成立しなくなる**。結果，この対応表は間違っている。では，どこが間違ったのか。途中の○，×に間違いがなければ，最初の前提＝「Dが本当のことを言っている」が誤っていることになる。嘘つきはDである。

　以上のことから，選択肢と見比べるのは，ちゃんと成立した対応表＝**Aの言っていることが本当だと仮定**した対応表のほうである。

　したがって，正しいのは①。

例題① **答**　**①**

☞ 解法のポイント

《嘘つき　基本》
(1) 本当のものを仮定して対応表を作る。
(2) 場合分けして，矛盾しないものが正解。

Q 例題②

　　A〜Eの5人がマラソンをした。結果について5人が次のような証言をしたが，全員半分は本当のことを言い，半分は嘘をついていることがわかった。同着の者がいなかったとすれば，確実にいえることはどれか。

　　A：「私は5位で，Dは3位だった。」
　　B：「私は2位で，Cは3位だった。」
　　C：「私は5位で，Bは1位だった。」
　　D：「私は3位で，Eは4位だった。」
　　E：「私は4位で，Aは2位だった。」

　①　1位はAである。
　②　2位はDである。
　③　3位はEである。
　④　4位はBである。
　⑤　5位はCである。

A 解答・解説

パターン　その2　「証言の半分が本当で半分が嘘の場合」

　この問題は，A〜Eが全員，証言の前半部分か後半部分のどちらかしか本当のことを言っていない，というものである。この場合，例題①のように各人の証言を書き連ねても，どちらが本当でどちらが嘘かはわからない。この場合は，次のようにして解いてみよう。

1．全員のすべての証言を本当と仮定して，対応表を作る

　前半後半のどちらが本当でどちらが嘘なのかわからないので，とりあえず「どちらの証言も本当である」と仮定して表を作る。すると，次のようになる。

A〜Eの順位

	A	B	C	D	E
発言者 A	5位			3位	
発言者 B		2位	3位		
発言者 C		1位	5位		
発言者 D				3位	4位
発言者 E	2位				4位

1〜5位の者

	1位	2位	3位	4位	5位
発言者 A			D		A
発言者 B		B	C		
発言者 C	B				C
発言者 D			D	E	
発言者 E		A		E	

　この2つの表はまったく同じものである。左はA〜Eの言った順位を書き込むもの，右はA〜Eの言った順位の人間を書き込むものだ。自分の好きなほうで書いてよい。ここでは左側の表を使って説明していく。

2．だれか1人の証言を場合分けする

A〜Eの順位

	A	B	C	D	E
発言者 A	5位			3位	
発言者 B		2位	3位		
発言者 C		1位	5位		
発言者 D				3位	4位
発言者 E	2位				4位

　ここで，「場合分け」について説明しよう。

　例えば，正誤の判断がつかない「ア」と「イ」があったときに，「アが正しい場合」と「イが正しい場合」に分けて正誤の判断を下すという問題の解き方が「場合分け」である。

　言葉ではわかりにくいと思うので，実際にやってみよう。

　この問題では，どの証言者も「半分は本当で半分は嘘」をついている。ところが，どちらが本当でどちらが嘘かの判断ができない。そこで，**だれか1人の証言について**，「前半部分が本当だった場合」と「後半部分が本当だった場合」の**両方を考えて**，**矛盾しなかったほうが「本当の証言」**ということになる。

だれの証言で場合分けするかだが，だれでもかまわない。実際に全員に対してやってみたらわかるが，だれでやっても答えは同じである。ここでは「Ｄ＝３位」と「Ｅ＝４位」という証言がダブっているので，「Ｄの証言」で場合分けしてみよう。

a．Ｄの言った「Ｄ＝３位」が本当の場合

A〜Eの順位

	A	B	C	D	E
A	5̶位̶			③位	
B		2位	3位		
C		1位	5位		
D				③位	4̶位̶
E	②位				4̶位̶

「Ｄ＝３位」が本当だとすると，Ａの言った「Ｄ＝３位」も当然本当になる。そうすると，証言の片方が本当でもう片方が嘘なのだから Ｄの言った「Ｅ＝４位」と，Ａの言った「Ａ＝５位」の証言は嘘である。「Ｅ＝４位」が嘘なのだから，Ｅの言った「Ｅ＝４位」も嘘になり，Ｅのもう１つの証言「Ａ＝２位」は本当になる。

A〜Eの順位

	A	B	C	D	E
A	5̶位̶			③位	
B		2̶位̶	③位	矛盾	
C		1位	5位		
D				③位	4̶位̶
E	②位				4̶位̶

Ｅの言った「Ａ＝２位」が本当だとすると，「同着の者はいない」という条件から，Ｂの言った「Ｂ＝２位」は嘘になる。必然的にＢのもう１つの証言「Ｃ＝３位」は本当にならなければならないのだが，そうすると，この表の大前提＝「Ｄ＝３位」に矛盾する。つまりこの表は完成しない＝前提が間違っている＝「Ｄ＝３位」は嘘，である。

b．Dの言った「E＝4位」が本当の場合

A～Eの順位

		A	B	C	D	E
発言者	A	⑤位			~~3位~~	
	B		2位	3位		
	C		1位	5位		
	D				~~3位~~	④位
	E	~~2位~~				④位

先ほど同様，「E＝4位」が本当だとすると，Eの言った「E＝4位」も本当，そうするとDの言った「D＝3位」とEの言った「A＝2位」の証言は嘘である。「D＝3位」が嘘なのだから，Aの言った「D＝3位」も嘘になり，Aのもう1つの証言「A＝5位」は本当になる。

A～Eの順位

		A	B	C	D	E
発言者	A	⑤位			~~3位~~	
	B		~~2位~~	③位		
	C		①位	~~5位~~		
	D				~~3位~~	④位
	E	~~2位~~				④位

5位　1位　3位　2位　4位

「A＝5位」が本当なら，Cの言った「C＝5位」は嘘，もう1つのCの証言「B＝1位」が本当になる。そうすると，「B＝1位」が確定するので，Bの言った「B＝2位」が嘘で，「C＝3位」が本当。

これで表が矛盾することなく完成し，表の下に書いてある順位が確定する。（Dは残った「2位」になる。）つまり正しいのはこちらだ。

以上のことから選択肢を見ると，②が正しい。

例題②　答　②

🖝 解法のポイント

《嘘つき　半分本当，半分嘘》

(1)　全員のすべての証言を本当と仮定して，対応表を作る。

(2)　だれか1人の証言を場合分けする。

(3)　矛盾しなかったほうが「本当の証言」になる。

❗ 注意点

判断推理の問題を解き始めたばかりの人が，おかしがちな間違いについて触れておこう。

	A	B	C	D
A	1位		3位	
B	2位	4位		

例題②と同じように「半分は本当，半分は嘘」という問題が出て，表を書いたところ，左のようになったとする。（C，Dの証言は省略。）

Aの証言で場合分けして，**Aの順位についての証言がこれ以外になかった**（C，DがAの順位についての証言をしていなかった）とき，「AのA＝1位が嘘だとすると，**他にAの順位についての証言がないので，BのA＝2位は本当**」とやってしまう人がいる。しかし，これは誤りだ。

「A＝1位が嘘」というのは，**「Aは1位ではない」ということしか示さず**，たとえ，Aの順位についての証言がもう1つしかなかったからといって，**いきなり「もう1つ（B）の証言が正しい：A＝2位は本当」とはならない**。「確実にいえるもの」かどうかをよく判断して解いていこう。

📖 参考

例題②を解くとわかるかもしれないが，証言がダブっている人間で場合分けしてやると，複数の証言の真偽がすぐにわかる利点がある。例題②でいうと，Dの証言の真偽によって，順位がダブっているAとEの真偽が一発でわかる。

ただ，問題が必ずしも証言をダブらせているとは限らないし，まったく順位がダブっていないCの証言で場合分けしても，

a．Cの「B＝1位」が本当の場合

Cの「C＝5位」とBの「B＝2位」が嘘。Bの「C＝3位」が本当になるため，AとDの「D＝3位」が嘘……

b．Cの「C＝5位」が本当の場合

Cの「B＝1位」とBの「C＝3位」が嘘。Bの「B＝2位」が本当になるため，Eの「A＝2位」が嘘になり，Eの「E＝4位」が本当……

このように，場合分けできる。

「だれで場合分けしてもいいが，証言がダブっている人で場合分けすれば，複数人の証言が一気に解決できるかもしれない」程度のものなので，あまり深く考える必要はない。

　A～Eの5人のうち，1人だけ男性がいる。そのことについてそれぞれ次のように証言したが，1人だけ本当のことを言っていて，残りの4人は嘘をついていることがわかった。男性はだれか。

　A：「B，Cは男性ではない。」

　B：「CかDが男性である。」

　C：「A，Bは男性ではない。」

　D：「AかEが男性である。」

　E：「D，Eは男性ではない。」

①　A　　　②　B　　　③　C　　　④　D　　　⑤　E

A 解答・解説

パターン　その3　「だれかが本当，残りの人が嘘をついている場合」

　「何人かが本当のことを言い，残りの人間が嘘をついている」という問題は，次のように解いていく。

1．全員の証言を表に書き出す

男性である者

	A	B	C	D	E
A		×	×		
B			○	○	
C	×	×			
D	○				○
E				×	×

発言者

　左のような表を書く。説明すると，例えばAの　ここ　。この表は縦で「男性である者」を見る。Aの証言は「B，Cは男性ではない」となっているので，男性ではない＝×として表に書き込む。

　一方Bの　ここ　。Bの証言が「CかDが男性である」となっているので，男性である＝○として表に書き込む。

　以下，C，D，Eの証言も同様にする。

2．表を横に見て，各人の証言の空欄に，その人の証言とは逆の記号を埋める

男性である者

	A	B	C	D	E
A	○	×	×	○	○
B	×	×	○	○	×
C	×	×	○	○	○
D	○	×	×	×	○
E	○	○	○	×	×

（左の「発言者」の列ラベル）発言者

これは，各人の証言に対して記号を埋めるので，左表中の□のように横のラインを見ていかなければならない。そして，左表□が逆の記号を埋めたところである。これも説明が必要だろう。

Aの証言「B，Cは男性ではない」は，**同時に「AかDかEが男性である」と言っている**ことになる。したがってA，D，Eに○を書く。

一方，Bの「CかDが男性である」は「A，B，Eは男性ではない」と言っていることと同じなので，A，B，Eに×を書く。以下，C，D，Eも同様に書き込んでいくと，上の表になる。

3．表を縦に見て，○の数と本当のことを言っている人数が一致しているところを探す

男性である者

	A	B	C	D	E
A	○	×	×	○	○
B	×	×	○	○	×
C	×	×	○	○	○
D	○	×	×	×	○
E	○	○	○	×	×

（左の「発言者」の列ラベル）発言者

これもまた説明が必要だろう。今度は左表中の□のように縦のラインを見ていく。もし，「Aが男性」だったとしよう。

この表では，○がその人物が男性だという証言，×がその人物が男性ではないという証言である。

そうすると，Aが男性の場合，A，D，Eの証言が本当，B，Cの証言が嘘である。

もう少し詳しく説明するために各人の証言を並べると，以下のようになる。

A：B，Cは男性ではない＝AかDかEが男性

B：CかDが男性＝A，B，Eは男性ではない

C：A，Bは男性ではない＝CかDかEが男性

D：AかEが男性＝B，C，Dは男性ではない

E：D，Eは男性ではない＝AかBかCが男性

ここで,「Aが男性」だったとすると,

A：B，Cは男性ではない＝AかDかEが男性　→　Aの証言は本当

B：CかDが男性＝A，B，Eは男性ではない　→　Bの証言は嘘

C：A，Bは男性ではない＝CかDかEが男性　→　Cの証言は嘘

D：AかEが男性＝B，C，Dは男性ではない　→　Dの証言は本当

E：D，Eは男性ではない＝AかBかCが男性　→　Eの証言は本当

このようになり，107ページの〜〜部分に書いてあることと一致する。

　例題③は,「1人だけが本当のことを言っている」が条件になっている。**「Aが男性」だとすると，本当のことを言っているのは3人。条件に矛盾する。**したがって，Aは男性ではないということになる。

　次に「Bが男性」だったとする。そうすると，A，B，C，Dの発言が嘘，Eの発言のみが本当になる。

　つまり，この表の書き方の場合，○が「男性である」という証言になるので，表を縦に見ていって，本当のこと（この問題では「男性である」）を言っている人数（この問題では1人）と○の数が一致しているところが，本当の男性である。

　したがって，男性はBである（ちなみに，本当のことを言ったのはEである）。

例題③　**答**　②

🔖 解法のポイント

《嘘つき　だれかが本当，他の人が嘘》

(1)　全員の証言を表に書き出す。

(2)　表を横に見て，各人の証言の空欄に，その人の証言とは逆の記号を埋める。

(3)　表を縦に見て，○の数と本当のことを言っている人数が一致しているところを探す。

(4)　一致したところが該当する項目になる。

Q　例題④

　A～Dが次のような発言をしているとき，正直者と嘘つきの組み合わせとしてあり得るものは，次のうちどれか。

　A：「Bは嘘つきだ。」
　B：「Cは嘘つきだ。」
　C：「Dは嘘つきだ。」
　D：「Aは嘘つきだ。」

	正直者	嘘つき
①	A・B・C	D
②	A・B・D	C
③	A・C	B・D
④	B・C・D	A
⑤	C・D	A・B

A　解答・解説

パターン　その４　「パターンその１，その２，その３に当てはまらない場合」

　「第５章 対応関係（３）類推」の冒頭で，『対応問題は，基本的には対応表を書いて解いていくが，問題によっては対応表が書けないようなものもある』と述べた。

　「嘘つき問題」でも同様に，表が書けないような問題もある。その場合は「類推」と同じく，矛盾しないように「組み立てる」か「場合分けなどして消去」して解答する。

　では，この問題を解いてみよう。

ア．Aが「正直者」の場合

　Aの言った「Bは嘘つき」が本当のことになるので，Bの「嘘つき」は確定。そうすると，Bの言った「Cは嘘つき」は嘘なので，Cの「正直者」は確定。さらに，Cの言った「Dは嘘つき」は本当なので，Dの「嘘つき」が確定し，Dの言った「Aは嘘つき」は嘘になる。つまりAは「正直者」となる。

　この結果は，最初に定めた「Aが正直者の場合」と一致しているので成立する。

　簡単にまとめると，

　A：「Bは嘘つき」＝本当＝Bは嘘つき ─┐
　B：「Cは嘘つき」＝嘘＝Cは正直者　　　├─▶ 矛盾せずに組み立てられた＝成立
　C：「Dは嘘つき」＝本当＝Dは嘘つき　　│
　D：「Aは嘘つき」＝嘘＝Aは正直者 ───┘

イ．Aが「嘘つき」の場合

　Aの言った「Bは嘘つき」が嘘になるので，Bの「正直者」は確定。そうすると，Bの言った「Cは嘘つき」は本当なので，Cの「嘘つき」は確定。さらに，Cの言った「Dは嘘つき」は嘘なので，Dの「正直者」が確定し，Dの言った「Aは嘘つき」は本当になる。つまりAは「嘘つき」となる。

　この結果は，最初に定めた「Aが嘘つきの場合」と一致しているので成立する。

　簡単にまとめると，

　A：「Bは嘘つき」＝嘘＝Bは正直者 ───┐
　B：「Cは嘘つき」＝本当＝Cは嘘つき　　├─▶ 矛盾せずに組み立てられた＝成立
　C：「Dは嘘つき」＝嘘＝Dは正直者　　　│
　D：「Aは嘘つき」＝本当＝Aは嘘つき ──┘

この問題は，

● A＝正直者，B＝嘘つき，C＝正直者，D＝嘘つき
● A＝嘘つき，B＝正直者，C＝嘘つき，D＝正直者

と，まったく正反対の組み合わせが成立するが，選択肢を見ると，①・②・④・⑤の組み合わせパターンはない。したがって，正解は③である。

例題④　**答**　**③**

❗ 注意点

　この問題は「Aが正直者の場合」でも，「Aが嘘つきの場合」でも成立する。「どちらも成立するのはおかしい。どこかで間違えたのでは？」と考えがちだが，そうではない。前に「判断推理の問題では与えられた条件だけでは判断できないことがよくある」と書いたが，これもその一種で，もともと**どちらも成立するように作られた**問題だ。

　問題をよく見てみると「確実にいえるもの」ではなく，「組み合わせとして**あり得るもの**は」という問い方がされている。こういう場合は，**複数のことが成立して完全な判断ができないようになっている場合が多く，その複数の成立したものと選択肢を見比べる**しかない。

☞ 解法のポイント

《嘘つき　パターンに当てはまらない場合》
　「類推」の問題と同様，矛盾しないように組み立てるか，場合分けして矛盾するものを消去する。

No.1　　　　　　　　　　　　　　　　　　　　　　　　　　　（解答▶P.41）

A～Cの3人の所属する部活動はそれぞれ異なり，茶道部，美術部，演劇部のいずれかである。次の証言のうち1つが嘘だとすると，3人の所属する部活動の組み合わせとして正しいものはどれか。

A：「Cは美術部ではありません。」
B：「Aの言っていることは嘘です。Aは演劇部で，Cは美術部です。」
C：「Aは美術部で，私は茶道部ではありません。」

	A	B	C
①	茶道部	美術部	演劇部
②	茶道部	演劇部	美術部
③	美術部	茶道部	演劇部
④	美術部	演劇部	茶道部
⑤	演劇部	茶道部	美術部

No.2　　　　　　　　　　　　　　　　　　　　　　　　　　　（解答▶P.41）

A～Eの5人が卓球の試合に出て，5人の中から優勝者が出た。5人は次のように話していたが，1人だけ本当のことを言っていて，他の人は嘘をついていた。優勝者はだれか。

A：「優勝者はEだ。」
B：「Dが優勝した。」
C：「優勝したのは私ではない。」
D：「Bは嘘をついている。」
E：「Aが優勝した。」

　① A　　　② B　　　③ C　　　④ D　　　⑤ E

No.3 (解答 ▶ P.41)

ある事件が起こった。A〜Cの3人の中に犯人がいることはわかっている。3人は次のような申し立てをした。

A：「私はしていない。Bもしていない。」

B：「私はしていない。Cもしていない。」

C：「私はしていない。私たち3人以外の他の人が犯人です。」

このとき，3人とも発言の半分は本当で，半分は嘘を言っているとすると，この事件の犯人はだれか。

① A

② AとC

③ B

④ BとC

⑤ C

No.4 (解答 ▶ P.42)

A〜Dの4人は，ある草野球チームに所属する内野手である。それぞれのポジションについて，4人が次のような発言をした。

A：「私はサードを守っていて，Cさんはファーストを守っている。」

B：「私が守っているのはショート，Dさんが守っているのはセカンド。」

C：「私の守備位置はセカンドで，Bさんの守備位置はファースト。」

D：「私はセカンドで，Aさんはサード。」

しかしこれらの証言は，どれも半分は本当で，半分は嘘だった。このとき，確実にいえるのは次のうちどれか。

① A＝サード

② B＝セカンド

③ C＝ファースト

④ C＝サード

⑤ D＝ショート

A〜Iの9人のうち，8人が独身で1人が既婚者だった。だれが既婚者かを尋ねたところ，それぞれ次のように答えた。

A：「結婚しているのはEかIだ。」
B：「私には妻がいる。」
C：「Iは既婚者だ。」
D：「Iは結婚していない。」
E：「私とIには妻がいない。」
F：「Eは本当のことを言っている。」
G：「Bは独身じゃない。」
H：「Bが結婚していないのは間違いない。」
I：「既婚者は私だ。」

このうち，本当のことを言っているのが4人，嘘をついているのが5人だとすると，既婚者である可能性がない人の組み合わせとして正しいものは，次のうちどれか。

① AとF　② BとC　③ BとE　④ EとI　⑤ GとH

A〜Dのだれかが花瓶を割ってしまった。花瓶を割った者について，4人は次のように証言した。ただし，発言者は本当のことしか言わないか，嘘しか言わないかのどちらかである。

A：「僕は割っていません。花瓶を割った人の中にはD君がいました。」
B：「C君たちが野球をしていて割ったのを見ました。私は割っていません。」
C：「私ではなく，A君らがふざけていて割ったのです。」
D：「僕は割っていません。本当に割ったのはB君たちです。」

このとき，花瓶を割った者の組み合わせとしてあり得るものは次のうちどれか。

① AとB　② AとC　③AとD　④ BとC　⑤ BとD

演習問題

No.1　　　　　　　　　　　　　　　　　　　　　　　　　　　　　　（解答▶P.43）

A～Dの4人が，それぞれ赤，青，黄，緑の異なる色のTシャツを着て写真を撮った。4人は，その写真を見ながらそれぞれのTシャツの色について次のように話しているが，4人のうち1人は嘘をついている。このとき，それぞれのTシャツの色として確実にいえるものは次のうちどれか。

A：「赤いTシャツを着ているのは私ではありません。」

B：「青いTシャツを着ているのはAではありません。」

C：「私は黄色いTシャツを着ています。」

D：「黄色いTシャツを着ているのが私です。」

　①　Aは緑のTシャツを着ている。

　②　Bは青いTシャツを着ている。

　③　Cは赤いTシャツを着ている。

　④　Dは黄色いTシャツを着ている。

　⑤　Dは赤いTシャツを着ている。

A～Dの4人は，野球部，サッカー部，科学部，茶道部のそれぞれ異なる部に所属している。A～Cの3人はそれぞれの所属する部について次のように発言したが，3人は全員嘘をついていた。このとき，それぞれの所属する部について正しいものはどれか。

A：「私は野球部で，Cも野球部です。」

B：「私はサッカー部で，Cは茶道部です。」

C：「私はサッカー部で，Bは野球部です。」

① Aは茶道部，Bは科学部である。

② Aはサッカー部，Dは野球部である。

③ Bは科学部，Cは茶道部である。

④ Bは茶道部，Dはサッカー部である。

⑤ Cは科学部，Dはサッカー部である。

No.3

(解答 ▶ P.43)

A～Eの5人が，宝くじを買った。その中の1人が1等に当たった。5人に話を聞いたところ次のように答えた。

A：「当たったのはCだ。」
B：「当たったのはAだ。」
C：「Aの発言は嘘だ。」
D：「僕は当たっていない。」
E：「当たったのはBだ。」

しかし，本当のことを言ったのは1人だけで，他の者は嘘をついていた。では，宝くじが当たったのはだれか。

　① A　　　　② B　　　　③ C　　　　④ D　　　　⑤ E

No.4

(解答 ▶ P.44)

ある学校で行われた数学テストの点数に関して，A～Dの4人が次のような発言をした。

A：「欠点だったのはBとCです。」
B：「Aは欠点でした。」
C：「BとDは欠点ではありませんでした。」
D：「Bは欠点です。」

この試験は欠点でなかった者が2人，欠点だった者が2人だった。欠点ではなかった2人の組み合わせとして正しいものは，次のうちどれか。ただし，本当のことを言っているのは，欠点ではなかった2人だけである。

　① AとB　　　② AとC　　　③ AとD　　　④ BとC　　　⑤ BとD

A～Eの夫婦または婚約者の5組のカップルに質問したところ，次のような回答があった。

A組：「B組とC組は夫婦です。」

B組：「C組は婚約者です。」

C組：「D組とE組は夫婦です。」

D組：「A組は婚約者ですが，B組は夫婦です。」

E組：「C組は夫婦ですが，D組は婚約者です。」

ところがあとで調べたところ，夫婦の組は正直に答えてくれたが，婚約者の組の発言には嘘が含まれていることが判明した。以上のことから，夫婦の組としてあり得る組み合わせはどれか。

① A組とC組

② B組とD組

③ C組とE組

④ D組とA組

⑤ E組とB組

（解答▶P.44）

A～Gの7人が漢字テストの点数を比較した。一番点数が悪かった人はだれかを尋ねたところ，次のような発言を得た。

A：「私ではない。またB，C，Gでもない。」
B：「A，D，Eではない。私でもない。」
C：「AかDだった。」
D：「AかEかFだった。」
E：「B，C，Gの中にいる。」
F：「BかCのどちらか。」
G：「EでもFでもない。」

これらのうち，3人が嘘をついていることがわかった。このことから判断して，一番点数が悪かった人はだれか。

①　A
②　C
③　D
④　E
⑤　G

A～Eの5人が，100m走の順位について話をしている。それぞれの発言は，いずれも前半と後半のどちらか半分が本当，半分がうそである。このとき，確実にいえることとして，最も妥当なのはどれか。ただし，5人の順位はそれぞれ異なり，同順位の人はいなかったものとする。

A：「私は5位で，Dは1位である。」

B：「私は2位で，Eは3位である。」

C：「私は2位で，Dは3位である。」

D：「私は3位で，Eは2位である。」

E：「私は4位で，Bは5位である。」

① 1位はCである。

② 2位はEである。

③ 3位はAである。

④ 4位はDである。

⑤ 5位はBである。

MEMO

第7章 順位・順序 (1) 序列・大小

順位・順序の問題は，与えられた条件から順位や順序を推論して，正解を導き出す問題である。基本的な解き方は，

(1) すべての条件を図で書き表し，矛盾しないように図を埋める。

(2) 矛盾しない図が複数あるときは，そのすべてを書き出し，条件に合わないものは消去する。

やり方そのものは，「第5章 対応関係 (3) 類推」に似ている。

それでは，問題を見ていこう。

Q 例題①

ア～オの5人が，横一列に並んでいる。

● イは左から2番目でも，右から2番目でもない。

● エは右から2番目ではない。

● アとウの間に1人いる。

● イとエの間に2人いる。

以上のことがわかっているとき，確実にいえることは次のうちどれか。

① アとイは隣り合っている。

② アとオは隣り合っている。

③ イとウは隣り合っている。

④ ウとエは隣り合っている。

⑤ ウとオは隣り合っている。

A 解答・解説

まず，5人が横一列に並んでいる図を描くと，

◯　◯　◯　◯　◯

これに条件を当てはめてみよう。

◯　◯　◯　◯　◯
　　✕　　　　✕（←イは左から2番目でも右から2番目でもない）
　　　　　　✕（←エは右から2番目ではない）

残った条件は，

● アとウの間に1人

● イとエの間に2人

の2つだ。

こういう場合，どちらの条件から考察するかだが，

(1) 位置が限定されるものから考察する方法

(2) 間隔の大きい条件から当てはめて考察する方法

の2つがある。

それぞれについて，説明しよう。

(1) 位置が限定されるものから考察する方法

この問題では，左から2番目，右から2番目にイがいることはない。そうすると，イの位置は下の3つに限定される。

a　イ ◯ ◯ ◯ ◯

b　◯ ◯ イ ◯ ◯

c　◯ ◯ ◯ ◯ イ

この中から，「イとエの間に2人」の条件を当てはめると，

a　イ ◯ ◯ エ ◯　← 「エは右から2番目ではない」に矛盾＝×

b　◯ ◯ イ ◯ ◯　← エが入らない＝×

c　◯ エ ◯ ◯ イ

上の状況から，イとエの位置は「c」に確定する。

残る条件は「アとウの間に１人」なので，考えられる並び方は，

※ 位置はここだが，どちらがアでどちらがウかは確定できない。

　このように，問題の条件からある程度位置が限定される場合は，それを利用して位置を考えていったほうが解答しやすい。しかし，問題によってはここまで位置が限定されていないものも多々あり，どこから手をつければいいのかがわかりにくい。そのような場合は，次の (2) の方法を使うとよい。

(2) 間隔の大きい条件から当てはめて考察する方法

a　アとウの間に１人

b　イとエの間に２人

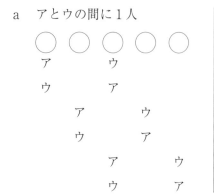

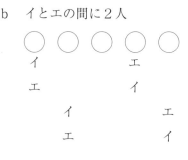

　上図左側が「アとウの間に１人」，右側が「イとエの間に２人」の条件に当てはまるケースを，すべて表したものである。見てわかるとおり，「間に２人」のほうが「間に１人」よりも考えられる位置の数が少ない。これは，**２人の間が離れれば離れるほど位置が決めやすい**から起こることである（例えばこの問題で，「アとエの間が３人」という条件があれば，アとエは両端のどちらかで場所が確定できる）。

　つまり，**間隔が大きいものから当てはめていったほうが，位置が限定されやすく，可能性のある場合の数が少なくなるため，考察しやすくなる。**

では，右側を使って考えてみよう。

- イ ○ ○ エ ○ ← 「エは右から2番目ではない」に矛盾＝×
- エ ○ ○ イ ○ ⎫ 「イは左から2番目でも，右から2番目でもない」
- ○ イ ○ ○ エ ⎬ に矛盾＝×
- ○ エ ○ ○ イ ← ○

よって，考えられるのは一番下だけになり，先ほどやった結果と同じである。

確実にいえるのは，④である。

例題① **答 ④**

✍ 解法のポイント

《順位・順序　基本》

(1) すべての条件を図で書き表し，矛盾しないように図を埋める。

(2) 矛盾しない図が複数あるときは，そのすべてを書き出し，条件に合わないものは消去する。

(3) 位置（順位）が限定される条件，もしくは位置（順位）の間隔が大きい条件から当てはめていく。

A〜Eの年齢について，次のことがわかっている。

ア　CはEよりも年齢が高く，Aよりも若い。

イ　BはAよりも年齢が低く，Cよりも年上である。

この5人の中でDの年齢が2番目に高かったとすると，4番目に高いのはだれか。

① A
② B
③ C
④ E
⑤ この条件だけでは判別できない

A 解答・解説

●大小関係のみがわかっている場合

問題を図にすると，以下のようになる。

年上 ◀━━━━━━━▶ 年下

他にわかっているのは，「CはEより年上，Aより若い」ことと，「BはAより若く，Cより年上」の2つだけである。

このように，大小関係のみがわかっている場合は，**不等号（＜や＞）や矢印などを使って関係を図式化**する。

例題②を使ってやってみる。

ア．CはEより年上，Aより若い　➡　A＞C＞E（A→C→E）

イ．BはAより若く，Cより年上　➡　A＞B＞C（A→B→C）

ここで，大小関係が明らかにわかる場合は，不等号をくっつけることができる。

条件イより，Bの年齢はAとCの間であることがわかる。それと条件アを合わせると，

　　A＞B＞C＞E

となり，A，B，C，Eについては，年齢の並びがわかる。

これを一番最初の図に当てはめると，下のようになる。

年上 ⬅━━━━━━➡ 年下

　Ⓐ　Ⓓ　Ⓑ　Ⓒ　Ⓔ

したがって，4番目に年齢が高いのはCである。

例題②　**答**　③

❶ 注意点

　この問題では，たまたま５人の大小関係がすべて明らかになったが，すべての問題でそうなるとは限らない。

　例えば例題②で，「Ｄの年齢が２番目に高い」の条件がなければ，Ａ，Ｂ，Ｃ，Ｅの４人の大小関係はわかるが，５人の順番は確定しない。

　また，Ｄについての証言が「ＤはＢよりも年齢が高い」だった場合は，Ｂ＝３番目，Ｃ＝４番目，Ｅ＝５番目は確定するものの，ＡとＤの順番は確定しない。

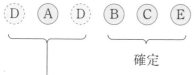

Ｄがどちらに入るかによって，ＡとＤの順番が入れ替わる

　このように，問題によっては大小関係がはっきりしないものもある。この場合，その部分については，**「順位が確定しないもの」**として，**そのまま放置**するより他ない。

◈ 解法のポイント

《順位・順序　大小関係のみわかる場合》

(1) 不等号（＜や＞）や矢印などを使って関係を図式化する。

(2) 大小関係が明らかにわかる場合は，不等号や矢印をくっつける。

(3) 大小関係がはっきりしない場合は，「順番が確定しないもの」として放置する。

No.1 （解答 ▶ P.46）

ア～カの6人が，横一列に並んでいる。次のa～dのことがわかっているとき，確実にいえることはどれか。

a　イの右隣はア，左隣はウである。

b　アから1人おいて隣はオである。

c　エから3人おいて隣はカである。

d　オとカは隣り合っていない。

① アとオの間にエがいる。

② イとカの間にアがいる。

③ エの位置は一番端である。

④ オの隣はウである。

⑤ カの隣はアである。

No.2 （解答 ▶ P.46）

A～Eの5人は友人の結婚式に出席した。式場への到着順について，それぞれが次のような発言をしている。

A：「僕の次にEが来た。」

B：「私が式場に着いたとき，Dはすでに会場に来ていた。」

C：「Dは私の次に到着した。」

D：「Eは僕よりあとに式場に来た。」

このとき確実にいえることは，次のうちどれか。

① 2番目に来たのはCである。

② 2番目に来たのはDである。

③ 3番目に来たのはBである。

④ 4番目に来たのはAである。

⑤ 4番目に来たのはEである。

A〜Fの6人が，**1,000 m走を行った。その結果として，次のことがわかった。**

- Aは3位で，EはAよりも遅かった。
- CとDの間に3人いたが，そのうちの1人はFである。
- EとFの間に3人いた。

同順位の者がいなかったとすると，確実にいえるものはどれか。

① 1位はFである。

② 5位はCである。

③ Bは4位だった。

④ BはFよりも先にゴールした。

⑤ DはBよりも先にゴールした。

A〜Eの5人が体重測定をしたところ，次のことがわかった。

a　Aの体重は，B・Dより重い。

b　Eの体重は，Bより重く，Cより軽い。

c　Dの体重は，重いほうから3番目である。

以上のことから確実にいえることは，次のうちどれか。

① CのほうがAよりも体重が重い。

② EはDよりも体重が重い。

③ 5人の中で一番体重が軽いのは，Bである。

④ 5人の中で一番体重が重いのは，Aである。

⑤ 2番目に体重が重いのは，Eである。

No.5 (解答▶P.46)

A～Fの6人が，数学の小テストを受けた。その結果，BはAより，EはFより，CはBより，DはFより，FはAより点数がよかった。このときBとEの点数が同じだったとすると，確実にいえることは，次のうちどれか。

① 一番点数がよかったのはCである。
② 最下位はFだった。
③ 4位はDだった。
④ BとEが同点で2位だった。
⑤ Fが5位だった。

No.6 (解答▶P.47)

ある会社の総務課に勤めるA～Gの7人の入社年度について，A～Eの5人から次のような証言を得た。

A：「私よりあとに入社した人が1人だけいます。」
B：「DとEは，私よりあとに入社しました。」
C：「私より前に入社した方が，2人いらっしゃいます。」
D：「私はCさんよりあとに入社しました。」
E：「私とFは同期入社です。」

以上のことから確実にいえることは，次のうちどれか。

① 一番最初に入社したのはBである。
② 一番最後に入社したのはGである。
③ Eの入社は，Cよりも早くAよりも遅い。
④ EとFの2人は，Cよりも前に入社した。
⑤ GはCよりも前に入社した。

演習問題

（解答 ▶ P.47）

No.1

A〜Fの6人が学力テストを受け，点数順に順位が発表された。AはB，Cより順位が上で，Fよりは下だった。またFはEより順位が下で，DはFより順位が下だった。このとき，6人のうち2番目だったのはだれか。

① A

② B

③ D

④ E

⑤ F

No.2

（解答 ▶ P.47）

A〜Fの6人が，100 m走を2回行った。1回目の順位は，Aが1位でEが2位，Bが6位だった。また，2回目の順位は次のようになった。

● Aは4つ順位が下がった。

● Bは4つ順位が上がった。

● Cは2つ順位が上がった。

● Dは順位が変わらなかった。

● Eは1つ順位が下がった。

このとき，Fの1回目と2回目の順位として，正しいものはどれか。

	1回目	2回目
①	3位	1位
②	4位	4位
③	5位	6位
④	5位	4位
⑤	6位	1位

No.3

（解答 ▶ P.48）

A～Eの5人はそれぞれ身長が異なっており，A～Cの3人はそれぞれの身長について次のように発言している。

A：「私はDより身長が低く，Bより高い。」
B：「私はCより身長が低い。」
C：「私はEより身長が低い。」

このとき，Eが次のどの発言をすれば全員の身長について順番が確定するか。

  ①　「私はAより身長が低い。」
  ②　「私はBより身長が低い。」
  ③　「私はDより身長が高い。」
  ④　「私はDより身長が低く，Aより高い。」
  ⑤　「私は一番背が高い。」

No.4

（解答 ▶ P.48）

A～Eの5人で行った徒競走の結果について，次のア～ウのことが分かっている。

ア　AとDとの間には2人がゴールした。
イ　BはAの次にゴールした。
ウ　CとEとの間には2人がゴールした。

以上から判断して，3番目にゴールした者として，正しいのはどれか。

  ①　A
  ②　B
  ③　C
  ④　D
  ⑤　E

No.5 （解答 ▶ P.48）

1年1組の生徒2人，1年2組の生徒3人からなるA～Eの5人がテストを受けた。結果は，50点，40点，30点，20点，10点の者がそれぞれ1人ずつで，順序については次のとおりだった。このとき，確実にいえることはどれか。

ア　50点の者と10点の者は同じクラスだった。

イ　1組の2人の平均点は，2組の3人の平均点より高かった。

ウ　EはAより点数が低かったが，平均点より高得点だった。

エ　Cは2組の生徒で，Dよりも高得点だった。

① Aは1組の生徒である。

② Bは30点だった。

③ Cは平均点より高得点だった。

④ Dは20点だった。

⑤ Eは2組の生徒である。

No.6 （解答 ▶ P.49）

A～Fの6人のバスケットボール選手がいる。次の条件のとき，身長が4番目に高いのはだれか。

1　Eの身長は，Fより高くAより低い。

2　Fの身長は，Cより低くDより高い。

3　BとCの身長の平均は，Dの身長と等しい。

4　CとFの身長の合計は，AとDの身長の合計に等しい。

① A

② C

③ D

④ E

⑤ F

No.7　（解答▶P.49）

A～Dの4つの家には，それぞれ2人の息子がいる。この4組の兄弟についてア～エのことがわかっているとき，確実にいえるものは次のうちどれか。

ア　4人の兄のうちで1番年上なのは，A家の兄かC家の兄かのいずれかである。

イ　4人の弟のうちで1番年下なのは，A家の弟，B家の弟，C家の弟のいずれかである。

ウ　B家の兄はD家の兄より年上である。

エ　4人の中で最も若い兄の弟は，4人の弟のうちで最も年下である。

① 4人の兄のうちで1番年上なのはAである。
② 4人の兄のうちで2番目に年上なのはBである。
③ 4人の兄のうちで3番目に年上なのはBである。
④ 4人の兄のうちで1番年下なのはCである。
⑤ 4人の弟のうちで1番年下なのはCである。

No.8　（解答▶P.50）

年齢がすべて異なるA～Hの8人が，年齢順に横一列に並んだ。その並び方や年齢について次のことが分かっている。

● Aの両隣にはFとHがいる。
● Bの隣にはGがいる。
● CはDよりも年上であるが，Hよりも年下である。
● Eの両隣にはBとCがいる。

このとき，「Fが最も年上である」ことが確実にいえるために必要な条件は，次のうちではどれか。

① AはEよりも年上である。
② BはDよりも年上である。
③ GはCよりも年下である。
④ Cの隣にHがいる。
⑤ Dの隣にCがいる。

A〜Eの5人が，同じ電車にそれぞれ違う駅から乗った。5人のうち3人が次のような発言をしたとすると，確実にいえるものは次のうちどれか。

あ　私が乗ってからAが乗るまでに，2人が乗ってきた。
い　私が乗ったときには，Bの他に1人が乗っていた。
う　私が乗ってからCが乗るまでに，1人が乗ってきた。

① 最初に電車に乗ったのはBである。
② 2番目に電車に乗ったのはCである。
③ 3番目に電車に乗ったのはEである。
④ 4番目に電車に乗ったのはDである。
⑤ 最後に電車に乗ったのはAである。

白13枚，黒12枚，計25枚のカードをA〜Eの5人に5枚ずつ配った。この配られたカードのうち，白いカードの枚数を比較したところ，白いカード0枚の人はおらず，次の（ア）〜（エ）のことがわかった。

（ア）CはEより多い。
（イ）BとEは同じ枚数。
（ウ）DはAより多い。
（エ）AはBより少ない。

以上のことから判断して，確実にいえるものはどれか。

① Aが白いカードを1枚持っているならば，Eは白いカードを2枚持っている。
② Bの持っている白いカードは，2枚以下である。
③ Cが白いカードを4枚持っているならば，Bは白いカードを2枚持っている。
④ Dは白いカードを2枚以上持っている。
⑤ Eの持っている白いカードの枚数は，Dのそれよりも少ない。

No.11 （解答 ▶ P.51）

日曜日から始まる1週間で，国語，英語，世界史，日本史，数学，生物，物理の7教科を1日1科目ずつ勉強する。このとき，スケジュールについて次のことがわかっている。

- 物理を勉強する日と世界史を勉強する日の間には4日ある。
- 日本史を勉強した日の翌日に世界史を勉強する。
- 国語を勉強する日は，数学を勉強する日よりもあと，生物を勉強する日よりも前である。
- 国語を勉強する日と数学を勉強する日は火曜日ではない。

このとき，確実にいえるものは次のうちどれか。

① 物理を勉強する日は日曜日である。
② 数学を勉強する日は月曜日である。
③ 英語を勉強する日は火曜日である。
④ 国語を勉強する日は水曜日である。
⑤ 日本史を勉強する日は木曜日である。

Ａ〜Ｈの８人が創作ダンスを行うことになった。１番初めの並び順は以下のようであるが，３回の合図でア〜ウの動作を１回ずつ実行して並び順を変更する。１回目の合図で，Ａは前から２番目の位置になる。さらに２回目の合図で，Ｈは１番前の位置になる。

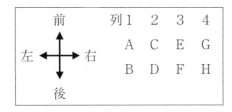

ア　奇数列にいる人は右隣の人と，偶数列にいる人は左隣の人と，それぞれ位置を入れ替わる。

イ　左半分にいる４人は，右半分にいる４人の前にそのまま移動する。

ウ　後ろ半分にいる４人は，前半分にいる４人とそのまま入れ替わる。

このとき，ア〜ウの動作はどの順番で実行されるか。

① ア→イ→ウ

② ア→ウ→イ

③ イ→ア→ウ

④ ウ→ア→イ

⑤ ウ→イ→ア

MEMO

第8章 順位・順序(2)数値

　順位・順序の問題には，時間・金額・重さなどの数値が与えられているものがある。この手の問題は，基準点を定め，数直線や樹形図を書くことで解いていかなければならない。ここでは，上下(や前後)の指定があるもの，一部に指定があるもの，指定がないものの3つに分け，それぞれの解き方を解説する。

Q 例題①

　A〜Eの5人が，図書館で PM1:00 に待ち合わせをした。それについて，それぞれ次のように発言している。

　A：「Cより4分早く着いた。」
　B：「待ち合わせ時刻の2分前に着いた。」
　D：「待ち合わせに7分遅刻した。」
　E：「Bの4分後に着いたが，まだ2人来ていなかった。」

　このとき，図書館に到着した順番として正しいものは，次のうちどれか。

① 　A→B→C→D→E
② 　A→B→C→E→D
③ 　B→A→E→C→D
④ 　B→A→E→D→C
⑤ 　B→E→A→C→D

A 解答・解説

　時間や金額などの数値が与えられている問題の場合は「**条件を数直線上に表す**」ことを基本に考える。

　では，問題に応じた解き方を見ていくことにしよう。

数値がある順位・順序問題の解き方　その1「上下（もしくは前後）の指定がある場合」

　例題①は，すべての発言が「4分早く」，「2分前」，「7分遅刻」，「4分後」と上下（この場合は前後）が指定されている。このような問題の場合は，**「基準点」を定めて，すべての条件を数直線上に書き出す**とよい。

　「基準点をどこに定めるか？」だが，別にどこでもかまわない。ただ，条件の中に与えられた数値や定刻があればそれがベストだ。

　この問題では，「PM1:00に待ち合わせ」という定刻があるので，それを基準に考える。

①　B：「待ち合わせ時刻の2分前」，D：「待ち合わせに7分遅刻」の発言から，BがPM0:58，DがPM1:07に到着したことがわかる。

②　E：「Bの4分後に着いた」の発言から，Eの到着時刻がPM1:02であることが判明する。

　この段階では，AとCがいつ到着したのかはわからない。しかし，Eの発言「まだ2人来ていなかった」から，以下の推論ができる。

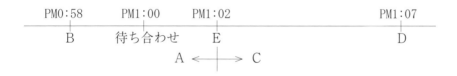

　Aの発言から，AのほうがCよりも4分早く到着している。Eの発言が「まだ2人来ていなかった」となっていることから，Eの後にAが来た可能性はない（∵Eの後にAが来たとすると，Eが来た段階で来ていないのが3人になる）し，Eの前にCが来た可能性もない（∵Eの後に来たのがD1人になる）。

　∵「なぜならば」の意。数学の記号

したがって，Eの前にAが，Eの後にCが来たことが確定する。

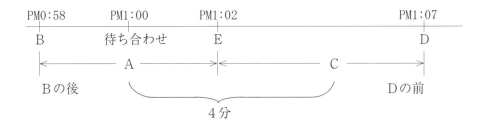

ここでCがEの直後，極端な例だがPM1:02′01（午後1時2分1秒）に来たとしよう。Aはその4分前に到着したのだから，Aの到着時刻はPM0:58′01となり，Bよりも後に来たことになる。またAの到着がEの直前，これも極端な例だがPM1:01′59だとすると，Cの到着はPM1:05′59となり，Dより前に到着している。

以上のことを総合すると，図書館にはB→A→E→C→Dの順で到着している。（ちなみに，Aの到着時刻は「PM0:58の後，PM1:02よりも前」の間で確定せず，Cの到着時刻はAに伴って変動するため確定しない。）

例題①　答　③

◈ 解法のポイント

《順位・順序　上下（前後）指定のある数値》
(1) 「基準点」を定めて，すべての条件を数直線上に書き出す。
(2) 「基準点」はどこでもかまわないが，条件の中で与えられた数値や定刻にするとわかりやすい。

Q　例題②

A～Fの６人が，持っているビー玉の数を比較したところ，次のことがわかった。

- EはDより多く持っていたが，Fよりは少なかった。
- Aは26個持っていたが，Cよりも４個少なかった。
- BはEより２個多く，Cとの差は４個だった。
- CとDの差は，９個である。

以上のことから，確実にいえることは次のうちどれか。

① 　AとBは同じ個数である。

② 　BはDより多い。

③ 　CはEより少ない。

④ 　FはBより多い。

⑤ 　FはCより少ない。

A　解答・解説

数値がある順位・順序問題の解き方　その２「一部，上下（もしくは前後）の指定がない場合」

この問題では，

- Aは26個，Cよりも４個少ない
- BはEより２個多い

という条件については，上下の指定があるが，

- BとCの差は４個
- CとDの差は９個

という条件は，４個（もしくは９個）多いのか少ないのかはわからない。

このような問題では，**数直線上に上下両方の数値をとり，矛盾するものを消す**方法で解く。

では，実際にやってみよう。

「Aは26個」の記述があるのでここを基準点にすると,「AはCより4個少ない」=「CはAより4個多い」であることから, Cの個数は30個。ここで,「BとCの差は4個」であることから, 2つの個数が考えられる。

B₁ = BがCより<u>4個多くて</u>34個
B₂ = BがCより<u>4個少なくて</u>26個

この段階ではどちらの可能性も考えられるので, それぞれを「B₁」,「B₂」として数直線上に書き込む。

また,「BはEより2個多い」=「EはBより2個少ない」ので, B₁の場合Eの個数は32個, B₂の場合Aの個数は24個となる。

これを数直線上に書き込むわけだが, このとき注意しなければならないのが,「**記号横の数字 (B₁←これ) を合わせる**」ことだ。そうしないと, 数直線上に書くEの個数(32個と24個)のどちらがB₁に対応しているのかがわからなくなる。

よって, B₁に対応したEの個数(32個)のほうを「E₁」, B₂に対応したEの個数(24個)のほうを「E₂」として書く。

次に「CとDの差は9個」からDの個数を考えると,「Cより9個多い」なら39個(下記数直線上の「Da」),「Cより9個少ない」なら21個(同数直線上の「Db」)になる。

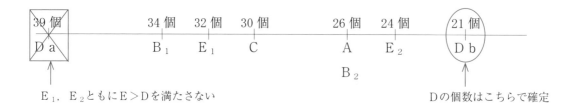

ところが，問題の最初の条件に「EはDより多い」とあるので，**Ｄａ（＝Dが39個）の場合**，**E₁であってもE₂であってもこの条件に当てはまらない。よってＤａはあり得ない**ので，数直線上から**消去**する。この結果，Dの個数は21個で確定する。

残るFの個数は，「EはFより少ない」から，Eよりも多いことはわかるが，個数の確定はできない。また，BとEの個数については，「B₁－E₁」の組み合わせのほうか，「B₂－E₂」の組み合わせのほうかは判断できない。

以上をふまえて選択肢を見ると，

①　AとBは同じ個数‥‥「B₂」ならそうだが「B₁」だと違う→確実にはいえない：誤

②　BはDより多い‥‥‥B₁でもB₂でも成立：正

③　CはEより少ない‥‥「E₁」ならそうだが「E₂」だと違う→確実にはいえない：誤

④　FはBより多い‥‥‥確定できない：誤

⑤　FはCより少ない‥‥確定できない：誤

例題②　**答**　**②**

◈ 解法のポイント

《順位・順序　一部，上下（前後）指定のない数値》
　数直線上に上下両方の数値をとり，矛盾するものを消す。

A～Eの5人が，各自の所持金について，次のような発言をした。

A：「私の所持金はCより400円多い。」

B：「私の所持金はDより300円少ない。」

C：「私とEの所持金の差は，300円である。」

D：「私とAの所持金の差は，500円である。」

E：「私とBの所持金の差は，900円である。」

このとき，所持金が2番目に少ないのはだれか。

① A　　　② B　　　③ C　　　④ D　　　⑤ E

A 解答・解説

数値がある順位・順序問題の解き方　その3「上下指定のないものが多い場合」

前と同じように，Aを基準点としてA→C→E→B→Dの順に数直線上に数値を記入すると，以下のようになる。

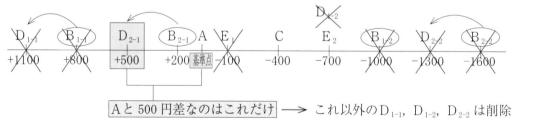

Aと500円差なのはこれだけ → これ以外のD_{1-1}，D_{1-2}，D_{2-2}は削除

⇨ D_{1-1}，D_{1-2}，D_{2-2}を生み出したB_{1-1}，B_{1-2}，B_{2-2}も削除

⇨ B_{1-1}，B_{1-2}を生み出したE_1も削除（E_2はD_{2-1}を生み出しているのでそのまま残す）

したがって，これを整理すると，

D   B   A   C   E
+ 500   + 200   ± 0   − 400   − 700

　この数直線，実際に書いてみるとよくわかるが，かなり見にくいしわかりにくい。「400円多い」や「300円少ない」など，上下の指定がはっきりしているものは，1つの項目に対して1つの金額が確定するが，「300円差」などの**上下の指定がないものは，1つの項目に対して「＋」と「−」の2つの金額を出さなければならない**。これが1つ2つしかないときはまだいいが，3つ以上の項目でこうなってしまうと数直線にかなりの数の項目が並んでしまう（例えば，Bの発言「Dより300円少ない」が，「Dとの差が300円」だった場合，4つの「B」に対して，＋と−の2つずつ「D」が存在するのだから，数直線上に「D」だけで8つの金額が並ぶことになる）。

　このように，上下の指定がないものが多いときは，「**樹形図**」を描いて対処したほうがよい。
　では，書き方を説明しよう。
①　基準点を決める（どれでもかまわない）。
②　上下とも可能性のある数値を書く（金額が指定されているものは，その金額だけ書く）。
　　このときの数値は，基準点から見た数値を書く。
③　左右に同じ項目が出てきたらそれを見比べ，数値が一致しているものをくっつける。
　　＝これのみ成立している。

文章で説明してもわかりにくいので，実際にやってみる。

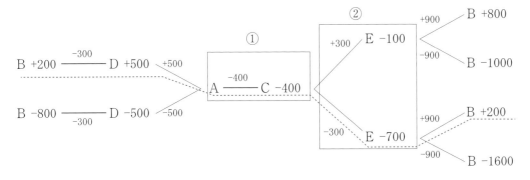

これが例題③の樹形図だ。説明すると，

① Aを基準点に，Cはその「－400円」なので，「C－400」と書く。

② CとEの差が「300円」なので，「＋300円」と「－300円」の枝に分け，それぞれ**Aから見た金額**（ここでは「－100円」と「－700円」）を書き込む。

③ 同様に枝を広げていき，左右の端に同じ項目（ここでは「B」）が出てきたら，その金額を見比べる。すると，「B＋200」が一致しているので，これを導き出した項目（図中┄┄部）のみ成立している。

したがって基準点Aを±0とすると，B＝＋200円，C＝－400円，D＝＋500円，E＝－700円となり，先ほど数直線で求めた数値と一致する。慣れてくるとこちらのほうが間違いが少なく，簡単に求めることができるだろう。

例題③　**答**　**③**

❗ 注意点

　樹形図に書き込む金額は，必ず基準点から見たものにしなければならない。「C＋300」などの書き方をしてしまうと，他との比較ができなくなってしまうからだ。

　このEの場合は，Cが「A－400円」なので，

（A－400円）＋300円＝**A－100円**

（A－400円）－300円＝**A－700円**

となり，「E－100円」と「E－700円」を書き込んで，樹形図を広げていく。

☞ 解法のポイント

《順位・順序　上下（前後）指定のない数値》

　樹形図を書く。

(1) 基準点を決める。

(2) 上下とも可能性がある数値を，基準点から見た数値で書き込む。

(3) 全項目について枝を広げていき，左右の端に同じ項目が出てきたら，基準点から見た数値が同じものをくっつける。

基本問題

No.1　　　　　　　　　　　　　　　　　　　　　　　　　（解答▶P.53）

日高，寺田，海野，大瀧，佐々木の5人は，同じ所でアルバイトをしている。ある月のアルバイト代について，次のことがわかった。

● 日高は，大瀧よりも¥2,000少ない。
● 海野は，佐々木よりも¥2,000少ない。
● 佐々木は，寺田よりも¥4,000多い。
● 海野は，日高よりも¥6,000少ない。

佐々木のアルバイト代が¥**66,000**で，ここの時給が¥**1,000**だったとすると，この月に大瀧は何時間アルバイトをしたか。

① 62時間
② 64時間
③ 68時間
④ 70時間
⑤ 72時間

A～Fの6人が合宿を行い，同じ部屋に宿泊した。ある朝，起床した順番について次のことがわかっている。

ア　EはDの3分後に起きた。
イ　EはCの10分前に起きた。
ウ　AはFより2分早く起きた。
エ　BはDに起こされ，Eを起こした。
オ　AはEに起こされ，Cを起こした。

このとき，確実にいえることは次のうちどれか。

①　Aは4番目に起きた。
②　AはCより2分以上早く起きた。
③　Cは6番目に起きた。
④　DはBの1分前に起きた。
⑤　EはAより10分以上早く起きた。

A～Fの出勤時間について，次のことがわかっている。

● AはDより6分遅く，Fより3分早く出社した。
● Bは始業時刻の3分前に会社に到着したが，Dの出社時刻より2分遅かった。
● CはFより2分早く，Eより2分遅く出社した。

これから正しくいえることは，次のうちどれか。ただし，始業時刻と同時に出勤した者は，遅刻とはしない。

①　Aは始業時刻と同時に出社した。
②　D，A，B，E，C，Fの順に出社した。
③　始業時刻と同時に出社したのはBである。
④　3人が遅刻せずに出社した。
⑤　遅刻者は4人である。

No.4

（解答 ▶ P.54）

ある学校で，３年生の１～６組の学級委員が集まって，ＰＭ4:10から会議をすることにした。その集合状況について，各学級委員は次のように語った。

１組：「ＰＭ４：05に会議室に入りました。」

２組：「１組の学級委員よりは遅かったですが，遅刻はしていません。」

３組：「私が会議室に入ると，まだ４人来ていませんでした。」

４組：「遅刻してしまいました。」

５組：「まだだれも来ていませんでした。」

６組：「ＰＭ４：13に会議室に入りましたが，まだ来ていない人が１人いました。」

このことから確実にいえることは，次のうちどれか。

① 　１組の学級委員が会議室に入ったのは，４組の学級委員の10分前である。

② 　１組の学級委員は，５番目に会議室に入った。

③ 　２組の学級委員は，４番目に会議室に入った。

④ 　４組の学級委員が会議室に入る３人前に来たのは，２組の学級委員である。

⑤ 　遅刻した学級委員が３人いる。

No.5

（解答 ▶ P.54）

Ａ～Ｅの５人について，次の２つのことがわかっている。

● 最年長はＢの37歳で，上から２番目の年齢の人物とは５歳の差がある。

● Ｃの年齢は25歳で，Ａとは３歳，Ｄとは２歳，Ｅとは７歳の年齢差がある。

５人の平均年齢が29歳だったとすると，確実にいえるものはどれか。

① 　Ａは27歳で，最年少である。

② 　ＡとＢの年齢差は，９歳である。

③ 　ＢとＤの年齢差は，10歳である。

④ 　Ｃの年齢は，上から３番目である。

⑤ 　最年少はＥで，年齢は23歳である。

No.1 （解答 ▸ P.54）

A～Dの4人が学力テストを受けた。4人の平均点は **50** 点であり，AとBの得点差は **20** 点，A
とCの得点差は **10** 点だった。また，AはDより **10** 点得点が高かった。A～Dのうち，考えられ
る中で最も高い得点は何点か。

① 65 点

② 70 点

③ 75 点

④ 80 点

⑤ 85 点

No.2 （解答 ▸ P.55）

A～Cの3人が，国語と数学の2教科からなる学力テストを受けた。テストは各教科 **100** 点満点で，
結果は以下のようになった。

ア　国語と数学あわせてBは 153 点獲得し，3人の平均点は 150 点だった。

イ　Aの国語の点数は 89 点，数学は 63 点だった。

ウ　Bの国語の点数はAと5点差であり，数学はAと6点差だった。

エ　Cの国語の点数はAと 37 点差だった。

オ　3人の国語の平均点は，75 点だった。

このとき，Cの数学の点数は何点か。

① 42 点

② 65 点

③ 72 点

④ 87 点

⑤ 93 点

No.3   (解答 ▶ P.55)

あるスーパーで人参，ピーマン，大根，かぼちゃの安売りを行った。それぞれの価格について，次のことがわかっている。

● かぼちゃの価格は，大根の価格よりも 120 円高い。
● ピーマンの価格は，かぼちゃの価格よりも 30 円安い。
● 人参の価格は，大根の価格の 2 倍より 40 円安い。

かぼちゃの価格を **160 ～ 250 円**に設定した場合，正しいものは次のうちどれか。

① 人参は大根と同じ価格か，それより安い。
② ピーマンは大根より安い。
③ 大根はピーマンより 90 円高い。
④ かぼちゃは大根より 120 円安い。
⑤ かぼちゃの価格が最も高い。

No.4   (解答 ▶ P.56)

それぞれ年齢の違う兄弟が 4 組いる。兄たちの年齢は，**11 歳**，**18 歳**，**23 歳**，**35 歳**であり，弟たちの年齢は 5 歳，**10 歳**，**17 歳**，**20 歳**である。最も年齢差のある兄弟が 25 歳差であるとき，兄弟の組み合わせとして正しいものは次のうちどれか。

	兄	弟
①	11 歳	10 歳
②	18 歳	10 歳
③	18 歳	5 歳
④	23 歳	10 歳
⑤	23 歳	20 歳

（解答 ▶ P.56）

A～Eの5人のうち，最年長の人の年齢は 15 歳，最年少の人の年齢は 11 歳である。AはBより3歳年上，EはDより1歳年上。また，CとDの年齢の差は2歳で，5人のうち同じ年齢の者がいない。それではCの年齢として正しいものは，次のうちどれか。

① 11 歳

② 12 歳

③ 13 歳

④ 14 歳

⑤ 15 歳

（解答 ▶ P.57）

A～Eの5人の野球選手が1～10の互いに異なる背番号を付けている。Aの背番号はBより，Bの背番号はCよりそれぞれ3小さい。Cの背番号はDより2小さい。Cの背番号とDの背番号の和は 16 である。CとEの背番号の差は3である。以上のことがわかっているとき，5人の背番号の合計はいくつか。

① 27

② 28

③ 29

④ 30

⑤ 31

No.7

（解答 ▶ P.57）

A～Eの5人が英語の豆テストを受けた。各人の点数について，次の発言が得られた。

A：「私とBの点差は10点だった。」

B：「Eの点数にはかなわなかった。」

C：「私とDの得点差は15点。また私の点はBより7点低かった。」

Cの点数が5人の平均点を超え，同点の者がいなかったとすると，確実にいえるものはどれか。

① 1位はAである。
② 2位はEである。
③ 3位はBである。
④ 4位はCである。
⑤ 5位はDである。

No.8

（解答 ▶ P.57）

IT関連企業を経営する本田，堀，岩城，上本，濱崎の5人が，それぞれの年収について話をしている。

上本：「5人の中では，私の年収が最も多く，2番目の者とは1,000万円の差がある。」

堀　：「私の年収は3,500万円で，濱崎との差は800万円，岩城との差は1,200万円である。」

本田：「私と岩城の年収差は，900万円である。」

5人の平均年収が4,400万円だとすると，確実にいえるものは次のうちどれか。

① 堀の年収は，5人の中で3番目に多い。
② 濱崎と上本の年収差は，1,400万円である。
③ 岩城の年収は2,300万円で，5人の中では最も少ない。
④ 本田の年収は，上本と1,300万円の差がある。
⑤ 濱崎の年収が5人の中では最も少なく，2,700万円である。

A～Eの5人が，みかん狩りに出かけた。そこで5人が収穫したみかんの個数について，次のことがわかっている。

ア　B，C，D，Eの4人分を合わせると，みかんは32個だった。

イ　D，Eの2人分を合わせると，みかんは15個だった。

ウ　A，Dの2人分を合わせると，みかんは11個だった。

エ　A，C，D，Eの4人分を合わせると，みかんは29個だった。

オ　A，Eの2人分を合わせると，みかんは12個だった。

このとき，正しいものは次のうちどれか。

① Aは4個収穫した。

② Bは6個収穫した。

③ Cは8個収穫した。

④ Dは9個収穫した。

⑤ Eは7個収穫した。

No.10

（解答 ▶ P.59）

A～Fの6人が学力テストを受け，結果は次のとおりだった。

ア　FはCより3点得点が高かった。

イ　EはCより9点得点が低かった。

ウ　BはAより2点得点が高かった。

エ　AはDより3点得点が高かった。

オ　AはCより1点得点が低く，Eより8点高かった。

このとき，正しいものは次のうちどれか。

　①　Aは3位だった。

　②　Aは一番点数の高い人と3点差だった。

　③　BはEと10点差だった。

　④　EはDより3点低かった。

　⑤　Fは2位だった。

No.11

（解答 ▶ P.59）

A～Eの5人が身長を測定したところ，次のことがわかった。

●最も背が高いのはC，最も背が低いのはDで，2人の身長差は23cmだった。

●Bの身長は161cmで，5人の平均より1cm高かった。

●BとCの身長差は10cm，AとDとの身長差は7cmだった。

このとき，Eの身長として正しいものは次のうちどれか。

　①　152cm

　②　155cm

　③　158cm

　④　162cm

　⑤　165cm

（解答 ▶ P.59）

A～Fの6人が **100 m**走のタイムを測定し，次のような結果が得られた。

ア　BはAと2秒差のタイムだった。

イ　CはAと5秒差のタイムだった。

ウ　DはBと1秒差のタイムだった。

エ　EはCと1秒差のタイムだった。

オ　FはEと2秒差のタイムだった。

このとき，タイムが同じになり得るものの組み合わせはどれか。

① 　AとE

② 　BとF

③ 　CとF

④ 　DとE

⑤ 　DとF

 （解答 ▶ P.59）

A～Eの5人が走り幅跳びの測定を行い，結果は次のようになった。このとき確実にいえることは次のうちどれか。

ア　CとEの記録は，Aとは1cm違った。

イ　Bの記録はCと8cm違い，Eとは10cm違った。

ウ　Dの記録はCと5cm違った。

① 　Bの記録は，Dと13cm違う。

② 　Bの記録は，Eと6cm違う。

③ 　Cの記録は，Eと2cm違う。

④ 　Dの記録は，Aと4cm違う。

⑤ 　Dの記録は，Eと3cm違う。

No.14

（解答 ▶ P.60）

A～Fの6人の年齢差について，次のア～カのことが分かっているとき，確実にいえるのはどれか。

ア　AとCとは3つ違いである。
イ　BとCとは5つ違いである。
ウ　BとDとは4つ違いである。
エ　DとEとは2つ違いである。
オ　EとFとは3つ違いである。
カ　同じ年齢の者がいる。

① AとEは同じ年齢である。
② CとFは同じ年齢である。
③ 同じ年齢の者は2組である。
④ AとDとは2つ違いである。
⑤ BとEとは2つ違いである。

No.15

（解答 ▶ P.61）

A～Cの3人が，上巻と下巻からなる小説を読むことにした。上巻を読むのにAは3時間，Bは2時間，Cは4時間かかり，下巻を読むのにAは4時間，Bは3時間，Cは5時間かかる場合，最も早く全員が小説を読み終わるには何時間かかるか。ただし，2人が同時に1冊の本を読むことはできず，読む順番は上・下の順でなければならない。

① 13時間
② 14時間
③ 15時間
④ 16時間
⑤ 17時間

A〜Cの3人は **10** 時に駅で待ち合わせをした。Aは自分の時計を **5** 分遅れていると思っており，駅に着いた時点で **5** 分遅刻したと思っていたが，駅にはまだだれも来ていなかった。Aの時計が **10** 時 **1** 分を指したとき，Bが到着した。Bは自分の時計が **3** 分進んでいると思っており，駅に着いた時点で **10** 分の遅刻だと思っていた。CはAの時計が **10** 時 **3** 分を指したとき到着した。Cは自分の時計が **1** 分遅れていると思っており，駅に着いた時点で **15** 分の遅刻だと思っていた。しかし，Cが駅に到着すると同時に **10** 時発の電車が出発し，実は全員遅刻していなかったことがわかった。このとき，確実にいえることは次のうちどれか。ただし，それぞれの時計の指している時刻は正確ではないが，時計の動き自体には故障はないものとする。

① Aの実際の到着時刻は9時 55 分である。

② Bの実際の到着時刻は9時 57 分である。

③ Bの時計は 15 分進んでいる。

④ Cの時計は 13 分進んでいる。

⑤ 一番ずれの大きい時計はCの時計である。

会社から帰宅したとき，比嘉氏は自分の腕時計を見たところ **7** 時 **50** 分であったが，掛け時計は **7** 時 **55** 分を指していた。食後くつろいでいるとき，テレビが **9** 時の時報を知らせたので比嘉氏は自分の腕時計を見たら，同じく **9** 時を指していた。比嘉氏の腕時計で **11** 時 **20** 分に就寝したが，このとき掛け時計は **11** 時 **34** 分を指していた。**9** 時の時報が鳴ったとき，掛け時計は何時何分を指していたか。

① 9時 6 分

② 9時 8 分

③ 9時 10 分

④ 9時 12 分

⑤ 9時 14 分

No.18

(解答 ▶ P.62)

ある正確でない時計を0時ちょうどに確認したところ，時計は**23時55分**を指していた。また，同じ時計を**12時間後**の**12時**ちょうどに確認したところ，時計は**11時52分**を指していた。さらに**4時間後**の**16時**にこの時計を確認すると，何時何分を指していると考えられるか。

① 15時46分

② 15時48分

③ 15時51分

④ 15時52分

⑤ 15時55分

No.19

(解答 ▶ P.62)

A～Cの3人が，それぞれ自分の起床した時間にストップウォッチを始動させた。Aが起床後1時間経ってから町まで散歩に出かけ，家に戻ってBに電話したら，Bは2時間40分前に起床したと言った。その3時間後にAは前と同じ速さで町まで行き，町で30分間買い物をして，家に戻ってCに電話したら，Cは6時間前に起床したと言った。その2時間後にまたAが前と同じ速さで町まで散歩に出かけ，家に戻って自分のストップウォッチを見たら，起床後ちょうど10時間経っていた。以上から判断して，BとCの起床時刻の差は何分か。

① 20分

② 40分

③ 60分

④ 80分

⑤ 120分

第9章 順位・順序⑶追い越し・親族関係

　追い越しの問題は，経過と結果を図示することで答えを導く。慣れてくれば単純な足し算と引き算で解答することができる。また親族関係は，家系図を書くことで答えを得ることができる。いずれの問題も重要なのは，文章や語句の意味を正確に把握できるかどうかだ。例題を見ながら，それぞれの意味をしっかり覚えよう。

Q 例題①

　バイク10台でコースを4周回るレースがあった。あるバイクは1周目2番手を走っていたが，2周目で3台に抜かれた。3周目2台を抜かしたところでトラブルが起き，5台に抜かれた。ファイナルラップで3台を抜いてチェッカーフラッグを受けた。このバイクは最終的に何位だったか。

① 　3位
② 　4位
③ 　5位
④ 　6位
⑤ 　7位

A 解答・解説

　追い越しの問題は，その**経過と結果の図を描く（もしくは順を追って計算する）**しか解法がないのだが，気をつけなければならないのは，各文章の意味だ。

　例えば，

(1) 3人抜いて2位＝もともとは5位

(2) 2人に抜かれて4位＝もともとは2位

(3) 2人抜いたが，2人に抜かれた＝順位は変わらない

　考え方としては，単純な足し算と引き算だ。

　　「5位から3人抜いて2位」の式は　　5〔位〕－3〔人〕＝2〔位〕

　　「2位から2人に抜かれて4位」の式は　　2〔位〕＋2〔人〕＝4〔位〕

　　「2人抜いたが2人に抜かれた」の式は　　－2〔人〕＋2〔人〕＝±0

　したがって，「3人抜いて2位。もとの順位は？」は　　　$x － 3 ＝ 2$　　$x ＝ 5$〔位〕

　　　　　　　　「2人に抜かれて4位。もとの順位は？」は　$x ＋ 2 ＝ 4$　　$x ＝ 2$〔位〕

となる。

　これをふまえて，例題①を見てみよう。

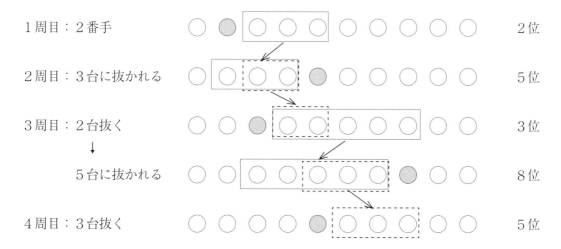

　計算で考えるなら，

　2〔位〕＋3〔台〕－2〔台〕＋5〔台〕－3〔台〕＝5〔位〕

例題①　答　③

解法のポイント

《追い越し》

(1) 経過と結果の図を描く。

(2) 「抜いた」場合はマイナス，「抜かれた」場合はプラスとして，順位を計算する。

Q 例題②

　AはB，C，Dの父親Eの弟である。DにはFとGの2人の子供がいて，CはGの叔母である。
B，C，Dの性別構成が男2人，女1人だとすると，AからみてBは何にあたるか。

① 叔父
② いとこ
③ 姪
④ 息子
⑤ 甥

A 解答・解説

　親族関係の問題は，家系図を描けばよい。知っておかなければならないのは，**その書き方と，親族の呼び方**だ。

　上に3つの親族の結びつきを書いたが，**これで表せない親族関係はない**。したがって，この3つの書き方さえ覚えておけば，家系図を描くことができる。

　次ページに自分を中心とした，親族の呼び方の家系図を表した。見る際には，以下の点に注意すること。判断推理の問題でここまで要求されることは少ないが，社会科学などで使うことがあるかもしれないので，目を通しておこう。

(1) この図は，自分の「父方」の家系図だが，当然「母方」にも同様の親族関係がある。

(2) 「配偶者」とは結婚した相手のこと。自分が男なら配偶者は「妻」，女なら「夫」になる。なお，図中の（配偶者）は，「＝」で結ばれた相手の配偶者のこと。

（3）「伯父・伯母」は自分の親の兄・姉、「叔父・叔母」は自分の親の弟・妹のこと。

（4）自分の配偶者の親族には「義理の」という接頭語をつける。「義父」とは「義理の父」のこと。ただし「義兄，義弟，義姉，義妹」は，「自分の兄弟姉妹の配偶者」の意味と，「自分の配偶者の兄弟姉妹」の意味がある。なお，「自分のおじ・おば」の配偶者を「義理のおじ・おば」とはいわない。「義理のおじ・おば」は，単に「配偶者のおじ・おば」を示す。

（5）いとこは，自分より年上男＝「従兄」，自分より年下男＝「従弟」，自分より年上女＝「従姉」，自分より年下女＝「従妹」といういい方もあるが，通常は男で「従兄弟」，女で「従姉妹」と書くか，もしくはひらがなで「いとこ」と書くことが多い。

もう１つ重要な事項として，「**男と女で呼び方が違うもの**」を列記しておく。これは，確実に頭に入れておこう。

男：父・息子・兄・弟・祖父・曾祖父・伯父（叔父）・甥・舅
女：母・娘・姉・妹・祖母・曾祖母・伯母（叔母）・姪・姑

ちなみに図を見ればわかるが，「甥」とは自分の兄弟姉妹の息子，「姪」とは自分の兄弟姉妹の娘，「舅」とは自分の配偶者の父（つまり義父），「姑」とは自分の配偶者の母（つまり義母）を指す。

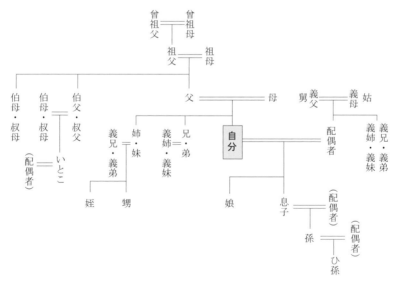

では，例題②の家系図を描いてみよう。

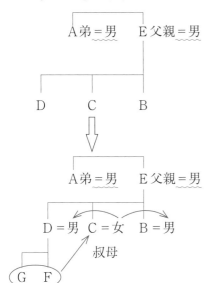

「AはB，C，Dの父Eの弟」を図にすると，左のようになる。

この際,「父E」と「弟」の記述から，AとEが共に「男」であることがわかる。

「Dの子供F，G」から見て，Cは「叔母」にあたるので，C＝女が確定。「B，C，Dの性別構成が男2，女1」であることから，B，D＝男が確定する。

したがって，Aから見てBは「兄の息子」＝「甥」である。

例題② **答　⑤**

A〜Eの5人が学力テストを受験し，点数順に順位が発表された。今回受けたテストの結果を，前回受けたテストの順位と比較したところ，次のような結果になった。

ア　Aは1人を抜いたが，2人に抜かされた。

イ　Cは3人を抜いた。

ウ　Dは1人に抜かされた。

エ　Eは2つ順位を上げた。

今回のテストの結果が，1位からE→C→A→B→Dという順位だったとすると，前回の順位として正しいものはどれか。

①　A→D→E→C→B

②　B→A→E→D→C

③　B→C→E→A→D

④　D→A→E→C→B

⑤　D→B→A→C→E

No.2

（解答 ▶ P.63）

A～Eの5人兄弟が，それぞれ別の時間に家を出発して学校に向かった。A～Dが次のように話しているとき，家を出発した順番として正しいものは次のうちどれか。

A：「私は出発した後，2人の兄弟を追い抜き，だれにも追い越されず，1番最初に学校に着いた。」

B：「私は家を出た後，1人の兄弟を追い抜いたが，すぐに別の兄弟に追い越されて，2番目に学校に着いた。」

C：「私は家から学校に向かう途中で1人の兄弟を追い抜き，だれにも追い越されずに，3番目に学校に着いた。」

D：「私は通学中に兄弟を1人追い越し，だれにも抜かされなかったので，4番目に学校に着いた。」

 ① B→A→D→E→C

 ② B→E→A→C→D

 ③ C→E→B→D→A

 ④ E→B→A→C→D

 ⑤ E→C→A→B→D

A〜Eの5人が **10km** のマラソンに参加した。5km地点での順位は，先頭からB→A→E→C→D
の順であった。しかし，ゴール地点までに順位が変動し，A〜Eの5人は次のように証言している。

A：「私は1人を追い抜き，3人に追い抜かれた。」

B：「私は4人に抜かれた。」

C：「私は3人を追い抜いたが，何人に追い越されたかは覚えていない。」

D：「私は4人を追い抜いた。」

E：「私は2人を追い抜いたが，何人に追い越されたかは数えていない。」

このとき，5人がゴールした順番として正しいものはどれか。

① 　C→D→E→B→A

② 　C→E→D→B→A

③ 　D→C→E→A→B

④ 　D→E→C→A→B

⑤ 　E→C→D→A→B

A～Fの6人が同時に魚釣りをし，2時間で何匹釣れるか競争をした。次のことがわかっているとき，最終的な順番として正しいものはどれか。

ア　30分経過した時点では，Aが最も多く釣り，Bは3番目に多く釣った。

イ　1時間経過した時点では，30分経過時と比べるとそれぞれ1つずつ順位が変わり，結果Cが最も多く釣った。

ウ　90分経過した時点では，C，Dの順位は変わらず，他の4人は1時間経過時と比べるとそれぞれ2つずつ順位が変わった。

エ　2時間経過した時点では，D，Eの順位は変わらず，他の4人は90分経過時と比べるとそれぞれ2つずつ順位が変わった。

① A→D→B→E→F→C
② B→C→E→D→F→A
③ D→E→F→A→C→B
④ E→B→D→C→A→F
⑤ F→A→C→B→E→D

A～Hの8人は血族関係にあり，すべて女性である。この8人の関係について，次のことがわかっている。

ア　AとBは姉妹で，Cの子供である。
イ　CとDは二人姉妹で，CはE，Fの叔母である。
ウ　BはGの孫である。
エ　HとEはいとこ同士で，ともに末っ子である。

以上のことから，確実にいえることはどれか。

① 　AのいとこであるDの娘がFである。
② 　BとDはいとこ同士である。
③ 　CはHの叔母である。
④ 　EはGの祖母である。
⑤ 　Hの姉がBである。

A～Hの8人は，次のような親族関係にある。このとき，確実にいえるものはどれか。

ア　AとBは兄弟で，Cの子供である。
イ　Dの兄であるAはEの甥で，Gという娘がいる。
ウ　Hの息子であるFは，Eの孫である。

① 　CはEの弟である。
② 　DはBの弟である。
③ 　DはCの息子である。
④ 　GはBの姪である。
⑤ 　HはEの息子である。

MEMO

第10章 位置

　位置の問題は，与えられた複数のものの位置関係を明らかにして，そこからわかることを解答する問題であるが，解き方そのものは「第7章 順位・順序」の問題に似ている。つまり，「基準となる1つのものの位置を固定して図を描いていき，図が複数描けるときは，矛盾しないように場合分けする」ことで解くことができる。

　では，実際に問題を見ていこう。

Q 例題①

> 　A〜Fの6人が，まるいテーブルの周りに腰かけている。BはDの1つおいた右隣，EはAの1つおいた左隣，CとFはお互い向かい合っていて，BとCは隣り合っていない。これから確実にいえることは，次のうちどれか。
>
> ① 　Aの向かいはFである。
> ② 　Bの向かいはEである。
> ③ 　Cの右隣はAである。
> ④ 　Dの右隣はEである。
> ⑤ 　Eの右隣はFである。

A 解答・解説

位置系問題の解き方　その1「円形の（まるい）ものの場合」

　円形の位置関係の特徴は，「**360°どう回しても位置関係が変わらない**」ことにある。これがどういうことか，具体的に見ていこう。

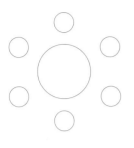

左図は「円形のテーブルに６人が腰かけた」ときの位置関係を表す図だ。ここに「基準点」を指定して図を埋め始めるわけだが，**どれか１つでも位置がわかっているものがあれば，それを基準点にすることができる**。ところが，この例題①にはそれがないので，「図のどこを基準点にすればいいか？」という疑問が出る。結論からいうと「**どこでもよい**」。なぜなら，「360°どう回しても位置関係は変わらない」からだ。

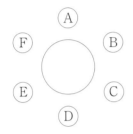

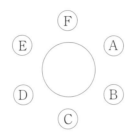

上の２つの図を見比べてもらいたい。A〜Fそれぞれの**位置は違っているが，位置関係は変わっていない**（例えば上図で，Dの位置は違うが，「Cの左，Eの右」というDの位置関係は同じ）。

最初のうちは多少戸惑うかもしれないので，ここでもう少し詳しく「位置」と「位置関係」の違いについて説明しておこう。

そもそも，**位置そのものが確定するためには，少なくともどれか１つのものの位置が判明しないと，他のものの位置はわからない**。

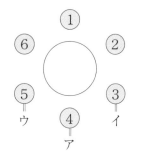

左図を見てもらおう。

「アの右側にイ，左側にウ」ということがわかっていたとする。**「アの位置は４」ということが判明すれば，イに３，ウに５が必然的に確定する**（もちろん，イ or ウの位置がわかっても，残りの２つの位置が確定する）。しかし，それらがわからなかった場合，**アがいるのは１〜６のどれかはわからない**。イ，ウの位置はアに従って動くので，これらの位置も当然確定しない。

つまり，**問題の中に位置を示す記述が１つもない場合，それぞれのものの位置関係（Aの右がB，Cの正面がDなど）はわかる**が，「Aはこの位置」といった位置そのものは確定しない。その結果，位置を表す記述がなければ「位置そのものを問う」ことはできないが，「位置関係」さえ判明すればいいのだから，基準点をどこにおいてもよいわけだ。

これをふまえて例題①を見ていこう。

条件は４つある。

● BはDの１つおいた右隣
● EはAの１つおいた左隣
● CとFは向かい合っている
● BとCは隣り合っていない

では，Dを基準点にして図を埋めていってみよう。

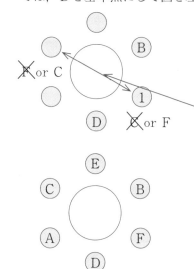

下の位置に基準点Dをおくと，BはDの１つおいた右隣なので左図のようになる。

ここで，上から３番目の条件「CとFは向かい合っている」に目を向けると，**向かい合っているところがあいている位置（ここ）にしかCとFは入らない**。なおかつ，４番目の条件（BとCは隣り合っていない）から，図中１の位置にCが来ることはない。したがって，「Bの左隣がF，Fの正面がC」が確定する。

最後に「EはAの１つおいた左隣」の条件を組み込むと，左図のような位置関係が完成する。

したがって，正しい選択肢は③である。

例題①　**答**　③

⚠ 注意点

この問題はBとDの位置関係，EとAの位置関係に左右の指定があったが，**左右の指定が
ない場合は左右で場合分けをしなければならない。**

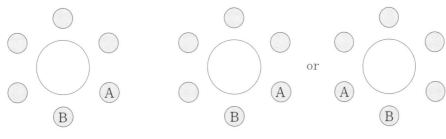

「AはBの右隣」　　　　　　　　　　　　　「AはBの隣」

例えば，「AはBの右隣」という条件があった場合，位置関係は1つに固定される。

しかし「AはBの隣」という条件では左隣なのか右隣なのかわからない。このときは図を2
つ描いて他の条件を埋めていき，矛盾しないほうを選択して解答しよう（ただし，両方とも矛
盾せずに成立する場合もある）。

◈ 解法のポイント

《位置　基本》

(1) 基準となる1つのものの位置を固定して図を描いていき，図が複数出てきたときは，矛盾
しないように場合分けする。

(2) まるいもので位置を表す記述が1つもない場合，位置関係はわかるが位置そのものは判明
しない。

🖋 参考

位置関係をさぐる場合，基準点を図の下の位置にとったほうが間違いが少なくなるかもしれない。
なぜならば，**位置系問題は，常に真上から見た図を描くので，図の上と下では，左右が逆になって
しまうからである。**

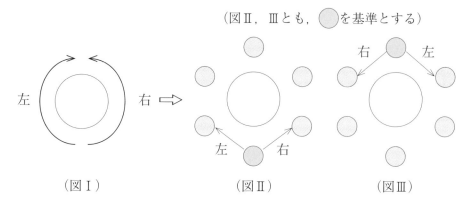

（図Ⅱ，Ⅲとも，⬤を基準とする）

（図Ⅰ）　　　　　　（図Ⅱ）　　　　　　（図Ⅲ）

　例題①は，「まるいテーブルの周りに腰かけている」となっている。通常，テーブルに座るときは中心を向くので，それぞれの人物の左右は，**座っている位置にかかわらず，常に時計回りに左，反時計回りに右**となる（図Ⅰ参照）。

　図の下を基準にすれば，図Ⅱのように**実際の左右と見た目の右・左が同じ**になるが，**図の上に基準をおくと**，図Ⅲのように見た**目の右・左と実際の左右が逆**になってしまい間違いをおかしやすい。よって，図の下に基準点をおいたほうが間違いが少なくなると思われるが，「どこに基準点をおいても，左右を間違わない」というのであれば，どちらでもかまわない。

Q　例題②

　　　テーブル

A～Fの6人が，左のように配置された椅子に座っている。Aの隣に座っているのがEで，Eの向かいがD。また，Cの隣の向かいがBだとすると，確実にいえることは次のうちどれか。

①　AとCは隣り合っている。

②　Bは中央の椅子に座っている。

③　Cの両隣はDとFである。

④　EとFは端に座っている。

⑤　FとBは向かい合っている。

A 解答・解説

位置系問題の解き方　その2「四角の場合」

　この問題は例題①とは違い，椅子の位置が四角になっている。**基本的な解き方は「円形」と変わらないのだが**，考え方として明らかに違うのは「360°どう回しても位置関係が同じ」だった円形に対して，**四角は「180°回して同じ位置関係のものは1つとして考える」**ことだ。どういうことか見てみよう。

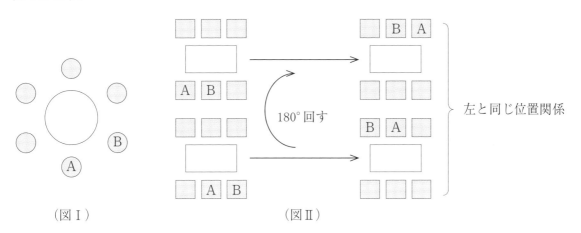

（図Ⅰ）　　　　　　　　　　（図Ⅱ）

　上図は，ともに「Aの右隣がB」を図にしたものである。先ほどやったように，円形の場合は1つの位置関係に固定できる（図Ⅰ）が，四角の場合は図Ⅱのように**「左端がA，その右がB」**と**「真ん中がA，その右がB」の2パターンが考えられる**。正確な位置で考えると，図Ⅱ右側の2つもあるのだが，これは左側の2パターンを時計回りに180°回したものと同じになるので**「左のものと同じもの＝1つとして」**考えてよい。

　では，例題②に入っていこう。

　まずは基準点。円形問題と同様，位置がわかっているものがあればそれを基準点にするが，この問題にはそれがない。このような場合は，**なるべく位置関係が離れているものを基準点にするといいだろう**。理由は「第7章 順位・順序（1）　序列・大小」でも学習したように，間隔が大きいものからやったほうが位置が限定されやすいからだ。この問題では「Cの隣の向かいがB」がいいだろう。

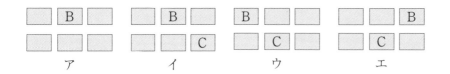
ア　　　　　　　イ　　　　　　　ウ　　　　　　　エ

「隣の向かい」ということは，要は「斜め前」ということなので，考えられるのは上の４パターンである（正確な位置でいえば，それぞれを $180°$ 回したものがあるので，計８つ）。

このそれぞれに「Aの隣にE，Eの向かいがD」の条件を入れていくが，これを図式化すると下の４つになる。

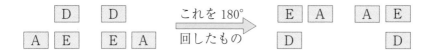

これをア〜エに入れてみると，

F	B	D		D	B	F		B		E		E	A	B
C	A	E		E	A	C		F	C	D		D	C	F

ア　　　　　　　イ　　　　　　　　　　　　　　　エ

では，選択肢と見比べよう。

① AとCは隣　→　ア，イはそうだが，ウ，エは違う：誤
② Bは中央　→　ア，イはそうだが，ウ，エは違う：誤
③ Cの両隣はDとF　→　ウ，エはそうだが，ア，イは違う：誤
④ EとFは端　→　ア，イ，ウ，エともにそうである：正
⑤ FとBは向かい　→　ウ，エはそうだが，ア，イは違う：誤

例題②　**答　④**

❶ 注意点

　図Ⅱを見てもらうとわかるが，四角の場合も円形の場合と同様，**図の上側は実際の左右が見た目の左右とは逆になる**ので気をつけること。

☞ 解法のポイント

《位置　四角》

180°回して同じ位置関係のものは１つとして考える。

No.1 （解答 ▶ P.65）

A〜Hの8人が，円卓の周りに座っている。次のことがわかっているとき，向かい合っている者の組み合わせとして正しいものは，次のうちどれか。

- Aの隣はCで，Cとは反対方向に1人おいた隣はEである。
- Gの隣はHで，Hとは反対方向に1人おいた隣はFである。
- BとDは真向かいである。

① AとF
② CとH
③ DとA
④ FとC
⑤ GとC

No.2 （解答 ▶ P.65）

安藤，高崎，木村，橋本，中里，大池の6人が，まるいテーブルの周りに腰掛けている。

- 安藤の左隣は大池である。
- 中里は木村と向かい合っているが，橋本とは隣同士ではない。

以上2つのことがわかっているとき，確実にいえることはどれか。

① 安藤と高崎は向かい合っている。
② 高崎の隣には木村が腰掛けている。
③ 木村の隣には橋本が腰掛けている。
④ 橋本の隣は安藤である。
⑤ 大池の1つおいて隣は橋本である。

No.3

（解答 ▶ P.66）

長方形のテーブルにA〜Fの6人が座っており，Aの位置は下図の通りであり，A，Bの2人は6人の座り方について次のように述べた。

A：「私の隣にはBとD，正面にはEが座っている。」
B：「私の隣にはCとF，正面にはAが座っている。」

しかし，AとBの発言はどちらも嘘だった。このとき，確実にいえるものは次のうちどれか。

① Aの隣にはFが座っている。
② Bの隣にはDが座っている。
③ Cの正面にはBが座っている。
④ Dの正面にはFが座っている。
⑤ Eの隣にはAが座っている。

(解答 ▶ P.66)

下のような会場の配置で，ある企業が面接を行った。A～Hの8人はこのいずれかの部屋で面接を行い，面接会場が同じ部屋になった者はいなかった。面接終了後，A，B，C，Dの4人が次のような発言をした。

A：「私の面接会場の両隣で，EとFが面接をしていた。」

B：「GとHは，私の面接会場の両隣で面接を受けていた。」

C：「Eは，私の斜め前の会場で面接していた。」

D：「私のすぐ斜め前の会場で，Hが面接を受けていた。」

以上のことからあり得ることは，次のうちどれか。

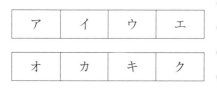

① Cの面接会場はカだった。

② Dの面接会場はウだった。

③ Fの面接会場はイだった。

④ Gの面接会場はエだった。

⑤ Hの面接会場はアだった。

 (解答 ▶ P.67)

A～Dの4人が円形のテーブルに均等な間隔で座っており，次のように証言している。

A：「4人の中では私が1番年下である。私の右隣の人は，左隣の人より年上である。」

B：「私の隣はどちらも自分より年上である。」

C：「私の右隣の人より，左隣の人の方が年上である。」

このとき4人を年齢の若い順に並べると，どのようになるか。

① A→B→C→D

② A→B→D→C

③ A→C→B→D

④ A→C→D→B

⑤ A→D→B→C

No.6 （解答 ▶ P.67）

18歳3人，19歳4人のグループで新幹線つばめに乗り，下図のような向かい合った座席に座った。その際，次の2つの条件が与えられた。

● 18歳はお互いに向かい合って座ってはいけない。

● 窓側に座れる18歳は1人だけである。

この条件をすべて守る場合，確実にいえることは，次のうちどれか。

① 通路側の席に座っている18歳は，1人しかいない。

② お互いに向かい合って座っている19歳が，必ず1組存在する。

③ 通路を挟んで横一列（4席）に連続して座っている19歳は，多くても2人までである。

④ 通路側に座っている19歳は，多くても2人である。

⑤ 18歳の真向かいに座っている19歳は，3人いる。

A〜Fの6人が食事をしようと長方形のテーブルに座っており，Aは下図の位置に座っている。Aの左隣の人はカレーライスを食べ，その向かいの人はハンバーグを食べ，その隣の人はオムライスを食べている。Bの前にはCが座っており，Cの隣の人はハヤシライスを食べている。また，Cとステーキを食べている人は同じ側に座っている。

このとき，Aが食べているものは何か。

① ハンバーグ
② オムライス
③ ハヤシライス
④ ステーキ
⑤ この条件だけではわからない

演習問題

No.1 （解答 ▶ P.67）

A～Fの6人が円形のテーブルの周りに等間隔に並んで座っている。並び順について，それぞれが次のように話しているとき，確実にいえるものは次のうちどれか。

A：「私の右隣にはBが座っています。」
C：「私の正面にはFが座っています。」
E：「私の隣はCではありません。」

① Aの左隣はFである。
② Aの正面はDである。
③ Bの正面はEである。
④ Cの隣にはAが座っている。
⑤ Dの隣にはEが座っている。

No.2 （解答 ▶ P.68）

ある街が図のように16のブロックに区分されている。デパート，公園，商社，銀行がそれぞれ4つずつあり，すべてのブロックにそのうちの1つが入る。縦，横，斜め，どれをとってもデパート，公園，商社，銀行が4つ並んでいるとするとき，XとYに入るものの組み合わせとして正しいものは，次のうちどれか。

	X	Y
①	公園	デパート
②	公園	商社
③	商社	デパート
④	商社	銀行
⑤	銀行	公園

銀			デ
		商	
			X
	Y		

A～Fの6人が，下図のような円形のテーブルに等間隔に座っている。Aの両隣にはDとFが座っており，Fの向かい側にはBが座っている。このとき，確実にいえるのは次のうちどれか。

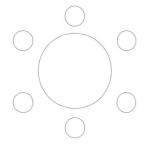

① Aの向かい側にはCが座っている。

② Bの隣にはDが座っている。

③ Cの向かい側にはDが座っている。

④ Dの向かい側にはEが座っている。

⑤ Eの隣にはFが座っている。

長方形のテーブルにA～Fの6人が，両側に3人ずつ向かい合って座っている。Aの斜め前にはBとF，Eの斜め前にはCとFが座っているとき，確実にいえることは次のうちどれか。

① Aの正面にはEが座っている。

② Bの正面にはCが座っている。

③ Cの正面にはDが座っている。

④ Dの正面にはFが座っている。

⑤ Eの正面にはFが座っている。

（解答 ▶ P.69）

No.5

A～Hの8人が丸いテーブルの周りに等間隔に座っている。次のア～エのことが分かっているとき，隣り合って座っている者の組合せとして確実にいえるのはどれか。

ア　Aの真向かいはEである。
イ　Bの1人おいた右隣はFである。
ウ　Fの隣はDで，真向かいはGである。
エ　Gの両隣はAとCのいずれでもない。

① A，B
② B，D
③ C，E
④ C，H
⑤ G，H

（解答 ▶ P.69）

No.6

A～Eの5人はそれぞれ身長が異なる。BはAより身長が高く，Eよりは低い。DはCよりは身長が低く，Bよりは高い。このとき，ア～オの中で正しいものはいくつあるか。

ア　Aは1番背が低い。
イ　Bは背の高い方から4番目である。
ウ　Cは最も背が高い。
エ　Dは背が高い方から2番目である。
オ　Eは背が高い方から3番目である。

① 1つ
② 2つ
③ 3つ
④ 4つ
⑤ すべて正しい

A～Hの8人がアルファベット順に1列に並んでいる。8人の中には1組だけ兄弟がおり，2人は隣り合って並んでいる。この2人は，A～Fの6人の中に2人ともおり，D～Hの5人で区切っても2人とも入っている。しかしA～Dの4人に尋ねると，この兄弟はどちらもいなかった。このとき，2人の兄弟はだれとだれか。

① CとD

② DとE

③ EとF

④ FとG

⑤ GとH

A～Gの7人が，横一列に並んでいる。それぞれについて次のことがわかっているとすると，正しくいえることはどれか。

a　Aから1人おいて隣はEである。

b　Fから4人おいて隣はDである。

c　正面から見てCの左隣はG，右隣はAである。

d　FとBは隣り合っていない。

① Bの隣はGである。

② Cから1人おいて隣はDである。

③ Dから2人おいて隣はAである。

④ Eの隣はBである。

⑤ 正面から見てEはFの左隣にいる。

（解答▶P.70）

一直線上にA～Gの7人が横一列に並んで立っており，各人は前向きと後ろ向きがいる。これらの者がそれぞれの位置と向いている方向について次のように言っているとき，Aと同じ方向を向いている者はAを含めて何人か。

A：「私の右隣はDで，Dは私とは反対向きだ。」
B：「私の左隣はGだ。」
C：「私の右隣はFで，Fは私と同じ向きだ。」
E：「私の右隣はDで，私の左隣は私とは反対向きだ。」
G：「私の左隣はAだ。」

① 1人
② 2人
③ 3人
④ 4人
⑤ 5人

（解答▶P.71）

A～Eの5人が1列に並んで立っている。この並び方について，次のことがわかっている。

ア　AとBの間には1人いる。
イ　CとDの間には2人いる。

このとき，誤っているものは次のうちどれか。

① Aは前から1番目，3番目，5番目のいずれかにいる。
② Bは前から1番目，3番目，5番目のいずれかにいる。
③ Cは前から3番目以外にいる。
④ Dは前から3番目にいる。
⑤ Eは前から2番目か4番目にいる。

生徒の描いた絵画の作品が，壁に数列にわたって展示されている。次のことがわかっているとき，Fの絵が飾られている位置として正しいものはどれか。

ア　Aの絵は左から5列目，上から7行目に飾られている。

イ　Bの絵はAの絵の2つ上に飾られている。

ウ　Cの絵はBの絵の斜め45度右上に飾られている。

エ　Dの絵はCの絵の3つ右側に飾られている。

オ　Eの絵はDの絵の斜め45度左下に飾られている。

カ　Fの絵はEの絵の斜め45度左下に飾られている。

① 　左から4列目，上から5行目

② 　左から5列目，上から8行目

③ 　左から6列目，上から4行目

④ 　左から7列目，上から6行目

⑤ 　左から8列目，上から3行目

No.12 ████████████████████ （解答 ▸ P.71)

下図のようなA～Iの9つに区切られた箱に，小倉あん，白あん，うぐいすあんの入った3種類の
饅頭を，それぞれ3つずつ詰める。同じ種類の饅頭を隣り合って入れることはなく，Aには白あん
の饅頭，Cには小倉あんの饅頭，Iにはうぐいすあんの饅頭を入れることにしたとき，正しいもの
は次のうちどれか。

① 　小倉あんの饅頭はC，D，Hに入る。

② 　白あんの饅頭はA，E，Gに入る。

③ 　うぐいすあんの饅頭はB，D，Iに入る。

④ 　Eにはうぐいすあんの饅頭が入る。

⑤ 　Hには小倉あんの饅頭が入る。

No.13 ████████████████████ （解答 ▸ P.72)

A～Gの7人が，1～3班のグループに分かれて研究発表を行うことになった。A，D，Eの3人
が各班の班長を務め，それぞれの班の人数は2人か3人である。AはBとCとは別の班であり，B
はCとDとは別の班である。またCとFは別の班で，Cの所属する班は3人で構成されている。こ
のとき，正しいものは次のうちどれか。

① 　Aの班は1班である。

② 　Aの班の人数は2人で，もう1人はFである。

③ 　CとGは別の班である。

④ 　Dの班の人数は2人で，もう1人はGである。

⑤ 　Eの班の人数は3人で，あとの2人はCとGである。

（解答 ▸ P.72）

図のように赤と青のタイル2枚がすでに置かれている4×4のマス目を，赤，青，白，黄のタイルで埋めていく。このとき，縦，横，斜めのどの4枚をとっても4色のタイルがすべて1枚ずつ入っているようにしたい。このときAとBの位置に入るタイルの色としてあり得ない2色の組み合わせは，次のうちどれか。

① 赤と黄
② 赤と青
③ 赤と白
④ 白と青
⑤ 黄と青

No.15 （解答 ▸ P.73）

a〜pの**16**本の木が下図のように等間隔で植えられており，このうち**5**本の木には花が咲いている。

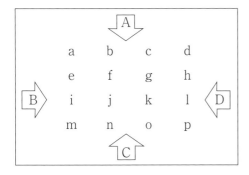

● A方向から見たとき，花の咲いている木は**3**本見える。
● B方向から見たとき，花の咲いている木は**2**本見える。
● C方向から見たとき，花の咲いている木は**2**本見える。
● D方向から見たとき，花の咲いている木は**2**本見える。

このとき，確実にいえることは次のうちどれか。ただし，**各方向からは一番手前にある4本の木しか見えず，後ろにある木は見えない**ものとする。

① bには花が咲いている。
② cには花が咲いていない。
③ dには花が咲いていない。
④ eには花が咲いていない。
⑤ fには花が咲いている。

図のように **16** 個の机が配置されている会議場で，国際会議が開催された。この会議では，1 つの国が 1 つの机を使うことになっている。この会議での机の使用状況が以下のようだったとき，確実にいえることはどれか。ただし，条件および選択肢中の「○列目」は，演壇に近いほうから 1 列目，2 列目，3 列目といい，「前・後」は演壇に近いほうを前と呼ぶこととする。

```
                    ┌─────┐
                    │ 演壇 │               前
 1列目  ☐   ☐      └─────┘    ☐   ☐     ↑
                                          │
 2列目  ☐   ☐   ☐   ☐      ☐   ☐       │
                                          ↓
 3列目  ☐   ☐   ☐   ☐   ☐   ☐           後
```

A　人が座っていれば，その 1 つ後ろの列の同じ位置にはだれも座っていない。

B　1 列目の机は 2 つ使われていたが，演壇を挟んで座っていた。

C　3 列目の机は，隣り合っては使われていなかった。

D　空いている机の 1 つ後ろの列の同じ位置には，必ずだれかが座っていた。

① この会議の参加国は，8 カ国である。

② 2 列目の両端の席は空いていた。

③ 2 列目は，机が 4 つ空いていた。

④ 3 列目の演壇正面にある 2 つの机は，どちらかが使われていた。

⑤ 3 列目は，机が 3 つ空いていた。

No.17　　　　　　　　　　　　　　　　　　　　　　　　　（解答▶P.75）

次の図のように，東西の通りに面した(1)～(9)の9軒のそれぞれ異なる店からなる商店街があり，A～Eの5人はそれぞれ花屋，本屋，時計屋，靴屋又は文房具屋のいずれかを開いている。今，次のア～カのことが分かっているとき，確実にいえるのはどれか。

ア　Cの店の西隣の店の真向かいは，花屋である。

イ　Cの店の1軒おいた西隣は，Bの店である。

ウ　花屋の2軒おいた隣は，本屋である。

エ　Aの店の真向かいは，Dの店である。

オ　Dの店の西隣は，靴屋である。

カ　文房具屋は，西から2軒目である。

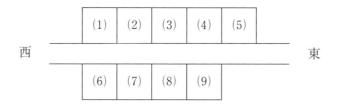

①　Aは，(2)で文房具屋を開いている。

②　Bは，(6)で時計屋を開いている。

③　Cは，(3)で靴屋を開いている。

④　Dは，(7)で花屋を開いている。

⑤　Eは，(5)で本屋を開いている。

第11章 方位

　位置関係を表す言葉には，前後左右のほかに東西南北などの方位がある。基本的な解き方は，前章と同様「基準となる1つのものの位置を固定して図を描く」ことになるが，横などの表記がないので，位置は確定しないまでも方向は固定される。その一方，距離がはっきりしなければ，基準点以外の位置が固定されないため，距離を計算したあとに位置を確定させるような問題もある。

　例題を解きながら，やり方をしっかり理解しよう。

Q　例題①

　東西に走っている1本の道がある。Aはこの道沿いを東方向に歩いて直角に右に曲がったあと，少し歩いて左に直角に曲がった。さらに少し歩いて右45°に曲がってすぐ右に直角に曲がった。しばらく歩いて右に45°曲がったとしたら，Aはどの方向を向いているか。

①　東

②　西

③　南

④　南東

⑤　南西

A　解答・解説

　方位の問題は**座標**を使って解くのがいいだろう。中心を基準点にして，方角，方向や角度を間違えずに書き込んでいく。

※ 方位の基礎知識

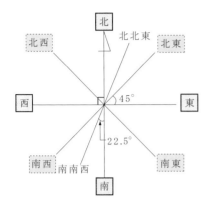

　方位には「東西南北」の 4方位 と，その間をとった 8方位 ，8方位の間をとった 16 方位がある。呼び方は「北と西の間＝北西」「北と北東の間＝北北東」のように，単純に2つの方位をくっつければよい（ただし，8方位の場合は南北を先に，16方位の場合は東西南北のうち，片寄った方角を8方位の先頭につけていう）。

　それぞれの方位が作る角度は，

4方位＝ 90°　　8方位＝ 45°　　16方位＝ 22.5°

である。判断推理の問題では，だいたい8方位までしか出題されないので，そこまでは確実に覚えておくこと。

　では，例題①にとりかかろう。

　左図のような座標軸を書き，問題文に従って足跡を書き込んでいくと，

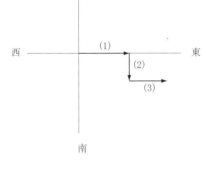

(1) 東方向に歩いて

(2) 右に直角に曲がり

(3) 左に直角に曲がった

　このときに気をつけなければならないのが**左右**だ。テキストや問題そのものを回転させてもいいので，間違わずに書き込むようにしよう。

　次に右 45°，右直角（90°），右 45° と曲がっていくが，右 45° と左 45° の進行方向は左図のようになる。

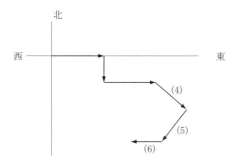

これをふまえて先ほどの続きを考えると，

(4) 右45°に曲がり

(5) 右に直角に曲がり

(6) 右45°に曲がる

左図のようになり，西を向いている。

〔もう1つの考え方〕

(4)〜(6)の行動は右45°，右直角，右45°と曲がっているので，それをすべて足すと，

右45°＋右90°＋右45°＝右180°

となり，(6)地点では(3)の地点から180°曲がる，つまり正反対の方向を向いていることになる。(3)の地点で東を向いているので，その反対，西を向いていることが判明する。

例題① **答** ②

解法のポイント

《方位　基本》

(1)　座標を使い，中心を基準点にして，方角，方向や角度を書き込む。

(2)　4方位＝90°　　8方位＝45°　　16方位＝22.5°

参考

上を北，下を南として方位を書くとき，左右のどちらが東（もしくは西）か，ど忘れしてしまうことがあるかもしれない。そのときは，日本地図を思い浮かべよう。

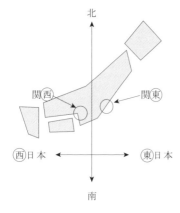

　頭の中で日本地図を描くと，左のようになるだろう。北が北海道，南が九州・沖縄なのはすぐにわかるので，上が北，下が南なのは想定がつく。

　日本を真ん中から区切って，右側を「東」日本，左側を「西」日本ということから，上が北なら右が東，左が西だ（東京周辺のことを関「東」，大阪周辺のことを関「西」ということからもわかる）。

Q 例題②

　Aの家から見て駅は南の方角にあり，Bの家から見てAの家は北西の方角にある。また，Cの家はBの家の南にあり，駅から見ると東の方角にある。Bの家からAの家までの距離と駅までの距離が同じであるとき，駅から近い順にA，B，Cの家を並べると，正しいのはどれか。

① 　A→B→C

② 　A→C→B

③ 　B→A→C

④ 　C→A→B

⑤ 　C→B→A

A 解答・解説

●方位の問題で距離がある場合

　この問題は，各地点を座標上にとるだけではなく，「駅から近い順に並べると」と距離が問われている。このときに役立つのが「方位の基礎知識」で書いた「**4方位＝90°，8方位＝45°**」の考えだ。実際にどう使うか問題を解きながら見ていこう。

　基準点をAの家にすると，駅は南の方角，また「Bの家から見てAの家は北西」の記述から，Aの家から見ると，Bの家は南東の方角にある（**方角を逆から見るには，東⇔西，南⇔北と方位を反対にすればよい**）。

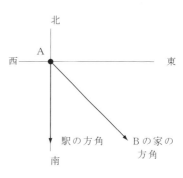

Ｃの家は「Ｂの家の南，駅の東」だから，Ｂの家がある線上と，駅がある線上の適当なところにＢの家，駅をおく。Ｂの家から南（図では下側）へ，および駅から東（図では右側）へ線を引くと，その交点がＣの家になる。

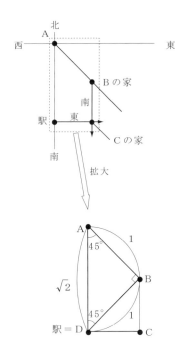

ここで，「Ｂの家から，Ａの家までの距離と駅までの距離が同じ」であることを考える。

駅をＤとして△ＡＢＤを見ると，この三角形は**ＢＡ＝ＢＤの二等辺三角形**だ。また，「Ａの家から見るとＢの家は南東」なので，「8方位のなす角は45°」より，∠ＢＡＤ＝45°

「二等辺三角形の底角は等しい」ので，∠ＢＤＡ＝45°
よって，**△ＡＢＤは直角二等辺三角形**になる。

直角二等辺三角形の辺の比率は「$1：1：\sqrt{2}$」なので，ＢＡ（Ａの家からＢの家までの距離）とＢＤ（Ｂの家から駅までの距離）を1とすると，ＡＤ（Ａの家から駅までの距離）は$\sqrt{2}$（$≒1.41$）になる。

一方，同じく駅をＤとして△ＢＣＤを見る。

ＡとＤを結ぶ線が南北で，Ｄから見てＣは東方向にあるので，「4方位のなす角は90°」より，∠ＡＤＣ＝90°
先ほどの計算から∠ＡＤＢ＝45°なので，
∠ＢＤＣ＝∠ＡＤＣ－∠ＡＤＢ＝90°－45°＝45°

また，Ｃの北にＢがあるので，∠ＢＣＤ＝90°
よって△ＢＣＤも**「直角二等辺三角形」**である。

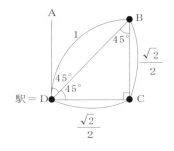

ＣＤ：ＢＤ＝$1：\sqrt{2}$で，ＢＤを1とすると，ＣＤ：$1＝1：\sqrt{2}$
「外項の積＝内項の積」より，
ＣＤ×$\sqrt{2}＝1$
ＣＤ＝$\dfrac{1}{\sqrt{2}}＝\dfrac{\sqrt{2}}{2}$ （$＝\sqrt{2}÷2≒1.41÷2＝0.705$）

まとめると，Ａの家から駅まで$≒1.41$，Ｂの家から駅まで$＝1$，Ｃの家から駅まで$≒0.705$なので，駅から近い順にＣ→Ｂ→Ａになる。

例題② **答** ⑤

参考

方位系の問題で，距離が問われている場合は，**まず『どこかに直角二等辺三角形がないか』を考える**。「三平方の定理」を使えばそれ以外の場合でも距離が出るには出るのだが，「4方位 = 90°，8方位 = 45°」である方位系の問題では，直角二等辺三角形が潜んでいる可能性が大きい。**図を描いたら，まず直角二等辺三角形を探して，なければ「三平方の定理」を使うことを考えよう。**

解法のポイント

《方位　距離》

　直角二等辺三角形（$1 : 1 : \sqrt{2}$），もしくは **30°，60°，90°** の直角三角形（$1 : 2 : \sqrt{3}$）から座標の完成，距離の算定を行う。

No.1　　　　　　　　　　　　　　　　　　　　　　　　　　　　　（解答▶P.76）

ある小説の中に，次のような文章があった。

「2月の寒い朝，由美子はせまい路地を歩いていた。あてのない散歩だった。左右に直角に分かれた道をどちらに行こうか迷った彼女は，その選択を時計の秒数に任せることにした。奇数なら右，偶数なら左。秒数は23秒を示していた。

　由美子の選んだその道は，100 mほど先で左45°の方向へ折れていた。ゆっくりゆっくり道沿いに歩いて，折れた道に入ったその時，正面から吹いてきた冷たい北風で，彼女の髪が揺れた。」

このとき，由美子が最初に向かっていた方角は，次のうちどれか。

① 南東
② 南西
③ 北
④ 北東
⑤ 北西

No.2　　　　　　　　　　　　　　　　　　　　　　　　　　　　　（解答▶P.76）

「さわやか通り」という名前の直線の通りがある。この通りから直角に左に曲がり，少し行ったところを右に45°曲がった。しばらく歩いて，今度は右に直角に曲がり，さらにその先を右に45°曲がったら，真東を向いた。「さわやか通り」は，どの方角を走っているか。

① 東―西
② 南―北
③ 南南西―北北東
④ 北東―南西
⑤ 北西―南東

No.3

(解答 ▶ P.76)

A地点から北へ **300 m**，そこから西へ **100 m**，そこから南へ **500 m**，そこから東へ **300 m** 行ったところにB地点がある。B地点から見たA地点の方角は，次のうちどれか。

① 西

② 南東

③ 南西

④ 北東

⑤ 北西

No.4

(解答 ▶ P.77)

同じ学校に通うA～Eの家の位置関係について，それぞれが次のように述べた。

A：「私の家は，Bの家の南 300 mの所にあります。」

C：「私の家は，Aの家の北東にあって，Aの家までとBの家までの距離は同じです。」

D：「私の家は，Aの家の東，Bの家の南東にあります。」

E：「私の家は，Cの家の南 150 mの所にあります。」

このとき，Aの家から見てEの家はどの方角にあるか。

① 東

② 西

③ 南

④ 北

⑤ この条件では判断できない。

No.1

（解答 ▶ P.77）

Aさんが，ある方向に向かって直進していた。最初の交差点で **90** 度左に曲がり，次の交差点で進行方向に対し **45** 度右に曲がった。しばらくその方向に直進し，次に右に **90** 度曲がったところ，その進行方向は真北であった。Aさんが最初に歩いていた方向として，最も妥当なのはどれか。

① 北東

② 北西

③ 南東

④ 南西

⑤ 西

No.2

（解答 ▶ P.78）

ある人物が，A地点を出発点としてサイクリングに出かけた。まずある方向に向かって一直線に **10** 分間走ったあと，B地点で南に方角を変えてしばらく走った。その後最初の進行方向に対して直角になるように **5** 分走ったところ，A地点とB地点のちょうど中間点に出た。この人物が最初に向かっていた方角としてあり得るのは，次のうちどれか。ただし，自転車は常に一定の速度で走り続けていたとする。

① 西

② 南西

③ 南南西

④ 北東

⑤ 北北東

No.3

（解答▶P.78）

Aの家から見て，Bの家は西に，バス停は北にあり，Bの家から見て，バス停は北東にある。バス停の西に煙突があって，その煙突の南にBの家があるとき，煙突から見てAの家はどの方角にあるか。

① 東
② 南東
③ 南西
④ 北東
⑤ 北西

No.4

（解答▶P.78）

A君は東西を通る道を東にあるホテルに向かって歩いていた。途中，真南にタワーが見える地点で立ち止まってタワーを見たところ，タワーの左側に博物館が，右側に美術館が見えた。そこから東に500m歩いてホテルに到着し，ホテルからもう一度タワーを見たところ，今度はタワーの右側に博物館が，左側に美術館が見えた。最初にA君が立ち止まった地点からタワーまでの距離が500mであるとき，タワーから美術館を見ると，どの方角に見えるか。

① 西と南西の間
② 南東と東の間
③ 南西と南の間
④ 北と北東の間
⑤ 北東と東の間

ある都市にあるA〜Fの6つの銀行の位置関係は，次のようになっている。

1 A銀行はC銀行の北東400 mの位置にある。

2 F銀行はE銀行の東200 mの位置にある。

3 C銀行はB銀行の西100 mの位置にある。

4 D銀行の北200 mの位置には，B銀行がある。

5 C銀行の南にE銀行がある。

6 D銀行から見て，E銀行は南西の位置にある。

このとき，確実にいえるものは次のうちどれか。ただし，問題文中および選択肢中に書かれている「距離」は，すべて直線距離とする。

① B銀行とF銀行の間の距離は，200 m以内である。

② C銀行とE銀行の間の距離は，200 mである。

③ D銀行とE銀行の間の距離は，100 m以上である。

④ この6つの銀行の中で，最も東にあるのはF銀行である。

⑤ この6つの銀行の中で，最も北にあるのはB銀行である。

No.6

（解答 ▶ P.80）

A君は，宿題で出された「近所の地図」を作成するために，自宅近くを散歩した。すると次のことがわかった。

1　家の前から北東方向に1.5km進み，そこから右に曲がって500 m進むとスーパーがある。

2　スーパーの前を南西方向に2 km進むと銭湯がある。

3　家の前から北西に1 km進み，そこから左に曲がって少し進んだところに本屋がある。

4　銭湯は本屋から見て南東の方角にある。

以上のことから考えると，銭湯は自宅から見てどの方角にあるか。

①　西

②　南

③　南西

④　南南西

⑤　北西

A君は，自宅と周りの建物の位置関係を地図にしようと，自宅，デパート，スーパー，本屋，コンビニ，薬局のそれぞれの方角と直線距離を調査した。その結果，次の6つのことがわかった。

a　薬局は自宅の真西にある。

b　コンビニはデパートの南東で，自宅から見ると真北にある。

c　スーパーは自宅の北東 200 mの位置にある。

d　薬局は本屋の南東 200 mの位置にある。

e　本屋はデパートの南西にある。

f　コンビニは薬局の北東 400 mの位置にある。

これらのことから確実にいえるそれぞれの位置関係として，正しいものはどれか。

① 自宅から本屋の直線距離と，自宅からデパートの直線距離は等しい。

② 自宅とコンビニの直線距離は，400 mである。

③ デパートと薬局の直線距離は，600 m以上ある。

④ スーパーと本屋の直線距離と，自宅とコンビニの直線距離は等しい。

⑤ スーパーとコンビニの直線距離と，自宅と薬局の直線距離は等しい。

MEMO

第12章 集合

　集合を数学的にとらえると，「∈」，「∩」，「∪」，「⊂」，「 $\overline{\text{A}}$ 」，「φ」などの記号を使って解いていくのだが，判断推理や数的推理に限っていえば，これらの記号とその意味を覚える必要はない。考え方が理解できれば記号を使うことがないからだ。

　では例題を使って，考え方，解き方を解説しよう。

Q　例題

　1クラス40人の小学生に，好きな食べ物について尋ねたところ，次のような結果が得られた。

- ピーマンが好きな子が25人，そのうち16人はにんじんも好きだった。
- にんじんが好きな子が23人，そのうち11人は玉ねぎも好きだった。
- 玉ねぎが好きな子が20人，そのうち10人はピーマンも好きだった。

3つとも嫌いな子が3人いたとすると，3つとも好きな子は何人か。

①　3人　　　②　4人　　　③　5人　　　④　6人　　　⑤　7人

A 解答・解説

集合の問題は包含図（ベン図）を描くことから始まる。

例題を包含図で表すと，下のようになる。

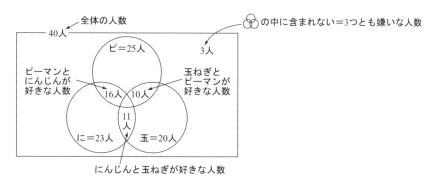

書き方：① □を書いて，上に全体の数値を記入する。

② **項目の数**（例題だとピーマン，にんじん，玉ねぎの3つ）**だけ○を描き**，図のように **すべてを一部分だけ重ね合わせる。**

③ 与えられた数値を書き込む。2つの円が重なっている部分は**2つともに該当する数値**，3つの円が重なっている部分は**3つともに該当する数値**，○の外には**どれも該当しない数値**を書く。（詳しくは図を参照）

図を描いたら，『**すべてをパーツに分けて**』それぞれの数値を考察する。

これがどういうことか，ピーマンを例にして説明する。

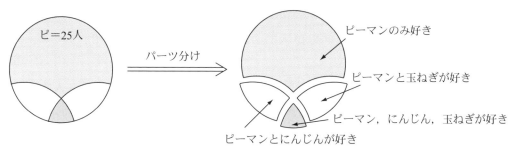

「ピーマンが好き」な25人には，「ピーマンのみが好きな人」，「ピーマンとにんじんが好きな人」，「ピーマンと玉ねぎが好きな人」，「ピーマン，にんじん，玉ねぎすべてが好きな人」がすべて含まれている。つまり，問題で明らかにされている人数は，いくつかの項目がダブっているので，それぞれの部分（＝パーツ）に分けて，人数を明らかにしていかなければならない。

では具体的に見ていこう。

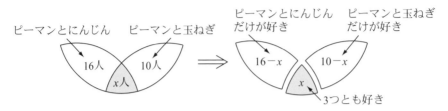

上図は「ピーマンとにんじんが好き」と「ピーマンと玉ねぎが好き」，それに「3つとも好き」の部分を抜き出したものである。「3つとも好き」をx人とおいてパーツ分けすると，「ピーマンとにんじんが好き」である16人は，「ピーマンとにんじんだけが好き」と「3つとも好き」に分かれ，「3つとも好き」がx人なので，「ピーマンとにんじんだけが好き」なのは，$(16 - x)$人となる。

同様に考えると「ピーマンと玉ねぎだけが好き」なのは$(10 - x)$人である。

これをすべて足すと，パーツ分けする前（上図の左側）の正確な人数が出る。

$$(16 - x) + x + (10 - x) = 16 + 10 - x = 26 - x〔人〕$$

これが左図の赤い部分の人数である。あとは残っている￭部分の人数さえわかれば，

白い部分＋ 26 － x ＝ 25

の計算式からx，つまり3つとも好きな生徒の数がわかる。

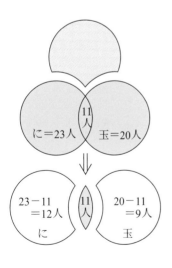

次に，￭部分を求めるために，下のようなパーツ分けをしてみる。

全体の人数が40人で，⊛に含まれていない人が3人いるので⊛の人数は37人。

これを左図のようにパーツ分けして，**赤い部分の正確な人数さえわかれば，その人数を 37 人から引くことで￭部分の人数がわかる。**

赤い部分をパーツ分けして，正確な人数を考える。

要領は先ほどと同じなので，左図のようになり，正確な人数は

$$12 + 11 + 9 = 32〔人〕$$

となる。

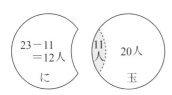

ここで，2つの項目が重なっている場合のもう少し簡単に計算できるパーツ分けの仕方を考えよう。（2つの項目にかぎって説明するので，「ピーマン好き」は考えないものとする。）

図を使って説明すると，「にんじんも玉ねぎも好き」な11人をパーツとして分けずにどちらかの項目（図では「玉ねぎ好き」のほう）に取りこむ。そうすると玉ねぎのほうは「**にんじん好きも含めた玉ねぎ好き**」なので20人。一方，にんじんのほうは「**玉ねぎ好きを除いたにんじん好き**」なので，$23 - 11 = 12$ 人。

20人と12人を足したものが，この部分の正確な人数になるので

$20 + 12 = 32$〔人〕となり，先ほどの計算と一致する。

これを式にして表すと，

$$20 \quad + \quad 23 \quad - \quad 11 \quad = \quad 32$$

　　玉ねぎ好きの人数　　にんじん好きの人数　　重なっている人数

要するに，**2つの項目が重なっている場合，それらの項目に該当している正確な数は【1つの項目の数＋もう1つの項目の数−重なっている部分の数】で求めることができる。**

だから，先ほどの「ピーマンとにんじん」「ピーマンと玉ねぎ」も，$16 + 10 - x = 26 - x$ と導ける。一度わかってしまえば，こちらのほうが簡単だろう。

本題に戻ろう。

「にんじんと玉ねぎ」の部分が32人とわかったので，￼部分の人数は

$37 - 32 = 5$ 人

したがって

$5 + 26 - x = 25$

$\therefore \quad x = 6$〔人〕

例題　**答**　④

この問題には，もう1つ考え方がある。

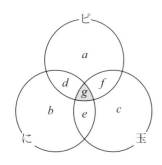

それぞれのパーツを左図のように分けたとする。

「ピーマンが好き」である子は，左図でいうと a, d, g, f を加えたものなので　　　　　$a + d + g + f = 25$

同様に「にんじん好き」が　　$b + d + g + e = 23$

「玉ねぎ好き」が　　$c + f + g + e = 20$

この3つの式をすべて足すと

$$a + b + c + 2d + 2e + 2f + 3g = 68 \cdots (1)$$

次に　$d + g = 16$　と　$e + g = 11$, それに　$f + g = 10$　も成り立つので，

この3つの式を足すと　$d + e + f + 3g = 37 \cdots (2)$

ここで　(1) から (2) を引くと　　$a + b + c + 2d + 2e + 2f + 3g = 68$

$$-) \qquad\qquad\qquad d + e + f + 3g = 37$$

$$a + b + c + d + e + f \qquad\quad = 31 \cdots (3)$$

a〜gまでのパーツをすべて足すと，各項目に該当する全体の人数になり, この問題では，その

人数は　$40 - 3 = 37$ 人

┗━すべて嫌いな子 = ⊛ に含まれない

したがって　$a + b + c + d + e + f + g = 37 \cdots (4)$

(4) から (3) を引くと　　$a + b + c + d + e + f + g = 37$

$$-) \; a + b + c + d + e + f \qquad\quad = 31$$

$$g = 6$$

よって，$g = 3$ つとも好きな子 = 6 人　となる。

注意点

例題のベン図を描いた際, 「3つとも嫌い」を ⦿ の外に書いたが, これはベン図を描き慣れていない人にとっては, 非常に重要な要素である。

例えば「100人いてAに賛成が60人, Bに賛成が25人, A・Bともに反対が20人いた。A・Bともに賛成は何人か。」というのをベン図で描くとき, 描き慣れていない人は下のように2つのベン図を描いてしまうことがある。

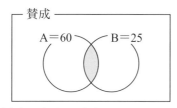

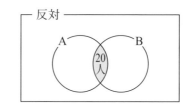

これでは解くことができない。

ではどうするかだが, このとき例題の「**3つとも嫌いを ⦿ の外に書く**」が役に立つ。

前述したが, もともと ⦿ の外に書くというのは「○のどの項目にも含まれない」ことを意味する。上では「賛成」と「反対」でベン図を分けているが, そうせずに「**A・Bともに反対**」＝「**AにもBにも賛成ではない**」と考えればAにもBにも含まれない → ◎ **の外に書くという発想ができる。**

正確なベン図を描くと右図のようになる。

これなら ◎ の人数は　100 − 20 = 80

A・Bともに賛成を x とすると,

$60 + 25 - x = 80$　　∴　$x = 5$

このように簡単に答えが出る。

通常, 1つの問題に対して, ベン図は1つしか描かない。2つになりそうなときは, 「どの項目に含まれない」まで考えて, 1つにする方法を考えよう。

解法のポイント

《集合》

(1) ベン図を描き, わかっている数値を書き込み, パーツ分けする。

(2) 2つの項目が重なっている場合, それらの項目に該当している正確な数は「1つの項目の数＋もう1つの項目の数−重なっている部分の数」で求めることができる。

No.1　　　　　　　　　　　　　　　　　　　　　　　　　　　　　　　　　（解答 ▶ P.81）

国会議員 **120** 人のうち，Ａ法案に賛成している議員は **90** 人，Ｂ法案に賛成している議員は **87** 人，どちらにも反対している議員が２人いる。Ａ，Ｂ両方に賛成したのは何人か。

    ① 　56 人

    ② 　57 人

    ③ 　58 人

    ④ 　59 人

    ⑤ 　60 人

No.2　　　　　　　　　　　　　　　　　　　　　　　　　　　　　　　　　（解答 ▶ P.81）

ある学級で，放課後の活動状況を調べた。運動部に入っている者が **16** 人，文化部に入っている者が **12** 人，塾に通っている者が **23** 人いた。いずれにも該当しない者が３人，運動部・文化部の両方に入っている者がいなかったとき，部活をせず塾に通っている者の人数は何人か。ただし，この学級の生徒数は **40** 人である。

    ① 　6 人

    ② 　7 人

    ③ 　8 人

    ④ 　9 人

    ⑤ 　10 人

No.3

（解答 ▶ P.81）

国会議員 120 人のうち，A法案に賛成している議員は 75 人以上 90 人以下，B法案に賛成している議員は 80 人以上 95 人以下であることがわかっている。A，B両方に賛成している議員は，どれだけいると考えられるか。

- ① 35 人以上 90 人以下
- ② 35 人以上 95 人以下
- ③ 50 人以上 90 人以下
- ④ 75 人以上 90 人以下
- ⑤ 75 人以上 95 人以下

No.4

（解答 ▶ P.82）

ある町には，コンビニエンスストアが 15 軒ある。乾電池を置いてある店が 13 軒，スマートフォン用バッテリーを置いてある店が 9 軒，ＦＡＸを置いてある店が 9 軒だったとすると，3 つとも置いてある店は少なくとも何軒あるか。

- ① 1 軒もない可能性がある
- ② 1 軒
- ③ 2 軒
- ④ 3 軒
- ⑤ 4 軒

No.1 (解答 ▶ P.82)

高校生 **120** 人に対するアンケートを集計した結果，タブレットとスマートウォッチとノート **PC** を持っている人数を調べたところ，3 つとも持っている者が **14** 人，どれか 1 つだけを持っている者が **33** 人，タブレットを持っている者が **72** 人，スマートウォッチを持っている者が **42** 人，ノート **PC** を持っている者が **55** 人であった。3 つとも持っていない者は何人か。

① 22 人　　② 23 人　　③ 24 人　　④ 25 人　　⑤ 26 人

No.2 (解答 ▶ P.82)

100 人の生徒を対象として，ＡとＢの２つの事柄について，賛成か反対かを尋ねた。その結果，Ａに賛成した者は **68** 人で，残りの者は反対であり，Ｂに賛成した者は **42** 人で，残りの者は反対であった。また，ＡとＢのどちらにも反対した者は **24** 人であった。ＡとＢのどちらにも賛成した者は何人か。

① 31 人　　② 32 人　　③ 33 人　　④ 34 人　　⑤ 35 人

No.3 (解答 ▶ P.83)

ある学級で，兄と弟の有無を調べたところ，兄のいる生徒の半数は弟もおり，弟のいる生徒の $\frac{2}{3}$ は兄もいることがわかった。学級の人数の **40** 人のうち，兄も弟もいない生徒は **10** 人である。兄も弟もいる生徒は何人か。

① 10 人　　② 12 人　　③ 14 人　　④ 16 人　　⑤ 18 人

No.4

（解答 ▶ P.83）

ある学年で，A，B 2種類の本について，それを読んだかどうかを調べた。Aを読んだ人は全体の $\frac{1}{2}$，Bを読んだ人は全体の $\frac{3}{5}$，両方とも読んだ人は全体の $\frac{3}{10}$ で，どちらも読まなかった人は 24 人であった。この学年全体の人数は何人か。

① 110 人   ② 120 人   ③ 130 人   ④ 140 人   ⑤ 150 人

No.5

（解答 ▶ P.83）

ある日の夜7時から9時までに放送されたテレビ番組を見た人 50 人に，映画，クイズ番組，野球中継の3つについて調べたところ，次のア～カのことがわかった。

ア　映画を見た人は 20 人いた。
イ　クイズ番組を見た人は 19 人いた。
ウ　映画とクイズ番組を見た人は 8 人いた。
エ　クイズ番組と野球中継を見た人は 6 人いた。
オ　野球中継と映画を見た人は 7 人いた。
カ　3つとも見た人はいなかったが，3つとも見ていない人が 12 人いた。

以上の条件から判断すると，野球中継を見た人は何人いたか。

① 13 人   ② 16 人   ③ 20 人   ④ 23 人   ⑤ 27 人

No.6

（解答 ▶ P.83）

あるケーキ店では，毎月3の倍数の日にショートケーキを半額で売り，5の倍数の日にシュークリームを半額で売っている。1か月を1日から31日までと考えると，1か月の内でショートケーキとシュークリームの両方が半額になる日は何日あるか。

① 1日　　② 2日　　③ 3日　　④ 4日　　⑤ 5日

No.7

（解答 ▶ P.84）

50人の学生に対してアンケートをとったところ，東京に行ったことがある者は45人，北海道に行ったことがある者は38人，沖縄に行ったことがある者は25人だった。このとき，これらの3か所すべてに行ったことのある者は，少なくとも何人いるか。

① 5人　　② 6人　　③ 8人　　④ 10人　　⑤ 11人

No.8

（解答 ▶ P.84）

学生20人について鎌倉，京都，奈良および金沢の4か所への旅行経験の有無を調べたところ，鎌倉へ行ったことのある者は16人，京都へ行ったことのある者は14人，奈良へ行ったことのある者は10人，金沢へ行ったことのある者は8人いた。
以上のことから確実にいえるものは，次のうちどれか。

① どこへも行ったことのない者は2人いる。
② 鎌倉だけしか行ったことのない者は4人いる。
③ 鎌倉と京都の2か所へ行ったことのある者は少なくとも10人いる。
④ 鎌倉と京都と奈良の3か所へ行ったことのある者は少なくとも2人いる。
⑤ 鎌倉と京都と奈良および金沢の4か所へ行ったことのある者は少なくとも1人いる。

商業高校のあるクラスの担任が，自分のクラスの資格取得状況を表にして，教室の後ろに掲示した。

簿記2級	25人
情報検定2級	18人
英検2級	10人
秘書検定2級	6人
上の資格を2種類持っている者	13人
上の資格を3種類持っている者	4人
上の資格を全部持っている者	1人

『クラス40人中，資格を持っていない（　A　）人は，必ず1つはとるように。

　また，1種類しか持っていない（　B　）人は，頑張って2種類以上とるように。』

（　）内に入る数字として正しいものの組み合わせは，次のうちどれか。

	A	B
①	3	16
②	3	17
③	5	16
④	5	17
⑤	5	18

第13章 魔方陣

魔方陣とは，マス目の中に与えられた数字を入れ，縦・横・斜め（もしくは線で結ばれた一直線上）の和が等しくなるものをいう。公務員試験ではマス目が3×3，4×4，5×5のものや，それが変形したものが出題される。特殊な数字の列になるが，それがゆえ，法則も存在する。それぞれのやり方をしっかりマスターしよう。

Q 例題

下図のような16個のマス目があり，1〜16の数字を入れて縦，横，斜めのマス目の和がすべて同じになるようにしたい。

今，図のように数字が入っているとすると，Aに入る数字は次のうちどれか。

	5		4
3			
2		A	14
13		12	1

① 7

② 8

③ 10

④ 15

⑤ 16

A 解答・解説

マス目に数字を入れ，縦，横，斜めのマス目の和がすべて等しくなるものを，「魔方陣」という。例題はマス目が4×4の魔方陣だが，3×3，5×5の魔方陣もある。

解き方だが，さまざまな魔方陣があって，すべてを一概にとらえることはできないが，すべてに共通する絶対原則が「**すべての数字を足して列の数で割れば，1列の数字の和が出る**」ということである。

最もポピュラーな魔方陣の1列の数字の和は次のようになる。

- a. **3×3の魔方陣に**1〜9までの数字を入れる

  1〜9までの和 = 45, **1列の数字の和** = 45 ÷ ③ = 15

- b. **4×4の魔方陣に**1〜16までの数字を入れる

  1〜16までの和 = 136, **1列の数字の和** = 136 ÷ ④ = 34

- c. **5×5の魔方陣に**1〜25までの数字を入れる

  1〜25までの和 = 325, **1列の数字の和** = 325 ÷ ⑤ = 65

（この3つぐらいは覚えておこう。）

魔方陣は，自然数の等差数列なら同じ配置で成立するので，数が大きくて1列の和の計算が大変な場合は，「等差数列の和」の公式を使う手もある。（「等差数列」については『数学・数的推理』のテキスト参照。）

この場合，この公式を応用して**「最初と最後の数字を足して2で割り，列の数の個数をかける」**ことで**1列の和が求められる。**

これ以外は「魔方陣によっては」という条件がつくが，いくつかの法則があるものもある。

A. 中心点の対称の位置にある2つの数の和がすべて同じ

A	E	F	C
G	B	D	H
H	D	B	G
C	F	E	A

A	E	I	F	C
G	B	K	D	H
J	L	●	L	J
H	D	K	B	G
C	F	I	E	A

上の4×4，5×5の魔方陣で，同じアルファベット同士が中心点の対称の位置にあるものだ。この対称の位置の数の和が，4×4のほうでは17，5×5のほうでは26になっているものがある。

16	3	2	13
5	10	11	8
9	6	7	12
4	15	14	1

3	16	9	22	15
20	8	21	14	2
7	25	13	1	19
24	12	5	18	6
11	4	17	10	23

これがその例である。対称位置にある数の和を見て，4×4なら17，5×5なら26になっていれば，空いている対称の欄に和がそうなるように入れていくと，簡単に完成する場合がある。ただし，下のように全くそうならないものもある。

14	11	8	1
7	2	13	12
9	16	3	6
4	5	10	15

18	22	1	10	14
5	9	13	17	21
12	16	25	4	8
24	3	7	11	20
6	15	19	23	2

B．4×4の魔方陣で，四隅，中央，残っている向かい合った2つの枠のそれぞれの和は，1列の和と一致する。

　4×4の魔方陣でしか使えないが，これは絶対原則で，4×4の魔方陣なら必ず成立する。言葉ではわかりにくいので，図で説明する。

B	D	D	B
C	A	A	C
C	A	A	C
B	D	D	B

　Aが中央，Bが四隅，CとDが残っている向かい合った2つの枠である。このそれぞれの和は1列の和と一致する。したがって，例えば1～16までの数字を使うなら1列の和が34。A～Dそれぞれの和も34になる。

C．4×4の魔方陣で，縦，横の真ん中で区切ったスペース4つのそれぞれの和は，1列の和と一致する。

　これもBと同様，4×4の魔方陣でしか使えないのだが，絶対原則である。

A	A	B	B
A	A	B	B
C	C	D	D
C	C	D	D

　左図の同じアルファベットが，「縦，横の真ん中で区切った4つのスペース」である。この4つの数字の和が，1列の和と一致する。したがって1～16までの数字を使うなら，A～Dのそれぞれの和は34になる。

D．3×3の魔方陣は1つしかない。

3×3の魔方陣は，下の要領で書く。

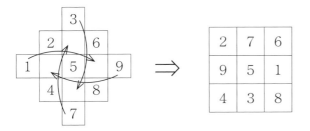

2	7	6
9	5	1
4	3	8

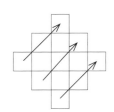

まず，魔方陣の外に上図のような「出っ張り」をつける。

それを使って，数字を順番どおりに入れていく。あとは，この「出っ張った」数字を上は下，下は上，右は左，左は右と入れていけば魔方陣が完成する。

この考え方は奇数列の魔方陣（5×5，7×7など）にはすべて応用できる。

ただ，5×5以上の奇数列の魔方陣はこの方法で作ったもの以外の魔方陣もあるので注意する。→225ページ下の5×5の魔方陣はこのやり方で作ったものだが，226ページ上の5×5の魔方陣はそうなっていない。

さて，3×3の魔方陣だが，他の書き方も存在する5×5以上の奇数列の魔方陣とは違い，**3×3の魔方陣は，これ以外の方法では書けない。**先ほどの3×3の魔方陣と数字の配置を変えたもの以外，この世に存在しない。

つまり，

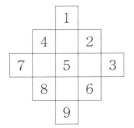

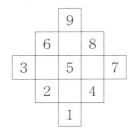

この3種類と，（先ほどのものを含めた4種類の）それぞれ数字の順番を逆にしたもの

（前ページなら 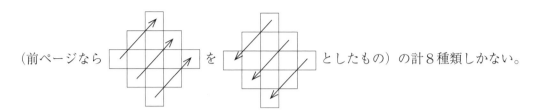 を　　　　　　　　としたもの）の計8種類しかない。

　ところが最初の魔方陣以外の7種類は，最初の魔方陣の①上下逆，②左右逆，③上下左右逆とそれぞれを裏返したものにすぎないので，全く違うものとはいえない。したがって「3×3の魔方陣は1つしかない」ともいえる。

　魔方陣はその昔，占いやまじないなどに使われ，現在でもパズルなどに登場することがある。数学的に研究している学者もいて，その理論がインターネットのホームページに書かれているものもある。興味をもったなら，勉強の合間の気分転換にのぞいてみたらどうだろう。

では例題を解いてみよう。

	5		4
3			
2		A	14
13		12	1

1 ～ 16 の数字を入れるので，1列の和は34。
そこから　　　部の3か所の数がわかり，左上の　　　部の数字がわかれば，その2マス右の数もわかる。

↓

16	5	9	4
3	c	a	15
2	b	A	14
13	8	12	1

上をふまえて数字を入れたのが左図だ。
この段階で残っている数は6・7・10・11
中心点の対称の位置にある2つの数の和が17になっていることからA・c
とa・bの数字の組み合わせは6・11と7・10になっていると想定できる。

↓

16	5	9	4
3	10	6	15
2	11	7	14
13	8	12	1

ここでAを含んだ縦列と横列を計算すると
縦列　$9 + a + A + 12 = 34$　　　$a + A = 13$
横列　$2 + b + A + 14 = 34$　　　$b + A = 18$
となり，6・7・10・11を使って，足して13になるのは6と7，足して18になるのは7と11しかない。

両方ともに使われているのが7なのでA = 7。
すると$c = 10$，$a = 6$，$b = 11$が次々にわかり，一番下のような魔方陣が完成する。

例題　答　①

☞ 解法のポイント

《魔方陣》

(1) 3×3に1〜9の場合， 1列の和は **15**。

4×4に1〜16の場合， 1列の和は **34**。

5×5に1〜25の場合， 1列の和は **65**。

(2) 3×3の魔方陣は1つしかない。

(3) 4×4，5×5の魔方陣において， 中心点の対称の位置にある2つの数字の和がすべて同じになっているものがある。

(4) 4×4の魔方陣において， 四隅，中央，残っている向かい合った2つの枠のそれぞれの和は， 1列の和と一致する。

(5) 4×4の魔方陣において， 縦，横の真ん中で区切ったスペース4つのそれぞれの和は， 1列の和と一致する。

No.1

（解答 ▶ P.85）

		2
3		A

3×3のマス目がある。

各マス目に1から9までの数が入り，縦，横，斜めの各列の数の和はすべて等しくなっている。

図のように2，3だけがすでに入っているとき，Aに入る数は次のうちどれか。

① 1   ② 4   ③ 5   ④ 7   ⑤ 9

No.2

（解答 ▶ P.85）

1から16までの数を図のようなマス目に入れ，縦・横・斜めの各列の和が等しくなるようにしたいとき，A＋Bは，次のうちどれか。

① 12

② 13

③ 14

④ 15

⑤ 16

14			
	8	12	13
4	5	A	
		B	

No.3

（解答 ▶ P.85）

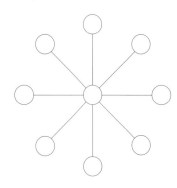

左図の9個の円に1から9までの自然数を入れ，一直線上に並ぶ3つの数の和がすべて15になるようにしたとき，中心の円に入る数は次のうちどれか。ただし，同じ数字を2度使わないものとする。

① 3   ② 4   ③ 5   ④ 6   ⑤ 7

演習問題

No.1

（解答 ▶ P.86）

	21	7
9		
	A	15

図のような碁盤目に４つの数字が入っている。

他の欄にも適当な数字が入り，縦・横・斜めの各列の和はすべて等しいという。Aに入る数字は次のうちどれか。

① 5　　　② 9　　　③ 11　　　④ 15　　　⑤ 17

No.2

（解答 ▶ P.86）

16	A		13
		11	
	6		B
4			1

４×４のマス目がある。この中に１から16までの整数が入り，縦，横，斜めの各列の和がすべて等しくなっている。

AとBに入る数の和は次のうちどれか。

① 13

② 15

③ 17

④ 19

⑤ 21

No.3

（解答 ▶ P.86）

1	2	3	4	5
2			B	
	A			
4	5	1	2	3

図のように一部に数字の入っている５×５の碁盤目がある。縦，横，斜めの各列に１から５までの数字が一つずつ入るとすれば，AとBに入る数の和は次のうちどれか。

① 5

② 6

③ 7

④ 8

⑤ 10

図のように9個の○が直線で結ばれていて，○を頂点とする三角形が大小合わせて7つある。この○の中に1から9までのすべての整数を入れ，各三角形の頂点の数の和をすべて等しくした。

図のように最下段に2つの数2と8が入っているとき，Aに入る数は次のうちどれか。

① 1

② 3

③ 5

④ 7

⑤ 9

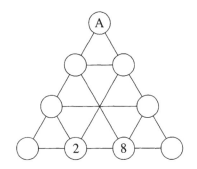

図のように星型に連結された10個の○がある。

外側の5個の○にはすでに数字が配置されており，内側の5個の○には1から5までの異なる数字が入る予定である。

直線上に結ばれた4個の数字の和はすべて等しくなるというとき，Aに入る数は次のうちどれか。

① 1

② 2

③ 3

④ 4

⑤ 5

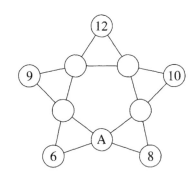

MEMO

第14章 道順

道順系の問題は，大まかに「最短距離数を求める」，「一筆書き」，「伸縮自在の紐」，「行き方の通り数」に分けることができる。いずれも学校では習わない分野であり，判断推理を学習していない人にとっては難解な問題のように思えるが，どの問題も解き方さえわかってしまえば，比較的簡単な問題である。

例題を解きながら，オーソドックスな解法を身につけよう。

Q 例題①

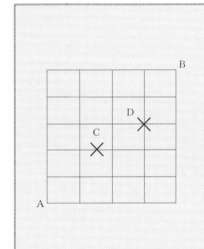

左図のような道がある。

AからBまで最短距離で行くとすると，何通りの行き方があるか。

ただし，CとDは工事中のため通れないものとする。

① 48 通り

② 54 通り

③ 60 通り

④ 66 通り

⑤ 72 通り

A 解答・解説

碁盤の目やそれに類する図から2地点を選んで，その最短距離で行く道順の場合の数を求める道順の問題は，以下の方法で解く。

重要なのは「**辺を数字がすべる**」ことだ。

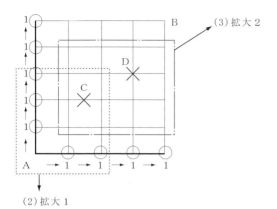

(1) スタート地点（この問題ではＡ）から出ている辺（図中太線）と，他の辺との交点（図中の○）に「１」を書いていく。

(2) 拡大 1

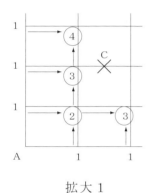

拡大 1

(2) 数字が書いてある交点から出ている辺に沿って数字をすべらせていき，数字が出会った交点にそれぞれの数値の和を書く。

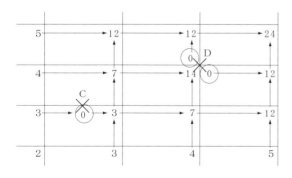

拡大 2

(3) **通れない所がある場合，そこを通る段階で数字がリセットされて０になる。**

●**辺上**にあるCの場合

　通常なら横から3，下から3がすべってくるので3＋3＝6が交点に書かれるが，Cを通ると数字がリセットされるので，**横からすべってくるはずの「3」が「0」になり**，0＋3＝3となる。

●**交点上**にあるDの場合

　横と下から7がすべってくるので7＋7＝14になり，ここから上と横に14がすべるはずだが，交点で数字がリセットされるため，**上，横ともに0がすべる**。よって，上横とも0＋12＝12となる。

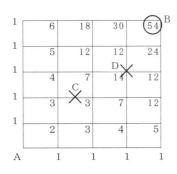

(4)　これらを繰り返していき，目的地に出た数値が最短距離の道順の場合の数になる。

　例題①では左図のようになり，B地点の数値は54。したがって54通り。

例題①　**答**　②

⚠ 注意点

スタートから出ている線上に通れない点があった場合

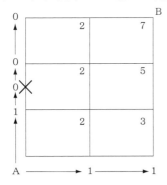

　スタートから出ている辺の交点には1がすべっていくが，そこに通れない所があると，そこで数字がリセットされる。そうすると，**そこから先の交点は図のように0がすべっていく**。スタートからの交点に単純に「1」を書いていけばいいというわけではないので気をつけること。

解法のポイント

《道順》

(1) スタート地点に「1」を書き，そこから出ている辺と他の辺との交点に「1」を書いていく。

(2) 数字が書いてある交点から出ている辺に沿って数字をすべらせていき，その交点にそれぞれの数値の和を書く。

(3) 通れないところがある場合，そこを通る段階で数字がリセットされて「0」になる。

(4) これらを繰り返し，目的地点に出た数値が最短距離の道順の場合の数になる。

Q 例題②

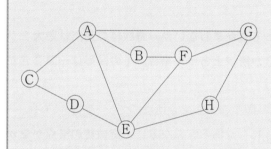

左図のような電車の路線図がある。同じ線路を2度と通らずに電車で全路線を通過したい。駅は何回通過してもいいとすると，どの駅から出発して，どの駅で降りることになるか。

① Cを出発してFで降りることになる。

② Dを出発してDで降りることになる。

③ Dを出発してGで降りることになる。

④ Gを出発してFで降りることになる。

⑤ この条件で，全路線を通過することはできない。

A 解答・解説

この問題は道順の問題とは少し違う。条件は「同じ線路を2度以上通らないで，全路線を通過」となっている。これを言い換えると「**一筆書きできるか**」ということだ。

与えられた図形を一筆書きするためには，「**奇数線の交点が2か所まで**」の条件を満たさなければならない。

どういうことか，見ていこう。

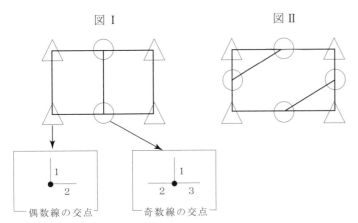

図Ⅰ，図Ⅱともに○が奇数線の交点，△が偶数線の交点だ。**「奇数線の交点」とは奇数本の線で構成されている交点，「偶数線の交点」とは偶数本の線で構成されている交点**のことである。（詳しくは（図Ⅰ）の下を参照）

一筆書きができる図形は，偶数線の交点は何個あってもかまわないが，奇数線の交点は最大２か所までしか認められない。つまり，奇数線の交点が３か所以上あった場合，その図形は一筆書きができない。

上図でいくと，図Ⅰは奇数線の交点（３本線の交点。図中○）が２か所なので，一筆書きＯＫ。一方，図Ⅱは奇数線の交点が４か所あるので，一筆書きＮＧである。ちなみに，**奇数線の交点が２か所ある場合，片方の奇数線の交点が一筆書きのスタート，もう一方の奇数線の交点がゴールとなる。**

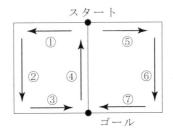

ここまでわかれば，この問題は簡単だ。

奇数線の交点は⒢と⒡の２つなので一筆書き可能。

なおかつ，⒢スタートで⒡ゴール（もしくは⒡スタートで⒢ゴール）なので，正しい選択肢は④である。

例題② **答** ④

◈ 解法のポイント

《一筆書き》

(1) 奇数線の交点が２か所以下ならば，一筆書きができる。

(2) 偶数線の交点は何か所あってもよい。

(3) 奇数線の交点が２か所である場合，それらが一筆書きのスタート，ゴールになる。

Q 例題③

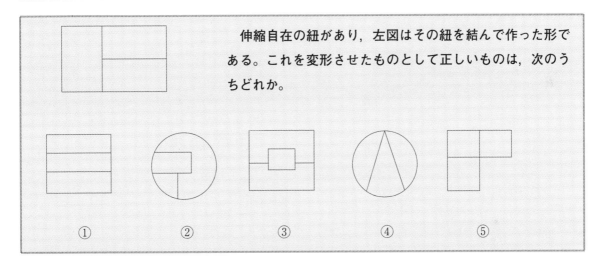

伸縮自在の紐があり，左図はその紐を結んで作った形である。これを変形させたものとして正しいものは，次のうちどれか。

① ② ③ ④ ⑤

A 解答・解説

１本の糸を結んで輪を作る。これを変形させるとさまざまな形ができる。

　伸縮自在の紐の問題はこれの応用だ。要は，何本かのゴムのような伸び縮みする紐を使って，基本の形を作り，それを変形させるとどうなるかを問う問題だ。この手の問題の場合，形を変形させても絶対に変わらない次の２つのものから判断していく。

● **3本以上の線が集まった結び目（交点）**

● **その交点によって形成されている空間**

どういうことか，見ていこう。

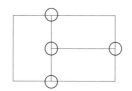

　　例題③の図で，3本以上の線が集まった交点が左の○の部分である。前ページに書いた「1本の輪」の図を見てもらえばわかるが，2本線の交点はさまざまな形に変化するが，**3本以上の線の交点は「集まっている線の本数」と「その交点の数」が変化することはない。**

　したがって例題③の場合，与えられた図がどういう形に変化しても「**3本線の交点**」が「**4つ**」あることは変わらない。

　そのことから選択肢を見ると，

①

3本線の交点が4つ
＝OK

②

3本線の交点が4つ
＝OK

③

3本線の交点が4つ
＝OK

④

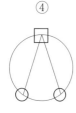

3本線の交点が2つ（図中○）と
4本線の交点が1つ（図中□）
＝NG

⑤

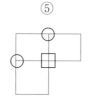

3本線の交点が2つ（図中○）と
4本線の交点が1つ（図中□）
＝NG

となり，まず④と⑤が消去できる。

次に「その交点によって形成されている空間」について見てみよう。

与えられた図   選択肢①

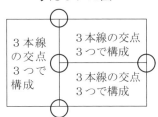 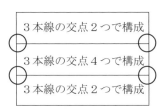

2つとも，3本以上の線の結び目によって，作られている空間が3つであることは同じだ。しかし，与えられた図のほうは，**どの空間も「3本線の交点3つ」で構成されている**のに対して，選択肢①のほうは，**上と下の空間が「3本線の交点2つ」，真ん中の空間が「3本線の交点4つ」で構成**されている。3本以上の線の交点で作られている空間は，**形が変わっても「線の本数」と「交点の数」の構成が変化することはない**。したがって，与えられた図と選択肢①とは別のものである。

同様に選択肢②，③を見ると，

②   ③

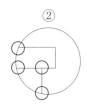

いずれの空間も「3本線の交点3つ」
で構成されている＝OK

真ん中の▢▢は「3本線の交点2つ」
上下は「3本線の交点4つ」で構成
＝NG

よって，与えられた図と同じものは②である。

例題③   **答**   **②**

◈ 解法のポイント

《伸縮自在の紐》
　3本以上の線の交点は「集まっている線の本数」と「その交点の数」が変化することはない。

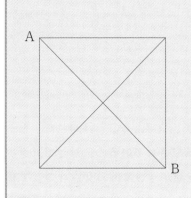

左図において，同じ地点，同じ道を２度通ることなく，
AからBに行く道は，何通りあるか。

① 3通り

② 6通り

③ 9通り

④ 12通り

⑤ 15通り

A 解答・解説

この手の問題は，**各交点に適当な記号をうって，題意に合うように樹形図を作っていこう。**

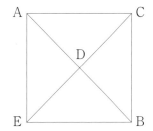

　仮にA，B以外の交点を左図のようにC，D，Eにしたとする。

　AからBに行くためには，必ずC，D，Eのいずれかを通らなければならない。

　そこで，「Cを通る場合」，「Dを通る場合」，「Eを通る場合」に分けて道順を考える。

●Cを通る場合 → 3通り

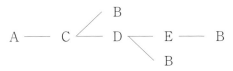

●Dを通る場合 → 3通り

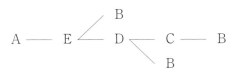

●Eを通る場合 → 3通り

A ── E〈 ... D ── C ── B

ま
と
め
る
と

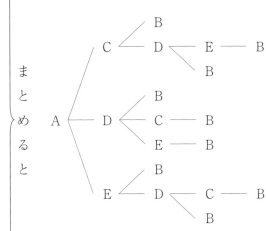

結果9通りになるので，③が正しい。

例題④ **答** **③**

◇ 解法のポイント

《道の数》
  交点に記号をうち，樹形図を作る。

〔判断推理〕

第14章　道順

243

No.1　(解答 ▶ P.88)

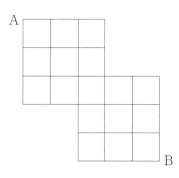

左図で，AからBに最短距離で行く方法は，何通りある
か。

①　120 通り　　②　135 通り　　③　160 通り

④　200 通り　　⑤　230 通り

No.2　(解答 ▶ P.88)

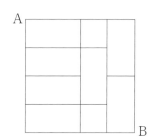

左図のような道がある。AからBまで最短距離で行く方
法は，全部で何通りか。

①　16 通り　　②　18 通り　　③　20 通り

④　22 通り　　⑤　24 通り

No.3　(解答 ▶ P.88)

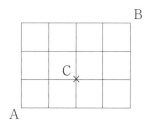

図のような碁盤目の道路がある。工事中でC地点が通れ
ないとすると，AからBに行く最短距離は何通り減った
ことになるか。

①　16 通り　　②　17 通り　　③　18 通り

④　20 通り　　⑤　22 通り

No.4

（解答 ▶ P.89）

A

B

左図のような道がある。AからBまで行く道のりで，一番短いものは，全部で何通りあるか。

① 18 通り　　② 24 通り　　③ 40 通り

④ 58 通り　　⑤ 70 通り

No.5

（解答 ▶ P.89）

下の各図形の中で，一筆書きできるものの組み合わせとして正しいのは，次のうちどれか。

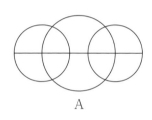

A

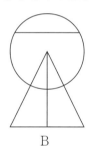

B

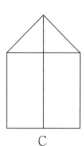

C

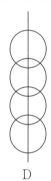

D

① A・B　② A・D　③ B・C　④ B・D　⑤ C・D

下図は，ある山の登山コースを表したものである。これを四角形と三角形のみを使って図形化するとき，正しく図形化されたものは次のうちどれか。

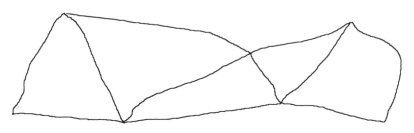

①

②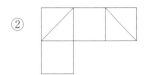

③

④

⑤

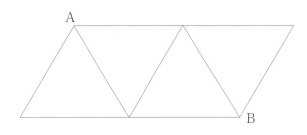

左図のような，正三角形を4つ合わせたような道があり，1辺を歩くのに1分かかる。この道をAからBまで歩くとき，3分以内にBまで行く道順は，何通りあるか。

①　3通り　　　②　4通り　　　③　5通り　　　④　6通り　　　⑤　7通り

演習問題

No.1 (解答 ▶ P.90)

地図中のA地点からB地点まで最短経路で行くとき，道筋は何通りあるか。ただし，道以外の箇所は通り抜けられないとする。

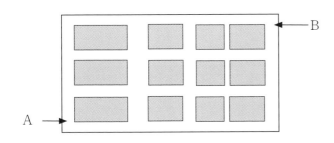

① 20 通り

② 24 通り

③ 29 通り

④ 32 通り

⑤ 35 通り

No.2 (解答 ▶ P.90)

下図のA地点からB地点まで，線上を通って最短経路で行きたいが，図中の×地点は通り抜けできない。このとき，道筋は何通りあるか。

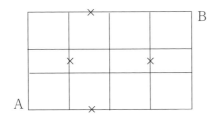

① 7 通り

② 8 通り

③ 9 通り

④ 10 通り

⑤ 11 通り

図のような碁盤目の道路がある。その中にCとDの2地点があり，AからBに行くのに少なくともC，Dの1か所は通らなければならないとき，AからBへの最短経路は何通りあるか。

① 52 通り

② 70 通り

③ 82 通り

④ 90 通り

⑤ 98 通り

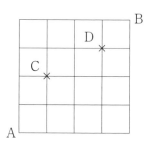

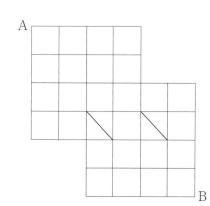

図のようなバイパス2か所がある道路網がある。AからBへ行く最短経路は何通りあるか。

① 125 通り

② 205 通り

③ 245 通り

④ 340 通り

⑤ 480 通り

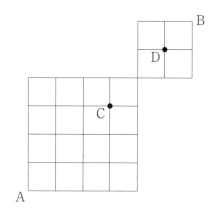

図のような道があり，AからBまで最短距離で行きたい。ただし，Cは左折禁止，Dは右折禁止になっている。最短経路は何通りあるか。

① 120 通り

② 180 通り

③ 240 通り

④ 300 通り

⑤ 360 通り

No.6

（解答 ▶ P.91）

図のように，立体交差Pを含む道路網がある。この道路網において，AからBに至る最短経路は何通りあるか。

① 38 通り

② 40 通り

③ 41 通り

④ 48 通り

⑤ 51 通り

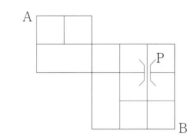

No.7

（解答 ▶ P.91）

次に示す図形の中に一筆書き（同じ経路を2度通ることなくすべての経路を一筆で書くことができること）のできない図形が混じっている。それはどれか。

①

②

③

④

⑤

下の平面図を，線と線の交わり方を変えずに変形させたときにできる平面図のみを組み合せたものとして最も適当なのはどれか。

平面図

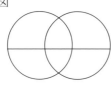

A

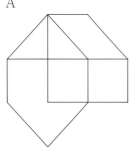

B

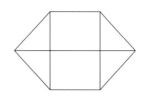

C

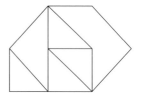

D

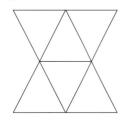

E

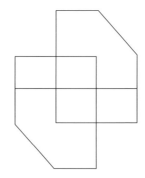

① A，B

② A，E

③ B，C

④ B，D

⑤ D，E

No.9

（解答 ▶ P.92）

以下のような碁盤目状の道路があり，AとBがX地点にある駅で**13**時に待ち合わせをしている。BはX地点に行く前にY地点にある本屋に**5**分間だけ寄ったが，本屋から出てくるときにZ地点をAが通り過ぎるのを目撃した。結局Aは**12**時**55**分に，Bは**13**時ちょうどにX地点に到着した。AとBがいずれも1ブロックを歩くのに5分かかるとする場合，正しいものは次のうちどれか。ただし，AとBはそれぞれの目的地に向かうまでに遠回りしたり立ち止まったりしないこととする。

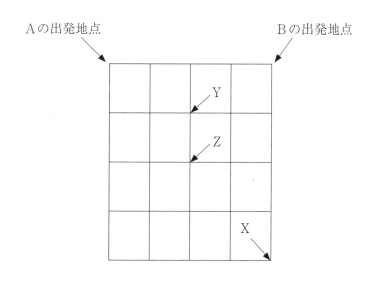

① Aは12時20分に出発した。

② Bは12時10分に出発した。

③ A，Bはともに12時15分に出発した。

④ Aについて考えられる経路は70通りである。

⑤ Bについて考えられる経路は33通りである。

下図でAからBに行く経路は，何通りあるか。ただし同じ経路，同じ地点は2度通れないものとする。

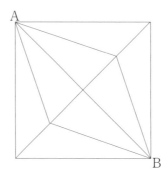

①　25通り

②　30通り

③　35通り

④　40通り

⑤　45通り

下図は，ある会社のバスの路線図で，□は営業所を，●はバス停を表している。1台のバスが営業所を出発し，Aのバス停からすべてのバス停を1回ずつ通って再び営業所に帰るルートは何通りあるか。ただし交差点以外は，1回通った道を再び通ることはできないものとする。

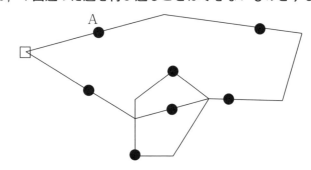

①　4通り

②　5通り

③　6通り

④　7通り

⑤　8通り

No.12　　　　　　　　　　　　　　　　　　　　　　　　　　　　　　（解答 ▶ P.93）

以下のような正方形を並べた形の道路があり，1ブロックを通り過ぎるのに3分かかる。このとき
A地点からB地点まで**24分**で行く方法は何通りあるか。ただし，同じ道を2度通ることはできない。

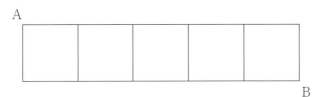

① 18 通り

② 20 通り

③ 22 通り

④ 24 通り

⑤ 25 通り

No.13　　　　　　　　　　　　　　　　　　　　　　　　　　　　　　（解答 ▶ P.93）

下図のような正三角形を8個組み合わせた形の図形がある。点Aから点Bまで，線上を通って最短
経路で移動するとき，道筋は何通りあるか。

① 5 通り

② 6 通り

③ 7 通り

④ 8 通り

⑤ 9 通り

下図のような正方形2つと対角線1本からなる道路がある。この図形について，点Aから出発してすべての辺を少なくとも1回通って点Aに戻ってくる場合，最低で何m歩かなければならないか。

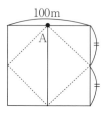

① $(400 + 200\sqrt{2})$ m

② $(500 + 200\sqrt{2})$ m

③ $(500 + 300\sqrt{3})$ m

④ $(600 + 200\sqrt{2})$ m

⑤ $(600 + 200\sqrt{3})$ m

MEMO

第15章 手順

　手順の問題は，回数を重ねれば確実にできるものに対して，「少なくとも＝最低何回でできるか」を問う問題である。天秤を使った問題が多いが，初めて問題にあたるときは，どう解いていいかわかりづらいかもしれない。しかし，通常1回目の試技は1通りしかなく，そこを手がかりにすることで解けるようになっている問題が多い。

　例題を解きながら，やり方を説明しよう。

Q 例題

　12個の見かけはまったく同じであるダイヤモンドがある。このうち1個は精巧に作られた偽物で，本物よりほんの少しだけ軽いことがわかっている。上皿天秤を使って偽物を見つけ出すためには，最低何回天秤を使えばいいか。

① 2回

② 3回

③ 4回

④ 5回

⑤ 6回

A 解答・解説

　道具などを使って，人やものを動かしたり，はかったりしながら，回数や結果を考察する問題を「手順問題」という。このうち，上のような**天秤を使った手順の問題で重要となるのが「3」という数字**だ。

（図Ⅰ）　　　　　　　　　　　　　　　（図Ⅱ）

つり合えばこれ

例えば3つの玉があって，そのうち1つだけが重いとする。これを上皿天秤を使って調べる場合，適当に玉を2個選んで天秤にかければすぐにわかる。選んだ2個に重い玉が混じっていれば天秤が傾くし（図Ⅰ），つり合えば選ばなかった残りの1個が重い玉（図Ⅱ）だからだ。

つまり，**1回天秤を使えば判断できる**わけだ。

いくつかのものがあって，そのうち1つのものの重さが他と異なっている場合，上皿天秤を使ってなるべく少ない回数でそれを判別したければ，

①　**1つの皿にかけるものの数が，3の倍数になるようにものを分けて天秤にかける。**

②　**3つのグループに分ける。**

のうち，どちらか一方を使えば答えが出やすい。

では，例題を2つの方法で解いてみよう。

①　**3の倍数になるように分ける。**

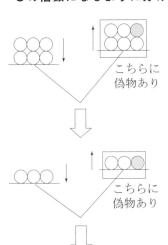

こちらに
偽物あり

「12個のダイヤ」を，1つの皿が3の倍数になるように分けると「6個ずつ」になる。これを天秤にかけると，この12個の中に偽物が入っているので必ず傾く。「偽物のダイヤは本物よりも軽い」ので，上にあがったほうの皿に偽物が含まれている。

こちらに
偽物あり

次に，偽物が含まれているほうの6個のダイヤを3個ずつ天秤にかける。これも必ずどちらかに傾くので，上にあがったほうの皿にある3個のダイヤのうち，どれか1つが偽物となる。

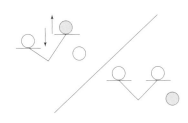

あとは，3個のダイヤの中から適当に2個を選んで天秤にかける。傾けば上にあがったほうが偽物，つり合えば天秤にのせなかったダイヤが偽物だ。いずれにせよ3回の操作で偽物が判明する。

② 3つのグループに分ける。

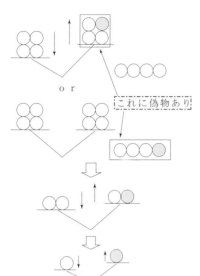

or

これに偽物あり

　3つのグループに分けるのは，最初に書いた「3つの玉」の考え方の応用だ。全体を3つのグループに分け，天秤にそのうちの2つのグループをのせる。**傾けばそのグループの中に偽物があるし，つり合えば残しておいたグループの中に偽物がある**という寸法だ。12個を3つのグループに分けると4個ずつ。このうち2グループを天秤にかけ，もし傾けば上にあがった皿の4個，つり合えば残しておいた4個の中に偽物がある。あとはその4個を2個ずつに分けて天秤にかけ，上にあがった皿の2個を天秤にかければ偽物がわかる。こちらの方法でも，3回の天秤操作で偽物が判明する。

例題　答　②

🛇 注意点

　このやり方は，「全体の中で**1個だけ**重さが違う」場合に使う。「全体の中で2個重さが違う」などは，これの応用で解くことができるが，「全体の重さが違って，その中で一番重いもの」の場合は，「トーナメント形式」などを使わないと答えが出ない。

📖 参考

全体の中で1個だけ重さが違うとき，天秤を最低何回使えばいいかには，下の法則がある。

　　　全体の個数が$3^{①}＝3$個以下　　　　　　　→　①回
　　　$3^1＜$全体の個数$≦3^{②}$（＝9個）　　　→　②回
　　　$3^2＜$全体の個数$≦3^{③}$（＝27個）　　→　③回
　　　$3^3＜$全体の個数$≦3^{④}$（＝81個）　　→　④回

覚えておくと便利かもしれない。

🖉 解法のポイント

《手順　天秤の最低回数》
　3の倍数を利用する。

演習問題

No.1 (解答 ▸ P.94)

手元に **24** 個のビー玉がある。そこに重さの違う友達のビー玉が **1** 個，誤って混じってしまった。友達のビー玉が重いことがわかっていて，手元のビー玉はすべて同じ重さであるとすると，友達のビー玉を確実に見つけるためには，最低何回上皿天秤を使わなければならないか。

① 3回
② 4回
③ 5回
④ 6回
⑤ 7回

No.2 (解答 ▸ P.95)

12 個の同じ形，同じ外見の玉がある。すべて重さに微妙な差がある。この中から一番重いものと二番目に重いものを選び出すのに，上皿天秤を何回使用すればいいか。

① 11回
② 12回
③ 13回
④ 14回
⑤ 15回

見かけが全く同じである，重さ **100** gの玉が5個，重さ **110** gの玉が2個ある。この計7個の中から上皿天秤だけを使って，**110** gの玉2個を見つけ出したい。天秤操作は最低何回必要か。

① 2回

② 3回

③ 4回

④ 5回

⑤ 6回

28 個の同じ形をした物体がある。このうち **27** 個は同じ重さであるが，1個だけ重いものが混じっている。1台の上皿天秤を使ってその重いものを探しあてるためには，天秤は最低何回使えばよいか。

① 7回

② 6回

③ 5回

④ 4回

⑤ 3回

互いに重さの異なる8個の鉄玉がある。上皿天秤を使って最も重いもの，および二番目に重いものを確実に選び出すためには，少なくとも何回天秤を使用しなければならないか。（ただし，分銅はないものとする。）

① 5 回

② 7 回

③ 9 回

④ 11 回

⑤ 13 回

MEMO

第16章 曜日

普段あまり気にすることはないが，われわれは7日に1度同じ曜日がおとずれるサイクルの中で生活している。それを利用したのが曜日系の問題だ。中身は「指定日の曜日を答える」問題と「次に同時に起こる曜日を答える」問題に分けられる。それぞれの例題を見ながら，曜日の特徴をマスターしよう。

Q 例題①

2004年11月15日（月）に男の子が生まれた。この子の10歳の誕生日は何曜日か。

① 日曜日

② 月曜日

③ 火曜日

④ 水曜日

⑤ 土曜日

A 解答・解説

曜日には，以下の法則がある。

法則1　7日後は同じ曜日

例）　1月1日が月曜日ならば，1月8日，1月15日，1月22日，1月29日が月曜日。

法則2　通常の年は，1月と10月の曜日が同じ

例）　2007年1月1日が月曜日ならば，2007年10月1日も月曜日。

法則3　通常の年は，1年後の同じ日は，曜日が1日増える

例）　2007年1月1日が月曜日ならば，2008年1月1日は火曜日。

ただし，**法則2と3に関しては，うるう年の場合2月に1日増える**ので気をつけなければならない。

まとめると，以下のようになる。

●うるう年をまたがないとき

　　　　1年前 ・・・・・・・・・2006 年 1 月 1 日（日）

　　　　　↑ − 1 曜日

　　　基準の日 ・・・・・・・2007 年 1 月 1 日（月）

　　　　　↓ + 1 曜日

　　　　1年後 ・・・・・・・・・2008 年 1 月 1 日（火）

●うるう年をまたぐとき

　　　　1年前 ・・・・・・・・・2008 年 1 月 1 日（火）・・・・・・・・　基準の日

　　　　　↑ − 2 曜日　　　　　　　　　　　　　　　　　↓ + 2 曜日

　　　基準の日 ・・・・・・・2009 年 1 月 1 日（木）・・・・・・・・・　1年後

では，例題①に入ろう。10 歳の誕生日は 10 年後の 2014 年 11 月 15 日。

「1 年後の同じ日は曜日が 1 日増える」ので，10 年後は 10 曜日増える。その間にうるう年が 2 回（2008 年と 2012 年）入るので，もう 2 日，曜日が増えて，計 12 曜日ずらさなければならない。2004 年 11 月 15 日が月曜なので，12 曜日増やすと土曜日になる。

例題①　答　⑤

注意点

うるう年は4年に1度，西暦が4で割り切れる年に，2月の最終日が1日増える。
このことが曜日の計算に若干の狂いを生じさせる場合がある。

例えば，「2004年2月1日（日）に生まれた子」と，「2005年2月1日（火）に生まれた子」の9歳の誕生日の曜日を考えてみよう。

○ 2004年2月1日（日）に生まれた子

年齢	年月日	曜日のずれ	曜日
1歳	2005年2月1日	うるう年の2月（2004年2月29日）をまたいでいるので＋2曜日	火
2歳	2006年2月1日	通常の年なので＋1曜日	水
3歳	2007年2月1日	通常の年なので＋1曜日	木
4歳	2008年2月1日	2008年はうるう年だが，まだ2月29日をまたいでいないので＋1曜日	金
5歳	2009年2月1日	うるう年の2月（2008年2月29日）をまたいでいるので＋2曜日	日
6歳	2010年2月1日	通常の年なので＋1曜日	月
7歳	2011年2月1日	通常の年なので＋1曜日	火
8歳	2012年2月1日	2012年はうるう年だが，まだ2月29日をまたいでいないので＋1曜日	水
9歳	2013年2月1日	うるう年の2月（2012年2月29日）をまたいでいるので＋2曜日	金

○ 2005年2月1日（火）に生まれた子

年齢	年月日	曜日のずれ	曜日
1歳	2006年2月1日	通常の年なので＋1曜日	水
2歳	2007年2月1日	通常の年なので＋1曜日	木
3歳	2008年2月1日	2008年はうるう年だが，まだ2月29日をまたいでいないので＋1曜日	金
4歳	2009年2月1日	うるう年の2月（2008年2月29日）をまたいでいるので＋2曜日	日
5歳	2010年2月1日	通常の年なので＋1曜日	月
6歳	2011年2月1日	通常の年なので＋1曜日	火
7歳	2012年2月1日	2012年はうるう年だが，まだ2月29日をまたいでいないので＋1曜日	水
8歳	2013年2月1日	うるう年の2月（2012年2月29日）をまたいでいるので＋2曜日	金
9歳	2014年2月1日	通常の年なので＋1曜日	土

この表にしたがって，何日，曜日がずれたかを考えると

2004 年 2 月 1 日生まれの子：＋ 2 ＋ 1 ＋ 1 ＋ 1 ＋ 2 ＋ 1 ＋ 1 ＋ 1 ＋ 2 ＝ ＋ 12（曜日）

2005 年 2 月 1 日生まれの子：＋ 1 ＋ 1 ＋ 1 ＋ 2 ＋ 1 ＋ 1 ＋ 1 ＋ 2 ＋ 1 ＝ ＋ 11（曜日）

　つまり，**同じ日に生まれた子でも，状況によっては，ずらす日数が変わることがある**ので，注意しなければならない。

　ただし，**4 の倍数の年齢（4 歳，8 歳，12 歳，16 歳，20 歳‥‥）では，必ず同じようにうるう年をまたいでいるので，状況を考える必要はない。**（例の場合でも，双方の「8 歳の誕生日」ならば，ともに（8 年のずれ：8 日）＋（2 回のうるう年：2 日）＝ 10 日のずれになっている。）

◇ 解法のポイント

《曜日》

(1)　7 日後は同じ曜日。

(2)　通常の年は，1 月と 10 月の曜日が同じ。

(3)　通常の年は 1 年後の同じ日は，曜日が 1 日増える。

(4)　うるう年の 2 月をまたぐと，曜日が 1 日増える。

ある水曜日の朝，A〜Dの4人がパチンコ屋で顔を合わせた。

A：「私は1日おきに来ている。」
B：「俺は3日ごとにここに来る。」
C：「僕は4日ごとに来ます。」
D：「私は4日おきに来る。」

上のような会話がなされたとすると，今度このパチンコ屋で4人が揃うのは何曜日か。

① 日曜日
② 月曜日
③ 火曜日
④ 水曜日
⑤ 木曜日

A 解答・解説

まず，「〜日おき」と「〜日ごと」の違いを考えよう。

```
            水 木 金 土 日 月 火 水 木 金 土
1日おき →  ○ ○ ○ ○ ○ ○ ○ ○ ○ ○ ○ → 2日ごと：A
2日おき →  ○ ○ ○ ○ ○ ○ ○ ○ ○ ○ ○ → 3日ごと：B
3日おき →  ○ ○ ○ ○ ○ ○ ○ ○ ○ ○ ○ → 4日ごと：C
4日おき →  ○ ○ ○ ○ ○ ○ ○ ○ ○ ○ ○ → 5日ごと：D
```

「〜日おき」とは，「間に〜日おいていつも」という意味。「〜日ごと」とは，「〜日すぎるたび（〜**日後ごと**）にいつも」という意味である。そこで，水曜を基準として「1日おき」，「2日おき」，「3日おき」，「4日おき」を ○ で表したのが，上図である。これをよく見ると，「1日おき」は「2日すぎるたびにいつも」のこと，「2日おき」とは「3日すぎるたびにいつも」と同じことだ。つまり，

「〜日おき」＝「（〜＋1）日ごと」になる。

　これをふまえて例題②を考える。

　「次に4人が揃う曜日」は「次に4人が揃う日」さえわかれば確定できる。では，次に4人が揃う日は何日後だろうか。

　そこでまず，4人がいつこのパチンコ屋を訪れるかを調べる。確定したいのは「**何日後に4人が揃うか**」なのだから，「何日後ごとに4人が来ているか」がわからなければならない。そこで，4人の証言を「**〜日ごと**」に**統一**すると，次のようになる。

　A：1日おき＝2日ごと

　B：　　　　　3日ごと

　C：　　　　　4日ごと

　D：4日おき＝5日ごと

　「揃う日の求め方」だが，前ページの図を見ると，AとBは**6日後**の火曜日，AとCは**4日後**の日曜日，AとDは**10日後**の土曜日にそれぞれ会っている。

　これを「〜日ごと」とリンクさせて考えると，

　A：2日ごと，B：3日ごと　→　2と3の最小公倍数＝6　→　6日後

　A：2日ごと，C：4日ごと　→　2と4の最小公倍数＝4　→　4日後

　A：2日ごと，D：5日ごと　→　2と5の最小公倍数＝10　→　10日後

　つまり，「〜日ごと」に来るものが次にいつ出会うかを知りたければ，**それらの最小公倍数を求めることで，次に揃う日がわかる**。

　この場合の最小公倍数を求めると，

$$2 \underline{)\ \ \begin{array}{cccc} 2 & 3 & 4 & 5 \\ \hline 1 & 3 & 2 & 5 \end{array}} \rightarrow 2 \times 1 \times 3 \times 2 \times 5 = 60$$

　したがって，次に4人が揃うのは「**60日後**」だ。

次に曜日を求める。

「～日後の曜日の求め方」は「曜日の法則1」を利用する。「7日後は同じ曜日」なのだから，ある日にちから7日後，14日後，21日後，28日後‥‥はすべて同じ曜日だ。つまり，「**7日ごとに同じ曜日が来る**」のだから，「**～日後**」**の「～」という数字を7で割り，割り切れれば基準と同じ曜日，あまりが出ればその日数だけ曜日をずらす**ことで，曜日を求めることができる。

「あまり」のこと

$$60 \div 7 = 8 \cdots 4$$

よって，水曜日の4日後の曜日だから日曜日になる。

例題②　**答**　①

◈ 解法のポイント

《次に揃う日》
　すべての条件を「～ごと」に合わせて，最小公倍数を求める。

演習問題

No.1 (解答 ▶ P.96)

3月以降のある月について，火曜日から始まることがわかっている。この翌月について，確実に4回しかない曜日として正しいものはどれか。

① 日曜日，月曜日，火曜日

② 月曜日，火曜日，水曜日

③ 火曜日，水曜日，木曜日

④ 水曜日，木曜日，金曜日

⑤ 木曜日，金曜日，土曜日

No.2 (解答 ▶ P.97)

2012年1月1日は日曜日であったが，2016年1月1日は何曜日か。

① 月曜日

② 火曜日

③ 水曜日

④ 木曜日

⑤ 金曜日

No.3 (解答 ▶ P.97)

2004年9月12日（日曜日）に女の子が生まれた。この子の15歳の誕生日は何曜日か。

① 月曜日

② 火曜日

③ 水曜日

④ 木曜日

⑤ 金曜日

ある会社では，資材Ａが５日おきに，資材Ｂが７日ごとに運ばれてくる。ある金曜日に資材Ａ，資材Ｂがともに運ばれてきたとすると，次にこの２つが同じ日に運ばれてくるのは何曜日か。ただし，資材はいずれも土・日曜日に関係なく，毎日運ばれてくるものとする。

① 月曜日

② 火曜日

③ 水曜日

④ 木曜日

⑤ 金曜日

平成 16 年 3 月 30 日火曜日に，女の子が生まれた。この子の 20 歳の誕生日は何曜日か。

① 日曜日

② 月曜日

③ 水曜日

④ 木曜日

⑤ 土曜日

No.6

(解答 ▶ P.98)

あるスポーツクラブに通っている３人が，次のような会話をしていた。

A：「最近，ここでDに会った？」

B：「会ってない。仕事が忙しいらしいよ。」

C：「さっきインストラクターに聞いたらさ，２日前に１回来ただけだって。」

A：「Cとはいつ会ったっけ？」

C：「６日前。この前４人で会ったとき以来，その１回しか来てないからね。」

A：「ということは，俺は日にちのペースを守って来てるから，前々回来たときに会ったのか。B とは会ってないよね？」

B：「３日おきに来てたけど，だれとも会ってないね。」

A：「前回４人がそろったのは何日前だったっけ？」

B：「えっと，12日前かな。」

A：「そしたら，みんながこの日にちのペースを守ってここに来てたら，４人全員がそろうのは， 今から○日後だね。」

○に入る数字として正しいのは，次のうちどれか。

① 12

② 24

③ 36

④ 48

⑤ 60

第17章 その他の問題

　ここでは「その他の問題」として，これまで見てきた項目に分類できない問題を扱う。今までのように説明文がついていない理由は，基本的な解き方がないからだ。

　実際に問題にあたってもらえばわかるが，「表を書いて」とか「基準点をおいて」というように「この問題が出てきたら，まずこのようにする」という具体的な手法がなく，与えられた条件から地道に答えを見つけていかなければならない。

　最初はやっかいに感じるかもしれないが，それが設問である以上どこかにキーワードがあり，それを見つけて間違わずにやっていくことができさえすれば，必ず解くことができる。

　問題を解きながら，キーワードの見つけ方，解法の進め方をマスターしよう。

演習問題

No.1

（解答 ▶ P.98）

「10100」が5，「00010」が8，「11001」が**19**だとすると，「01010」が示しているのはどれか。

① 2

② 7

③ 9

④ 10

⑤ 13

No.2

（解答 ▶ P.98）

A高校の生徒会役員**10名**について，次のことがわかっている。

1 1年生，2年生がそれぞれ5名ずついる。

2 男子役員は5名である。

3 2年生の男子役員が2名いる。

4 スマートフォンを持っていない1年生が2名いる。

5 男子役員で，スマートフォンを持っていない者が2名いる。

6 女子役員で，スマートフォンを持っている者が3名いる。

ここで，2年生の女子役員でスマートフォンを持っていない者が1名いるとすると，確実にいえることは，次のうちどれか。

① 1年生の男子役員でスマートフォンを持っている者が2名いる。

② 1年生の女子役員は3名である。

③ 2年生の男子役員でスマートフォンを持っている者が2名いる。

④ 2年生の女子役員でスマートフォンを持っている者が1名いる。

⑤ スマートフォンを持っていない2年生の役員は3名である。

ある高校では修学旅行の行き先を自由に選択でき，今年は北海道，京都，韓国の3か所から1か所を選択することになっている。修学旅行に行くのは男女合わせて**250**人であり，修学旅行の行き先について男女別に百分率（％）でまとめたところ，下表のようになった。

	北海道	京都	韓国	計
男子	50	20	30	100
女子	10			100
男女計	30.8	29.6	39.6	100

このとき，正しいものは次のうちどれか。

① 韓国に行く男子は40人以上いる。

② 男子は120人で，女子は130人である。

③ 行き先が国内の生徒は160人以上いる。

④ 韓国に行く女子は45％である。

⑤ 京都に行く女子は50人以下である。

48人の選手が腕相撲のトーナメントを行う。1日5試合行うとき，決勝戦が行われるのは何日目か。

① 5日目

② 9日目

③ 10日目

④ 13日目

⑤ 18日目

No.5

（解答 ▶ P.100）

A〜Fの6人が数学のテストを受験し，点数順に順位が発表された。このテストの結果について，ア〜ウのことがわかっている。

ア　BはDより順位が上で，CはAより順位が上だった。

イ　BとAとの点数の合計はEの点数の2倍に等しく，DとCとの点数の合計はEの点数の2倍に等しい。

ウ　BとDとEの点数の和は，Fの点数の3倍に等しい。

Aの方がBよりも点が低く，Cの方がDよりも点が低かったとすると，確実にいえるものは次のうちどれか。

① Aは5位であった。

② Bは2位であった。

③ Dは3位であった。

④ Eは4位であった。

⑤ Fは2位であった。

No.6

（解答 ▶ P.100）

イチゴ味，メロン味，オレンジ味の飴がいくつかある。イチゴ味の個数とメロン味の個数の比は1：2である。またメロン味を2個食べたと仮定すると，メロン味とオレンジ味の比は3：1になる。このとき，3種類の飴の合計数は最低でいくつになるか。

① 11個

② 14個

③ 15個

④ 17個

⑤ 20個

（解答▶P.100）

A～Cの3人がそれぞれおにぎりを作ってきたが，3人のおにぎりの重さはそれぞれ異なっていた。Aのおにぎり2個とBのおにぎり1個を合わせると，Cのおにぎり4個分の重さと等しい。また，Bのおにぎり1個とCのおにぎり3個を合わせると，Aのおにぎり3個分と同じ重さになる。このとき，正しいものは次のうちどれか。

① AのおにぎりとBのおにぎりでは，Bのおにぎりの方が重い。
② Aのおにぎり3個とCのおにぎり2個を合わせると，Bのおにぎり5個分の重さに等しい。
③ Aのおにぎり5個とBのおにぎり5個を合わせると，Cのおにぎり13個分の重さに等しい。
④ BのおにぎりとCのおにぎりでは，Cのおにぎりの方が重い。
⑤ Bのおにぎり5個とCのおにぎり2個を合わせると，Aのおにぎり6個分の重さに等しい。

（解答▶P.101）

A～Cの3人がそれぞれ何枚かのカードを持っている。まずAは，Bに対してBの持っている枚数と同じ枚数のカードを渡した。次にBは，Cに対してCの持っている枚数と同じ枚数のカードを渡した。最後にCは，Aに対してAの持っている枚数の2乗に当たる枚数のカードを渡したところ，3人の持っているカードの枚数は等しくなった。カードの総数が60枚であったとすると，最初にBが持っていたカードの枚数として正しいものは，次のうちどれか。

① 18枚 ② 19枚 ③ 20枚 ④ 21枚 ⑤ 22枚

（解答▶P.101）

10g，12g，15gのおもりがそれぞれ1つずつある。これらのおもりを一度に使い，天秤ばかりを用いて計ることのできる重さとして，正しいものは次のうちどれか。

① 9g ② 11g ③ 13g ④ 16g ⑤ 18g

No.10

（解答 ▶ P.102）

A～Cの3人がおり，Aが1番若いとする。その3人のうち2人の年齢を足すと，残り1人の者の年齢と等しくなる。またAと，3人のうちで1番年長の者の年齢を足すと，残り1人の者の年齢の1.5倍と等しくなる。このとき，確実にいえるものは次のうちどれか。

① 　1番年長の者が5歳のとき，2番目に年長の者は3歳である。

② 　1番年長の者が10歳のとき，Aは2歳である。

③ 　2番目に年長の者が12歳だとすると，Aは6歳である。

④ 　Aの年齢が3歳のとき，Cの年齢は15歳である。

⑤ 　Bが4歳のとき，Aは1歳である。

No.11

（解答 ▶ P.102）

あるパン屋では店内でパンを食べる人に対して，パンをいくら食べても100円にするサービスを行っている。パンはすべて1個80円で売られているので，パンを2個以上食べる人はすべてこのサービスを利用している。ある1日に店内でパンを食べた人について調べてみると，男性客ではパンを1個だけ食べて80円支払った人が3人，2個以上食べて100円支払った人が10人おり，男女の売上の合計は2,420円だった。このとき女性客でパンを1個だけ食べて80円支払った人は，最大で何人いると考えられるか。

① 　1人 　　　② 　6人 　　　③ 　9人 　　　④ 　11人 　　　⑤ 　13人

（解答 ▶ P.102）

ある町で，1〜4歳の子どもの数を男の子・女の子別に調べたところ，次のア〜オのことがわかった。この場合，1歳の女の子は何人いるか。

ア　1歳の男の子は1歳の女の子より12人多い。

イ　2歳の男の子は2歳の女の子より6人多く，かつ，1歳の男の子より9人多い。

ウ　3歳の男の子は3歳の女の子より8人少なく，かつ，2歳の男の子より12人少ない。

エ　4歳の男の子と女の子は同数で，かつ，3歳の女の子より2人多い。

オ　1歳から4歳の男の子・女の子の合計は376人である。

① 31人　　② 32人　　③ 33人　　④ 34人　　⑤ 35人

 （解答 ▶ P.103）

ある会社で出身地はどこかアンケートをとったところ，東京，大阪，名古屋，北海道，福岡の5種類の回答が得られた。これによると，東京出身者は大阪出身者より3人多く，名古屋出身者は北海道出身者より4人多い。福岡出身者は名古屋出身者と北海道出身者を合わせた人数より5人少なく，東京出身者は北海道出身者と福岡出身者を合わせた数より2人多い。このとき，大阪出身者の人数としてあり得るものは次のうちどれか。

① 5人　　② 7人　　③ 9人　　④ 11人　　⑤ 14人

 （解答 ▶ P.103）

ある子供会でキャンプを行うことになり，参加者は**100人以上**いた。子供たちが集合している公民館からキャンプ場までは**20km**離れており，保護者たちが自家用車を運転して子供を送ることになった。自家用車は時速**40km**で移動し，子供が車に乗り降りするのに**5分**かかる。**10分間隔**で車が公民館を出発するようにしたいとき，自家用車は最低でも何台必要になるか。

① 4台　　② 5台　　③ 6台　　④ 7台　　⑤ 8台

No.15

（解答 ▶ P.103）

下図のような２つの穴が開いた器に水道から水を入れていき，その水深を測定する。この水道からは１分あたり３Lの水が流れ，２つの穴はそれぞれ１分あたり１Lの水を排出する。このとき，横軸に時間，縦軸に水深をとったグラフとして正しいものは次のうちどれか。ただし，穴自体の長さは考えないものとする。

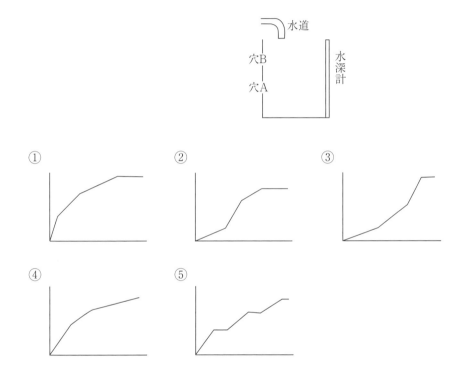

No.16

（解答 ▶ P.104）

図のように半径２cmの円の中に半径１cmの１円硬貨が２枚入っている。半径３cmの円の中に１円玉は何枚入るか。

① 　４枚
② 　５枚
③ 　６枚
④ 　７枚
⑤ 　８枚

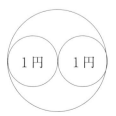

No.17　　　　　　　　　　　　　　　　　　　　　　　　　　　　　　　　　　　　　（解答 ▶ P.104）

500 円, **100** 円, **50** 円の硬貨が合計 **16** 枚ある。いま, これを図の A ～ P にそれぞれ **1** 枚ずつ置いて, 縦, 横の **4** 枚の硬貨の金額を合計すると, それぞれ図の矢印で示す金額となった。**100** 円硬貨が置かれている場所の組み合わせとして正しいものはどれか。

A	B	C	D	→ 650 円
E	F	G	H	→ 250 円
I	J	K	L	→ 750 円
M	N	O	P	→ 300 円

↓　　↓　　↓　　↓

700 円　200 円　800 円　250 円

① A，G，K，L，P

② C，E，L，M，P

③ D，G，L，M，O

④ E，G，K，O，P

⑤ G，K，L，M，O

No.18　　　　　　　　　　　　　　　　　　　　　　　　　　　　　　　　　　　　　（解答 ▶ P.104）

36 g，**27 g**，**9 g**，**5 g** の **4** 種の分銅がそれぞれ **2** 個ずつある。このうち **5** 個の分銅を使って **100 g** にする場合, 次のうち正しいものはどれか。

① 36g の分銅を 2 個使う。

② 27g の分銅を 2 個使う。

③ 27g の分銅は 1 個も使わない。

④ 9 g の分銅を 2 個使う。

⑤ 5 g の分銅を 1 個使う。

No.19

（解答 ▸ P.104）

ある美術館で，絵画を整理番号順に以下のように並べていった。

A列	B列	C列	D列	E列	F列
1	2	3	4	5	6
7	8	9	10	11	12
13	14	15	16	‥‥‥	

このとき，同じ列にある絵画の整理番号として正しいものはどれか。

① 117番と236番

② 235番と458番

③ 313番と253番

④ 348番と530番

⑤ 497番と553番

No.20

（解答 ▸ P.105）

図のように，数字が書かれた正方形4つが組み合わさっている。この数字にはある法則があるが，それに従うと，Aに入る数字は次のうちどれか。

3	7
5	22

1	2
0	2

A	10
11	65

① 1

② 2

③ 3

④ 4

⑤ 5

12枚のカードがあり，1から12までの数字のいずれかが1つずつ書かれている。このカードをA〜Fの6人に2枚ずつ配ったところ，A〜Dのカード2枚の積は次のようになった。

$$A = 15 \qquad B = 36 \qquad C = 11 \qquad D = 12$$

このときFに配られた可能性のあるカードの数字は，次のうちどれか。ただし，同じ数字のカードは2枚以上存在しないものとする。

① 2　　　　② 4　　　　③ 6　　　　④ 8　　　　⑤ 9

ある資格試験で利用する教室には，縦横とも12脚になるように机と椅子が置かれていた。不正防止のため，図のように受験番号1番から斜めに受験番号を入れていったとすると，Aに座る人の受験番号は何番か。

1	3	6	10	15	21	28					
2	5	9	14	20	27						
4	8	13	19	26							
7	12	18	25								
11	17	24									
16	23										
22											
						A					

① 111番　　　② 112番　　　③ 113番　　　④ 114番　　　⑤ 115番

No.23

（解答 ▶ P.106）

一郎，次郎，三郎，四郎，五郎の5人がイスに座っており，1秒目に一郎が立ち上がり，2秒目に次郎が立ち上がり一郎が座る，3秒目に三郎が立ち上がり次郎が座るという動作を繰り返す。また，5秒目に五郎が立ち上がり四郎が座ったあと，6秒目には四郎が立ち上がり五郎が座るという動作を折り返すものとする。これを1時間繰り返したとき，すなわち3,600秒目に立っているのはだれか。

① 一郎

② 次郎

③ 三郎

④ 四郎

⑤ 五郎

	10	11	12	13
9	8	7	6	
1	2	3	4	5
一郎	次郎	三郎	四郎	五郎

次の縦・横の計算式において，A～Iの9個の四角枠には，それぞれ1～9の9個の異なる整数のうちのいずれかが入る。F，Gに該当する数の和はいくらか。

なお，

| X |

+

| Y |

‖

| Z |

は，X＋Y＝Zを表すものとする。

| A | + | B | = 4

+　　　+

| C | + | D | + | E | + | F | + | G | = 34

‖　　　+　　　+

12　　　| H | + | I | = 7

　　　　‖　　　‖

　　　　7　　　12

① 11

② 12

③ 13

④ 14

⑤ 15

MEMO

第18章 平面図形(1) 平面構成

判断推理における平面図形の問題は，大まかに「平面構成」の問題と「軌跡」の問題に分けることができる。この章では，大きな図形の中にある小さい図形を数えたり，変形後の図形の形を考える平面構成の問題を解説する。いずれの問題にも解き方はあるのだが，実際にできることがあれば，積極的にやってもらいたい。机上で考えるよりも，手でやり，目で見た方が，より自分のものになりやすいだろう。

Q 例題①

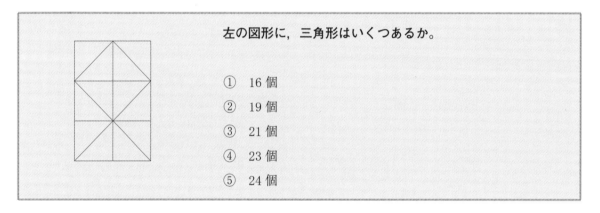

左の図形に，三角形はいくつあるか。

① 16 個
② 19 個
③ 21 個
④ 23 個
⑤ 24 個

A 解答・解説

この手の問題の場合，それぞれの大きさの図形に分けて，間違わないように数え上げていく。

(1) 一番小さな三角形  ‥‥12 個

← この大きさ

(2) (1)の三角形を2つ組み合わせたもの 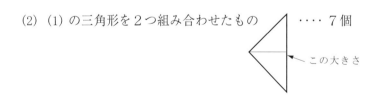 ‥‥ 7 個

← この大きさ

※　注意：この図形には，下の4つの三角形が含まれている。見落としがちなので気をつけよう。

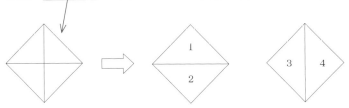

(3)　(1) の三角形を4つ組み合わせたもの　　　‥‥ 4個

この大きさ

※　注意：この図形には，下の4つの三角形が含まれている。見落としがちなので気をつけよう。

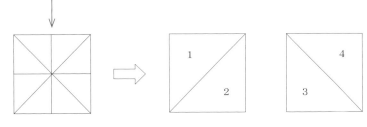

以上から　12 ＋ 7 ＋ 4 ＝ 23〔個〕

例題①　**答**　**④**

◈ 解法のポイント

《小さな図形の数》

　それぞれの大きさの図形に分けて，間違わないように数え上げていく。

Q 例題②

正方形の折り紙を下の要領で折りたたみ，○のところに穴を開けた。これを広げたものとして正しいのは，次のうちどれか。

①　②　③　④　⑤

A 解答・解説

　折り紙を折って穴を開けたり切り取ったりした後，それを広げた形を当てる問題だ。この手の問題は，切り取られた穴や場所に留意しながら，紙を徐々に広げていく図を描くとよい。**穴は，折られた線に対して対称に開いていく**ので，下のようになる。

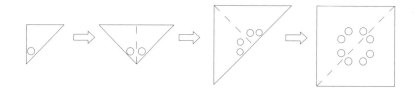

例題②　**答　⑤**

◈ 解法のポイント

《折り紙》
　穴は折られた線に対して対称に開いていく。

No.1

（解答 ▶ P.107）

右の図で，●を含む正方形はいくつあるか。

① 2個
② 5個
③ 6個
④ 8個
⑤ 9個

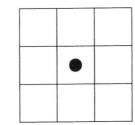

No.2

（解答 ▶ P.107）

右の図で，正方形はいくつあるか。

① 28個
② 29個
③ 30個
④ 31個
⑤ 32個

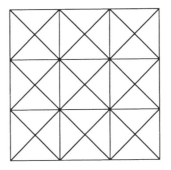

No.3

（解答 ▶ P.108）

右の図において，▽の三角形を2個以上含む三角形は，全部でいくつあるか。

① 11個
② 13個
③ 16個
④ 19個
⑤ 23個

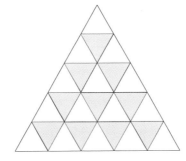

正方形の紙を下の要領で折り曲げ，最後に太線部分をはさみで切り落とした。この紙を広げたときの図形として正しいのは，次のうちどれか。

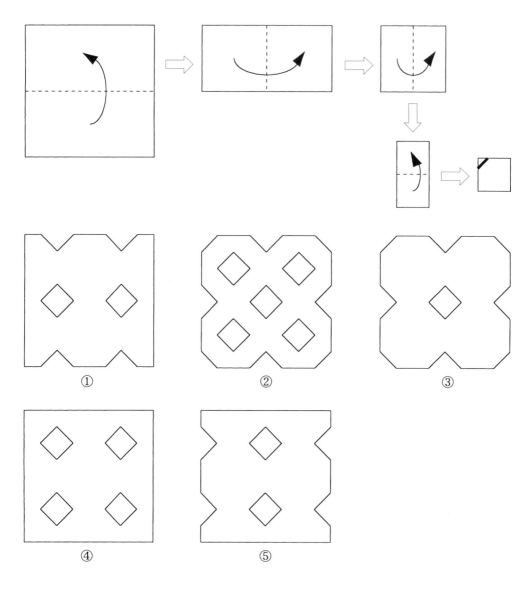

① ② ③

④ ⑤

演習問題

No.1　　　　　　　　　　　　　　　　　　　　　　　　（解答 ▶ P.109）

下図の中に三角形は大小合わせていくつあるか。

① 25 個

② 26 個

③ 27 個

④ 28 個

⑤ 29 個

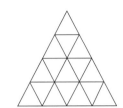

No.2　　　　　　　　　　　　　　　　　　　　　　　　（解答 ▶ P.110）

下の図形の中に三角形はいくつあるか。

① 12 個

② 14 個

③ 16 個

④ 18 個

⑤ 20 個

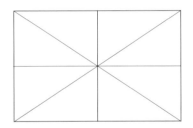

No.3　　　　　　　　　　　　　　　　　　　　　　　　（解答 ▶ P.110）

下図の中に四角形はいくつ含まれているか。

① 10 個

② 11 個

③ 12 個

④ 13 個

⑤ 14 個

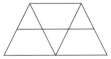

No.4 （解答 ▶ P.110)

図のように正方形を分割した図形の中に直角三角形はいくつあるか。

① 8 個
② 10 個
③ 12 個
④ 14 個
⑤ 16 個

No.5 （解答 ▶ P.111)

図のように，縦の線を4本，横の線を3本，等間隔に置いて直角に交わらせると，小さな正方形が6個，その4倍の面積を持つ正方形が2個，あわせて8個の正方形ができる。
同じ要領で縦の線，横の線ともに6本の線を引いたとき，正方形はいくつできるか。

① 47 個
② 51 個
③ 54 個
④ 55 個
⑤ 56 個

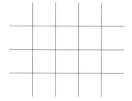

No.6 （解答 ▶ P.111)

図の四角形ＡＢＣＤは平行四辺形で，点Ｐ，Ｑ，Ｒ，Ｓは各辺の中点である。この図において，四角形ＡＢＣＤを含め，平行四辺形は全部でいくつあるか。

① 4 個
② 5 個
③ 6 個
④ 7 個
⑤ 8 個

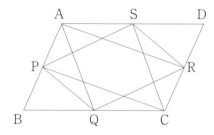

No.7

（解答 ▶ P.111）

下図のような点のうち，4点を頂点に持つ正方形はいくつできるか。

① 18 個

② 19 個

③ 20 個

④ 21 個

⑤ 22 個

No.8

（解答 ▶ P.112）

下図①〜⑤のうち4つを組み合わせると，小さな正方形 36 個からなる正方形になる。このとき，不要になるものはどれか。ただし，図形は裏返したり重ねたりしないこととする。

①　　　　②　　　　③　　　　④　　　　⑤

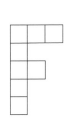   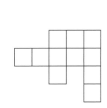

（解答 ▸ P.113）

図Ⅰの紙から，図Ⅱのような図形を６つ切り取ったとき，残りの紙からできる最大の正方形の面積として正しいものは次のうちどれか。

図Ⅰ

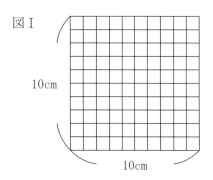

10cm

10cm

図Ⅱ

① 16cm² ② 25cm² ③ 36cm² ④ 49cm² ⑤ 64cm²

（解答 ▸ P.113）

下図のような正方形と長方形２つを重ねると，重なり合った部分で図形を作ることができる。このとき作ることのできない図形は，次のうちどれか。

① 六角形 ② 五角形 ③ 四角形 ④ 直角三角形 ⑤ 正三角形

（解答 ▸ P.114）

大きさが同じ４つの直角二等辺三角形を使って作れない図形は，次のうちどれか。

① 台形 ② 長方形 ③ 正方形 ④ 正三角形 ⑤ 二等辺三角形

No.12

（解答 ▶ P.114）

図Ⅰのような，4×4の正方形のマス目がある。各マス目は，横をA～Dで，縦を1～4で表すことができる。この中に，マス目四つ分の大きさの正方形の紙を7枚並べた。まず1枚目を置いた後，2枚目以降は，直前に置いた紙と，マス目1個又は2個分が重なるように置いていったところ，図Ⅱのようになった。最も多くの紙が重なっているマス目はどれか。

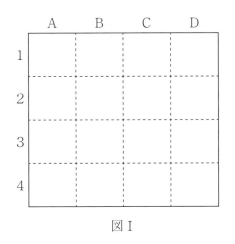

図Ⅰ

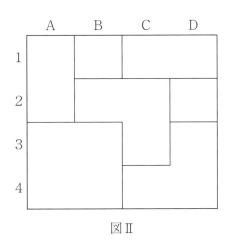

図Ⅱ

① B－2

② B－3

③ C－2

④ C－3

⑤ D－2

下図のように，1辺の長さが2aの正方形に1辺の長さがaの正三角形が接している。正方形の周りを正三角形が滑らずに転がるとき，点Pが元の位置に戻ってくるためには，正三角形は正方形の周りを何周しなければならないか。

① 1周
② 2周
③ 3周
④ 4周
⑤ 5周

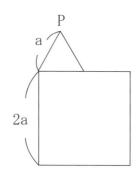

下図のような18枚の正方形を並べた図形がある。これを①〜⑤のようにいくつかの直線で切断したとき，これらを組み合わせて1つの正方形を作ることができるのは①〜⑤のうちどの切り方か。ただし，正方形にすきまがあってはならず，正方形を折ったり重ねたりしてはならない。

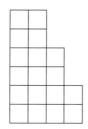

① 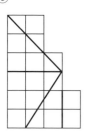　② 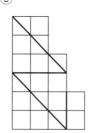　③ 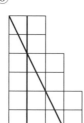　④ 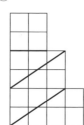　⑤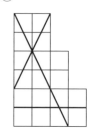

No.15

（解答 ▶ P.115）

░░░部分が図Ａと同じ面積なのは，①～⑤のうちどれか。

図Ａ

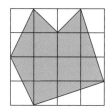

① 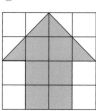　② 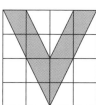　③ 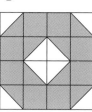　④ 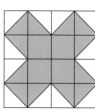　⑤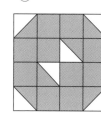

No.16

（解答 ▶ P.115）

折り紙を下図のように３回折り，直線ℓおよびｍで切断したとき，折り紙は何枚に切断されるか。

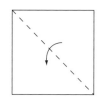 ⇒ 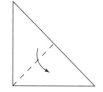 ⇒ ⇒

① 　4 枚

② 　7 枚

③ 　9 枚

④ 　11 枚

⑤ 　13 枚

下図のように正方形の紙を折り，最後の紙の黒く塗りつぶした部分を切断したとき，残った部分は
どのような形になっているか。

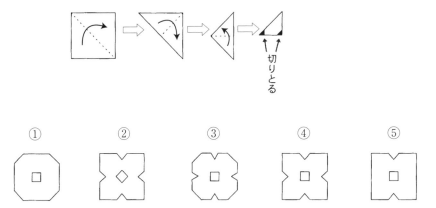

① ② ③ ④ ⑤

正方形の紙を図のように折りたたみ，最後に破線部分を切り取った。これを広げたときの図として
正しいのは，次のうちどれか。

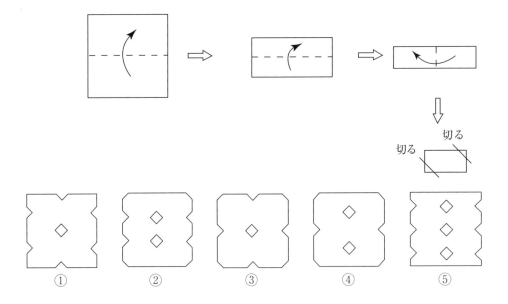

① ② ③ ④ ⑤

No.19

（解答 ▶ P.116）

正方形の紙を下図のように4回折り，直線ℓで切断した。この紙を開くとどのような形になっているか。

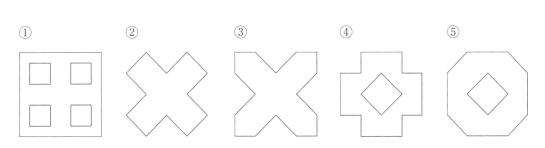

「Ａ」と書かれた正方形の紙を，以下のような手順で折りたたみ，切って４枚の正方形を作る。このとき，「Ａ」という文字は何枚目の表裏どちらに書かれているか。

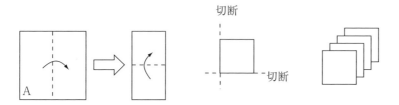

① 　１枚目の裏

② 　２枚目の表

③ 　２枚目の裏

④ 　３枚目の表

⑤ 　３枚目の裏

正方形の紙を図のように折っていき，●の所に穴を開けた。これを広げたときの図として正しいものは，次のうちどれか。

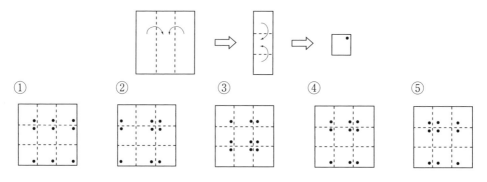

MEMO

第19章 平面図形 (2) 軌跡

軌跡は，ある図形が直線（または与えられた線上）を転がるときにできる点や辺の動きを考える問題である。円以外の図形が回転するとき，中心点（回転する図形の軸となる点）以外は，円形の軌道を描く。また円は，中心は直線を，円周上の点は曲線を描く。以下の例題を解きながら，軌跡の感覚をつかもう。

Q 例題①

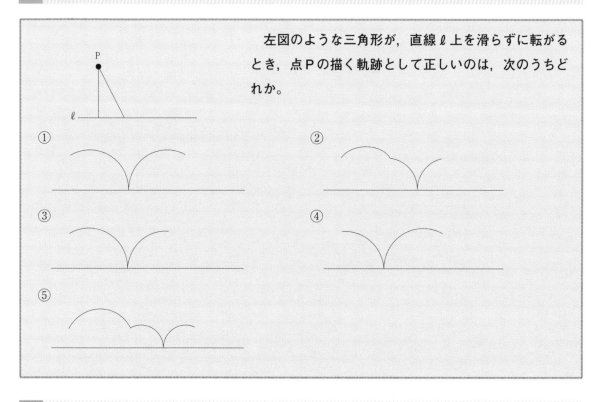

左図のような三角形が，直線 ℓ 上を滑らずに転がるとき，点Pの描く軌跡として正しいのは，次のうちどれか。

A 解答・解説

ある図形が直線上を転がるとき，その図形に含まれる点などがどのような動きをするかを考察する軌跡の問題は，次の要領で解く。

1．転がった図形の図を正確に描き，与えられた点などを図に書き込む。

　例題①の三角形を滑らないように１回転させると，上図のような形で転がっていく。その上で，それぞれの場所での点Ｐの位置を書き込む。

2．図形を定点を中心に回転させ，与えられた点などが通る弧を描き，それらをつなげる。

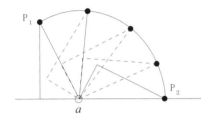

　　　　左図は，与えられた三角形を転がしたものだ。

　　　　直線上を滑らずに図形が転がるとき，**必ずどこか１点，動かない点がある**。それが「**図形を回転させた中心**」だ（この図では点a）。

　中心以外の図形上の点は，すべてこの点を中心に**回転**するので，**円形の軌道を描く**。

　このときに頭に思い描いてもらいたいのが，円を描く道具「**コンパス**」だ。コンパスの針の部分を中心（点a）に，鉛筆の部分を与えられた点（点P_1）において，普通に円を描く要領で図形の回転方向（この場合は時計回り）にコンパスで弧を描くと，転がした後の与えられた点（点P_2）と一致する。このときに描かれている弧が，点Ｐの軌跡になる。

　これをふまえて，例題①の点Ｐの軌跡を考えると，下のようになる。

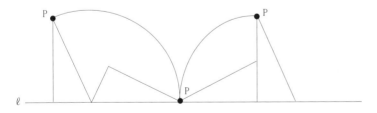

　　　　　　　　　　　　　　　　　　　　　　　　例題①　**答**　**③**

参考

　軌跡問題において，直線上を図形が1回転する際，転がる図形の辺の数と，その図形上にある点が描く弧の数には，以下のような関係がある。

- ●**点が頂点にある場合**　：　**弧の数　＝　辺の数－1**
- ●**点が辺上にある場合**　：　**弧の数　＝　辺の数**

　図形が直線上を1回転するとき，辺の数だけ転がる（三角形なら3回，四角形なら4回）。したがって，辺上にある点は，通常辺の数と同じ数だけ転がるので，点の描く弧の数と辺の数は一致する。

　しかし**頂点は，図形が1回転するときに必ず一度軸になる**ので，頂点上に与えられた点は，図形が1回転するときに一度だけ全く動かない＝弧を描かないときがある。したがって，弧の数が辺の数より1少なくなる。

解法のポイント

《軌跡》

(1)　転がった図形の図を正確に描き，与えられた点などを図に書き込む。

(2)　図形を回転させた点を中心に，与えられた点などが通る弧を，コンパスをイメージしながら描いていき，それらをつなげる。

Q 例題②

半径3cmの円が直線上を1回転するとき，円の中心Oが描く軌跡の長さはいくらか。

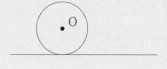

- ①　4 cm
- ②　6π cm
- ③　$\dfrac{15}{2}\pi$ cm
- ④　9 cm
- ⑤　12π cm

A 解答・解説

　円の描く軌跡の問題。「中心点Oがどのような動きをするか」だが，思い浮かべてほしいのが「自転車（車・バイク）の車輪（タイヤ）」だ。

　坂やでこぼこのない真っ平らな道を，自転車で走るとしよう。道路が凍結などしていない限り，自転車は車輪が回った距離だけ進む。真っ平らな道なのだから，揺れることもない。

　これが円の中心の軌跡だ。自転車で車輪の中心につけられているボディーが，真っ平らな道上で，まっすぐに車輪（タイヤ）が動いた距離だけ動くということは，「**円を直線上で滑らずに転がした場合，中心は直線と平行に，円が動いた距離だけ動く**」ということだ。

　これをふまえて，例題②を考えると，

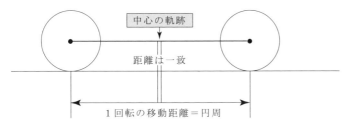

　円が1回転するときの移動距離は，円周と一致する。「円の中心の軌跡は，転がる線と平行な直線」になるので，図のようになり，この距離は円が動いた距離と一致するから，結局，円の円周分の長さである。

　円の円周は，r＝円の半径，π＝円周率とすると，「$2\pi r$（＝直径×円周率）」で求められるので，

　　$2 \times 3 \times \pi = 6\pi$〔cm〕

例題②　**答**　**②**

参考

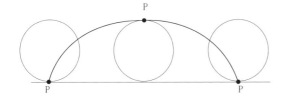

　円を回転させるとき，円周上におかれた点の軌跡は，上図のような曲線になる（この曲線を「サイクロイド曲線」という）。

　初級レベルの試験で出てくることは，ほぼないので覚える必要はないが，「円周上の点の軌跡は曲線になる」ぐらいのことは知っておいても損はない。

◇ 解法のポイント

《円の軌跡》

(1) 直線上で円を回転させた場合，中心は直線と平行に，円が転がった距離だけ動く。

(2) 円を1回転させると，円周と同じ長さだけ移動する。

基本問題

No.1

（解答 ▶ P.117）

5つの図形に点が打たれている。直線上でこれらの図形を滑らないように転がしたとき，下のような軌跡を描くものはどれか。

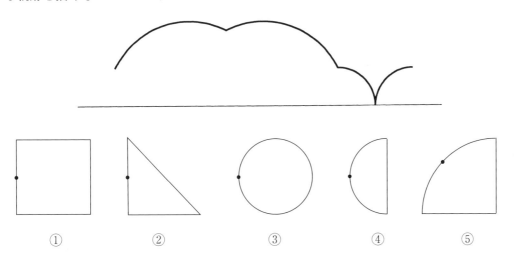

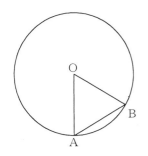

①   ②   ③   ④   ⑤

No.2

（解答 ▶ P.117）

下図のように，中心をOとする円に，正三角形ABOが位置している。△ABOが円の内側を滑らずに転がるとき，点Aが描く軌跡として正しいものは，次のうちどれか。

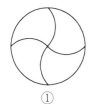

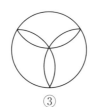

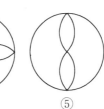

①   ②   ③   ④   ⑤

（解答 ▶ P.117）

下図のように直線 ℓ に接した正方形が，直線上を滑らずに転がったとき，頂点 A の軌跡として正しいものは次のうちどれか。

① 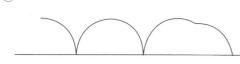 ②

③  ④

⑤

（解答 ▶ P.117）

直線 ℓ 上に，直径 10cm の半円がお椀を伏せたような形でおかれている。この半円を直線 ℓ 上で転がして 1 回転させたとき，円の中心 O が描く軌跡と，直線 ℓ で囲まれた平面の面積はいくらか。ただし，円周率＝π とする。

① 12.5π cm²

② 25π cm²

③ 37.5π cm²

④ 50π cm²

⑤ 62.5π cm²

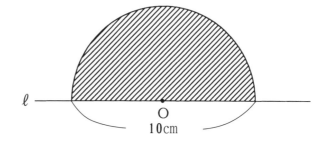

No.5

（解答▶P.118）

下図の円A，B，Cはすべて同じ円である。左端にある円Aを円B，Cの上を転がして，Dの位置まで持ってきたとき，円Aは何回転したか。

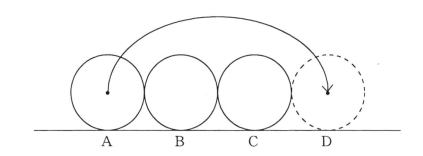

① 　1回転

② 　$\dfrac{4}{3}$回転

③ 　$\dfrac{3}{2}$回転

④ 　$\dfrac{5}{3}$回転

⑤ 　2回転

（解答 ▶ P.118）

No.1

下図のように長さ３ａの直線に，１辺の長さａの正方形が接した図形が，直線 ℓ 上を滑ることなく転がった。このとき，点Ｐの軌跡として正しいものは次のうちどれか。

①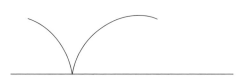

②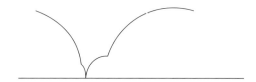

③

④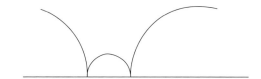

⑤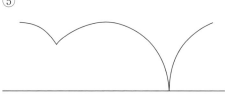

No.2

（解答 ▶ P.118）

図のような正方形が直線上を4回転するとき，頂点Aと正方形の中心Bが描く軌跡として正しいも
のは，次のうちどれか。

①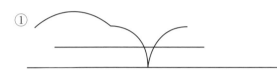

②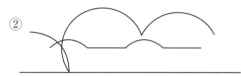

③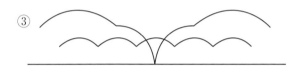

④

⑤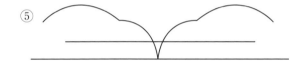

図のように，1辺の長さが a の正三角形が，1辺の長さが 3 a の正三角形の上を滑らずに転がるとき，頂点 P の軌跡として正しいものは次のうちどれか。

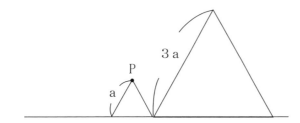

①

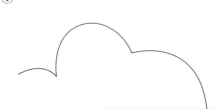

②

③

④

⑤

No.4

（解答 ▶ P.119）

1辺の長さがaである正三角形が，図の線上を滑ることなく転がるとき，点Pの描く軌跡として正しいものはどれか。

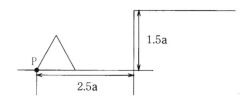

①   ②   ③

④   ⑤

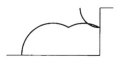

1辺の長さが7ａの正方形の中に，図のように二等辺三角形が接している。二等辺三角形が正方形の中を滑らずに転がるとき，点Pの軌跡として正しいものはどれか。

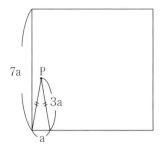

①

②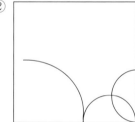

③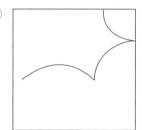

④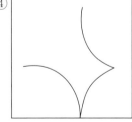

⑤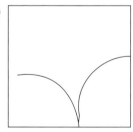

No.6

（解答 ▶ P.119)

1辺が3cmの正方形の中に，1辺が1cmの正方形が下図のように接している。小さい正方形が大きい正方形の中を滑らずに転がるとき，点Pの軌跡として正しいものは次のうちどれか。

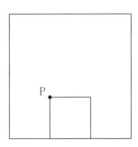

①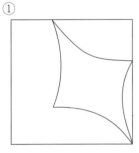

②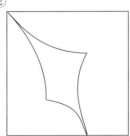

③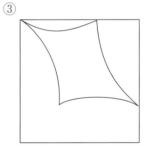

④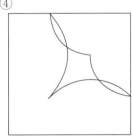

⑤

下図のように，1辺の長さが3aの正三角形の中に，1辺の長さがaの正三角形が接している。小さい方の三角形が大きい方の三角形の内部を滑らずに転がるとき，点Pが大きな三角形の内部にあるときに描く軌跡として妥当なものは，次のうちどれか。ただし，図1のような状況では，小さな三角形の一部が大きな三角形からはみ出してもよいものとし，小さな三角形は図2の位置に来たとき，方向を変えるものとする。

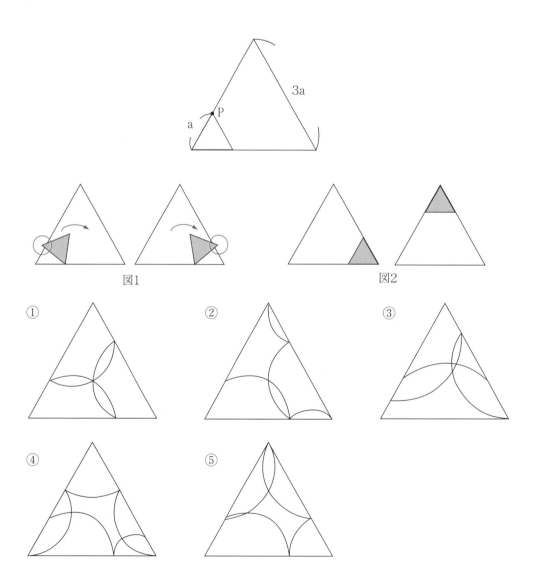

第19章　平面図形(2)軌跡

No.8

（解答 ▶ P.120）

固定された円Ａがある。その真上に同じ大きさの円Ｂが乗っている。円Ｂには図のように矢印がつけてある。円ＢがＡの回りを回転しながら図のようにＡの真下に来たとき，Ｂの矢印はどの方向を向いているか。

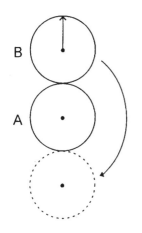

 ①　　　　 ②　　　　 ③　　　　 ④　　　　 ⑤

下図のような直角三角形が，三角形が点線で描かれた部分まで直線 ℓ 上を滑らずに転がるとき，点Pの軌跡と直線 ℓ で囲まれた部分の面積として正しいものは次のうちどれか。

①　$\dfrac{23}{12}\pi\,a^2+\dfrac{\sqrt{3}}{2}a^2$

②　$\dfrac{15}{8}\pi\,a^2+\dfrac{4\sqrt{3}}{3}a^2$

③　$\dfrac{30}{7}\pi\,a^2+\dfrac{2\sqrt{3}}{3}a^2$

④　$\dfrac{51}{10}\pi\,a^2+\dfrac{\sqrt{3}}{5}a^2$

⑤　$\dfrac{15}{11}\pi\,a^2+\dfrac{\sqrt{3}}{4}a^2$

No.10

（解答 ▶ P.121）

下図のように直線 ℓ に接した正方形がある。この正方形が直線上を滑らずに回転するとき，辺ＡＢの通る部分として正しいものは次のうちどれか。ただし，ＡＢの通る部分は黒くぬった部分とする。

①

②

③

④

⑤

第20章 立体図形(1)正多面体

　正多面体には，正四面体，正六面体（立方体），正八面体，正十二面体，正二十面体の5つがある。これらの図形を利用したのが，正多面体の問題である。特に正六面体は，サイコロの問題として使われることも多い。まずは以下の解説や例題を見ながら，立体図形の感覚をつかむことから始めよう。

　正多面体とは，

　　1．立体を構成する面がすべて合同な正多角形

　　2．各頂点に集まっている辺の数がすべて同じ

という，2つの条件を満たした立体のことである。

　この条件を満たす立体は，この世の中に次に挙げる5つしか存在しない。

① **正四面体：正三角形4面で構成**

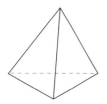 

裏返したもの

② **正六面体：正方形6面で構成**

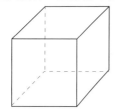 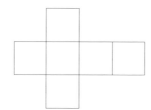

③ **正八面体：正三角形8面で構成**

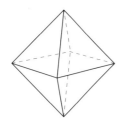 

④　**正十二面体：正五角形 12 面で構成**

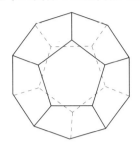 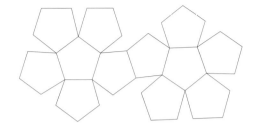

⑤　**正二十面体：正三角形 20 面で構成**

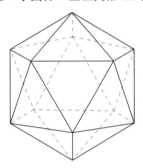 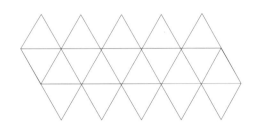

　いずれの図も，左側が正多面体の形，右側がその展開図になっている。正四面体の展開図は書いてある 3 つしかないが，その他の正多面体は，立体上では同じである辺をくっつけることで，違う展開図ができる。

　それぞれの正多面体の辺と頂点の数は，次の通り。

	辺	頂点	面
正 四 面 体	6	4	4
正 六 面 体	12	8	6
正 八 面 体	12	6	8
正 十 二 面 体	30	20	12
正 二 十 面 体	30	12	20

これには

『　**辺　は　帳　面　に　引け**　』

という覚え方もあるが，いずれにせよ重要なので，よく覚えておくこと。

〔判断推理〕

第20章　立体図形(1)正多面体

辺　＝　頂点＋面　－　2

☞ 解法のポイント

Q 例題①

　下の図Ⅰにあるサイコロを2つ組み立てて，図Ⅱのように並べた。このとき，Aの面の目はいくつか。ただし，2つのサイコロが接している面の和は7とする。

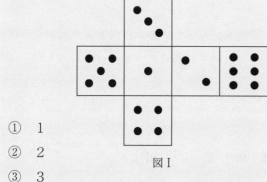
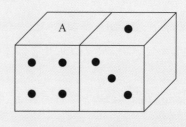

① 1

② 2

③ 3

④ 5

⑤ 6

図Ⅰ　　　　　　　　　　　　図Ⅱ

A 解答・解説

まず，正六面体の展開図の特徴から説明しよう。

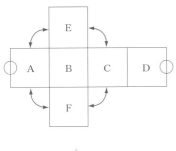

左の正六面体の展開図は，A，E，C，F面にある「◄──►」の各辺と，A面とD面にある両端の○がくっついて，正六面体が完成する。

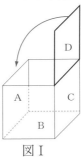 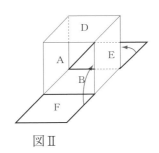

図Ⅰ　　　　　図Ⅱ

組み立てには，2通りの考え方がある（両方とも展開図の「B面」を底にしたとする）。

図Ⅰ：まずA，E，C，Fの各面を立てて展開図中の「◄──►」をくっつけ，残ったA面とD面の○を，「箱にふたをするような形」でくっつける。

図Ⅱ：まずA，D面の○をくっつけて「輪っかのような形」を作り，手前のF面，奥のE面を立てて展開図中の「◄──►」をくっつける。

ではこれをふまえて，展開図でわかることを見ていこう。

1．一面おいた隣の面が対面（向かい合っている面）になる。

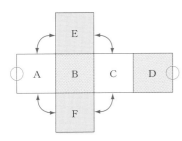

図Ⅰを見ればA面とC面が向かい合っていて，AとDの○をくっつければ，BとDが対面になるのがわかる。また，図Ⅱから，E面とF面も向かい合っている。

このことを，**展開図を通して見ると**，図のように，**一面おいた隣の面同士が対面になっている**のがわかる。

2. 辺のなす角が 90°になっているところは, そこをくっつけるように面を移動できる。

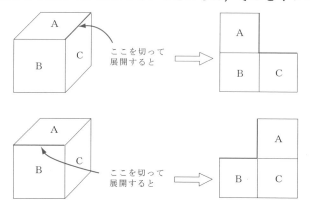

上図は, 同じ正六面体の見えている 3 面を, 切るところを変えて展開したものである。 この展開図をよく見ると, A面が横に移動した形になっている。これは,

こういう理由からだ。つまり, **正六面体の展開図で, ある面と面を構成している辺同士のなす角度が 90°になっている場合, 上のようなやり方で面を移動することができる。**

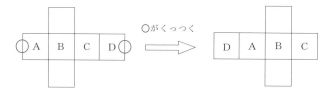

また上図のように, **展開図で 4 面連なっている部分の端と端もくっつくので, 面を移動できる。**

これが前に書いた『正多面体は，立体上では同じである辺をくっつけることで，違う展開図ができる』の意味だ。正六面体だけでなく，正八面体，正十二面体，正二十面体も同じような理屈で，いくつかの展開図を書くことができる。

ただ，**どのような展開図であっても，標準的な展開図に直すことができる。** もし標準的な展開図に直せなかったとしたら，くっつける辺を間違えて面を移動させそこなったか，その展開図が正多面体にならない「偽物の」展開図であるかのどちらかだ。

❗ 注意点

もう一度，この図を見てもらおう。

これが「面が移動する理由」であることは説明したが，よく見ると，これは**単純に面が横にスライドしたわけではない。切るところを変えて，面が90°回転してくっついている。** したがって，面そのものではなく，**中に書いてある文字の形まで考えて移動** させた図を描くと，下のようになる。

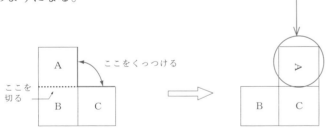

このことは，面にある数字そのものが問われている場合などは何の問題もないが，**面の中の形が問われている** ような問題では，十分に注意しなければならない。

ちなみに，先ほど一番最後に説明した「4面連なっている端と端」の移動は，面の中も変わらずに移動する。

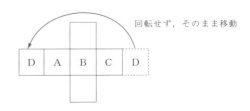

では，「サイコロ」の話に入ろう。

サイコロは通常，**対面の和が7**，つまり ・ と ⠿ ， ⠂ と ⠿ ， ⠆ と ⠿ が向かい合っている。**問題文に特段の定めがなければ，サイコロはすべてこの形として考えなければならない**（便宜的に，このテキストでは対面の和が7同士のサイコロを「標準サイコロ」と呼ぶ）。

この標準サイコロは，**「目の配置」によって2つに分けられる。**

A．目の配置が時計回り

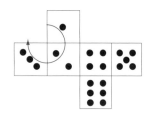

B．目の配置が反時計回り

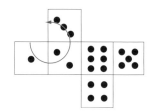

上のように，目の配置が「1・2・3」の順で，時計回りか反時計回りかで標準サイコロを分けることができる。また，「1・2・3」が時計回りなら「4・5・6」も時計回り，「1・2・3」が反時計回りなら，「4・5・6」も反時計回りである。たとえ面が離れていたとしても，先ほどの要領で面を移動させれば，必ずこの2パターンのどちらかに当てはまる。

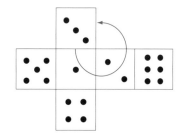

例題①のサイコロを見ると
- 対面の和が「7」
- 目の配置が「反時計回り」

よって「反時計回りの標準サイコロ」である。

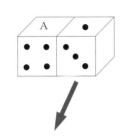

ここで，左図の「Aの面の目」を考えると，左のサイコロでわかっている目は⚃だけ。これだけでは「A」の目はわからない。

そこで，「右のサイコロと接している面」から考える。

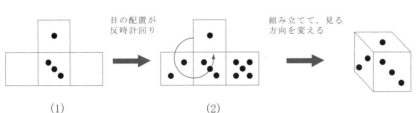

まず，右のサイコロを調べる。標準サイコロなので，⚅は⚀の対面，⚃は⚁の対面にある。よって，左のサイコロと接している目で考えられるのは⚁か⚃だ。⚁を中心に，上と横を広げた展開図が(1)である。

次に，(1)の開いた面に⚁と⚃のどちらが入るか考えると，「目の配置が反時計回り」であることから，向かって左の面が⚁，右の面が⚃だ。その目を入れた展開図が(2)である。

最後にこれを組み立て，見る方向を変えると，左のサイコロに接している面の目が⚁であることが判明する。

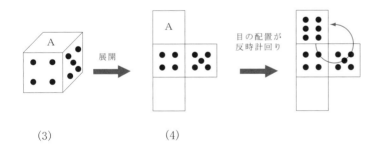

問題の条件に「2つのサイコロが接している面の和は7」とある。右のサイコロの接している面の目が⚁なので，左のサイコロの接している面の目は⚄。よって(3)のようになる。

次に，この図を「Aの面」を含めて上下と横に展開したのが(4)だ。⚄ の対面が ⚁ ，⚅ の対面が ⚁ なので，「Aの面」に入る可能性があるのは ⚀ と ⚅ 。
「目の配置が反時計回り」なので，「A」＝ ⚅ であることがわかる。

例題①   答   ⑤

❗ 注意点

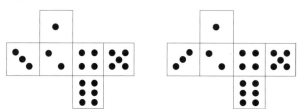

 上の２つのサイコロは，よく似ているが違うサイコロだ。違いがわかるだろうか？
「目の配置」は同じ。違うのは「 ⚂ の向き」だ。

 例題①のように「目の数」が問われている問題は，「目の配置」が重要で，「目の向き」などは気にしなくてよい。しかし，「これと同じサイコロはどれか」などサイコロそのものの形が問われている問題では，目の向きまで同じでなければならない。このとき，キーポイントになるのが ⚁ ，⚂ ，⚅ だ。

 前にも書いたように，**正六面体の面を移動させるときは，文字の形が変わる場合がある。** サイコロの目でいうと， ⚀ ，⚄ ，⚅ は90°回そうが，270°回そうが目の形が変わることはない。ところが「2」，「3」，「6」は，
⚁ と ⚁ ，⚂ と ⚂ ，⚅ と ⚅ というように，**90°回すと目の形が変わってしまう。**
 だから，

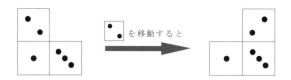

（⚁ を移動すると）

このようになるわけだ。

 ただし，くどいが，「目の数」が問われている問題で「目の向き」を気にする必要はない。
あくまで，**「目の形まで」問われている場合にのみ注意**しよう。

解法のポイント

《サイコロ（正六面体）》

(1) 一面おいた隣の面が対面（向かい合っている面）になる。

(2) 辺のなす角が **90°** になっている所は，そこをくっつけるように面を移動できる。

(3) 正多面体は，どのような展開図であっても，標準的な展開図に直すことができる。

(4) サイコロは，「目の配置」によって２つに分けられる。

(5) 「目の形まで」問われている場合，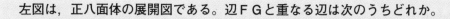 の目の向きに注意する。

Q 例題②

左図は，正八面体の展開図である。辺ＦＧと重なる辺は次のうちどれか。

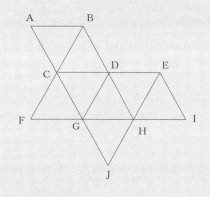

① 辺ＢＤ

② 辺ＤＥ

③ 辺ＥＩ

④ 辺ＨＪ

⑤ 辺ＧＪ

A 解答・解説

まずは，正八面体の説明から。

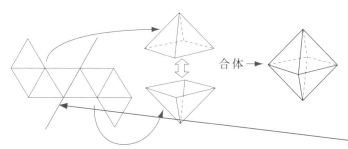

正八面体は，正三角形８面からなる立体だ。形を知るには，**展開図を図の赤斜線で分けたほうが**
わかりやすい。この正三角形４面からなる図形を組み立てると，「ピラミッドの底がない形」になる。

これを上下にくっつけたものが正八面体である。

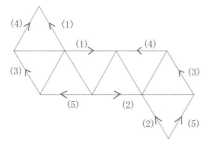

左図は，**くっつく辺（立体上では同じ辺）を表したもの**だ。数字がくっつく辺を，矢印がくっつく方向を示している。

　一番最初の説明から，(1)と(2)がくっつくのはわかる。また，正六面体と同じく，辺(3)＝「連なっている面の端と端」も比較的覚えやすい。

　難しいのは(4)と(5)だ。正八面体は，**上の「ピラミッド」と下の「ピラミッド」をひねるような感じで組み合わせる**。だから一見全く重なることがなさそうなこの辺がくっつくのだ。

　まず(1)，(2)，(3)をくっつけると4本の辺が残る。展開図を上下に分け，上半分に残った辺同士，下半分に残った辺同士がくっつく，とでも覚えておけばいいだろう。

　では，例題②の展開図に入ろう。

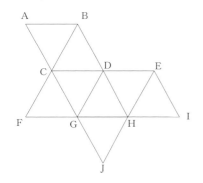

　基本形の展開図とは形が違うが，辺ＤＧで切ると「ピラミッドが2つ」になるので，これも正八面体の展開図である。

　慣れてくるとこの状態からでも重なる辺がわかるのだが，ここでは基本の展開図に戻して，重なる辺を考える。

　正六面体のときに「辺のなす角が90°になっている所は，そこをくっつけるように面を移動できる」というのがあったが，正八面体では「**辺のなす角が120°になっている所は，そこをくっつけるように面を移動できる**」となる。90°とは違って，120°が見た目ではわからないかもしれないが，「正三角形の1個の内角が60°」で，「正八面体は正三角形8面」で構成されているのだから，**この三角形が2面入る角度を探せば，そこが120°になる**。上図でいえば，∠ＡＣＦ，∠ＢＤＥ，∠ＦＧＪ，∠ＩＨＪがそれぞれ120°になっている。

やり方は正六面体と同じなので，これらのことをふまえて面を移動させると，

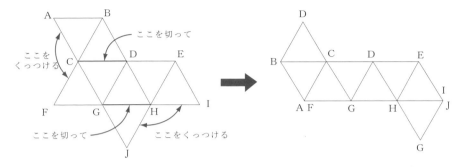

このようになる。したがって，辺ＦＧと重なるのは，辺ＧＪである。

例題②　**答**　**⑤**

◈ 解法のポイント

《正八面体》
　辺のなす角が **120°** になっている所は，そこをくっつけるように面を移動できる。

No.1

（解答 ▶ P.121）

下図右側の展開図を組み立てて，同じサイコロを5個作った。それを下図左側のように，接している面の和が6になるように横1列に並べた。このとき，A面の数はいくつか。

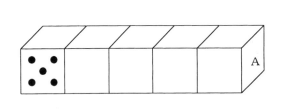 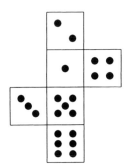

① 1
② 2
③ 3
④ 4
⑤ 5

No.2

（解答 ▶ P.122）

対面の和が7であるサイコロを5個積み上げて，下図のような立体を作った。接している面の目がすべて同じであるとすると，Aの面の目はいくつか。

① 1
② 3
③ 4
④ 5
⑤ 6

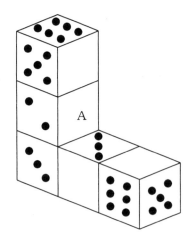

No.3

（解答▸P.123）

対面の和が７ではない同じサイコロ５つを，下図のように積み上げた。
このとき，接している面の目の数の合計はいくつか。

① 23

② 24

③ 25

④ 26

⑤ 27

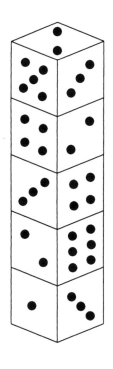

下のように，正八面体の頂点部分を切り取った。これを展開したものとして正しいものは，次のうちのどれか。

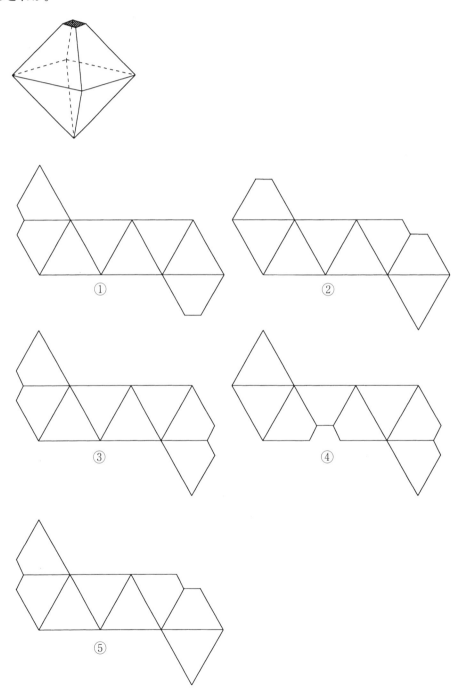

No.5

（解答▶P.124）

正十二面体の各頂点に，下図のようにアルファベットを付けた。辺ＡＢと平行な辺はどれか。

① 辺ＯＮ

② 辺ＭＮ

③ 辺ＮＧ

④ 辺ＦＧ

⑤ 辺ＭＥ

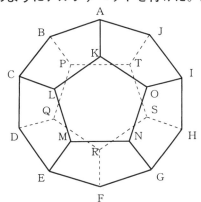

No.6

（解答▶P.124）

下図は，正二十面体の展開図である。斜線面と平行な面はどれか。

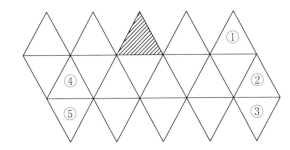

No.7

（解答▶P.124）

対面の和が７の図のようなサイコロがある。今，図のようにサイコロが置かれているとき，奥のほう（矢印方向）に２回，次に右に３回転がし，さらに手前に３回転がしたとき上に出る目（数）は何か。

① 2

② 3

③ 4

④ 5

⑤ 6

No.1

（解答 ▶ P.125）

下の展開図を組み立てたときにできる立方体として，正しいものは次のうちどれか。

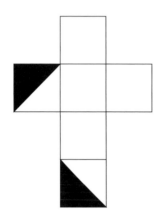

No.2

（解答 ▶ P.125）

各面に図のような線の入った展開図を組み立てて立方体としたとき，その見取図として正しいものはどれか。

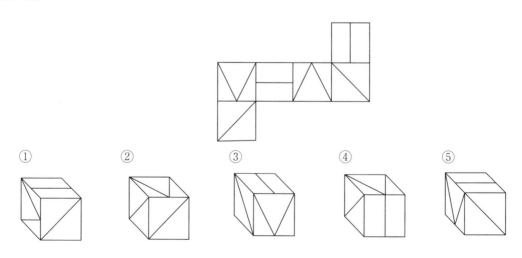

No.3

（解答 ▶ P.126）

下の展開図を組み立てて図中の点線で切り取ったとき，切り口の形として正しいものは次のうちどれか。

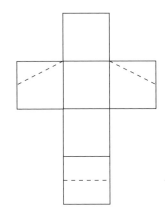

① 正方形

② 長方形

③ 台形

④ 二等辺三角形

⑤ 正三角形

No.4

（解答 ▶ P.126）

下の展開図を組み立てた立方体として，正しいものは次のうちどれか。ただし，アルファベットの向きは考えなくてもよいものとする。

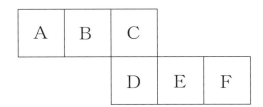

①　　　　②　　　　③　　　　④　　　　⑤

下図の立方体の展開図として正しいものは，次のうちどれか。

①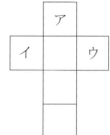

②

③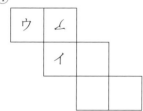

④

⑤

No.6

（解答 ▶ P.126）

下図のような立方体がある。このとき,ア～エのXの位置に入る面として,正しくないものはどれか。

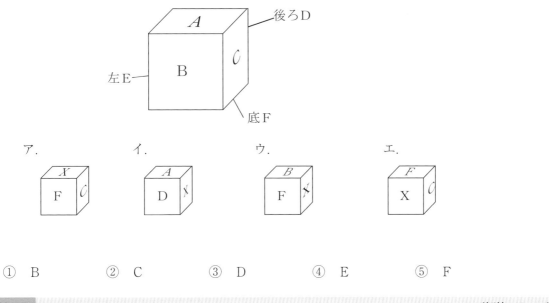

①　B　　　　②　C　　　　③　D　　　　④　E　　　　⑤　F

No.7

（解答 ▶ P.126）

向かい合う面の目の数の和が7であるサイコロがある。いま,図Ⅰの斜線部分に図Ⅱのようにサイコロが置かれている。サイコロを滑らせることなく図Ⅰ中の矢印に沿ってマス目上を転がしたとき,Aの位置でのサイコロの上面の目の数はいくつか。ただし,サイコロの1面の大きさとマス目の1マスの大きさは等しく,サイコロはマス目からずれないで転がるものとする。

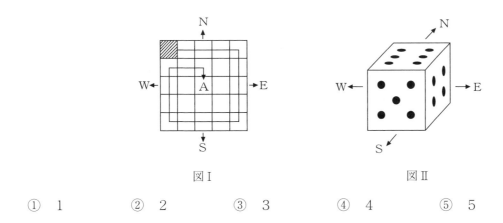

図Ⅰ　　　　　　　　　　　図Ⅱ

①　1　　　　②　2　　　　③　3　　　　④　4　　　　⑤　5

（解答 ▶ P.127）

図Ⅰのような展開図を組み立ててできる立方体4個を，互いに接する面の目の数の和が7となるようにして図Ⅱのように並べたところ，面A～Cの目の数の和が **14** となった。

このとき，面Aの目の数として正しいものは，次のうちどれか。

図Ⅰ

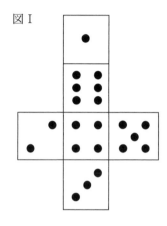

図Ⅱ

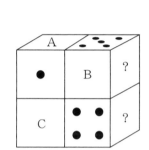

① 2

② 3

③ 4

④ 5

⑤ 6

（解答 ▶ P.127）

相対する面の目の数の和が，9，7，5となるサイコロがある。このサイコロ4つを図のように並べたとき，正面の面の目の数は左から6，2，5，1であるとき，相対する面の目の数の和はいくつになるか。

① 10

② 12

③ 14

④ 16

⑤ 18

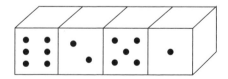

No.10

（解答 ▶ P.128）

同じサイコロが図のように積んである。このサイコロは対面の和が7の標準サイコロである。2つのサイコロの接する面の目の数は同じであるとすると、Aの目はいくつか。

① 1
② 2
③ 3
④ 4
⑤ 5

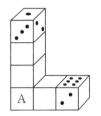

No.11

（解答 ▶ P.128）

対面の和が7のサイコロ6個が図のように置かれている。サイコロが接する面の和が8のとき、Aの数はいくつか。

① 1
② 2
③ 5
④ 6
⑤ この条件だけではわからない

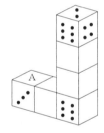

No.12

（解答 ▶ P.129）

同じサイコロが4個、図のように積まれている。互いに接している面の和は7であるとき、Aの数はいくつか。

① 1
② 2
③ 4
④ 5
⑤ 6

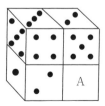

（解答 ▶ P.129）

向かい合っている面の目の数の和が7であるＡとＢの2種類のサイコロがある。ア〜オはＡとＢいずれかのサイコロをころがしたときの図であるが，これらのうち<u>Ｂ</u>をころがしたときにあり得るものをすべて挙げているのはどれか。

A   B

ア イ ウ エ オ

① ア，イ，オ

② ア，ウ

③ ア，エ

④ ウ，エ，オ

⑤ ウ，オ

（解答 ▶ P.129）

下図は立方体の展開図であるが，辺ＩＫに接する辺として正しいものはどれか。

① 辺ＡＢ

② 辺ＡＥ

③ 辺ＥＦ

④ 辺ＦＩ

⑤ 辺ＫＭ

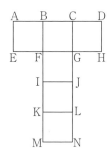

No.15

（解答 ▶ P.130）

下図のような正八面体の展開図として，正しいものはどれか。

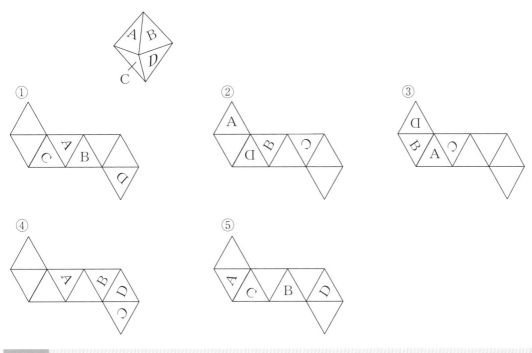

No.16

（解答 ▶ P.130）

下のような正八面体を展開したとき，正しい展開図は次のうちどれか。

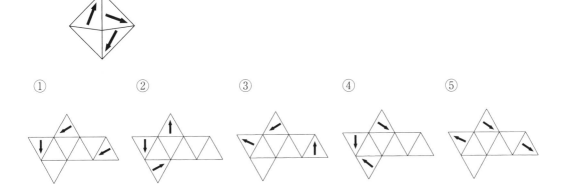

No.17 （解答 ▶ P.130)

正十二面体がある。すべての頂点を切りとり，各々に下図の▲のように正三角形を作るとき，頂点の数は全部でいくつになるか。また，辺の数はいくつになるか。組み合わせの正しいものを選べ。

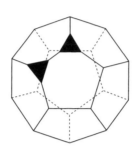

	頂点	辺
①	40	120
②	40	90
③	60	120
④	60	90
⑤	60	60

No.18 （解答 ▶ P.131)

正六面体の隣接する各面の中心を順に結んで立体Aを作る。立体Aの各面の中心を順に結んで立体Bを作る。立体Bの各面の中心を結んで立体Cを作る。立体Cの面の数として正しいものは，次のうちどれか。

① 4面　　② 6面　　③ 8面　　④ 12面　　⑤ 20面

MEMO

第21章 立体図形(2) 立体の構造

　立体図形の問題は,「覚える」のではなく「感覚をつかむ」ように取り組んだ方がいい。図形問題が苦手な人は,公式的な考え方,つまり図形に関する内容を覚えて解答しようとする傾向が強い。もちろん覚えておかなければならないこともあるが,頭の中で図形が組み立てられないことには,すべての問題に即座に対応することは難しいだろう。

　「空間を把握する」ことを念頭におきながら,さまざまな問題に取り組んでいこう。

Q 例題①

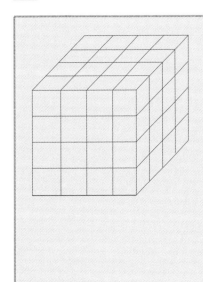

　左図のように,小さな立方体を **64** 個積み重ねて作った立方体がある。これの下の面まで含めた **6** 面に黄色いペンキを塗ったあと,バラバラにして,小さな立方体に塗られている面の数を調べた。色が **2** 面塗られている小さな立方体は,いくつあるか。

① 　8 個

② 　12 個

③ 　18 個

④ 　24 個

⑤ 　36 個

A 解答・解説

　この問題で,小さな**立方体**(＝正六面体のこと)の色の塗られ方には,次の 4 種類がある。

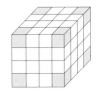

(1) 3 面塗られている

(2) 2 面塗られている

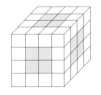

(3) 1 面塗られている

(4) 1 面も塗られていない

　これからそれぞれの数を数えるわけだが，この手の問題で間違えやすいのが，図で表されていない奥と下の計3面の状況だ。そこで，この**立方体を段に分けて考察**してみる。

(1)　3面塗られている小さな立方体の数＝8個

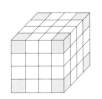

　　　　　　　一番上の段　　　2段目　　　　3段目　　　一番下の段

　　　　　　　　＝4個　　　　　＝0個　　　　＝0個　　　　＝4個

(2)　2面塗られている小さな立方体の数＝24個

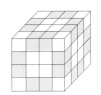

　　　　　　　一番上の段　　　2段目　　　　3段目　　　一番下の段

　　　　　　　　＝8個　　　　　＝4個　　　　＝4個　　　　＝8個

(3)　1面塗られている小さな立方体の数＝24個

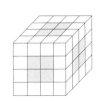

　　　　　　　一番上の段　　　2段目　　　　3段目　　　一番下の段

　　　　　　　　＝4個　　　　　＝8個　　　　＝8個　　　　＝4個

(4) 1面も塗られていない小さな立方体の数＝8個

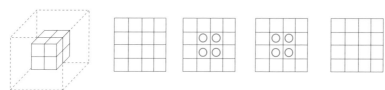

一番上の段　　2段目　　3段目　　一番下の段

＝0個　　　　＝4個　　＝4個　　　＝0個

以上のようになる。したがって，2面塗られている小さな立方体の数は，24個である。

例題① **答**　**④**

⊛ 解法のポイント

《小立方体の積み上げ》

大きな立方体を段に分けて考察する。

Q 例題②

立方体を積み上げてある立体を作ったところ，正面図と側面図が下の左図に，平面図が下の右図になった。このような立体を作るためには，最低何個の立方体が必要か。

正面図
側面図

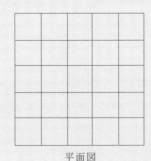

平面図

① 25 個

② 27 個

③ 29 個

④ 30 個

⑤ 34 個

A 解答・解説

まずは，『投影図』の説明から入ろう。

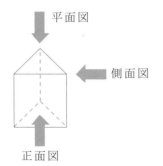

投影図とは，ある立体を真正面，真横，真上から見た図のことで，真正面から見た図を「**正面図**」，真横から見た図を「**側面図**」，真上から見た図を「**平面図**」という。

描き方の基本は，「**見える線は実線で，見えない辺は破線（点線）で**」である。

例えば，ショートケーキのような形をした，三角柱の投影図を描くと次のページのようになる。

● 正面図

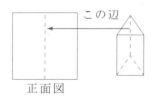

正面図

正面図は左図のようになる。

真ん中にある縦の破線は，図のように，正面から見ると，奥にある辺だ。このように，**辺が存在するが，そこからだと見えないときは，破線で表す**ことが多い。

● 側面図，平面図

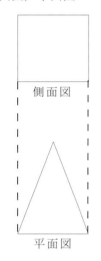

側面図

平面図

側面図と平面図は左図のとおりだ。

この2つにも見えない辺が隠されている。

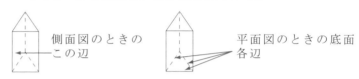

側面図のときの
この辺

平面図のときの底面
各辺

しかし，これらの辺は，**見えている辺（実線部分）にぴったりと重なってしまうため，図で表せない**。（正確にいえば，破線が実線に重なるが，ぴったり重なっているため，実線しか見えない。）このような場合は，**実線のみ**を描けばよい。

では，これらのことをふまえて，例題②の立体を見ていこう。

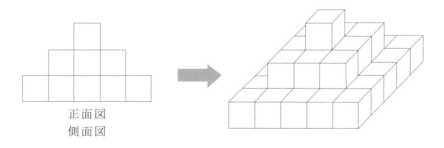

正面図
側面図

立方体は正面図，側面図，平面図すべてが正方形になるので，この正面図，側面図を見たときに，まず最初に思い浮かぶのは上図右のような立体だろう。確かにこの図形の正面図と側面図も，例題②で与えられた正面図，側面図と同様になる。しかし，この立体は**立方体を最大に使ったとき**のものであり，「最低何個必要か」を問われているこの問題には適さない。

では，数を少なくするにはどうすればいいかだが，このときに使えるのが「**斜めのライン**」だ。

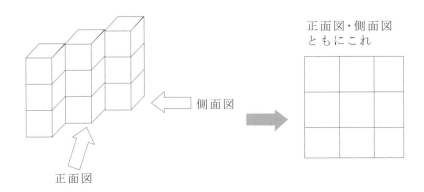

正面図・側面図
ともにこれ

上図のように，**立方体を斜めに置いて積み上げる**と数を少なくすることができる。

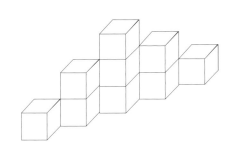

したがって，例題②の場合は，左のように積み重ねると，正面図，側面図ともに，端から「1個，2個，3個，2個，1個」になり，数も最小限に抑えられる。

次に，平面図を考えてみよう。

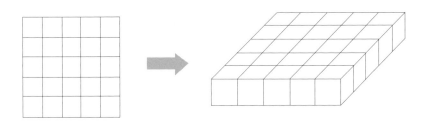

「25個のマス目のようになっていて，一番少ない数」と考えれば，図のような「1段だけ25個の立方体を置く」というのがまず思い浮かぶだろう。

でも，まだ少なくする方法がある。

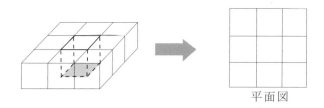

平面図

上図を見てもらおう。少しわかりにくいかもしれないが，9個置いた立方体のうち，真ん中の1個を抜いたものだ。これでも平面図は，9個置いたときと変わらない。

つまり，**四方に立方体があれば，中の立方体を抜いてやっても平面図は変わらない**のである。

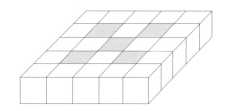

したがって，「25個のマス目のようになっていて，一番少ない数」は，左図の▨部を抜いた20個である。

では，これを組み合わせてみよう。

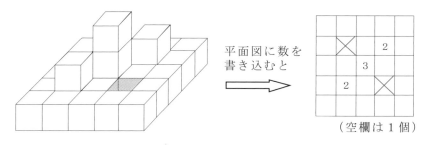

平面図に数を書き込むと

（空欄は1個）

したがって，27個……としたいところだが，もう一度下の図を見てもらいたい。

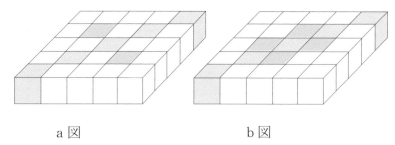

a図　　　　　　　　b図

この問題では，正面図と側面図の関係で，斜めのライン（352ページの下図 ☐ ）には絶対に立方体を入れなければならない。そうすると，先ほどの「25個のマス目のように……」のパターンでは，352ページのa図の☐部のように2個しか抜けないのに対して，b図の☐部のように抜いてやると，4個の立方体を抜くことができる。つまり，

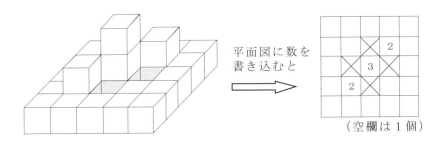

平面図に数を書き込むと

（空欄は1個）

これが，一番少ない数になる。したがって，立方体の数は25個。

例題② 　答　①

解法のポイント

《投影図》

(1) 真正面から見た図を「正面図」，真横から見た図を「側面図」，真上から見た図を「平面図」という。

(2) 見える辺は実線で，見えない辺は破線（点線）で書く。

(3) 積み上げた立方体の数を少なくするには，「斜めのライン」と「四方を立方体で囲み，中を抜く」を利用する。

Q 例題③

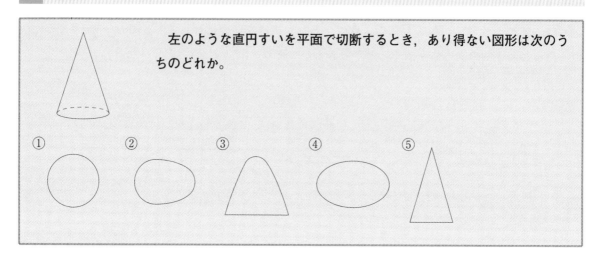

左のような直円すいを平面で切断するとき，あり得ない図形は次のうちのどれか。

① ② ③ ④ ⑤

A 解答・解説

立体の切断面で，よく覚えておいたほうがいいのが，「立方体」，「直円すい」，「球」の３つだ。それぞれ，考えられる切断面を書いておく。

A．立方体の場合

(1) **三角形**（正三角形，二等辺三角形もできる）

(2) **等脚台形**（普通の台形もできる）

(3) **長方形**（平行四辺形やひし形もできる）

(4) **正方形**

(5) **五角形**（ただし，**正五角形はできない**）

(6) **正六角形**（普通の六角形もできる）

B．円すいの場合

(1) **円**＝すべての母線を含めて，
　　　底面と平行に切断

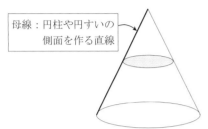

母線：円柱や円すいの
　　　側面を作る直線

(2) **だ円**＝すべての母線を含めて，底面と
　　　　平行ではない面で切断

(3) **二等辺三角形**（正三角形を含む）
　　　＝円すいの頂点と底面の
　　　　直径を結ぶ面で切断

(4) **放物線**
　　　＝母線に平行な面で切断

(5) **双曲線**
　　　＝母線に平行ではない面で切断

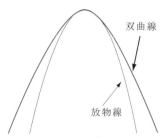

双曲線

放物線

※ 双曲線とは，ある２点からの距離の差が一定の点の集まりのことである。見た目は，二次関数のグラフで出てきた放物線に似ているが，実際は左図のように違う曲線である（ちなみに，「反比例のグラフ」が双曲線である）。

Ｃ．球の場合

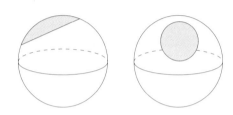

どこで切っても，**円**になる。

これをふまえて例題③を見ると，(2)のような卵形にはならない。

例題③ **答** ②

◈ 解法のポイント

《立体の切断図》

(1) 立方体：三角形，等脚台形，長方形，正方形，五角形，正六角形

(2) 円すい：円，だ円，二等辺三角形，放物線，双曲線

(3) 球：どこを切っても円

基本問題

No.1

（解答 ▶ P.131）

立方体 **64** 個を下図のように積み重ね，●の所を，串でまっすぐ貫いた。穴の開いていない立方体はいくつあるか。

① 26 個

② 27 個

③ 31 個

④ 33 個

⑤ 36 個

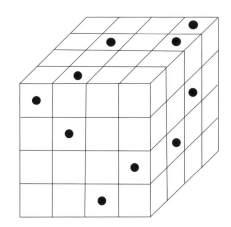

No.2

（解答 ▶ P.132）

27 個の立方体があり，そのうち **10** 個は **6** 面すべてを，残りの **17** 個は **1** 面だけを黒く塗った。この立方体を，下図のように **3×3×3** に積み上げたとき，**6** つの面に出る黒い面は，最大で何面か。

① 44 面

② 47 面

③ 50 面

④ 51 面

⑤ 52 面

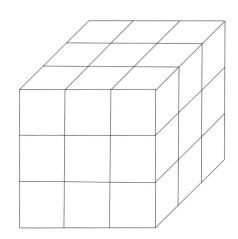

No.3 (解答 ▸ P.132)

同じ大きさの立方体を積んで，ある立体を作った。その正面図と側面図は，下のようになっている。この立体を作るためには，**最低何個の立方体が必要か。**

① 20 個
② 36 個
③ 60 個
④ 72 個
⑤ 120 個

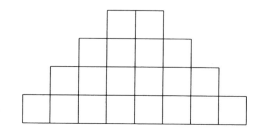

No.4 (解答 ▸ P.132)

下図のように，円すい台の上底の上に点 P をとり，この点を通る平面で円すい台を切断した。このとき，**できない断面図は下のうちどれか。**

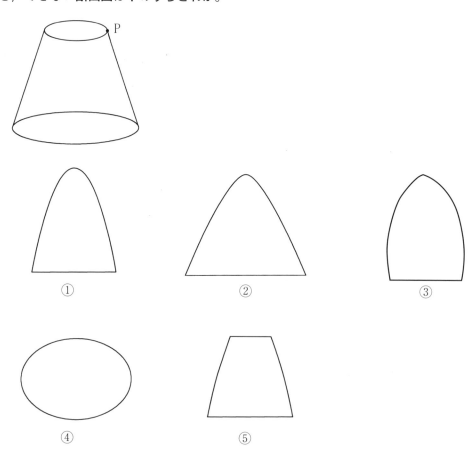

①   ②   ③

④   ⑤

演習問題

No.1 　　　　　　　　　　　　　　　　　　　　（解答▶P.133）

小さな立方体を図のように積み上げ，黒丸の部分を串刺しにして貫通させた。このとき，穴が開いていない小立方体の数はいくつか。

① 11 個

② 12 個

③ 13 個

④ 14 個

⑤ 15 個

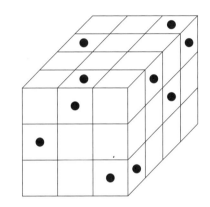

No.2 　　　　　　　　　　　　　　　　　　　　（解答▶P.133）

下図のように，小立方体を積み上げた立方体がある。図中の●を串刺しにして反対側の表面まで貫通させたとき，穴が開いていない立方体は全部でいくつあるか。

① 80 個

② 82 個

③ 84 個

④ 86 個

⑤ 88 個

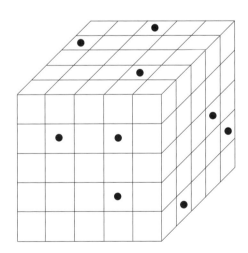

64 個の小立方体を重ねてできた，1 辺が 4 個の小立方体からなる大きな立方体がある。この大きな立方体の 6 面に色を塗ったあと，再びバラバラにした。このとき，64 個の小立方体について 1 面だけ色が塗られた立方体，2 面色を塗られた立方体，3 面色を塗られた立方体はそれぞれ何個あるか。

	1 面	2 面	3 面
①	12 個	6 個	4 個
②	12 個	12 個	8 個
③	24 個	12 個	6 個
④	24 個	24 個	8 個
⑤	32 個	24 個	8 個

125 個の小立方体を重ねてできた，1 辺が 5 個の小立方体からなる大きな立方体がある。このとき，大立方体の表に見える面，つまり底面を除いた 5 面を赤い絵の具で塗った。その後，この大立方体から 2 面以上に赤い絵の具が塗られた小立方体を取り除いてから，今度は底面を含めて，まだ色の塗られていない面に青色の絵の具を塗った。このとき，赤，青どちらの色も塗られている小立方体はいくつあるか。

① 36 個

② 48 個

③ 57 個

④ 62 個

⑤ 72 個

No.5

（解答 ▶ P.134）

下図のように 64 個の小立方体からできた立方体がある。この立方体の2面のみを絵の具で塗った。この立方体を分解して再度組み立てたとき，作成可能な図形は次のうちどれか。ただし，図に描かれていない面はどのようになっていてもよいものとする。

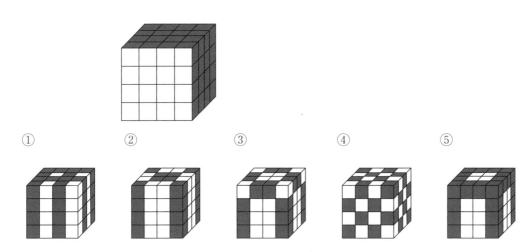

No.6

（解答 ▶ P.134）

1辺が1cmの立方体が 27 個あり，このうち 14 個はすべての面が赤く塗られている。この 27 個の立方体を組み合わせて1辺が3cmの立方体を作り，赤い面をできる限り表面に出さないようにする場合，表面に見える赤い面の面積の合計は何cm²か。

① 18cm²

② 20cm²

③ 22cm²

④ 29cm²

⑤ 32cm²

No.7 （解答 ▸ P.135）

64個の透明なプラスチックでできた立方体を使って，1辺が4個の立方体からなる大きな立方体を作る。このとき，この立方体の内のいくつかを6面すべて赤く塗り，大きな立方体のどの面から見ても1面全体が赤く見えるようにしたい。最低いくつの立方体を赤く塗ればよいか。

① 16 個

② 20 個

③ 24 個

④ 28 個

⑤ 32 個

No.8 （解答 ▸ P.135）

1辺が1cmの立方体を，下図のように積み上げていった。7段目まで積み上げたときの体積として正しいものは，次のうちどれか。ただし，中に空洞はないものとする。

平面図

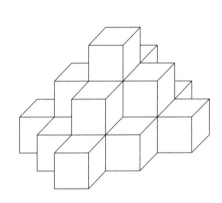
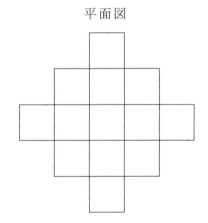

① 205cm³

② 231cm³

③ 307cm³

④ 344cm³

⑤ 406cm³

No.9 （解答 ▶ P.135）

図のような規則性で立方体を積み重ねていくとき，6段目まで積み重ねると全部で何個の立方体が必要になるか。

① 73 個

② 89 個

③ 91 個

④ 102 個

⑤ 117 個

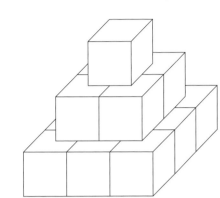

No.10 （解答 ▶ P.135）

下図はある立体の平面図，正面図，側面図であるが，これらの図を満たす立方体の並べ方は何通りあるか。ただし，回転させても同じものは1種類とする。

平面図　　　　正面図　　　　側面図

① 3 通り

② 4 通り

③ 5 通り

④ 6 通り

⑤ 7 通り

No.11

（解答 ▶ P.136）

下図はある立体の平面図，正面図，側面図である。これらの図を満たす立体を作るには最低いくつの立方体が必要になるか。

平面図   正面図   側面図

① 9 個

② 13 個

③ 14 個

④ 15 個

⑤ 17 個

No.12

（解答 ▶ P.136）

平面上に置かれた小立方体の正面図と右側面図が図のようになっているとき，立方体の数として考えられる最小数はいくつか。

① 6 個

② 7 個

③ 8 個

④ 9 個

⑤ 10 個

 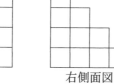

正面図   右側面図

No.13

（解答 ▶ P.136）

下図は正八面体の展開図である。これを組み立てたとき，面Aと平行な位置になるのは次のうちどれか。

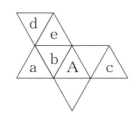

① a
② b
③ c
④ d
⑤ e

No.14

（解答 ▶ P.136）

下図のような展開図の立方体が2つある。この2つの立方体を，接する側面の数字が同じになるように左右に並べるとき，右側の立方体について矢印の方向から見える側面の数字は何か。

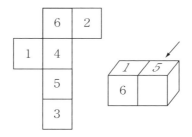

① 1　　② 2　　③ 3　　④ 4　　⑤ 6

次のように，三角柱の各面に直線の引かれた立体がある。この立体の展開図として正しいものは次のうちどれか。

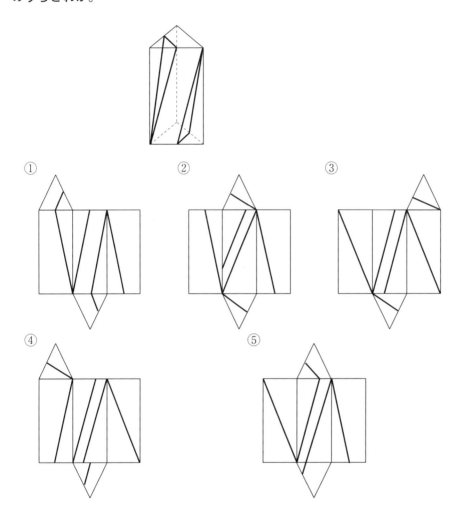

No.16

（解答▶P.137）

正八面体をある平面で切断するとき，切断面に現れることのない図形は次のうちどれか。

① 正方形

② 正六角形

③ 正五角形

④ ひし形

⑤ 台形

No.17

（解答▶P.137）

下図のような立方体がある。この立方体を面ACG，面ACEで切断したとき，残った立体について間違っているものはどれか。

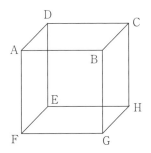

① 七面体である。

② 正三角形の面が2面ある。

③ 直角二等辺三角形の面が4面ある。

④ 正方形の面が1面ある。

⑤ 長方形の面が1面ある。

（解答 ▸ P.138）

図のような立体を点A，B，Cを通る平面で切断したときの断面の形として，正しいものはどれか。

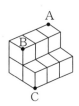

① 　② 　③ 　④ 　⑤

（解答 ▸ P.138）

1辺がaの立方体を4個組み合わせた図のようなL字形の立体がある。この立体をいくつか使って立方体を作りたい。最小の立方体を作るのに必要な，この立体の個数として正しいものは，次のうちどれか。

① 　4 個

② 　8 個

③ 　12 個

④ 　16 個

⑤ 　20 個

No.20

（解答 ▶ P.138）

同じ大きさの複数の直方体からなるある立体について，正面図と側面図は次のようになる。この立体の平面図はどのようになるか。

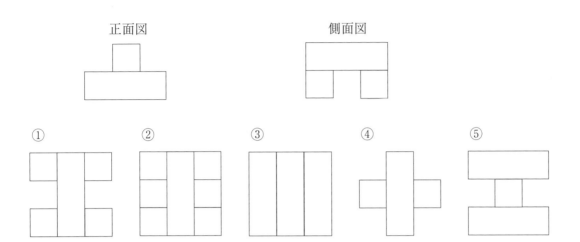

No.21

（解答 ▶ P.138）

下図のように，同じ大きさの直方体３個からなる立体がある。この立体の投影図としてあり得ないものはどれか。

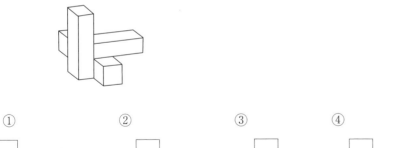

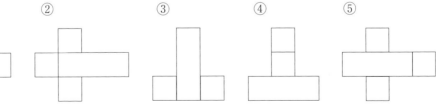

下図のように，同じ形のブロック（ア）をすき間なく組み上げて立方体を作った。このとき，bから見た図として正しいものはどれか。

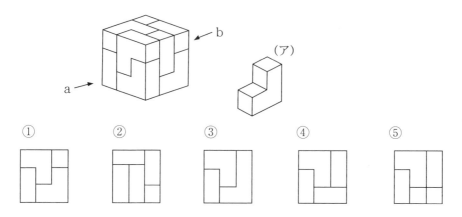

① ② ③ ④ ⑤

27 個の小立方体からなる大きな立方体から，図Ⅱのような**8**個の立方体からなる立体を取り除いたところ，図Ⅰのようになった。図Ⅰの平面図として正しいものはどれか。ただし，黒く塗られている箇所は立方体のない箇所を示す。

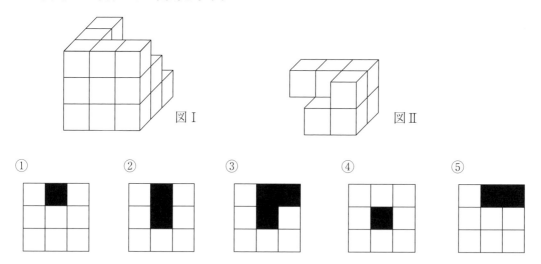

① ② ③ ④ ⑤

No.24

（解答 ▶ P.139）

図のように，ちょうど半分が着色された球体がある。これを球の中心を通る回転軸を中心に，矢印の方向に **90°** 回転させたとき，正面から見たこの球体の図として正しいものは次のうちどれか。

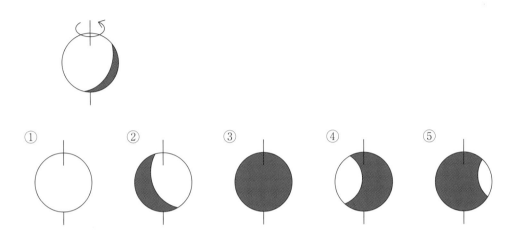

No.25

（解答 ▶ P.139）

図のように円すいに斜め上から平行光線を当てたとき，円すいの頂点の真上の方向から見えるようすを示した図として正しいものは，次のうちどれか。ただし，斜線部は光が当たっていない部分を表す。

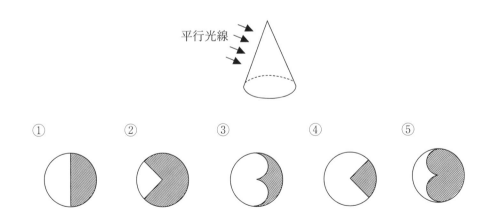

資料解釈

第1章 資料解釈の基礎

A．割合を求める

　資料解釈の基本は割合である。割合の基礎がなければ，どの問題も解くことはできない。ここで割合についてもう一度学習する。

Q 例題①

　ある学校で調査したところ，1年生は240人中100人が眼鏡もしくはコンタクトレンズをしていた。2年生は220人中120人が眼鏡もしくはコンタクトレンズをしていた。3年生は213人中95人が眼鏡もしくはコンタクトレンズをしていた。

問1　どの学年が一番眼鏡もしくはコンタクトレンズをしている割合が高いか。
問2　学校全体でみると，眼鏡もしくはコンタクトレンズをしている生徒の割合は何パーセントか。

A 解答・解説

問1　1年生は240人中100人が眼鏡もしくはコンタクトをしている生徒なので $\dfrac{100}{240}$

　　　2年生は220人中120人が　　　　　　　〃　　　　　　$\dfrac{120}{220}$

　　　3年生は213人中95人が　　　　　　　〃　　　　　　$\dfrac{95}{213}$

　これだと，分母の数字が違うため，見た目にどの数字が大きいかはわかりづらい。

　そこで，これを小数になおす。

1年生　$\dfrac{100}{240}$ ＝ 100 ÷ 240 ＝ 0.416666 ……………

2年生　$\dfrac{120}{220}$ ＝ 120 ÷ 220 ＝ 0.545454 ……………

3年生　$\dfrac{95}{213}$ ＝ 95 ÷ 213 ＝ 0.446009 ……………

　こうすると，数字が大きい順に2年生，3年生，1年生ということがわかる。

これが，**割合**（比，比率）である。

この数字も小数でわかりづらいので，小数点以下第4位を四捨五入して，第3位までにした後，100倍してみる。

1年生　0.41<u>6</u>666……➡　0.417
　　　　　ここを四捨五入して，これ以下の数字は切り捨てる
2年生　0.54<u>5</u>454……➡　0.545
3年生　0.44<u>6</u>009……➡　0.446

1年生　0.417 × 100 ＝ 41.7
2年生　0.545 × 100 ＝ 54.5
3年生　0.446 × 100 ＝ 44.6

　　　　　　　　　↓

この100倍した数値のことを**百分率**といい，**%**で表される。

例題①　問1　**答　2年生が1番高い**

問2

まず学校全体の人数と，眼鏡もしくはコンタクトレンズをしている生徒全体の人数がわからないと，割合は出せない。

学校全体の人数・・・・・・・・・・・・・・・・・・240 ＋ 220 ＋ 213 ＝ 673
眼鏡もしくはコンタクトレンズをしている生徒全体の人数・・100 ＋ 120 ＋ 95 ＝ 315
今までのやり方で計算すると　315 ÷ 673 × 100　＝　46.805
　約46.8%　ということになる。

例題①　問2　**答　約46.8%**

確認事項

該　当　部　分	
全　体	

今までみてきたように，割合とは「**全体に対して，該当部分がどのくらいあるか？**」ということを数値化したものである。

例題①でいえば，生徒の人数が「全体」で，眼鏡もしくはコンタクトレンズをしている生徒の人数が「該当部分」になる。

> 割合を求める計算式は　$\dfrac{該当部分}{全体}$　＝　該当部分÷全体　で表すことができる。

今まで計算してきてわかるとおり，この計算をすると数値が 0.…… という数になってしまい，見た目に非常にわかりづらい。そこで，100 倍することによってわかりやすくして，「この数は 100 倍した数値なんですよ。」ということを示すために%という記号をつけるのである。

★　%と割分厘

%のかわりに日本にあった割合を表すものが「割と分と厘」である。

割 = 0.1，分 = 0.01，厘 = 0.001 のことなので，

1 割＝ 10%，　1 分＝ 1 %，　1 厘＝ 0.1%

★　割り引きと割り増し

Q　例題②

> **2,520 円の 2 割引きと 1,800 円の 13%増し。どちらのほうがいくら高いか。**

A　解答・解説

まず，「2,520 円の 2 割引き」を考えてみる。

この場合，2,520 円が「全体」，2 割が「割合」になる。「該当部分（上の　　部分）がいくらか」を求めてやらないと，この問題は解けない。

先ほど示したとおり，割合は　$\dfrac{該当部分}{全体}$　＝　割合　の計算式で求められる。

該当部分を求めたければ両辺に「全体」をかけてやればいい。

$$\frac{該当部分 × \cancel{全体1}}{\cancel{全体1}} = 割合 × 全体 \quad という計算式が成立する。$$

この問題の該当部分を求めると，2,520 円の 2 割は　$2520 × 0.2 = 504$

該当部分は 504 円である。

「2割引き」の引きは，「全体から該当部分だけ引きなさい」ということなので，

　$2520 - 504 = 2016$

以上のことから，「2,520 円の 2 割引き」は 2,016 円である。

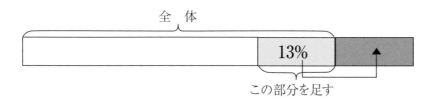

この部分を足す

次に，「1,800 円の 13%増し」を考えてみる。

先ほどの計算式を使って，該当部分（上の▢部分）がいくらかを出すと，

　1,800 円の 13%は　$1800 × 0.13 = 234$

該当部分は 234 円である。

この問題は「13%増し」になっている。増しは「全体に該当部分の分を足しなさい」ということ
なので（上の▢部分）

　$1800 + 234 = 2034$

以上のことから，「1,800 円の 13%増し」は 2,034 円である。

「2,520 円の 2 割引き」は 2,016 円，「1,800 円の 13%増し」は 2,034 円なので，

「1,800 円の 13%増しのほうが 18 円高い。」が解答である。

例題② **答　1,800 円の 13%増しのほうが 18 円高い**

確認事項

「割り引き・割り増し」とは，<u>全体に割合をかけて**導き出された該当部分**を，**割り引きの場合は**</u>
全体から引き，割り増しの場合は全体に足すことである。

> 該当部分を求める計算式は　全体×割合　で表すことができる。

▼▼▼▼▼▼▼▼▼▼▼▼▼▼▼▼▼▼▼▼
割り引き，割り増しのちょっと高度な解き方

「全体から割合に応じた該当部分を出し，それを全体から引く」のは，２度の計算が必要となる。これを１度の計算で終わらせる方法がある。

　　割り引きの場合，先ほどからの計算を式にすると　　全体−（全体×割合）

　　　　　　　　　　　　　この式を「全体」でくくると　　　全体×（１−割合）

つまり，**最初から（１−　割合）を計算して，それに全体をかけても答えは出る。**

　　例題②でいけば，2,520円の２割引きは　2520 ×（１ − 0.2）

　　つまり　2520 × 0.8　を計算すればいい。これなら，計算をするときも楽だし，間違いも少なくなる。

　　割り増しの場合も，最初から（１ + 割合）を計算して全体をかけても答えは出る。

★　全体を出すには

該当部分と割合から全体を出すにはどうすればいいか。

　　これも　　$\dfrac{該当部分}{全体}$　=　割合　の計算式を式変形することで求められる。

　　両辺に「全体」をかけて　該当部分　=　全体×割合

　　両辺を「割合」で割ると　　$\dfrac{該当部分}{割合}$　=　$\dfrac{全体×\cancel{割合}}{\cancel{割合}}$

　　したがって，

┌──────────────────────────────────────┐
全体を求める計算式は　$\dfrac{該当部分}{割合}$　=　該当部分÷割合　で表すことができる。
└──────────────────────────────────────┘

基本問題

No.1 （解答 ▶ P.140)

以下の（　　　）内に，適当な数値を記入しなさい。

(1)　800円の33％は（　　　　　）円である。

(2)　4,300の4割8分は（　　　　　）である。

(3)　65kgの120％は（　　　　　）kgである。

(4)　（　　　　　）の62％は465である。

(5)　756人は（　　　　　）人の36％である。

(6)　（　　　　　）の5.5％は1.309である。

(7)　5,400は4,000の（　　　　　）％である。

(8)　2,000円の40％は6,400円の（　　　　　）％である。

(9)　12kmは（　　　　　）mの240％である。

(10)　2日の32％は（　　　）時間（　　　）分（　　　）秒である。

No.2 （解答 ▶ P.140)

以下の（　　　）内に，適当な数値を記入しなさい。

(1)　660円の15％引きは（　　　　　）円である。

(2)　4,100円の46％増しは（　　　　　）円である。

(3)　（　　　　　）円の45％引きは396円である。

(4)　63kmは（　　　　　）kmを4割のばした距離である。

(5)　4,524人は（　　　　　）人より13％少ない人数である。

(6)　（　　　　　）kgが20％増えると1,034.4kgになる。

(7)　80円は200円の（　　　　　）％引きである。

(8)　38,000円の商品を（　　　　　）％引きで買い，31,540円払った。

(9)　1,056kgは640kgの（　　　）割（　　　）分増しである。

(10)　85Lの水を（　　　　　）％減らすと55.76Lになる。

（解答 ▶ P.140）

以下の各問に答えなさい。

(1) $\dfrac{39}{250}$ は何％か。

(2) 40歳以下の社員が全社員の48％を占める会社がある。40歳以下の社員が60人の場合，全社員は何人か。

(3) 2,800人が受験した試験で，1,708人が不合格だった。合格率は何％か。

(4) 総人口の55.5％が82,473人の都市がある。残りの44.5％の人口は何人か。

(5) x が y の40％のとき，y は x の何倍か。

B．資料解釈の原則

1．資料にある数値やグラフから判断できないものは，すべて×。

「失業者数が減少したのは，国の経済政策が功を奏したためである。」とか，「テレビの台数が少ないのは，映画の人気が高いためである。」などの選択肢は，たとえ社会事象として正しいとしても，資料からは読み取ることができないので，間違いとなる。

2．「約〜」となっているもの以外は，その数値に当てはまらなければ×。

選択肢にある数値そのものや，「以上」，「以下」，「超過（超える）」，「未満」はその範囲内に入っていなければすべて誤りとなる。このことは後々，重要な意味を持ってくる。（詳しくは後述。）「約〜」の場合は，はっきりと「この範囲ならＯＫ，それ以外ならＮＧ」とはいえないが，だいたい±1前後を目安に判断する。

3．問題にある数値から導き出せないものは，すべて×

例えばある問題で，「人口100人あたりのテレビの台数」と「その国のテレビの総台数」の2項目のみが表になっていたとする。ここからその国の人口を導き出したければ，〔100人あたりのテレビの台数÷その国のテレビの総台数〕を計算すればよい。しかし，この2項目のみでは，人口以外の数値を導くことはできない。このとき，「この国の人口密度は〜」などの選択肢があった場合は，「人口は導き出せるが，面積の記述がないので人口密度は導き出せない。よって×」となる。

つまり，グラフや表で与えられている数値から計算できないことが問われている選択肢は，計算できない＝確実にいうことができないので×にしてよい。

4．答えは1つしかない。また必ず1つ答えがある。

判断推理や数的推理，数学や理科などは，1つの問に対して1つの計算を行い，出てきた答を選択肢と見比べる。

それに対し資料解釈は，1つの問に対して選択肢ごとに5つの計算が必要となる場合が多い。試験は時間との戦いである。1分1秒でも早く解けたほうがよい。時間が惜しいのに，5つも計算している暇はない。そのときに，この原則が役に立つ。

最初から1つは計算しないのだ。4つ計算して全部間違っていれば，残った1つ（計算しなかった選択肢）が正しい。4つの中に正しい選択肢があれば，残しておいた1つは確実に誤りである。

このときに必要なのが，「どの選択肢を無視するか？」の見極めである。問題を数多くこなせば，「この選択肢が一番計算に時間がかかりそうだ。」というのがわかってくる。その域に達するまで，問題を数多くこなしていこう。

C．表とグラフ

　資料解釈の問題は，表かグラフで出題される。代表的なグラフを紹介する。

　〔各グラフは，下の数表を基に作成している。〕

表1　各国の産業別就業人数

（単位：万人）

	第1次産業	第2次産業	第3次産業	総数
日本	327	1,889	4,081	6,297
インドネシア	3,946	1,412	3,411	8,769
ドイツ	102	1,186	2,361	3,649
ブラジル	1,631	1,401	3,937	6,969
ロシア	713	1,619	3,709	6,041

表2　各国の産業別就業割合

	第1次産業	第2次産業	第3次産業
日本	5.2%	30.0%	64.8%
インドネシア	45.0%	16.1%	38.9%
ドイツ	2.8%	32.5%	64.7%
ブラジル	23.4%	20.1%	56.5%
ロシア	11.8%	26.8%	61.4%

表3　日本の産業別就業者の変化

（総数単位：万人）

	総数	第1次産業	第2次産業	第3次産業
1970年	5,094	17.5%	35.2%	47.3%
1980年	5,536	10.5%	34.9%	54.6%
1990年	6,249	7.4%	33.8%	58.8%
2000年	6,297	5.2%	30.0%	64.8%

グラフ1　棒グラフ

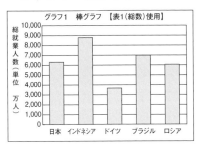

　棒の長さで項目や時系列（年・月・日・時間）の数量や割合を読み取るグラフ。縦軸に数量や割合，横軸に項目や時系列をとることが多い。

グラフ2　積み上げ棒グラフ

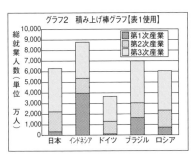

グラフ3　多重棒グラフ

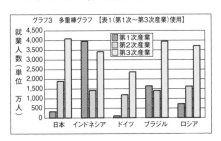

グラフ4　折れ線グラフ

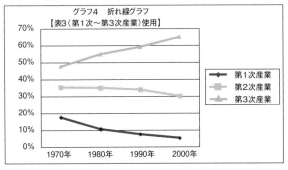

　項目の数量や割合の点と点を結んで折れ線にし，変化の度合いを見るグラフ。横軸に時系列をとることが多い。

グラフ5　棒グラフと折れ線グラフの組み合わせ

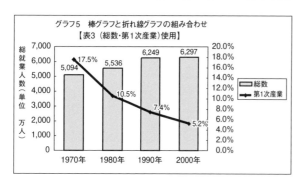

グラフ5　棒グラフと折れ線グラフの組み合わせ
【表3（総数・第1次産業）使用】

複数の異なった項目を見るために，棒グラフと折れ線グラフを組み合わせたもの。左右の縦軸に異なった数字があるので，それぞれの数値がどちらのグラフを指しているのか，注意して読み取る。地理で出てくる「雨温図」は，この形のグラフ。（雨温図は「第5章　特殊なグラフ」参照）

グラフ6　円グラフ

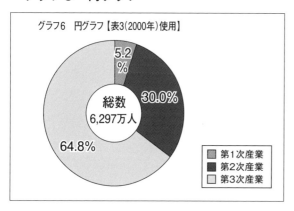

グラフ6　円グラフ【表3（2000年）使用】

各項目の割合を見るときに使用されるグラフ。通常，時計でいえば12の所を0として，1周で100％を表す。

グラフ7 帯グラフ

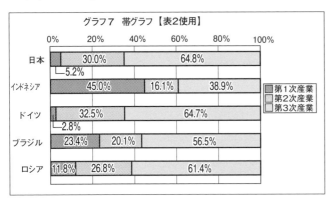

円グラフ同様割合を見るときに使われるが，複数項目の比較ができるため，場所別や時系列による割合比較をするのに適している。

★ **グラフと数表の違い**

　グラフは，表の数値を視覚的にわかりやすくしたものである。したがって，グラフは数表に直すことができるし，数表はグラフで表すことができる。問題の解答方法に差はないが，グラフは**数値の読み取り**に気をつけなければならない。「そのグラフが何を表しているのか」や，「縦軸と横軸の数値は何か」などに注意して解答しよう。

★ **数値をどこまで読み取るか**

　表1とグラフ1を見比べると，グラフだと細かな数値が読み取れない。どこまで読み取って計算するかだが，グラフの間隔にもよるが4分の1〜5分の1程度でいいだろう。

　例えばグラフ1の日本だと，

　『7,000 と 6,000 の間で半分（6,500）よりも少なく，その半分（6,250）ぐらい』

　＝ 6,200 か 6,300

と読み取れれば十分だ。

D．最後まで計算しないもの

　資料解釈は，試験全体の最後のほうに出題されることが多く，時間との勝負になる。そのため，いかに簡単に計算を終わらせるかが重要なポイントだ。

　ここでは，**途中で計算を打ち切る**ことができる問題について解説する。

Q　例題③

　次の表は，葉たばこ・コーヒー豆・カカオ豆・茶の生産量を表している。この表から正しくいえるものはどれか。

（単位：千t）

葉たばこ		コーヒー豆		カカオ豆		茶	
中国	3,177	ブラジル	1,298	コートジボアール	740	インド	720
アメリカ	756	コロンビア	1,050	ブラジル	343	中国	571
ブラジル	583	インドネシア	462	ガーナ	270	スリランカ	192
インド	538	メキシコ	264	マレーシア	220	ケニア	190
トルコ	320	コートジボアール	240	ナイジェリア	140	インドネシア	148
ロシア	231	エチオピア	216	インドネシア	129	トルコ	142
ジンバブエ	202	グアテマラ	207	カメルーン	94	日本	85
世界計	7,920	世界計	6,172	世界計	2,333	世界計	2,504

① 葉たばこ・コーヒー豆・カカオ豆・茶の生産は，すべて中南米とアフリカ諸国が占めている。

② 葉たばこの生産は，中国とアメリカの2か国で世界の50％を占めている。

③ コートジボアールのコーヒー豆とカカオ豆の生産量の合計は，980万tである。

④ コーヒー豆の生産量は，ブラジルとコロンビアの2か国で世界の約38％を占めている。

⑤ 日本の茶の生産は，世界の3％以下である。

A　解答・解説

　①はアメリカ（北米）やインド，中国（ともにアジア）などが入っているので，明らかに間違い。③は単位さえ間違わなければ98万tであることがすぐにわかる。計算が必要なのは②と④と⑤であるが，このうち②と⑤は計算を途中で打ち切ることができる。

まず②を見る。計算式は　（3177 ＋ 756）÷ 7920

公務員試験は「電卓持ち込み不可」なので，受験生は皆筆算を行う。すると

```
        0.496
7920 )39330
       31680
       76500
       71280
        52200
        47520
         4680
```

左のような計算がなされ，「49.6％は50％以下なので誤り」となる。しかし，そこまで計算する必要があるだろうか？

まず割り算の筆算について見てみよう。手順としては，

```
     C
B ) A
    D
    E
```

① 　BとCをかける。

② 　①の数値をDに書き，Aから引く。

③ 　その数値をEに書き，計算を続ける。

④ 　AまたはEがBよりも小さい数字なら，Cに0を加えて桁を1つずらし，AとEにも0を加えて1桁大きな数字にする。

小学校で習って以来何回となくやっているはずだし，普段から当たり前のように計算していることだろう。

この筆算には，2つの原則が存在する。

ⓐ 　DがAより大きな数値の場合は，Cの数値を小さくする。

ⓑ 　EがBより大きな数値の場合は，Cの数値を大きくする。

例ⓐ

例ⓑ

```
    2              3
31) 96        31) 96
    62            93
    34 不可         3
```

この当たり前の計算に，この問題を解く大きなカギがある。

選択肢は，「世界の50％以上を占めている。」となっている。この選択肢が正しければ「0.」の後ろには必ず「5」以上の数値がたつ。（資料解釈の原則　2）

そうすると，この問題では先の原則から以下のことがいえる。

ⓐ′ 5をかけてDがAより大きな数値なら，Cの4以下が確定する。

ⓑ′ 5をかけてEがBより大きな数値なら，Cの5以上が確定する。

では，やってみよう。

```
            4
          0.5
7920) 39330
      39600  不可
```

この計算からCの位置には5がたたないので，Cの0.4以下が確定，以下の数字がどんなに大きくても「0.4999……」となり，50%以上になることはない。

つまり『ⓐの場合は50%未満が確定，ⓑの場合は50%以上が確定』になる。

こうすれば，この選択肢はかけ算1回のみで誤りということがわかる。

同様に⑤を考えてみる。「世界の3%以下」となっているので，

```
          0.03
2504) 8500
      7512
```

このことから0.03以上＝3%以上が確定，⑤は誤りである。

このことを逆にとらえると，「**最初から割合に基づく数値を出し，それと見比べる**」ということもできる。

例えば選択肢②だと，最初に50%がいくらになるかを計算して，それと中国・アメリカの葉たばこの生産量を比べてみる。

葉たばこの生産量の50%：$7920 \times 0.5 = 3960$

中国・アメリカの生産量：$3177 + 756 = 3933$

よって，『中国・アメリカの生産量のほうが全体の生産の50%よりも少ない＝「50%を占めている」というこの選択肢は誤り』ということがわかる。

例題③　**答**　④

これが「資料解釈の原則 2」で『重要な意味を持つ』といった理由である。

以上・以下などの範囲が指定されている選択肢は，その数値が少しでも範囲外ならば，誤りになる。これを利用すれば，『計算して選択肢の数値と見比べる』のではなく，『選択肢の数値から答えを導く』ことが可能になる。すべての問題で使用できるわけではないが，1つの解答方法として覚えておくと役に立つ。

E．分数を利用する

Q 例題④

次の表は，ある工業地帯に隣接するA～E市で行った，環境調査の結果である。この表から正しくいえることはどれか。

	A市	B市	C市	D市	E市
調査対象人数	580	560	410	560	560
吐き気がする	52	145	38	62	15
目が痛む	270	220	76	295	48
咳が出る	115	20	95	88	125
気分が悪い	58	120	105	35	77
のどが痛む	158	16	104	80	317

① 「吐き気がする」と答えた割合が最も多かったのは，D市である。

② 「気分が悪い」と答えた割合が最も多かったのは，C市である。

③ 「目が痛む」と答えた割合が最も多かったのは，B市である。

④ 「咳が出る」と答えた割合が最も多かったのは，A市である。

⑤ 「のどが痛む」と答えた割合が最も多かったのは，A市である。

A 解答・解説

割合を求める場合，その答えは小数もしくは％で表されることが多いが，それは計算をした結果であって，すべての割合は分数で表すことができる。

そして，分数のほうが早く答えを見つけられる問題もある。

分数には『**分子数が大きいほど数が大きく，分母数が大きいほど数が小さい**』という特質がある。

そこから，次のことが成り立つ。

・分母が同じなら，分子の数が大きいほど数が大きい。

・分子が同じなら，分母の数が大きいほど数が小さい。

選択肢①を計算すると，

A市：　　52 ÷ 580 ＝ 0.0896

B市：　145 ÷ 560 ＝ 0.2589

C市：　　38 ÷ 410 ＝ 0.0926

D市：　　62 ÷ 560 ＝ 0.1107

E市：　　15 ÷ 560 ＝ 0.0267

「吐き気がすると答えた割合が最も多いのはB市」なので誤りとなる。

これを分数で表してみると，

A市：$\dfrac{52}{580}$　　B市：$\dfrac{145}{560}$　　C市：$\dfrac{38}{410}$　　D市：$\dfrac{62}{560}$　　E市：$\dfrac{15}{560}$

分数の特質からD市よりもB市のほうが数が大きいことは一目瞭然。すぐに「①は誤り」がわかる。同様に③も誤りである。

また⑤は

A市：$\dfrac{158}{580}$　　B市：$\dfrac{16}{560}$　　C市：$\dfrac{104}{410}$　　D市：$\dfrac{80}{560}$　　E市：$\dfrac{317}{560}$

となるため，A市との比較は分子，分母とも数値がちがい，一見では判断できない。

だが，「分子数が大きいほど数が大きく，分母数が大きいほど数が小さい」ならば，A市よりも分母が小さく，分子が大きいE市のほうが数は大きい。したがって⑤も誤りである。

②と④は計算が必要だが，複雑な計算をせずに３つの選択肢が消去できれば，時間の短縮になる。

例題④　**答**　②

F．有効数字3桁

　資料解釈では数学のような正確な解答はいらず，計算そのものを解答に影響しない程度で大ざっぱにやってもかまわない。

Q　例題⑤

　以下の表は，ある国の石油燃料類の消費量を表したものである。この表から正しくいえることはどれか。

	ガソリン	ナフサ	ジェット燃料	灯油	軽油	重油	計
1945 年	1,025	－	－	137	134	2,381	3,677
1960 年	413	－	－	77	208	1,111	1,809
1975 年	10,577	7,316	529	5,064	5,396	47,504	76,386
1985 年	28,555	30,647	2,049	21,256	15,689	110,638	208,834
1995 年	30,084	34,877	2,081	23,528	16,709	115,883	223,162
2005 年	31,265	35,284	2,294	23,711	17,889	119,310	229,753
2015 年	33,178	34,789	2,539	25,513	19,575	117,876	233,470

①　1985 年において，重油の次に消費量が多かったのはガソリンである。

②　すべての石油燃料類の消費量は，年々増加している。

③　軽油の消費量は，1975 ～ 1985 年の間で 3 倍以上になった。

④　ガソリンの消費量は，1985 ～ 2015 年の間で，1.2 倍以上になった。

⑤　この国の石油燃料類消費量は，1945 ～ 2015 年の間に約 63 倍になった。

A　解答・解説

①と②は明らかに事実と反しているので，すぐに消去。

③，④，⑤に関しても，そんなに難しい計算ではない。③の場合，前述の計算方法を使うと，

$$\begin{array}{r} 3 \\ 5396\overline{)15689} \\ 16188 \end{array} \quad \text{不可}$$

　このように，3 倍以下が確定。

　したがって誤りで，選択肢から消去する。

　計算は確かに難しくはない。ただ，計算は桁が大きくなる＝数字が多くなるほどややこしいし，間違いもおかしやすくなる。ここで使えるのが有効数字 3 桁の考え方である。

やり方は簡単。

> **上から4桁目を四捨五入して，それ以下の数字は0にする。**

これだけである。実際にやってみよう。

③の計算の場合，4桁目を四捨五入して計算してみる。

```
             3
5400) 15700
      16200    不可
```

どうだろう？　こちらのほうが計算しやすくはないだろうか。

『有効数字3桁』は，**上から4桁目を四捨五入することで，実質3桁目までの計算にしてしまおうという考え方**である。そうすると，どんなに大きな数でも4桁目以降は0になる。0に何をかけても0になるので，計算がしやすい。もちろん，小数にも応用できる。

他の2つもやってみる。

④　実数値の場合

```
                1.2   ←2が入らない
28555) 33178        ＝誤り
       28555
       46230
       57110
```

有効数字3桁の場合

```
                1.2   ←2が入らない
28600) 33200        ＝誤り
       28600
       46000
       57200
```

⑤　実数値の場合

```
               63.4   →ほぼ63倍
3677) 233470        ＝正解
      22062
      12850
      11031
      18190
      14708
       3482
```

有効数字3桁の場合

```
               63.3   →ほぼ63倍
3680) 233000        ＝正解
      22080
      12200
      11040
      11600
      11040
       560
```

実際に2つを計算してみてほしい。スピードが若干なりとも違うはずである。

例題⑤　**答**　⑤

❗ 注意点

　これは「小数にも応用できる」と書いたが,「0.000152」などの場合,上から 3 桁だから「0.00 ＝ 0」とはならない。**小数の位を表すための 0 は桁に数えてはいけない。**ただし, 0.10025 の場合は「0.100 ＝ 0.1」としてかまわない。

Coffee Break 「計算力 UP」

　さまざまな考え方を書いてきたが，結局最後にものをいうのは「計算力」である。

　参考書などでは「資料解釈で重要なのは，計算力ではなく，与えられた資料の見極めである」というようなことが書かれているのをよく見かける。確かに，それは資料解釈の最重要課題である。数値やグラフが何を示しているか，そこから何が導き出せるか，簡単に計算できるもの，あるいは計算しなくていいものはどれかなどを，瞬時とはいわないまでも，なるべく短時間で推察し，計算に移さなければならない。

　しかしだ。そこから先は計算力の勝負になる。有効数字３桁や分数の考え方，計算を途中で終わらせる方法は，計算を簡単にするものではあるが，計算をなくすものではない。極論だが，計算力に自信があるなら，こんな考え方を使う必要はなく，きちんと計算してやればいい。重要課題ではないにしろ，最後は計算力というわけである。

　計算力は，簡単には身に付かない。日々の訓練が必要になってくる。計算力上達には，難しい問題ではなく簡単な問題を数多く解くことが一番である。そういう意味では，小学校高学年レベルの計算ドリルがいい教材だ。すべての計算は，最終的には「＋・－・×・÷」しか使わない。あとはすべてその応用である。その計算を徹底的にやるのが小学校の高学年，同時に割合，速さ，図形などの勉強もする。これが現在の勉強に直結する。

　もうひとつ，計算力ＵＰに役立つ教材，それが「適性試験」である。

　適性試験には「計算」がある。それを，短時間で正確にこなさなければならない。１回の適性で40問，100回やれば4000問。計算力がつかないはずがない。照合や図形の問題も魅力である。これは資料解釈だけではなく他の教科にもいえることだが，問題文と選択肢を早く的確に読みこなすことは，解答時間短縮の必修条件である。いち早く言葉や図形を見て同じものを探す適性試験の問題は，この訓練にぴったりである。

　警察や消防志望の人で，「試験にないから」と適性練習を軽視 or 無視している人はいないだろうか？「苦手だから」と練習を敬遠している人はいないだろうか？　そのような態度を改めることが，合格への最短ルートである。

演習問題

No.1 （解答▶P.140）

下の表は，A〜Dの4か国間の出入国者数について書かれたものである。この表から正しくいえないものはどれか。

単位：万人

出発国 ＼ 行き先	A	B	C	D	計
A		12	23	30	65
B	30		7	12	49
C	21	15		20	56
D	8	13	21		42
計	59	40	51	62	

① この4か国間でみると，出国者数が入国者数を最も多く上回っているのは，B国である。

② A国は，C国への出国者数がC国からの入国者数を上回っている。

③ この4か国の中では，唯一D国が入国者超過になっている。

④ C国はこの中だけでいうと，入国者はA国からのもの，出国者はA国へのものが最も多く，いずれも合計の35％を超えている。

⑤ 入国者数と出国者数の和は，D国が最も少ない。

下のグラフは，ある年の各国における化学製品，工業製品，機械類の輸出状況を表したものである。この3品目の輸出総額に占める機械類の割合が最も大きいのはどの国か。

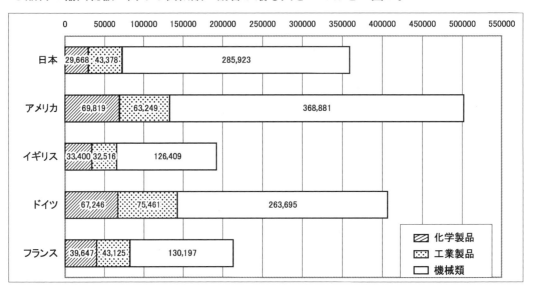

① 日本
② アメリカ
③ イギリス
④ ドイツ
⑤ フランス

下のグラフは，ヨーロッパ各国の **2000** 年における人口と，その後 **10** 年ごとの推定人口を表したものである。これからわかることとして正しいものは，次のうちどれか。

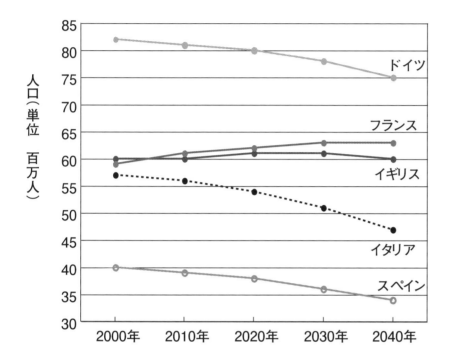

① 2030 年のドイツの推定人口は，同じ年のスペインの推定人口の 2 倍以上である。

② 将来，人口がこのグラフどおりに推移すると，ヨーロッパの人口は確実に減少する。

③ 2020 年のフランスの推定人口は，同じ年のドイツの推定人口の 80％以上である。

④ 2040 年の 5 か国総人口は，2000 年のそれの 90％を割り込んでいる。

⑤ フランスを除く 4 か国は，2000 ～ 2040 年まで人口が減り続ける。

下の表は，A県とB県の核家族の世帯構成を表したものである。この表から見て正しくいえるものは，次のうちどれか。

	総数	夫婦のみ	夫婦と子供	男親と子供	女親と子供
A県	5,760	29.6%	58.4%	1.9%	10.1%
B県	17,332	32.3%	54.6%	2.0%	11.1%

① A県とB県の「夫婦のみ」の世帯数の合計は，7,500件を超えている。

② A県とB県の「女親と子供」の世帯数の合計は，A県の「夫婦のみ」の世帯数よりも多い。

③ A県とB県の「夫婦と子供」の世帯数の合計は，A県とB県の核家族世帯数合計の60%以上である。

④ A県の「男親と子供」の世帯数は，B県のそれの約4分の1である。

⑤ A県とB県を比べると，B県のほうが人口が多い。

No.5

（解答 ▶ P.141）

下のグラフは，九州5県の女性人口と人口性比（女性100人に対する男性人口）を表している。正しくいえることは，次のうちどれか。

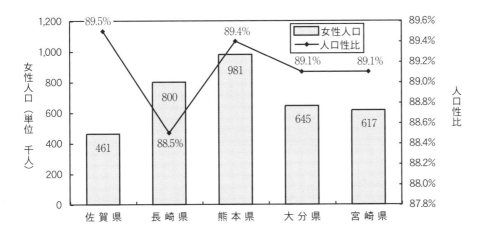

①　この5県の中で総人口が最も多いのは，長崎県である。

②　この5県の中で総人口が最も少ないのは，宮崎県である。

③　佐賀県の男性人口は，40万人以下である。

④　宮崎県の男性人口は，大分県の男性人口よりも多い。

⑤　熊本県の女性人口と男性人口の差は，10万人を超えている。

下の表は，アジア諸国の人口と１人当たりＧＤＰおよび総輸出額を表したものである。この表から正しくいえることは，次のうちどれか。

項目	インド	インドネシア	韓国	シンガポール	タイ
人口（万人）	1,008.9	212.1	46.7	4.0	62.8
１人当たり ＧＤＰ（ドル）	460.7	728.1	9,657.5	22,948.1	1,960.2
輸出額 （百万ドル）	42,101	62,124	172,268	137,875	69,057

① ＧＤＰが最も多いのは，韓国である。

② 各国のＧＤＰは，人口に比例して多くなっている。

③ ＧＤＰに対する輸出額の割合は，シンガポールが圧倒的に多い。

④ 人口１人当たりの輸出額が２番目に多いのは，タイである。

⑤ インドのＧＤＰに対する輸出額の割合は，10％を超えている。

No.7

（解答 ▶ P.142）

下の表は，主な開発途上国への援助資金の流れを表したものである。この表に関する次のA～Cの記述の正誤の組合せとして最も適当なのはどれか。

（単位：百万ドル）(2021年)

受取国	受取額	1位国名	供与額	2位国名	供与額	3位国名	供与額
イラク	21,654	アメリカ	10,830	日本	3,503	ドイツ	2,020
ナイジェリア	6,437	イギリス	2,201	フランス	1,436	ドイツ	1,181
アフガニスタン	2,775	アメリカ	1,342	イギリス	220	ドイツ	99
インドネシア	2,524	日本	1,223	オランダ	176	ドイツ	165
エチオピア	1,937	アメリカ	625	イタリア	87	イギリス	76
ベトナム	1,905	日本	603	フランス	97	イギリス	97
スーダン	1,829	アメリカ	772	イギリス	197	オランダ	155
コンゴ民主	1,828	日本	376	アメリカ	141	フランス	88
中国	1,757	日本	1,064	ドイツ	255	フランス	154
インド	1,724	イギリス	579	オランダ	73	日本	72

（『地理統計要覧』より作成）

A：イラクの受取額は，他の9か国の受取額の合計よりも多い。

B：受取額に対する1位国の供与額の割合が最も高いのは，中国に対する日本の供与であり，60％を超えている。

C：日本の供与額の合計はアメリカに次いで第2位であり，イギリスの2倍以上である。

	A	B	C
①	正	正	正
②	正	誤	誤
③	誤	正	正
④	誤	正	誤
⑤	誤	誤	誤

第2章 構成比

A．構成比

構成比とは，全体を 100 としたときに，それを構成している各項目がそれぞれ何％を占めているかを表したものである。

例）ある家庭の1か月の支出が以下のようになっているとする。

	金額	構成比
支出総額	￥185,923	100％
食　費	￥58,291	31％
家　賃	￥46,000	25％
光熱費	￥22,711	12％
交際費	￥26,000	14％
交通費	￥9,450	5％
教育費	￥23,471	13％

各項目の金額を見ただけでは，それぞれが総額に対してどのくらいの割合を占めているかわからない。構成比を使うと，それが明らかになる。

構成比の計算方式

$$構成比 = \frac{各項目の数値（B）}{全体の数値（A）} \times 100 = （B）÷（A）\times 100$$

➡ 要は割合である。したがって，単位は％を使う。

B．構成比の注意点

Q　例題

　下のグラフは，ある国の工業生産額構成の推移を表したものである。正しくいえることはどれか。

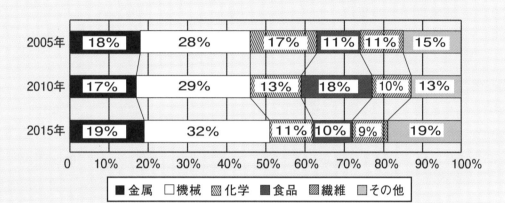

① この 10 年間で機械工業の比率が上がり，繊維工業の比率は低下した。

② 化学工業の生産額は，減少し続けている。

③ 金属工業の生産額は，10 年の間ほとんど変化していない。

④ 繊維工業の生産額は，10 年間で 2％減少した。

⑤ 2015 年現在，重化学工業の占める割合は，全体の 80％に達している。

A　解答・解説

　構成比の計算で最も注意しなければならないのが，「**同じ項目同士の比較はできるが，違う項目の比較はできない**」点である。

　選択肢②　化学工業の生産額は減少し続けている。

　2005 年＝ 17％，2010 年＝ 13％，2015 年＝ 11％と減少し続けているが，これは**構成比が減少しているのであって，生産額が減少しているわけではない。**

2005 年〜 2015 年までの間，日本の工業生産額が全く変わらなかったとすれば，構成比が大きければ大きいほど生産額が大きい。しかし，その条件がなければ，**同一年度における各項目の金額の比較はできても，年度をまたいだ各項目の金額比較はできない。**

例1：各年度の金額が同じである場合

　　　　2005 年の生産額 ＝ 100 億円　→　全体：100 億 × 化学工業：17% ＝　　 17 億円

　　　　2010 年の生産額 ＝ 100 億円　→　　　　 100 億 ×　　　　 13% ＝　 13 億円

　　　　2015 年の生産額 ＝ 100 億円　→　　　　 100 億 ×　　　　 11% ＝　 11 億円

例2：各年度の金額が違う場合

　　　　2005 年の生産額 ＝　　 100 億円 → 全体：100 億 × 化学工業：17% ＝　　 17 億円

　　　　2010 年の生産額 ＝ 1,000 億円 →　　 1,000 億 ×　　　　 13% ＝　 130 億円

　　　　2015 年の生産額 ＝　　　 1 兆円 →　　　　 1 兆 ×　　　　 11% ＝ 1,100 億円

　例1ならこの選択肢は正しいが，例2の場合は違う。

　つまり，**全体数がわからない場合，各項目の実数はわからない**のである。

　また指数と同様に，同じ項目（年度）同士の比較はできるが，違う項目（年度）の比較はできない，ということもできる。

例題　**答**　①

演習
問題

No.1　　　　　　　　　　　　　　　　　　　　　　　　　　　　　　　　　　（解答 ▶ P.142）

下の表は，あるデパートの階別売上高の構成比を，各月ごとに示したものである。これから正しくいえることは，次のうちどれか。

	4 月	5 月	6 月	7 月
地下 1 階	24.9%	27.7%	25.1%	24.7%
1 階	12.1%	14.1%	16.0%	14.1%
2 階	5.6%	6.1%	6.6%	7.1%
3 階	14.0%	14.9%	14.2%	13.6%
4 階	12.7%	11.5%	12.1%	11.2%
5 階	5.3%	6.5%	7.1%	7.2%
6 階	13.1%	9.8%	9.7%	11.4%
7 階	12.3%	9.4%	9.2%	10.7%
総売上高	1 億 5,000 万円	1 億 7,500 万円	2 億円	2 億 5,000 万円

① 　4 階の売り上げは，毎月増加している。

② 　1 階の売り上げは，6 月から 7 月にかけて減少している。

③ 　2 階の売り上げは，毎月ほぼ同じ金額ずつ上昇している。

④ 　6 月の 3 階と 6 階の売上高の差は，1,000 万円以上である。

⑤ 　7 階の売上高の 4 月から 7 月の上昇率は，50％を超えている。

次のグラフは，ある年における主要水産国の漁獲高の用途別利用割合を示したものである。このグラフから正しくいえることはどれか。なお，国名の下の（　　）内は総漁獲量である。

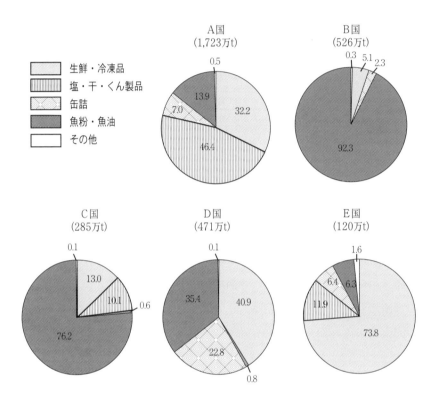

① C国の魚粉・魚油に利用される漁獲高は，200万tを超える。

② 缶詰に利用される漁獲高は，D国が最も多い。

③ 生鮮・冷凍品に利用される漁獲高は，A国，E国，D国の順で多い。

④ 生鮮・冷凍品に利用される漁獲高は，E国が最も多い。

⑤ 「その他」以外の4つの利用品目すべてにおいて，A国の漁獲高が最も多い。

No.3

（解答 ▶ P.142）

下の表は，関東地区における第3次産業の総事業所数と，各業種の構成について書かれたものである。これから正しくいえることはどれか。

	総事業所数	運輸・通信業	卸売・小売業	金融・保険業	不動産業	サービス業	公務・その他
茨城県	85,924	10.5%	34.5%	4.0%	1.3%	43.7%	6.0%
栃木県	57,769	9.5%	36.2%	3.8%	1.3%	44.2%	5.0%
群馬県	57,938	9.3%	36.3%	4.1%	1.2%	43.9%	5.2%
埼玉県	228,741	11.4%	35.2%	5.3%	2.3%	40.5%	5.3%
千葉県	205,355	11.2%	34.8%	5.0%	2.1%	41.6%	5.3%
東京都	454,813	8.6%	34.0%	5.3%	3.5%	45.1%	3.5%
神奈川県	293,185	10.2%	33.1%	4.6%	2.7%	45.1%	4.3%

① 金融・保険業の事業所数は，栃木県のほうが群馬県よりも多い。

② 東京都の不動産業の事業所数は，15,000件を上回っている。

③ 公務員の数は，関東地区では東京都が最も多い。

④ 埼玉県と千葉県の卸売・小売業の事業所数の差は，10,000件以上である。

⑤ 神奈川県と茨城県のサービス業の事業所数を合わせると，東京都のサービス業の事業所数を上回る。

下の円グラフは，**1975**年と**2010**年の世帯の人員構成である。このグラフからわかることとして正しいものは，次のうちどれか。

1975年

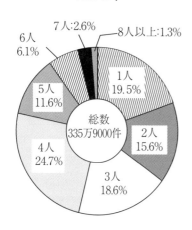

2010年

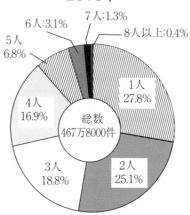

① 世帯人員1人の世帯数の1975年から2010年にかけての増加率は，95％以上である。

② 世帯人員3人の世帯数は，1975年と2010年でほぼ変わらない。

③ 世帯人員4人の世帯数の1975年と2010年の差は，5万件以上である。

④ 1975年の世帯人員7人の世帯数は，2010年の世帯人員7人の世帯数の2倍である。

⑤ 2010年の世帯人員2人の世帯数は，1975年の世帯人員6人の世帯数の6倍以上である。

No.5

（解答 ▶ P.143）

下のグラフは，ある国の発電電力量の構成比について書かれたものである。これからわかることとして正しいものは，次のうちどれか。

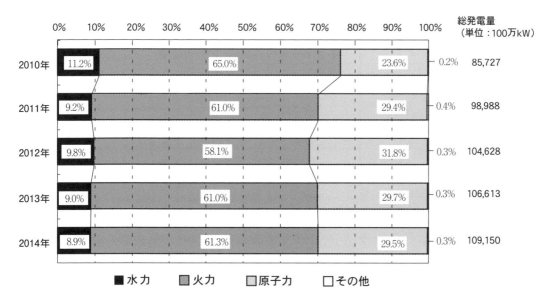

① 火力による発電量は，年々増加している。

② 水力による発電量が最も多かったのは，2010年である。

③ 原子力による発電量は，2011年以降，常に300億kWを超えている。

④ その他による発電量は，2012年に初めて3億kWを突破した。

⑤ 2013年の水力による発電量は，同じ年の原子力による発電量の4分の1以下である。

下の表は，世帯主の年齢別家計消費支出の平均と，その構成について書かれたものである。この表から見て正しくいえることは，次のうちどれか。

年齢	消費支出	食料	住居	光熱・水道	家具・家事用品	交通・通信
25 ～ 29 歳	￥252,519	19.1％	15.1％	6.3％	3.0％	18.6％
30 ～ 34 歳	￥266,558	21.4％	12.1％	6.6％	3.3％	15.9％
35 ～ 39 歳	￥295,892	23.2％	8.2％	6.8％	3.6％	13.9％
40 ～ 44 歳	￥329,472	24.5％	6.0％	6.8％	3.2％	12.9％
45 ～ 49 歳	￥369,324	22.6％	3.9％	6.4％	3.1％	12.4％
50 ～ 54 歳	￥377,295	21.7％	4.4％	6.3％	3.2％	11.3％
55 ～ 59 歳	￥342,602	22.6％	5.5％	6.6％	3.9％	11.5％

※　この表は，すべての支出項目を掲載していないので，構成比の合計は 100％にならない。

① 25 ～ 29 歳の交通・通信費は，￥50,000 以上である。

② 35 ～ 39 歳と 40 ～ 44 歳の住居費を比較すると，40 ～ 44 歳のほうが￥4,500 ほど高い。

③ 家具・家事用品費の支出額が最も多いのは，55 ～ 59 歳である。

④ 光熱・水道費は，年齢が上がるほど支出額が大きくなる。

⑤ 45 ～ 49 歳の食料費は，￥85,000 以上である。

次の表から正しくいえるのはどれか。

わが国におけるバターの輸入量の国別構成比の推移

（単位：％）

	2016 年	2017	2018	2019
オーストラリア	25.3	23.6	31.1	17.6
ド　イ　ツ	19.8	24.1	2.6	15.1
オ　ラ　ン　ダ	41.3	43.3	44.2	54.0
そ　の　他	13.6	9.0	22.1	13.3
合　　　　計	100.0 (6,533)	100.0 (5,510)	100.0 (3,914)	100.0 (11,384)

（注）（　）内の数値は，バターの輸入量の合計（単位：トン）を示す。

① 2016 年から 2019 年までのうち，オーストラリアからのバターの輸入量が最も少ないのは 2019 年である。

② 2016 年から 2019 年までのドイツからのバターの輸入量の累計は，4,600 トンを下回っている。

③ 2017 年のバターの輸入量についてみると，ドイツ及びオランダはいずれも前年に比べて増加している。

④ オーストラリアからのバターの輸入量についてみると，2018 年は 2017 年を 400 トン以上，上回っている。

⑤ オランダからのバターの輸入量についてみると，2016 年に対する 2018 年の比率は，1.0 を上回っている。

下のグラフは，窃盗犯を除く一般刑法犯の認知件数を表している。これから正しくいえることは，次のうちどれか。なお，問題文中の「認知総件数」とは窃盗犯を除く一般刑法犯の認知件数を，「構成比」とは各年ごとの構成比を表すものとする。

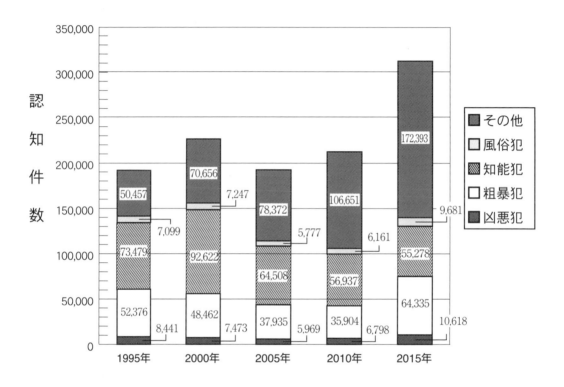

①　2005年における認知総件数に対する知能犯の構成比は，35％を超えている。

②　認知総件数に対する凶悪犯の構成比が最も高いのは，2015年である。

③　認知総件数に対する風俗犯の構成比は，常に3％を超えている。

④　2015年における認知総件数に対する粗暴犯の構成比は，20％以上である。

⑤　2000年と2015年のその他の構成比を比べると，2015年は2000年の倍以上になっている。

下の表は，国籍別の日本への総入国者数に対するアジア地区の割合

$$\left(\frac{\text{アジア地区に国籍を持つ入国者数}}{\text{日本への総入国者数}} \right)$$

と，アジア地区に国籍を持つ総入国者数に対する国籍別入国者の割合

$$\left(\frac{\text{各国の国籍別入国者数}}{\text{アジア地区に国籍を持つ総入国者数}} \right)$$

を表したものである。この表からいえることとして，誤っているものはどれか。

アジア	3,675,574 人	63.7%
	韓国	40.1%
	中国（台湾）	24.8%
	中国	14.4%
	フィリピン	5.4%
	中国（香港）	3.7%
	タイ	2.4%
	シンガポール	2.1%
	マレーシア	1.8%
	インド	1.2%
	インドネシア	1.2%
	その他	2.9%

①　日本への総入国者数は，570万人を超えている。

②　中国国籍に台湾国籍，香港国籍を加えると，入国者数は150万人を超える。

③　日本への総入国者数に対する韓国国籍の入国者数の割合は，26%以下である。

④　タイ国籍の入国者とシンガポール国籍の入国者数の差は，1万人以上である。

⑤　フィリピン国籍の入国者数は，20万人以上である。

第3章 増減率

資料解釈の中で最も出題数が多いのが増減率である。実数値ではもちろん，指数や構成比の問題でも出題される。

A．増加率・減少率

Q 例題①

先月の売上げが **100万円**だった企業が，今月 **150万円**を売り上げた。売上げの増加率は何%か。

A 解答・解説

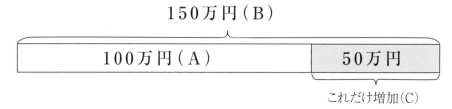

150万円（B）

| 100万円（A） | 50万円 |

これだけ増加（C）

100万円が150万円になったのだから，基になる数 = 100万円（グラフの（A）部）

比べる数 = 150万円（グラフの（B）部）

したがって，増加した割合は $\dfrac{150\,万円}{100\,万円}$ = 1.5 = 150%（D）

しかしこれは100万円に対する150万円の割合であって，**「どれだけ増加したか？（グラフの（C）部）」を見る増加率にはならない。**

そこで，**算出された割合（D）から「基になっている割合」を引き**，増加した割合を出す。「基になっている割合」は**常に1 = 100%**となるので，

1.5 − 1 = 150% − 100% = 50%

例題① **答 増加率 50%**

増加率の計算方式

$$増加率 = \frac{比べる数（B）}{基になる数（A）} - 1 = （B） ÷ （A） - 1$$

減少率も考え方は同じである。出てきた割合が「－（マイナス）」を伴っているので，**増加ではなく減少している＝「減少率」**というだけである。

B．－1は必要か？

Q　例題②

下の表は，ある年の1月～5月の各月における美術館・水族館・動物園・資料館の4つの施設の入場者数である。この表から正しくいえることはどれか。

	美術館	水族館	動物園	資料館
1月	300 人	500 人	1,000 人	200 人
2月	320 人	450 人	1,000 人	120 人
3月	350 人	510 人	1,020 人	150 人
4月	280 人	520 人	1,050 人	100 人
5月	360 人	610 人	1,200 人	160 人

①　5月の入場者数が多いのは，ゴールデンウィークがあるからである。

②　動物園の入場者数は，すべての月で美術館・水族館・資料館の入場者数合計よりも多い。

③　1月に対する5月の入場者数の伸び率が最も大きかったのは，美術館である。

④　3月における資料館の入場者数の対前月伸び率は，美術館のそれよりも小さい。

⑤　2月～5月までの4つの施設の入場者数の対前月の伸び率が最も高かったのは5月の資料館である。

A　解答・解説

増加率（＝伸び率）を求める必要があるのは③，④，⑤である。

③を例にとって考えると，きちんと正答を出すならば，

美術館：　$\dfrac{360}{300}$　$- 1$　$=$　$360 \div 300 - 1$　$=$　0.2　$=$　20%

水族館：　$\dfrac{610}{500}$　$- 1$　$=$　$610 \div 500 - 1$　$=$　0.22　$=$　22%

動物園：　$\dfrac{1200}{1000}$　$- 1$　$=$　$1200 \div 1000 - 1$　$=$　0.2　$=$　20%

『伸び率が最も大きかったのは水族館』なので誤りとなる（資料館は入場者が減っているので，計算する必要はない）。

しかし，この問題で1を引く必要があるだろうか？

　美術館，水族館，動物園の1を引く前の数値はそれぞれ

1.2，1.22，1.2である。1を引かなくても，一番数値が大きいものが一番伸び率が高い。

増加率は，きちんとした数値を要求されず，複数のものとの比較のみが求められている場合は，1にこだわる必要はない。

例題② 答 ⑤

C．増減率の注意点

(1) 増加率が同じでも，増加した量が同じだとは限らない。

例1　去年 100kg 採れたミカンが今年は 150kg 採れた。増加率は何％か。

$$150 \div 100 - 1 = 0.5 = 50\%$$

例2　去年 1,000kg 採れたミカンが今年は 1,500kg 採れた。増加率は何％か。

$$1500 \div 1000 - 1 = 0.5 = 50\%$$

　上記の例の場合，両方とも増加率は 50％で同じである。しかし増加量は，

　例1　$150 - 100 = 50$ （kg）　　　例2　$1500 - 1000 = 500$ （kg）

と差がある。

　同じく，増加した量が同じでも増加率が同じだとは限らない。

　また，減少率と減少した量に関しても同様である。

(2) 増加率が高くても，増加した量が多いとは限らない。

例3　去年 1,000kg 採れたミカンが今年は 1,200kg 採れた。増加率は何％か。

$$1200 \div 1000 - 1 = 0.2 = 20\%$$

　例1と3を比べると，増加率は例1のほうが高い。しかし増加量は，

　例1　$150 - 100 = 50$ （kg）　　　例3　$1200 - 1000 = 200$ （kg）

と例3のほうが多い。

　同じく，増加率が低いからといって増加量が少ないともいえない。

　減少率についても同様である。

(3) 増加率がどれだけ減っても，プラスである限り量は増えている。

これは，表とグラフを見たほうがわかりやすいだろう。

		1月	2月	3月	4月
A社	売上げ	15,000	25,000	35,000	40,000
	増減率		67%	40%	14%
B社	売上げ	15,000	10,000	8,000	7,000
	増減率		−33%	−20%	−13%

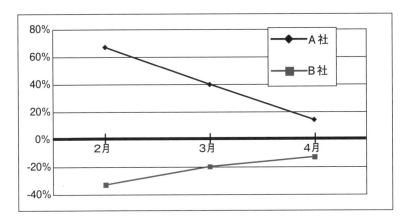

　グラフだけ見ると，A社の売上げが減少しているように見えるが，このグラフは，**縦軸が増減率になっているため，増加率が少なくなると右下がりになる**だけで，プラスの区域にグラフがある以上，売上げは伸びている。逆に，B社は売上げが伸びているように見えるが，マイナスの区域でどれだけ右上がりになっても，売上げは減少している。このことから，「増減率がどれだけ増えても，マイナスである限り量は減っている」ともいえる。

No.1 （解答 ▶ P.145）

下の表は，ある遊園地における遊戯具とその利用人数について書かれたものである。この表から正しくいえることは，次のうちどれか。

（単位：人）

	1月	2月	3月	4月	5月
観覧車	620	530	720	740	980
ジェットコースター	1,280	1,100	1,490	1,650	1,930
メリーゴーラウンド	410	260	510	750	880
ゴーカート	550	480	690	900	990

① ジェットコースターの5月における利用者数の対1月の増加率は，50%を上回っている。

② 各遊戯具利用者の対前月増加人数が最も多いのは，3月のメリーゴーラウンドである。

③ ジェットコースターとメリーゴーラウンド利用者の5月における対前年度増加率は，ジェットコースターのほうが高い。

④ ゴーカート利用者の3月における対前月増加率は，45%を上回っている。

⑤ ゴーカート利用者の4月における対1月増加人数と，観覧車利用者の5月における対1月増加人数は，同じである。

No.2 （解答 ▶ P.145）

下の表は，ある地方の人口変遷を表したものである。この表から正しくいえることは，次のうちどれか。

（単位：千人）

	1995 年	2000 年	2005 年	2010 年	2015 年
A 県	1,080	1,156	1,222	1,287	1,343
B 県	2,527	2,587	2,602	2,630	2,644
C 県	8,437	8,668	8,735	8,797	8,805
D 県	5,145	5,278	5,405	5,402	5,551
E 県	1,209	1,305	1,375	1,431	1,443
F 県	1,087	1,087	1,074	1,080	1,070

① 2000 ～ 2005 年にかけて，人口増加率の最も高い県は，E県である。

② 1995 ～ 2000 年にかけて，人口増加率が最も低い県は，C県である。

③ 2005 ～ 2010 年にかけて，人口増加率はどの県でも5%を超えていない。

④ 1995 年と 2015 年を比べると，人口増加率が最も高かった県は，A県である。

⑤ 1995 年と 2015 年を比べると，人口増加率はすべての県でプラスになっている。

No.3 （解答 ▶ P.145）

下のグラフは，ある国の平均寿命の推移について書かれたものである。このグラフから正しくいえることは，次のうちどれか。

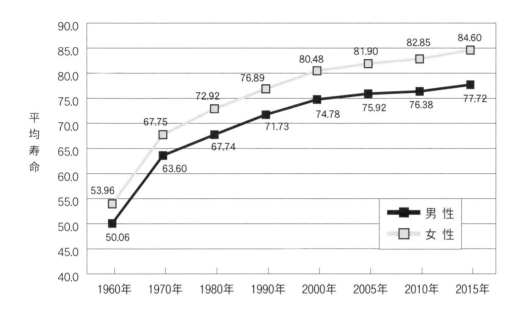

① この期間中で最も平均寿命の増加率が高いのは，1960 〜 1970 年の男性である。

② 男女の平均寿命の差は，調査年ごとに増加している。

③ 1960 年と 2015 年を比べると，男性の平均寿命の増加率のほうが女性のそれよりも高い。

④ 調査年ごとの平均寿命の増加率は，常に女性のほうが男性よりも高い。

⑤ 2010 年の平均寿命の増加率は，男女とも 1 ％以上である。

下のグラフは，**2011 ～ 2014** 年における，ある商品の輸出入件数，およびその件数における中小企業比率を表したものである。このグラフから正しくいえるものはどれか。

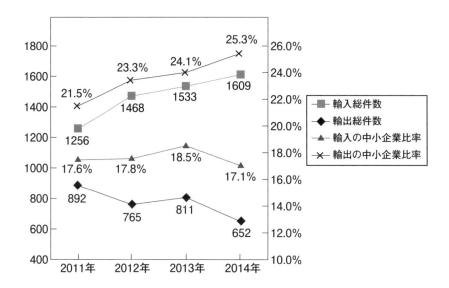

① 2013 年と 2014 年の輸入総件数の対前年度増加率は，いずれも５％を下回っている。

② 2012 年の輸出総件数の対前年度減少率は，15％を上回っている。

③ 2014 年の中小企業の輸入件数は，2013 年のそれを上回っている。

④ この４年間で見ると，中小企業の輸出件数が最も多かったのは，2011 年である。

⑤ この４年間，中小企業の輸入件数が，対前年度比でマイナスになった年はない。

下の表は，ある専門学校で実施された検定とその実施結果について書かれたものである。これから正しくいえることは，次のうちどれか。

検定名	年実施回数	2014 年		2015 年	
		受験者数	合格率	受験者数	合格率
英語	3	19,283	71.2%	20,186	69.0%
漢字	4	17,430	63.3%	16,559	67.4%
秘書	2	2,105	14.9%	2,091	19.3%
簿記	2	7,755	38.7%	6,997	32.2%
計算	1	4,699	42.2%	4,981	43.3%

① 2015 年の英語検定 1 回当たりの平均受験者数は，同じ年の簿記検定 1 回当たりの平均受験者数の 2 倍以上である。

② 2014 ～ 2015 年における秘書検定 1 回当たりの平均合格者数の増加率は，30% に達していない。

③ 2014 ～ 2015 年における計算検定合格者数の増加率は，10% 以上である。

④ 2014 ～ 2015 年における漢字検定 1 回当たりの平均合格者数は，50 人以上増加した。

⑤ 2014 年の漢字検定 1 回当たりの合格者数は，2015 年の秘書検定 1 回当たりの合格者数の 15 倍以上である。

下のグラフは，ある工場が2月に製造した、あ〜おの各部品の製造数と対前月増減率を表したものである。1月の製造数が最も多かった部品はどれか。

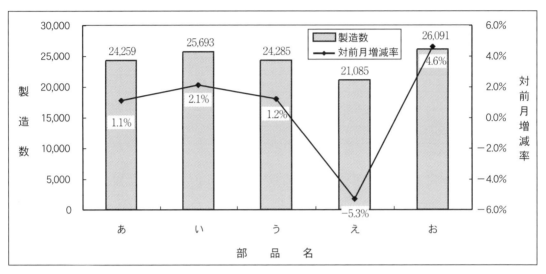

① あ

② い

③ う

④ え

⑤ お

No.7

（解答 ▶ P.146）

下記の表は，2010 〜 2014 年の失業者の総数と男女別の内訳について表したものである。この表から見て正しいものは，次のうちどれか。

失業者男女別内訳

（単位：万人）

年	総数	男性	女性
2010	230	135	95
2011	279	168	111
2012	317	194	123
2013	321	195	126
2014	346	215	131

① 失業者総数に対する男性の割合は，増え続けている。

② 失業者総数に対する女性の割合は，減少し続けている。

③ 失業者総数は増え続けているが，失業者総数の対前年度増加率は減り続けている。

④ 2012 年における男性失業者の対前年度増加率は，同年度の女性失業者の対前年度増加率よりも低い。

⑤ 2014 年における対前年度増加率は，総数，男性は 6 ％を超えているが，女性は 6 ％未満である。

下の表は，九州各県の **2013 年度の人口**を，グラフは **2013 ～ 2014 年度の人口の自然増加率と社会増加率**を表している。これからいえることとして，誤っているものはどれか。ただし，問題中の各用語の計算方法は以下のようにする。

社会増加数 ＝ 人口増加数 － 自然増加数

$$自然増加率 = \frac{自然増加数}{2013 年度の人口}$$

$$社会増加率 = \frac{社会増加数}{2013 年度の人口}$$

	2013 年度人口
福岡県	5,043
佐賀県	874
長崎県	1,507
熊本県	1,858
大分県	1,219
宮崎県	1,167
鹿児島県	1,779
沖縄県	1,339

（単位：千人）

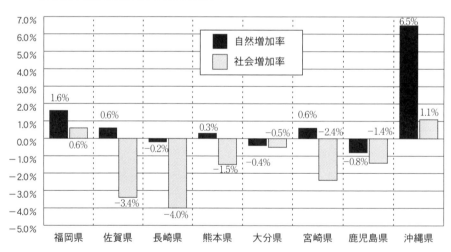

① 福岡県と沖縄県以外の県は，すべて人口が減少している。

② 長崎県は，人口が 6 万人以上減少した。

③ 沖縄県の自然増加数は，8 万 5 千人を超えている。

④ 人口の自然減少数が最も多かったのは，鹿児島県である。

⑤ 熊本県の 2014 年度の人口は，180 万人を下回っている。

MEMO

第4章 指数

A．指数

指数とは，基準となる数値を通常 100 として，それとある数値とを比べたときの大きさを表すものをいう。

例）ある車の各月における生産台数が以下のようになっているとする。

	生産台数	指数
1 月	20,952	100
2 月	25,142	120
3 月	28,285	135
4 月	19,904	95
5 月	23,047	110

これを使って1月を基準に各月の生産台数の増減を見ると，生産台数を一見しただけでは，1月と比べてどの程度増減したかわかりづらい。指数を使えば，それがすぐに感覚的にとらえられる。

指数の計算方式

$$指数 = \frac{指数を求める数値（B）}{基準の数値（A）} \times 100 = （B） \div （A） \times 100$$

➡考え方そのものは，百分率（％）と同じである。

B．指数の注意点

Q 例題①

　下の表は，首都圏近郊の商業地の1㎡当たりにおける地価を，2010年の地価を100として表したものである。この表から正しくいえることはどれか。

	2011 年	2012 年	2013 年	2014 年	2015 年
多摩市	106	116	130	159	163
大宮市(当時の)	105	112	118	126	133
横浜市	104	118	133	162	182
浦安市	105	115	127	143	154
水戸市	102	105	110	115	120

　① 2014年において，対前年度上昇率が一番高かったのは横浜市である。

　② 横浜市の地価は，2011年では多摩市の地価よりも低かったが，翌年から逆転した。

　③ 2015年の横浜市の地価は，同年の水戸市の地価の約1.5倍である。

　④ 2014年の水戸市の地価は，2012年の浦安市の地価とほぼ等しい。

　⑤ 2011年以降，大宮市の地価は毎年5％以上の上昇率を示している。

A 解答・解説

　指数も構成比と同様，比較できるものとできないものがある。

選択肢② 横浜市の地価は，2011年では多摩市の地価よりも低かったが，翌年から逆転した。

　2011年の横浜市の地価の指数は104，多摩市は106，2012年の地価指数はそれぞれ118と116なので，正しいように見える。しかし指数は，『基準となる数値を100として』大きさを見ているので，基準の数値が違えば実数値は当然違ったものになる。

　「2010年の1㎡当たりの地価を100」とした指数では，横浜市と多摩市の2010年の地価が同じなら実数値の比較もそのままできるが，その前提がなければ実数値の比較はできない。

横浜市と多摩市の 2010 年の地価が，ともに 1 ㎡当たり ¥100,000 ならば

	2011 年	2012 年	2013 年	2014 年
横浜市	104 = ¥104,000	118 = ¥118,000	133 = ¥133,000	162 = ¥162,000
多摩市	106 = ¥106,000	116 = ¥116,000	130 = ¥130,000	159 = ¥159,000

実数値でも選択肢のとおりになっていることになる。

しかし，この問題にはどこにもそのような記述がないので，2010 年の横浜市の地価が ¥1,000,000 で，多摩市のそれが ¥100,000 の可能性がある。

	2011 年	2012 年	2013 年	2014 年
横浜市	104 = ¥1,040,000	118 = ¥1,180,000	133 = ¥1,330,000	162 = ¥1,620,000
多摩市	106 = ¥106,000	116 = ¥116,000	130 = ¥130,000	159 = ¥159,000

こうなると，選択肢は誤っている。

確実にいえないものは，正確にならない。

これが「同じ項目同士の比較はできるが，違う項目の比較はできない」ということである。したがって，③も④も誤りである。

例題① **答** ⑤

❗ 注意点

注意点を逆にとると，基準の数値が同じなら，指数で実数値の比較ができることになる。

この問題が，「下の表は，首都圏近郊の商業地の 1 ㎡当たりの地価を，2010 年における多摩市の地価を 100 として表している。」となっていれば，基準値が同じなので，指数での比較が可能である。

問題をよく読んで，基準値がどこにあるかを理解してから解答しよう。

C. 省略算

★ 増加率の応用

Q 例題②

人口 **120,000** 人の都市で，年 **3.3%** の人口増加率で人口が増え続けた場合，**10 年後**は何人になっているか。

A 解答・解説

1 年間で 3.3% 人口が増えるのだから，1 年後は 120000 ×（1 ＋ 0.033）＝ 123960
1 年後の人口は 123,960 人になる。

ここで注意しなければならない。「1 年間で 3,960 人増えるのだから，2 年間で 3,960 人× 2 ＝ 7,920 人。だから，10 年間だと 3,960 人× 10 ＝ 39,600 人増える」とはならない。

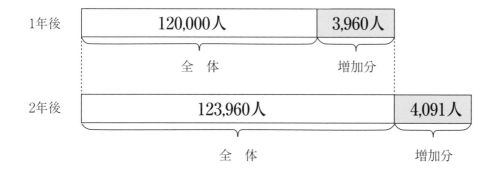

上の図を見てほしい。1 年後は 120,000 人に対する 3.3% なので，3,960 人増えて全体で 123,960 人になる。2 年後は，**1 年後の人数が 3.3% 増加**することになるために，「全体が 123,960 人，それが 3.3% 増加」という計算が必要である。

したがって，2 年後は　123960 人×（1 ＋ 0.033）＝ 128050.7 人
小数第 1 位を四捨五入して　128,051 人
これを計算式で表すと，

$$10 \text{ 回（} 10 \text{ 年分かけていく）}$$

$$120000 \times \underbrace{(1+0.033)} \times (1 + 0.033) \times (1 + 0.033) \times (1 + 0.033) \cdots\cdots \times (1 + 0.033)$$

1 年後の人口×割増分

2 年後の人口×割増分

3 年後の人口×割増分

これで 10 年後まで計算すると，10 年後のこの都市の人口は　166,029 人　になる。

例題②　**答　166,029 人**

❗注意点

　この手の増加率を計算する場合，**割合をかける「全体」がどの数値であるかに注意を払う。**
例題②だと「全体」は，2 年後は 1 年後の人口，3 年後は 2 年後の人口，10 年後は 9 年後の人口になる。

　この手の問題は，途中の計算を間違わないようにしないと，1 つ間違ってしまったらそれ以下の数字がすべて狂ってくるので，慎重に計算していこう。

これをふまえて，431 ページの例題③を見てもらいたい。

Q 例題③

下の表は，火災発生状況の推移を対前年度増減率を表したものである。この表から正しくいえることはどれか。

火災発生対前年度増減率

	発生件数（％）	負傷者数（％）	死者数（％）
2007 年	－	－	－
2008 年	-24.8	-3.8	-18.8
2009 年	1.9	0.4	-0.5
2010 年	3.4	3.1	4.1
2011 年	4.8	4.6	4.9
2012 年	-1.5	-1.6	-2.7
2013 年	6.6	5.7	0.0
2014 年	6.5	2.3	0.2

① 2007 ～ 2014 年までの間，発生件数・負傷者数・死者数がすべて最低だったのは，2008 年である。

② 2007 ～ 2008 年にかけて火災発生件数が減少したのは，防火キャンペーンの成果である。

③ 2007 年の死者数を 100 とすると，2012 年の死者数は 85 以下である。

④ 2010 年の負傷者数は，2007 年の負傷者数を上回った。

⑤ 2008 年の火災発生件数を 100 とすると，2014 年の火災発生件数は 120 以上である。

A 解答・解説

選択肢②はすぐに消去できる。選択肢①も，2009 年の死者数が 2008 年よりも減少していることから，明らかに誤りである。選択肢③・④・⑤の計算には，例題2の解き方が必要になる。それぞれの計算式は以下のとおり。

③　$100 \times (1 - 0.188) \times (1 - 0.005) \times (1 + 0.041) \times (1 + 0.049) \times (1 - 0.027) = 85.8$

④　2007 年の負傷者数を 100 とすると

　　$100 \times (1 - 0.038) \times (1 + 0.004) \times (1 + 0.031) = 99.58$

⑤　$100 \times (1 + 0.019) \times (1 + 0.034) \times (1 + 0.048) \times (1 - 0.015) \times (1 + 0.066) \times$

　　$(1 + 0.065) = 123.48$：正答

慎重に解答すると，かなりの時間を要する。このときに使うのが，省略算である。計算の仕方を，選択肢③を例に説明する。

(1) まず増減した割合部分だけを計算する。

$$-0.188-0.005+0.041+0.049-0.027=-0.13$$

(2) それに1をたす。

$$1+(-0.13)=0.87$$

(3) 出てきた数値に基の数をかける。

$$100\times0.87=87$$

これを式にまとめると

$$100\ \times\{1+(-0.188-0.005+0.041+0.049-0.027)\}$$

これだと計算ミスも少なくなるだろうし，時間短縮にも役に立つだろう。

もちろん指数だけではなく，実数値でも使用可能である。

例題③　答　⑤

省略算の重要な注意点

③の解答が，実際に計算すると85.8，省略算だと87と微妙にずれている。

この式は，**割合の増減部分（項目）が多くなればなるほど，増減部分の数値が大きくなればなるほど，数値が実際の数値とはかけ離れる欠点を持つ。**

したがって，増減部分（項目）は8個ぐらいまで，増減部分の数値は0.2（20%）以下のときにしか使わないほうがいい。

数学が得意な人向け　省略算の仕組み

例題②の解き方を，指数100，増減率 x，y を使って表すと　$100(1+x)(1+y)$

展開すると　$100(1+x+y+xy)$

x，y がともに5％だった場合，上記式の xy 部分は $0.05\times0.05=0.0025$ となり，実際の数値に影響を与えないほどの小さな数値になる。ならば，この部分は無視できる。

つまり $100\{1+(x+y)\}$ でも構わない。これが省略算の考え方である。

ただ，『重要な注意点』でも書いてあるとおり，項目が多くなったり，割合が大きくなると，xy が大きな数値になる（増減率が20％とすると，xy は $0.04=4\%$ にもなる）。

項目が多いとき，割合が大きいときは使わないほうがいいのはそのためだ。

演習問題

No.1

（解答 ▸ P.147）

下のグラフは，主要国の平均月額賃金を，日本を **100** として表したものである。

A〜Cのうち，これからわかることとして正しいものはどれか。ただし，日本の平均月額賃金は

¥397,400 とする。

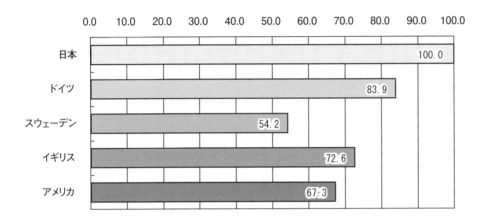

A：スウェーデンの平均月額賃金は，¥215,000 以上である。

B：ドイツとイギリスの平均月額賃金の差は，¥45,000 以上である。

C：$1 ＝¥105 とすると，アメリカの平均月額賃金は，$2,500 以上である。

① A

② B，C

③ A，B

④ A，C

⑤ B

下の表は，ある年の中国地方における，農業，林業，漁業，鉱業，建設業，製造業の就業者数を表している。この表から正しくいえることは，次のうちどれか。

（単位：人）

	農業	林業	漁業	鉱業	建設業	製造業
鳥取県	34,000	9,000	17,000	3,000	37,000	58,000
島根県	35,000	13,000	48,000	8,000	50,000	62,000
岡山県	59,000	13,000	20,000	11,000	99,000	209,000
広島県	60,000	14,000	49,000	8,000	144,000	278,000
山口県	45,000	10,000	79,000	9,000	88,000	133,000

① 鳥取県の林業の就業者数を100とすると，広島県の林業の就業者数は155以上である。

② 広島県の建設業の就業者数を100とすると，山口県の建設業の就業者数は60以下である。

③ 山口県の農業の就業者数を100とすると，農業の就業者数が130を超えているのは，広島県だけである。

④ 岡山県の農業の就業者数を100とすると，同県の漁業の就業者数は35以上である。

⑤ 島根県の製造業の就業者数を100とすると，岡山県と広島県の製造業の指数の差は，110未満である。

No.3

（解答 ▶ P.148）

下の表は，A〜D国における **20〜24歳の平均時給を100** としたときの，各世代の平均時給である。
これから正しくいえることは，次のうちどれか。

	A国	B国	C国	D国
25〜29歳	123	110	115	109
30〜34歳	135	115	131	122
35〜39歳	139	138	140	157
40〜44歳	145	144	169	188
45〜49歳	153	167	192	201
50〜54歳	168	193	207	223

① B国の30〜34歳の平均時給と，C国の25〜29歳の平均時給は，同じ金額である。

② D国は，全体的に平均時給が高い。

③ 各国の20〜24歳の平均時給が同じならば，40〜44歳の平均時給が最も高いのは，D国である。

④ 各国別に20〜24歳の平均時給と50〜54歳の平均時給を比較したとき，最も増加率が高いのはB国である。

⑤ A国の40〜44歳の平均時給と45〜49歳の平均時給を比較すると，増加率は5％未満である。

下の表は，人口に応じた都市階級別の世帯人員，世帯有業人員（その世帯の中で仕事をしている人員），消費支出それぞれの平均を，大都市を **100** として指数化したものである。これから正しくいえることはどれか。ただし，大都市のそれぞれの実数値は，以下のとおりとする。

世帯人員平均　＝　3.1 人

有業人員平均　＝　1.38 人

消費支出平均　＝　¥317,751

都市階級	世帯人員平均	有業人員平均	消費支出平均
大都市	100	100	100
中都市	102.3	100.0	98.1
小都市A	105.8	109.4	95.9
小都市B	107.1	108.0	91.6
町　村	109.0	118.1	95.3

① 町村の世帯人員平均は，3.4 人を上回っている。

② 有業人員平均が 1.5 人を超えているのは，町村だけである。

③ 小都市Bの消費支出平均は，¥290,000 を上回っている。

④ 中都市と小都市Aの有業人員平均の差は，0.2 人以上である。

⑤ 大都市と町村の消費支出平均の差は，¥15,000 以上である。

次の表とグラフは， A国の **2013** 年における郵便局数と郵便取扱件数を **100** とした３年間の推移，および **2013** 年における，それらの実数と内訳の割合を表したものである。これらの図表から正しくいえないものは，次のうちどれか。

		2013 年	2014 年	2015 年
郵便局数		100	110	125
国内郵便	通常	100	125	150
	小包	100	140	160
国際郵便	通常	100	120	200
	小包	100	80	80

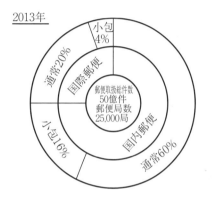

2013年

① 2014 年は国際郵便の通常のほうが国内郵便の小包よりも取扱件数が多かった。

② 2014 年の郵便取扱総件数は約 62 億 3,000 万件である。

③ 2015 年の郵便局数は前年より 3,500 局以上増加した。

④ 国際郵便の小包の郵便取扱総件数に占める割合は 2014 年と 2015 年は変化していない。

⑤ 2015 年の国際郵便の通常は郵便取扱総件数の約４分の１を占めた。

次のグラフは主要国の工業生産指数（**2007 年平均＝ 100**）の推移を示したものである。このグラフから正しくいえるものはどれか。

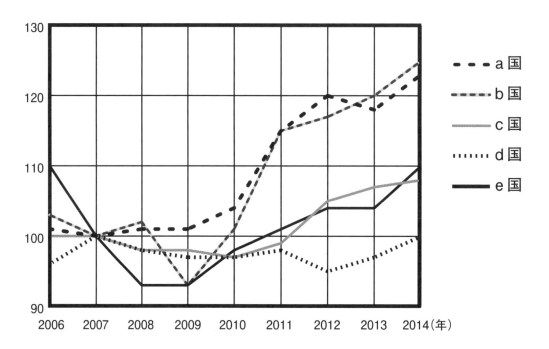

① 2012 年に a 国の工業生産量は b 国の工業生産量を上回ったが，2013 年にその関係は逆転した。

② c 国では，2007 年から 2012 年にかけて工業生産量が毎年減少した。

③ b 国では，2010 年から 2011 年にかけて工業生産量が 10%以上上昇した。

④ 2014 年における工業生産量は，e 国のほうが c 国より大きい。

⑤ 2012 年から 2013 年にかけて，a 国の工業生産量が伸び悩んだのは，世界的なドル安のためである。

No.7

（解答 ▶ P.148）

下のグラフは，製造業のうち食料品・飲料，繊維，衣服，木材・木製品，家具・装備品それぞれの業種における生産量を，**2015 年**を **100** として表したものである。これから正しくいえることは，次のうちどれか。

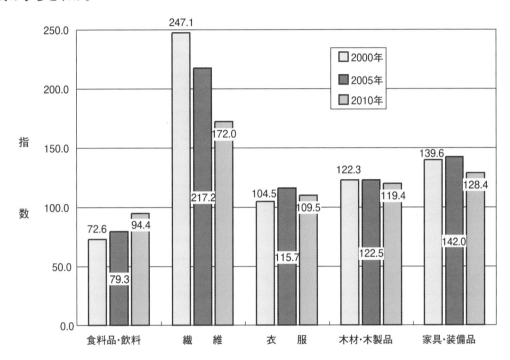

① どの年も，繊維産業の生産量が最も多い。

② 衣服の 2010 ～ 2015 年にかけての減少率は，10％を超えている。

③ 食料品・飲料の 2000 ～ 2005 年にかけての増加率は，10％以上である。

④ 木材・木製品の 2000 年と 2005 年の生産量は，グラフ上ではほぼ変化していないが，実数値がどうなっているかはわからない。

⑤ 家具・装備品の2000年の生産量を100万 t とすると，2010年の生産量は90万 t を超えている。

下のグラフは，ある業種の事業所数，従業員数，出荷額の対前年度増加率を表したものである。正しくいえることは，次のうちどれか。

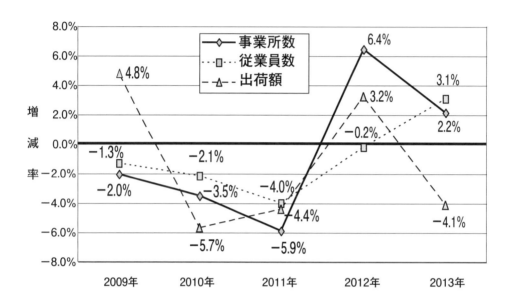

① 2013 年の従業員数は，2008 年の従業員数よりも少ない。

② 事業所数は，2012 年にいったん増加したが，2013 年は減少した。

③ 2012 年の出荷額は，2010 年の出荷額よりも多い。

④ 2012 年の事業所数は，2008 年の事業所数よりも多い。

⑤ 従業員数は，2011 年を境に増え続けている。

MEMO

第5章 特殊なグラフ

「第1章 表とグラフ」のCで，代表的なグラフを説明した。ここではそれ以外のグラフを解説する。

※　各グラフは，382ページの数表（「第1章 表とグラフ」のCと同じ数表）を基に作成している。

（ハイサーグラフ・雨温図・累積相対度数グラフを除く）

特殊グラフ1　分布図

縦軸と横軸の交点に点を打ち，それぞれの数値を読み取るグラフ。考え方は数学のグラフと同じ。地理のハイサーグラフ（下記の特殊グラフ1－2）のように，交点をつなげていくことで，時系列を表すこともできる。

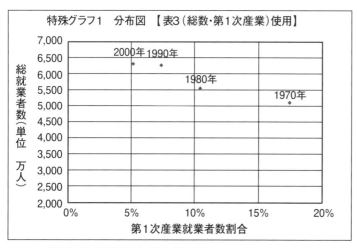

表4　ある年の月別平均気温と降水量

月	気温（℃）	降水量（mm）
1	5.8	48.6
2	6.1	60.2
3	8.9	114.5
4	14.4	130.3
5	18.7	128.0
6	21.8	164.9
7	25.4	161.5
8	27.1	155.1
9	23.5	208.5
10	18.2	163.1
11	13.0	92.5
12	8.4	39.6

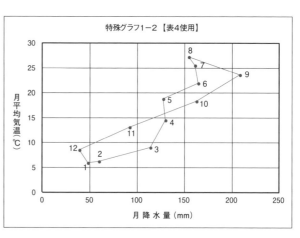

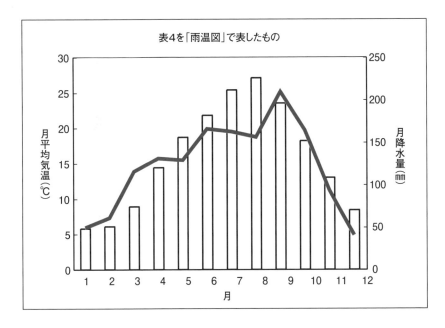

表4を「雨温図」で表したもの

特殊グラフ2　レーダーチャート

　中心を0％におき，各項目との交点を線で結ぶことで数値の度合を見るグラフ。割合を見るときに使われる。

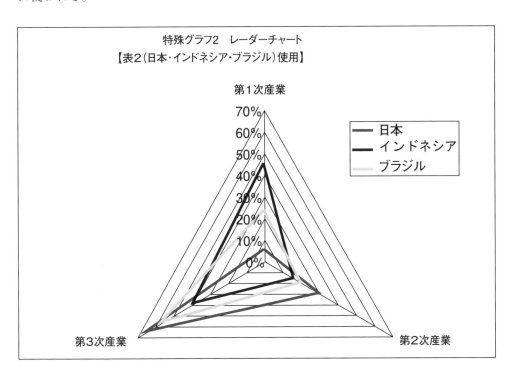

特殊グラフ2　レーダーチャート
【表2（日本・インドネシア・ブラジル）使用】

第1次産業

日本
インドネシア
ブラジル

第3次産業　　　　　　　　第2次産業

特殊グラフ３　三角グラフ

割合を見るときに使われるが，項目は３つに限られる。読み取り方が特殊なので，解説する。

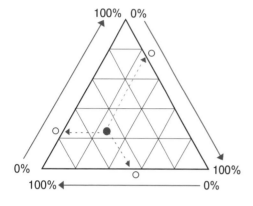

それぞれの矢印がその項目の数値になる。
知らなかったら解けないので，よく覚えておこう。

特殊グラフ3　三角グラフ【表2使用】

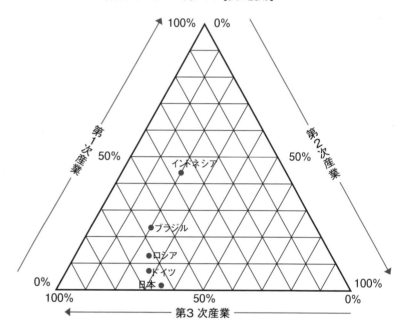

特殊グラフ4　累積相対度数グラフ

各階級の度数を数値の小さいほうから加えたグラフ。

この例の場合，71 〜 80 点が 85％いるのではなく，80 点以下が 85％いるということ。

71 〜 80 点は　85％ − 71％ = 14％

表5　得点分布の累積相対度数

得点	0 〜 10	11 〜 20	21 〜 30	31 〜 40	41 〜 50	51 〜 60	61 〜 70	71 〜 80	81 〜 90	91 〜 100
累積人数割合	2％	5％	9％	14％	27％	54％	71％	85％	95％	100％

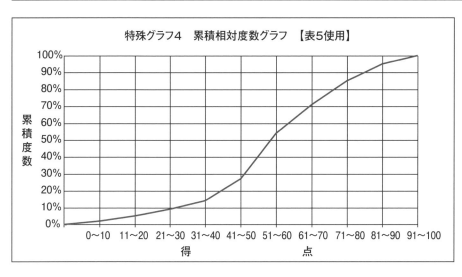

特殊グラフ4　累積相対度数グラフ　【表5使用】

(解答 ▶ P.149)

下のグラフは，**2005**年〜**2014**年における，**2012**年を**100**とした消費者物価指数のグラフで，横軸に穀物の物価指数，縦軸に魚介類の物価指数をとっている。

この**10**年間で，穀物と魚介類を合わせた物価指数が最も高かった年と低かった年の組み合わせとして，正しいものはどれか。

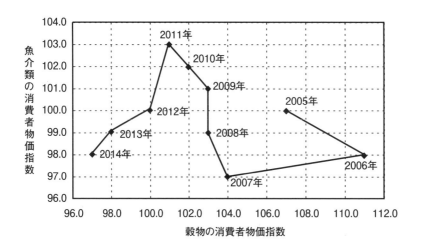

	最も高かった年	最も低かった年
①	2006 年	2007 年
②	2006 年	2014 年
③	2011 年	2007 年
④	2011 年	2014 年
⑤	2005 年	2007 年

No.2

（解答 ▶ P.149）

下のレーダーチャートは，ある国の死因別死亡者数を，各死因別に 2005 年の死亡者数を 100 として表したものである。これから正しくいえることは，次のうちどれか。

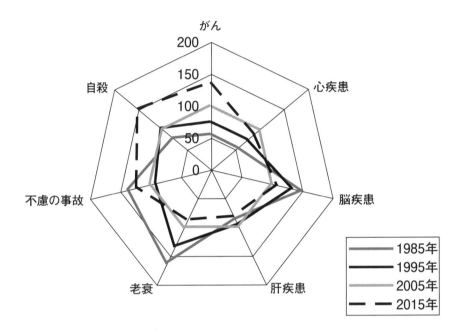

① 老衰による死亡者数は，年々減少している。

② 1985 年の脳疾患による死亡者数と，2015 年の自殺による死亡者数は，ほぼ変わらない。

③ 1985 年の心疾患による死亡者数は，2005 年の心疾患による死亡者数の半分以下である。

④ 交通事故による死亡者数が最も多いのは，1985 年である。

⑤ 2015 年のがんによる死亡者数は，1995 年のがんによる死亡者数の 2 倍以上である。

下のグラフは，全国の**12**都府県にある重要文化財を，絵画・彫刻，書跡・古書，建造物の3部門に分け，その割合を表したものである。これからわかるものとして正しいものは，次のうちどれか。

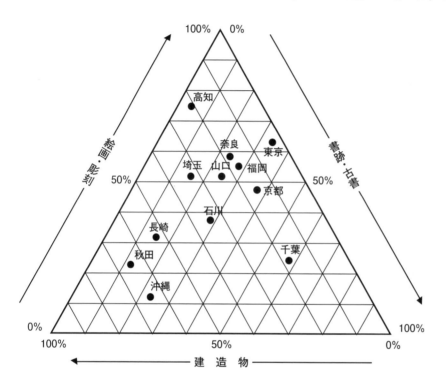

① 書跡・古書の割合が20%以下の都府県が，3つある。

② 高知，奈良の2県は，建造物の割合がともに20%を超えている。

③ 絵画・彫刻の割合が7割を超えている都府県は，この中にはない。

④ 奈良，千葉，福岡の3県は，絵画・彫刻の割合がほぼ等しい。

⑤ 山口県は，書跡・古書と建造物の割合がほぼ同じである。

No.4

（解答 ▶ P.150）

下のグラフは，東京都と佐賀県の年齢別人口の累積相対度数グラフである。このグラフから正しくいえることは，次のうちどれか。ただし，東京都の人口は**1,200**万人，佐賀県の人口は**90**万人とする。

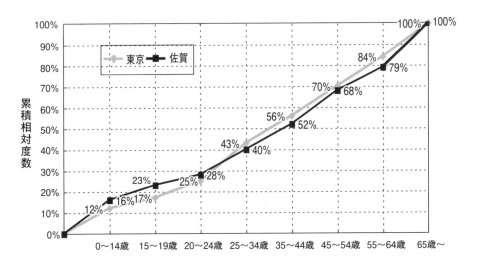

① 佐賀県の24歳以下の人口は，26万人を超えている。

② 東京都の25〜44歳の人口は，380万人以上である。

③ 東京都の65歳以上の人口は，佐賀県の65歳以上の人口の10倍を超えている。

④ 東京都の64歳以下の人口は，1,000万人以下である。

⑤ 佐賀県の45〜54歳の人口は，14万人以下である。

次の図から確実にいえるのはどれか。

5都市における年間降水量の指数の推移

（各都市の平年値＝ 100)

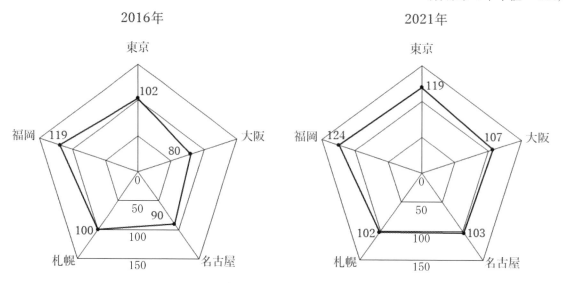

（注） 各都市の平年値は，1986 年から 2015 年までの連続する 30 年間について算出した累年平均値である。

① 名古屋についてみてみると，2021 年における，平年値と降水量の差は，2016 年におけるそれより大きい。

② 東京の降水量の 2016 年に対する 2021 年の増加率は，20％より大きい。

③ 2021 年における福岡の降水量に対する札幌の降水量の比率は，2016 年におけるそれを下回っている。

④ 2021 年において，名古屋の降水量は，大阪のそれを下回っている。

⑤ 図中の各都市のうち，降水量の 2016 年に対する 2021 年の増加率が最も大きいのは，福岡である。

No.6

（解答 ▸ P.150）

図は，ある町の全世帯の年収について，累積度数（%）で表したものである。これからいえることとして最も妥当なのはどれか。

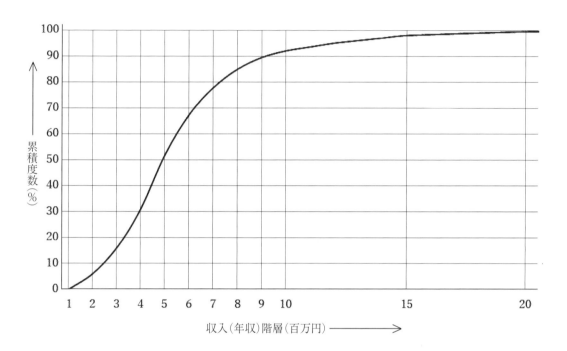

① 年収が300万円以下の世帯数は，1,000万円以上の世帯数とほぼ同数である。

② 年収が300万円以上800万円以下である世帯数は，全世帯の約50%である。

③ 年収が800万円である世帯は，年収が多い者から数えると，上位10%に入る。

④ 年収が250万円以下の世帯数は，全世帯の約10%である。

⑤ 年収が500万円以上の世帯数は，全世帯の半数以上を占めている。

MEMO

MEMO

公務員試験

地方初級・国家一般職（高卒者）テキスト　判断推理・資料解釈　第4版

2013年3月1日　初　版　第1刷発行
2024年2月10日　第4版　第1刷発行

編 著 者	Ｔ Ａ Ｃ 株 式 会 社
	（出版事業部編集部）
発 行 者	多　田　敏　男
発 行 所	Ｔ Ａ Ｃ株式会社　出版事業部
	（ＴＡＣ出版）

〒101-8383
東京都千代田区神田三崎町3-2-18
電話 03 (5276) 9492 （営業）
FAX 03 (5276) 9674
https://shuppan.tac-school.co.jp/

印　　刷	株式会社　ワ　コ　ー
製　　本	東 京 美 術 紙 工 協 業 組 合

© TAC 2024　　　Printed in Japan　　　ISBN 978-4-300-11050-8
N.D.C. 317

書籍の正誤に関するご確認とお問合せについて

書籍の記載内容に誤りではないかと思われる箇所がございましたら、以下の手順にてご確認とお問合せをしてくださいますよう、お願い申し上げます。

なお、正誤のお問合せ以外の**書籍内容に関する解説および受験指導などは、一切行っておりません。**そのようなお問合せにつきましては、お答えいたしかねますので、あらかじめご了承ください。

1 「Cyber Book Store」にて正誤表を確認する

TAC出版書籍販売サイト「Cyber Book Store」のトップページ内「正誤表」コーナーにて、正誤表をご確認ください。

CYBER TAC出版書籍販売サイト
BOOK STORE

URL：https://bookstore.tac-school.co.jp/

2 ①の正誤表がない、あるいは正誤表に該当箇所の記載がない ⇒ 下記①、②のどちらかの方法で文書にて問合せをする

★ご注意ください★

お電話でのお問合せは、お受けいたしません。
①、②のどちらの方法でも、お問合せの際には、「お名前」とともに、
「対象の書籍名（○級・第○回対策も含む）およびその版数（第○版・○○年度版など）」
「お問合せ該当箇所の頁数と行数」
「誤りと思われる記載」
「正しいとお考えになる記載とその根拠」
を明記してください。
なお、回答までに１週間前後を要する場合もございます。あらかじめご了承ください。

① ウェブページ「Cyber Book Store」内の「お問合せフォーム」より問合せをする

【お問合せフォームアドレス】

https://bookstore.tac-school.co.jp/inquiry/

② メールにより問合せをする

【メール宛先　TAC出版】

syuppan-h@tac-school.co.jp

※土日祝日はお問合せ対応をおこなっておりません。
※正誤のお問合せ対応は、該当書籍の改訂版刊行月末日までといたします。

乱丁・落丁による交換は、該当書籍の改訂版刊行月末日までといたします。なお、書籍の在庫状況等により、お受けできない場合もございます。
また、各種本試験の実施の延期、中止を理由とした本書の返品はお受けいたしません。返金もいたしかねますので、あらかじめご了承くださいますようお願い申し上げます。

（2022年7月現在）

判断推理・資料解釈

Logical inferences & Handling data

TAC出版編集部編

テキスト 📖

TAC出版
TAC PUBLISHING Group

目次

第1編　判断推理

第1章　命題・論理

基本問題　（問題，本文13ページ）

No.1

命題or対偶の矢印（→）の左側に出てこなければ推論できないことを頭に入れておこう。

① $a \rightarrow b$: $\bar{b} \rightarrow a$

② $b \rightarrow a$: $\bar{a} \rightarrow \bar{b}$

③ $b \rightarrow \bar{a}$: $a \rightarrow \bar{b}$

④ $\bar{b} \rightarrow a$: $\bar{a} \rightarrow b$

⑤ $\bar{b} \rightarrow \bar{a}$: $a \rightarrow b$

答　④

No.2

パソコン→スマートフォン…イ　　：　$\overline{スマートフォン} \rightarrow \overline{パソコン}$…イ'

$\overline{PS4} \rightarrow \overline{スマートフォン}$…ロ　　：　スマートフォン→PS4…ロ'

上記を参考に推論すると

① PS4 →　・・・・・・・・・・・・・・・・・・・×　（矢印の左に出てこないので推論できない）

② $\overline{PS4} \rightarrow \overline{スマートフォン} \rightarrow \overline{パソコン}$　・・・・・・○　（ロイ'の三段論法）

③ スマートフォン→PS4 →　・・・・・・・・・・・・×　（この先推論不能）

④ $\overline{スマートフォン} \rightarrow \overline{パソコン}$→　・・・・・・・・・・×　（この先推論不能）

⑤ $\overline{パソコン}$→　・・・・・・・・・・・・・・・・・・・×　（矢印の左に出てこないので推論できない）

答　②

No.3

体丈夫→運動得意…イ　　：　$\overline{運動得意} \rightarrow \overline{体丈夫}$…イ'

バイク好き→行動力…ロ　　：　$\overline{行動力} \rightarrow \overline{バイク好き}$…ロ'

運動得意→行動力…ハ　　：　$\overline{行動力} \rightarrow \overline{運動得意}$…ハ'

上記を参考に推論すると

① 体丈夫→運動得意→行動力　・・・・・・×　（このように推論できるが選択肢の内容と異なる）

② 体丈夫→運動得意→行動力　・・・・・・○　（イハの三段論法）

③ 行動力→　・・・・・・・・・・・・・・・・・・・×　（矢印の左に出てこないので推論できない）

④ 行動力→　・・・・・・・・・・・・・・・・・・・×　（矢印の左に出てこないので推論できない）

⑤ 運動得意→行動力→　・・・・・・・・・・・×　（この先推論不能）

答　②

No.4

リ→梨…a　：　$\overline{梨} \rightarrow \overline{リ}$…a'

$\overline{リ} \rightarrow ミ$…b　：　$\overline{ミ} \rightarrow リ$…b'

$\overline{バ} \rightarrow \overline{ミ}$…c　：　ミ→バ…c'

以上を参考に推論すると

① 梨→　・・・・・・・・・・・・・×　（矢印の左に出てこないので推論できない）

② 梨→リ̄→ミ̄→バ　・・・・・○　(a' bc' の三段論法)

③ ミ̄→バ→　・・・・・・・・・・×　（この先推論不能）

④ ミ→バ̄→　・・・・・・・・・・×　（この先推論不能）

⑤ バ→　・・・・・・・・・・・・・×　（矢印の左に出てこないので推論できない）

答　②

No.5

左記を参考に推論すると

① お→雑̄　：雑→お̄
雑→小̄　：小→雑̄ } ∴お→小̄　とはならない＝×

② ケ好→シ好：シ̄好→ケ̄好
女子→ケ好：ケ̄好→女̄子 } 女子→ケ好→シ好
シ̄好→ケ̄好→女̄子　∴男子（＝女̄子）→シ好　とはならない＝×

③ フ→す̄　：す→フ̄
レ→す̄　：す→レ̄ } ∴フ→レ̄　とはならない＝×

④ バ→テ̄　：テ→バ̄
テ→卓̄　：卓→テ̄ } ∴バ→卓̄　とはならない＝×

⑤ 山→緑̄　：緑→山̄
山̄→小̄　：小→山 } 小→山→緑̄
緑→山̄→小̄　∴小→緑̄＝○

答　⑤

No.6

数学得意→計算速い…イ　　　　　：　計算速い̄→数学得意̄…イ'

理科得意→勉強熱心 and 数学得意…ロ　：　勉強熱心̄ or 数学得意̄→理科得意̄…ロ'

社会得意→計算速い̄…ハ　　　　　：　計算速い→社会得意̄…ハ'

上記を参考に推論すると

① 社会得意→計算速い̄→数学得意̄→理科得意̄
　　　　　　　　　　　　・・・・×　（このように推論できるが選択肢の内容と異なる）

② 社会得意→計算速い̄→数学得意̄→理科得意̄（＝理科苦手）
　　　　　　　　　　　　・・・・○　（ハイ'ロ'の三段論法）

③ 理科得意̄→　・・・・・・・・・・・・・・・×　（矢印の左に出てこないので推論できない）

④ 数学得意̄→理科得意̄　・・・・・・・・×　（この先推論不能）

⑤ 勉強熱心→　・・・・・・・・・・・・・・・×　（矢印の左に出てこないので推論できない）

答　②

No.7

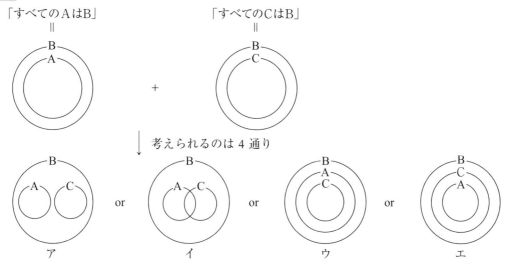

「すべてのAはB」 「すべてのCはB」

考えられるのは 4 通り

ア　　イ　　ウ　　エ

① すべてのAはCである→「エ」ならそうだが，他は違う。
② すべてのAでないものは，BでもCでもない→どのパターンも当てはまらない。
③ すべてのBはAであり，Cである→どのパターンも当てはまらない。
④ すべてのBでないものは，AでもCでもない→○
⑤ すべてのCでないものは，AかBである→Bの外だと当てはまらない。

答　④

No.8

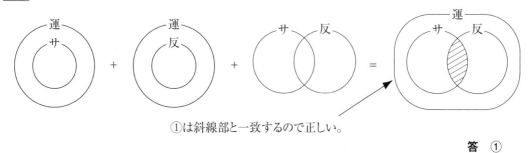

①は斜線部と一致するので正しい。

答　①

No.9

「健康→食欲」という結論を出すためには，対偶を含めて「健康→○→食欲」という三段論法が成立しなければならない。

健康→酒 　：　$\overline{酒}$→$\overline{健康}$

煙草→健康 　：　$\overline{健康}$→$\overline{煙草}$

上記を参考に推論すると

① 酒→ ・・・・・・・・・・・・・・・・・・・・・・・・・・・・・・・・・×（矢印の左に出てこないので推論できない）

② $\overline{酒}$→ ・・・・・・・・・・・・・・・・・・・・・・・・・・・・・・・・・×（矢印の左に出てこないので推論できない）

③ 健康→酒→ or 健康→$\overline{煙草}$→ ・・・・・・・・・・・・×（それぞれこの先推論不能）

④ $\overline{煙草}$→食欲 の対偶は $\overline{食欲}$→煙草→健康・・・・○

⑤ $\overline{食欲}$→酒→ ・・・・・・・・・・・・・・・・・・・・・・・・・×（この先推論不能）

答 ④

演習問題 （問題，本文17ページ）

No.1

明るい→輝く…イ 　：　$\overline{輝く}$→$\overline{明るい}$…イ´

この鏡→曇る…ロ 　：　$\overline{曇る}$→$\overline{この鏡}$…ロ´

輝く→$\overline{曇る}$…ハ 　：　曇る→$\overline{輝く}$…ハ´

上記を参考に推論すると

① この鏡→曇る→$\overline{輝く}$ ・・・・・・・・・・・×（このように推論できるが反対の結論となる）

② この鏡→曇る→$\overline{輝く}$→$\overline{明るい}$ ・・・○（ロハ´イ´の三段論法）

③ 輝く→$\overline{曇る}$→$\overline{この鏡}$ ・・・・・・・・・・・×（このように推論できるが選択肢の内容と異なる）

④ 輝く→明るい→ ・・・・・・・・・・・・・×（この先推論不能）

⑤ $\overline{曇る}$→$\overline{この鏡}$→ ・・・・・・・・・・・・・×（この先推論不能）

答 ②

No.2

明太子 → ごはん ・・・ $\overline{ごはん}$ → $\overline{明太子}$

ごはん → $\overline{梅干}$ ・・・ 梅干 → $\overline{ごはん}$

ごはん → みそ汁 ・・・ $\overline{みそ汁}$ → $\overline{ごはん}$

$\qquad\qquad$ 明太子

$\qquad\qquad\Downarrow$

梅干 → $\overline{ごはん}$ → $\overline{みそ汁}$

答 ③

No.3

① テレビ→$\overline{ラジオ}$，新聞→$\overline{ラジオ}$・・・・・よって，「新聞→テレビ」は×

② 人間→哺乳類→動物・・・・・・・・・・・・・・よって，「人間→動物」は○

③ 黄帽子→目立つ，黄帽子→安い・・・・・よって，「目立つ→安い」は×

④ 背が高い→足が長い→美しい・・・・・・・よって，「美しい→背が高い」は×

⑤ 車→バス，車→フェリー・・・・・・・・・・よって，「$\overline{車}$→バス」は×

答 ②

— 4 —

No.4

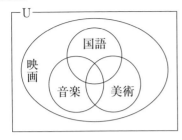

答 ③

No.5

対偶

ニ → ス $\overline{ス}$ → $\overline{ニ}$
ド → ニ $\overline{ニ}$ → $\overline{ド}$
歌 → ス $\overline{ス}$ → $\overline{歌}$

上記を参考に推論すると

① ×
② ド → ニ → ス …○
③ ×
④ ×
⑤ ×

答 ②

No.6

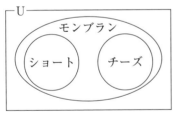

答 ⑤

No.7

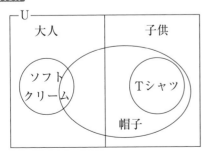

答 ④

ア．弟→マンション ： $\overline{マンション}$→$\overline{弟}$

イ．$\overline{犬}$→兄 ： $\overline{兄}$→犬

ウ．$\overline{妹}$→猫 ： $\overline{猫}$→妹

エ．マンション→$\overline{犬}$ ： 犬→$\overline{マンション}$

オ．猫→犬 ： $\overline{犬}$→$\overline{猫}$

上記を参考に推論すると

①　$\overline{弟}$→　………………………×（矢印の左に出てこないので推論できない）

②　妹→　………………………×（矢印の左に出てこないので推論できない）

③　猫→犬→$\overline{マンション}$→$\overline{弟}$　…○（オエアの三段論法）

④　兄→犬→$\overline{マンション}$　………×（このように推論できるが反対の結論となる）

⑤　犬→$\overline{マンション}$→$\overline{弟}$　………×（このように推論できるが反対の結論となる）

この問題は，一見すると論理式とは無縁にみえるが，条件をよく読むと論理式が使えて簡単に解ける。意外とこのような例があるので要注意である。

答　③

「$\overline{内向的}$→スポーツ」という結論を出すためには，対偶を含めて「$\overline{内向的}$→○→スポーツ」という三段論法が成立しなければならない。

①　冷→ス ： $\overline{ス}$→$\overline{冷}$

　　冷→$\overline{内}$ ： 内→$\overline{冷}$ 　$\overline{内}$→　…………………×（矢印の左に出てこないので推論できない）

　　ス→$\overline{内}$ ： 内→$\overline{ス}$

②　$\overline{内}$→音 ： $\overline{音}$→内

　　活→ス ： $\overline{ス}$→$\overline{活}$ 　$\overline{内}$→音→活→ス　…○

　　音→活 ： $\overline{活}$→$\overline{音}$

③　明→ス ： $\overline{ス}$→$\overline{明}$

　　$\overline{内}$→読 ： $\overline{読}$→内 　$\overline{内}$→読→　………×（この先推論不能）

　　ス→$\overline{明}$ ： 明→$\overline{ス}$

④　読→$\overline{ス}$ ： ス→$\overline{読}$

　　$\overline{内}$→音 ： $\overline{音}$→$\overline{ス}$ 　$\overline{内}$→読→$\overline{ス}$　……×（このように推論できるが反対の結論となる）

　　$\overline{内}$→読 ： $\overline{読}$→内

⑤　活→ス ： $\overline{ス}$→$\overline{活}$

　　ス→$\overline{内}$ ： 内→$\overline{ス}$ 　$\overline{内}$→明→　………×（この先推論不能）

　　$\overline{内}$→明 ： $\overline{明}$→内

答　②

「田中→$\overline{泳ぐ}$」から「田中→$\overline{海好}$」を導くには，「$\overline{泳ぐ}$→$\overline{海好}$」があればよい。

答　⑤

No.11

24 歳以下→$\overline{ゴールド}$…a　　　　　：　ゴールド→$\overline{24\,歳以下}$…a'

自動車 and バイク→ゴールド…b　　　：　$\overline{ゴールド}$→$\overline{自動車}$ or $\overline{バイク}$…b'

25 歳以上→ゴールド…c　　　　　　：　$\overline{ゴールド}$→$\overline{25\,歳以上}$…c'

1 万以上→自動車 and バイク…d　：　$\overline{自動車}$ or $\overline{バイク}$→$\overline{1\,万以上}$…d'

上記を参考に推論すると

① 　24 歳以下→$\overline{ゴールド}$→$\overline{自動車}$ or $\overline{バイク}$｜　‥‥×（このように推論できるが反対の結論となる）
　　　　　　　　　　　　　　→$\overline{25\,歳以上}$　　　｜　‥‥×（このように推論できるが選択肢の内容と異なる）

② 　24 歳以下→$\overline{ゴールド}$→$\overline{自動車}$ or $\overline{バイク}$　‥‥○（ab' の三段論法）

③ 　25 歳以上→ゴールド→$\overline{24\,歳以下}$　　　‥‥‥‥×（このように推論できるが選択肢の内容と異なる）

④ 　ゴールド→$\overline{24\,歳以下}$→　‥‥‥‥‥‥‥‥‥×（この先推論不能）

⑤ 　$\overline{1\,万以上}$→　‥‥‥‥‥‥‥‥‥‥‥‥‥‥×（矢印の左に出てこないので推論できない）

答　②

No.12

　　　　　　　　　　　　　　　　対偶

ア：A → 話好　　　　　$\overline{話好}$ → $\overline{A}$

イ：$\overline{コ}$ → 白　　　　　　$\overline{白}$ → コ

ウ：ピ → 白 and A　　　$\overline{白}$ or $\overline{A}$ → $\overline{ピ}$

　　　ピ → 白　　　　　　　$\overline{白}$ → $\overline{ピ}$

　　　ピ → A　　　　　　　$\overline{A}$ → $\overline{ピ}$

上記を参考に推論すると

① 　×

② 　×

③ 　×

④ 　×

⑤ 　ピ → A → 話好　｜
　　　ピ → 白 → コ　｝ピ → 話好 and コ …○

答　⑤

第2章　暗号

基本問題　（問題，本文32ページ）

No.1

	1	2	3	4	5	6	7	8	9	10	11	←前の数字
	A	K	S	T	N	H	M	Y	R	W	n	
5 a	1⑤	2⑤		4⑤							115	
4 i	1④								9④			
3 u		2 3										
2 e												
1 o		2 1										

└→後ろの数字

42・115・34・115
↓　↓　↓　↓
て　ん　し　ん
「天津」なので中国

答　③

No.2

	j	i	h	g	f	e	d	c	b	a		←後ろのアルファベット
	A	K	S	T	N	H	M	Y	R	W	n	
5 a		5 i	5 h				5 d					
4 i												
3 u				3 g								
2 e									2 b			
1 o	1 j											

└→前の数字

2 f・3 b・5 d・2 j・4 f・4 j・3 j
ね　る　ま　え　に　い　う
「寝る前に言う」なのでおやすみ

答　⑤

No.3

A	B	C	D	E	F	G	H	I	J	K	L	M
①	2	3	4	⑤	6	7	⑧	⑨	10	11	12	13

Z	Y	X	W	V	U	T	S	R	Q	P	O	N
14	15	16	17	18	19	⑳	㉑	22	23	㉔	25	㉖

○：明らかになっている所

8・25・17・25・12・4・1・22・5・15・25・19
H　O　W　O　L　D　A　R　E　Y　O　U
　　　　　　↓
How old are you（おいくつですか）なので④

答　④

No.4

A̷ G̷ W̷ D̷ A̷ U̷ G̷ Y̷ I M̷ R̷ Ø A P̷ K T̷ I U̷ S B̷ I

←

後ろから1文字ずつとばして読むと「ISIKARIGAWA＝石狩川」となる。

同じように与えられたものを削除整理すると，

A K̷ M T̷ I S J̷ G A̷ Ʀ̷ R Y̷ U O̷ K R A̷ U̷ S

←

「SAKURAJIMA：桜島」となるので鹿児島県

答 ⑤

No.5

まず，後ろから「1文字とばし」で読んでいき，「き」までいったら，とばしていた間の文字を読んでいく。そうすると「くんしあやうきにちかよらず＝君子危うきに近よらず」となる。同じ要領でことわざになるのは，

「そでふりあうもたしようのえん＝袖振り合うも他生の縁」

き←う←や←あ←し←ん←く

ず←ら←よ←か←ち←に

②　　も←う←あ←り←ふ←で←そ

ん←え←の←う←よ←し←た

答 ②

No.6

与えられた暗号に「．（ドット）」などがある場合，それが何らかの意味をなしている。この問題では，ドイツの「ド」が「LH．」で他に「．」が見当たらないことから，「．」＝「゛（濁点）」ではないかと想定できる。

それをふまえて，五十音表を作ると，

	K	J	I	H	G	F	E	D	C	B	A	←後ろのアルファベット
	A	K	S	T	N	H	M	Y	R	W	n	
P a												
O i	ⓄK	ⓄJ	ⓄI									
N u				NH								
M e							ME					
L o		LJ		LH								

↑── 前のアルファベット

NJ．PK　MH　PE　PC
↓　↓　↓　　↓　　↓　　↓
グ゙　ア　テ　　マ　　ラ

答 ④

— 9 —

No.7

←割る数	1	2	3	4	5	6	7	8	9	10
	A	K	S	T	N	H	M	Y	R	n
1 a	1÷1	2÷2			5÷5			8÷8	9÷9	
2 i							14÷7			
3 u			9÷3	12÷4						
4 e										
5 o										

└── 商

子音が「割る数」になっているのは，比較的容易に想像できる。

母音は一見わかりづらいが，各暗号の「商」を求めると a = 1, i = 2, u = 3 になっている。したがって，対応表は上のとおり。

これに基づいて暗号を解読すると，

5÷5	12÷4	10÷5	3÷3	6÷2	4÷2	2÷1	45÷9	2÷1	6÷6	5÷5
↓	↓	↓	↓	↓	↓	↓	↓	↓	↓	↓
な	つ	に	さ	く	き	い	ろ	い	は	な

「夏に咲く黄色い花」なのでひまわり

答　②

No.8

t	b	u	p	v	t	j	p
↓	↓	↓	↓	↓	↓	↓	↓
s	a	t	o	u	s	i	o

l	p	t	i	p	v
↓	↓	↓	↓	↓	
k	o	s	h	o	u ←コショウ

アルファベット順で，1文字前に戻すと解読できる。

答　①

No.9

	1	2	3	4	5
1	A		O	N	Ⓜ
2			X		
3					
4			T	U	J
5	E				I

「15 44 45 55 14 43 13 44」が「無人島」だから「ＭＵＪＩＮＴＯＵ」とローマ字化して表に入れる。

最初の15のＭは横が1の列で，縦が5の列でないとＥと衝突するので上の位置が正しいと考えられ，同じ要領で他のアルファベットも入れてみる。Ｍ，Ｎ，Ｏの続き具合から，またＡ，Ｅの位置からアルファベットの配列は次の通りであることが推論できる（Ａから始まって渦巻状に配列されている）。

したがって，

```
O  K  I  N  A  W  A
13 35 55 14 11 24 11
```

答 ③

演習問題（問題，本文35ページ）

No.1

	1 ＝ A	2 ＝ K	3 ＝ S	4 ＝ T	5 ＝ N	6 ＝ H	7 ＝ M	8 ＝ Y	9 ＝ R	10 ＝ W	←かける数の分子
1＝a		$1×\frac{2}{10}$									
2＝i											
3＝u		$3×\frac{2}{10}$				$3×\frac{6}{10}$					
4＝e											
5＝o	$5×\frac{1}{10}$										

↑
かけられる数

したがって，「$2×\frac{3}{10}$, $1×\frac{7}{10}$, $4×\frac{5}{10}$」＝し，ま，ね＝島根。

答 ③

No.2

A	B	C	D	E	F	G	H	I	J	K	L	M
1	3	5	7	9	11	13	15	17	19	21	23	25

N	O	P	Q	R	S	T	U	V	W	X	Y	Z
26	24	22	20	18	16	14	12	10	8	6	4	2

※ □ は，明らかになっている部分。

答 ②

No.3

暗号のカタカナは子音，数字は母音をそれぞれ示している。

子音：ア＝子音なし　イ＝K　ウ＝S　エ＝T　オ＝N　カ＝H　キ＝M　ク＝Y
　　　ケ＝R　コ＝W

母音：1＝a　2＝i　3＝u　4＝e　5＝o

※ ▨ は，明らかになっている部分。

よって，「イ1 コ1 ウ1 イ2」は「Ｋa Ｗa Ｓa Ｋi」となる。

答 ④

— 11 —

No.4

ゆ	う	ひ	は	あ	か	い
38	31	26	16	11	12	21
YU	U	HI	HA	A	KA	I

2ケタ目の数字が母音部に対応していることがすぐわかる。

	1	2	3	4	5	6	7	8	9	10 ←暗号の後ろ
	A	K	S	T	N	H	M	Y	R	W
1A	A	K A				H A				
2I	I					H I				
3U	U							Y U		
4E										
5O										

↑
暗号の前

子音部は，1ケタ目が該当している。

「は」はWAでなく字通りにHAとなっている。

オ	キ	ナ	ワ	は
O	KI	NA	WA	だから
51	22	15	110	

答　⑤

No.5

	10	9	8	7	6	5	4	3	2	1 ←暗号の後ろ
	‖	‖	‖	‖	‖	‖	‖	‖	‖	‖
	A	K	S	T	N	H	M	Y	R	W	n
5 = a					56			53		
4 = i			48							
3 = u		39		37						
2 = e	210									
1 = o	110	19							12	

↑
暗号の前

小さい「つ」と「や」に○がついているので，「○＝文字を小さくする」と考えると，上の表ができる。これをふまえて考えると，

49・⑬・310・17・35 ＝き・ょ・う・と・ふ＝京都府

したがって，<u>近畿地方</u>

答　③

No.6

漢字のへんとつくりの画数に着目すると，この暗号は以下のようになると推測できる。

つくり＼へん	1画	2画	3画	4画	5画
1画	あ	か	さ	た（札）	な
2画	い	き（仏，化）	し	ち	に
3画	う	く	す	つ（社）	ぬ（知）
4画	え	け	せ	て	ね（研）
5画	お	こ	そ	と	の

※ □ は，問題文の中で判明している箇所

よって，問題の「こねこ」は

こ … へんが2画で，つくりが5画の漢字

ね … へんが5画で，つくりが4画の漢字　になっているものを選べばよい。

答　①

No.7

		て		な
た	お	A		
そ	え		く	
せ		い	け	
		さ	こ	の

わかっている □ 箇所をヒントにし，矢印化すると，

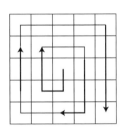

中心から渦状になっていることがわかる。

よって，Aは「か」となる。

答　②

No.8

	2 A	4 K	6 S	8 T	10 N	12 H	14 M	16 Y	18 R	20 W	22←分子 n
1 a											$\frac{22}{1}$
3 i		$\frac{4}{3}$									
5 u	$\frac{2}{5}$										
7 e				$\frac{8}{7}$							
9 o						$\frac{12}{9}$		$\frac{16}{9}$			

↑ 分母

したがって，$\dfrac{12}{3}$，$\dfrac{18}{9}$，$\dfrac{2}{3}$，$\dfrac{2}{5}$，$\dfrac{14}{3}$ ⇨ ひ・ろ・い・う・み＝<u>広い海</u>

答 ②

No.9

暗号の数字は子音，記号は母音をそれぞれ示している。そしてア，イの暗号から，以下のように
わかる。

	A	K	S	T	N	H	M	Y	R	W	G	D	B
a ○					25 ○			3 ○		7 ○	14 ○	20 ○	
i ×	×												
u ◎		6 ◎	15 ◎										24 ◎
e ●	●												
o △	△			13 △	25 △								

これだけでは子音に規則性が見出せないので，子音のアルファベット順に着目してみる。

26	24	22	20	18	16	14	12	10	8	6	4	2
A	B	C	D	E	F	G	H	I	J	K	L	M
N	O	P	Q	R	S	T	U	V	W	X	Y	Z
25	23	21	19	17	15	13	11	9	7	5	3	1

以上のように並んでいることがわかる。

　よって暗号Xは「く，だ，も，の，の，な，ま，え」となり，正解は③になる。

答 ③

第3章　対応関係(1) 勝敗

基本問題 （問題，本文 46 ページ）

No.1

	A	B	C	D	E	F	
A		○	×	○	○	○	1敗 (2)
B	×		×	(5)	×	×	
C	○	○		○	○	○	全勝 (1)
D	×	(5)	×		×	×	
E	×	○	×	○		○	2敗 (3)
F	×	○	×	○	×		3敗 (4)

(1) Cが全勝なので，Cと戦った相手はすべて負け。

(2) Aの1敗の相手はCなのでB，D，E，Fには勝ち。B，D，E，FはAに負け。

(3) Eの2敗の相手はAとCなのでB，D，Fには勝ち。B，D，FはEに負け。

(4) Fの3敗の相手はA，C，EなのでB，Dには勝ち。B，DはFに負け。

(5) B対Dの勝敗は不明。

答 ⑤

No.2

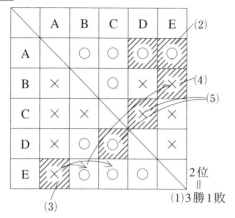

最終成績が全チームで異なっているので5チームの成績はそれぞれ4勝0敗，3勝1敗，2勝2敗，1勝3敗，0勝4敗となる。

(1) 「Eは2位」なので，成績は3勝1敗。

(2) B，C，Dには負けがあり，Eも1敗しているので，全勝（＝4勝0敗）している可能性があるのはAのみ＝全勝はA。

(3) Aが全勝なので，Eが負けた相手はAのみ＝B，Cには勝ち。

(4) B，CはEに負けているので，Bの「1勝3敗」＝4位が確定。

(5) 残る成績は「2勝2敗」と「0勝4敗」だが，Dは1勝していることが分かっているので，C対DはDの勝ちで，Dが2勝2敗，Cが0勝4敗となる。これで表が完成する。

答　⑤

No.3

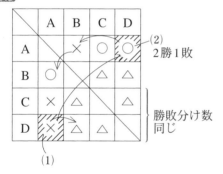

(1) C，Dともに勝敗引き分け数が同じなので，Dも1敗2分け。

　　　　　　　　　＋

　Aは「2勝1敗」で，引き分け試合がない。

　　　　　　　　　⇓

　DはAに負け，Bと引き分け。

(2) AはDに勝っているので，Aの2勝の相手は，C，Dが確定。したがってBには負けている。
　＝BはAに勝ち，1勝2分け

答　④

No.4

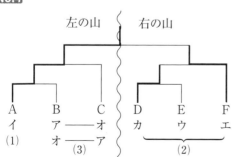

(1) a．アはイに負け
　　b．イはエに勝ち ｝ イは3勝しているので優勝。
　　d．オはイに負け

(2) c．カは2回戦でエに負けた。
　　e．ウはカに負けた。
　　　　　　↓
　　左の山は2回戦の勝者がイなので条件cが入るのは右の山。
　　なおかつ，2回戦で負けたカにウは負けているので，ウとカが戦ったのは1回戦。
　　　⇒D＝カ，E＝ウ，F＝エが確定。

(3) BとCのどちらがアで，どちらがオかは確定で

きない。

No.5

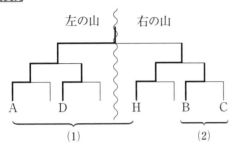

左の山　　右の山

A　　D　　H　　B　　C

(1)　　　　　　(2)

(1) トーナメント戦の決勝は，左右の山から勝ち上がってきたもの同士が戦う。そこで，仮に図のようにAとHを入れる。

(2) Bは2回戦でHに負け，そのBにCは負けているので，左表のようになる。

(3) Dの「1勝1敗」は，「Dが2回戦で負けた」ことを意味する。右の山の2回戦はB対Hだったことが確定しているので，DはAと2回戦で戦い，敗退している。

以上のことから，Aが2回戦で戦った相手はDである。

答　②

No.6

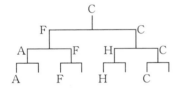

A：2回試合

B：1回戦負け

C：Hに勝つ

F：Aに勝ち，Cに負けた

G：1回戦負け

H：1勝1敗

B，D，E，Gの位置は決まらない。

答　①

演習問題　（問題，本文49ページ）

No.1

表Ⅰ

	A	B	C	D	E	F	勝ち数
A		○	○	○	×	○	4
B	×		×		×	×	
C	×	○			○	○	4
D	×		×		×	×	
E	○	○	×	○		○	4
F	×	○	×	○	×		2

表Ⅱ

	A	B	C	D	E	F	勝ち数
A		○	×	○	○	○	4
B	×		×		×	×	
C	○	○		○	×	○	4
D	×		×		×	×	
E	×	○	○	○		○	4
F	×	○	×	○	×		2

A，C，Eは4勝だから表Ⅰ，表Ⅱの2つの場合しか考えられない。

BとDの勝敗については記述がないので何ともいえない。

答　⑤

No.2

条件から，以下のようにわかる（「×」は，まだ試合が済んでいないものを表す）。

	A	B	C	D	得点
A					8
B					0
C				−1 ×	7
D			3 ×		

まず，Aは現在8点であることから，Aの成績は3勝1敗しかあり得ない。1巡目の試合はすべて終了しているから，以下のようになる。

	A	B	C	D	得点
A		3	3	3	8
			※1		
B	−1 ※2				0
C	−1 ※2			−1 ×	7
D	−1 ※2		3 ×		

※1　3試合中いずれかで1敗

※2　3試合中いずれかで1勝

次に，Cは現在7点であることから，Cの成績は3勝2敗しかあり得ない。CとDは1戦しかしていないから，以下のようになる。

	A	B	C	D	得点
A		3 ×	3 −1	3 ×	8
B	−1 ×		−1 −1		0
C	−1 3	3 3		−1 ×	7
D	−1 ×		3 ×		

また，Bは現在0点だから，Bは現在1勝3敗だとわかる。

	A	B	C	D	得点
A		3 ×	3 −1	3 ×	8
B	−1 ×		−1 −1	3 ×	0
C	−1 3	3 3		−1 ×	7
D	−1 ×	−1 ×	3 ×		1

答　④

1と3の記述から私はAではない。

また，2の記述からCでもなく，4の記述からEでもない。

したがって，BかD。

答　④

問題文から，次のようにわかる。

	A	B	C	D	E	F	得点
A		2	2	2	2	2	10
B	−1				2	−1	1
C	−1			2	2	2	
D	−1		−1		2		※
E	−1	−1	−1	−1		−1	−5
F	−1	2	−1		2		※

※DはFより高得点。

Bの得点が1点であることから，次の2通りのパターンが考えられる。

(1)　BがCに負け，Dに勝つ場合

	A	B	C	D	E	F	得点
A		2	2	2	2	2	10
B	−1		−1	2	2	−1	1
C	−1	2		2	2	2	7
D	−1	−1	−1		2		
E	−1	−1	−1	−1		−1	−5
F	−1	2	−1		2		

このとき，DがFに勝ったとしても，Dの得点は1点，Fの得点も1点となり，「DはFより高得点」という条件を満たすことはできない。よって，(1) の仮定は誤りである。

(2)　BがCに勝ち，Dに負ける場合

	A	B	C	D	E	F	得点
A		2	2	2	2	2	10
B	−1		2	−1	2	−1	1
C	−1	−1		2	2	2	4
D	−1	2	−1		2		
E	−1	−1	−1	−1		−1	−5
F	−1	2	−1		2		

このとき，「DはFより高得点」という条件から，以下のようになる。

	A	B	C	D	E	F	得点
A		2	2	2	2	2	10
B	− 1		2	− 1	2	− 1	1
C	− 1	− 1		2	2	2	4
D	− 1	2	− 1		2	2	4
E	− 1	− 1	− 1	− 1		− 1	− 5
F	− 1	2	− 1	− 1	2		1

答 ③

No.5

	A	B	C	D	E	F
A		×		○		
B	○		×			
C		○				○
D	×				○	
E			×			○
F			×		×	

「BはCに負け」の記述から，A対Bの試合の勝者はB。また「Dは…Eに勝ち」の記述からE対Fの試合の勝者はE。

これをふまえて対戦表を作ると，左表のようになる。

Cの1位とFの6位は確定。

A対BはBが勝っているのでB＞A

A対DはAが勝っているのでA＞D

D対EはDが勝っているのでD＞E

したがって，C→B→A→D→E→Fの順。

答 ⑤

No.6

問題文からわかることを表にすると，表Ⅰのようになる。

表Ⅰ

	池	福	和	安	藤	佐	
池					×		2勝3敗
福				○	×	○	2勝3敗
和					×		2勝3敗
安		×			×		
藤	○	○	○	○		×	佐藤を除いて全勝
佐		×			○		2勝3敗

藤田は佐藤以外には負けていない。また福永は2勝3敗で，勝った相手が安藤と佐藤であることから，池添，和田，藤田には負けている。これを考慮すると，表Ⅱのようになる。

表Ⅱ

	池	福	和	安	藤	佐	
池		○			×		2勝3敗
福	×		×	○	×	○	2勝3敗
和		○			×		2勝3敗
安		×			×		
藤	○	○	○	○		×	佐藤を除いて全勝
佐		×			○		2勝3敗

よって，確実にいえるのは②

答 ②

— 19 —

第4章　対応関係 (2) 対応

基本問題　(問題，本文 66 ページ)

No.1

対応表を書くと以下の通り。

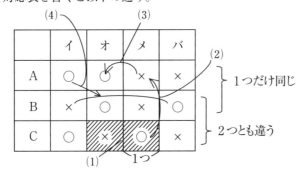

(1)　BとCは2つとも違うものを選んでいるので，Bが選んだオレンジをCは選ばず，Bが選んでいないメロンをCは選んでいる。

(2)　メロンは1つしかなく，Cが選んでいるので，Aはメロンを選んでいない。

(3)　Aはメロンとバナナを選んでいないので，イチゴとオレンジを選んでいる。

(4)　AとBは1つだけ違うものを選んでいる＝1つは同じものを選んだということ。それがオレンジであることが判明したので，Aが選んだイチゴをBは選ばず，Aが選ばなかったバナナをBが選んだ。

(5)　BとCは2つとも違うものを選んでいるので，Cが選んだのはイチゴ。

したがって，正しいのは③。

答　③

No.2

問題文からわかるのは，以下の通り。

	ハン	ステ	から	オム	エビ	
A	○	×				
B			×	○		
C					○	もう1つ
D			×	○		
E	×	○				
	2人	2人	3人	2人	1人	

「エビフライを食べたのは1人」なので，A，B，D，Eはエビフライを食べていない。

「オムレツを食べたのは2人」なので，A，C，Eはオムレツを食べていない。

「からあげを食べたのは3人」で，BとDは食べていないので，A，C，Eはからあげを食べている。

そうすると，Cが食べたもう1つがからあげであることが判明するので，Cはハンバーグとステーキを食べていない。

	ハン	ステ	から	オム	エビ
A	○	×	○	×	×
B			×	○	×
C	×	×	○	×	○
D			×	○	×
E	×	○	○	×	×
	2人	2人	3人	2人	1人

C行の右に「もう1つ」

これ以上は判明しない。

②④　BとDがハンバーグとステーキを1つずつ食べたのか，それともどちらかが2つ食べたのかがわからない。

答　①

No.3

Bの条件から，Bは直方市，下関市のいずれの人間でもなく，またDの条件からDが下関市の人間でないことがわかる。条件からAも下関市の人間ではないので，Cが下関市に住んでいる。

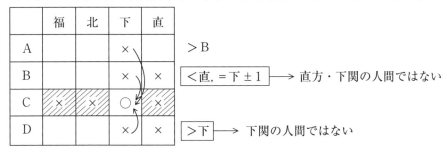

	福	北	下	直
A			×	
B			×	×
C	×	×	○	×
D			×	×

A：＞B
B：＜直, ＝下±1　→　直方・下関の人間ではない
D：＞下　→　下関の人間ではない

同じ考え方で，Bは直方市の人間ではなく，Cが直方市の人間である可能性もなくなったので，Aが直方市の人間になる。

→　Aは直方市以外には住んでいないので確定

	福	北	下	直
A	×	×	×	○
B			×	×
C	×	×	○	×
D			×	×

これ以外はわからない。

以上のことから，確実にいえるのは①。

答　①

No.4

条件を表にする。

	犬	猫	ウサギ	ハムスター	ラッキー	ベッキー	ビッキー	ロッキー
A		○			×			
B					×	×		
C	×			×				
D								
ラッキー		×						
ベッキー								
ビッキー			×	×				
ロッキー			×	×				

→

	犬	猫	ウサギ	ハムスター	ラッキー	ベッキー	ビッキー	ロッキー
A	×	○	×	×	×	○	×	×
B		×	×		×	×	×	○
C	×	×	○	×	○	×	×	×
D		×			×	×	○	×
ラッキー	×	×	○	×				
ベッキー	×	○	×	×				
ビッキー		×	×	×				
ロッキー		×	×	×				

BとDは何を飼っているかは不明。

犬とハムスターはロッキーとビッキーのいずれか。

答 ④

No.5

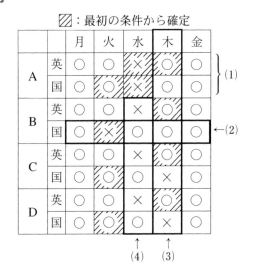

▨：最初の条件から確定

		月	火	水	木	金
A	英	○	○	×	○	○
	国	○	○	×	○	○
B	英	○	○	×	○	○
	国	○	×	○	○	○
C	英	○	○	×	○	○
	国	○	○	○	×	○
D	英	○	○	×	○	○
	国	○	○	○	×	○

(1) 水曜日に履修していないので，他の曜日に全部履修している。

(2) 火曜日に履修していないので，国語はそれ以外の曜日で履修している。

(3) 「木曜日に英・国ともに履修しているのは2人」の条件から，CとDは国語を履修していない。したがって，CとDは木曜日以外で国語を履修している。

(4) 「水曜日に2科目履修している者はいない」の条件から，B，C，Dいずれも水曜日に英語を履修せず，他の曜日で履修している。

これで表が完成している。正しいのは④。

答 ④

— 22 —

No.6

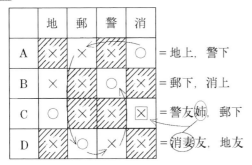

	地	郵	警	消
A	×	×	×	○
B	×	×	○	×
C	○	×	×	×
D	×	○	×	×

= 地上, 警下
= 郵下, 消上
= 警友姉, 郵下
= 消妻友, 地友

A～Dが条件に挙げられた職業に就いている可能性はないので，左の対応表の▨▨部が確定する。次に条件3＝「Cは警察官の友人の姉」から，Cは女性であることがわかり，条件4＝「Dは消防士の妻の友人」から，消防士は女性でないことが判明する。

よって，Cは消防士ではないので，「C＝地方公務員」と「A＝消防士」が確定し，あとは「D＝郵便局員」，「B＝警察官」が順次決定する。

答　③

演習問題 （問題，本文70ページ）

No.1

条件から，下表のようになる。

	梅	鮭	お	昆	ツ	計
A	×	○	×	○	×	2
B	○	×	○	×	×	2
C	×	○	×	×	○	2
D	○	○	×	×	×	2
E	○	×	×	×	○	2
計	3	3	1	1	2	10

答　①

No.2

それぞれ自分についての予想ははずれているから，以下のようになる。

	金賞	銀賞	銅賞	ハズレ
A	A̶	C	B	D
B	A̶	D	C	B̶
C	B	D	A	C̶
D	D̶	A	B	C̶

ここで，Bの「Dは銀賞を引く」という予想が当たっていると仮定すると，以下のようになる。

	金賞	銀賞	銅賞	ハズレ
A	A̶	C̶	B	D̶
B	A̶	D̶	C̶	B̶
C	B̶	D̶	A̶	C̶
D	D̶	A̶	B	C̶

よって，この仮定の場合，金賞C，銀賞D，銅賞B，ハズレAとなる。

次に，Bの「Cは銅賞を引く」という予想が当たっていると仮定すると，以下のようになる。

	金賞	銀賞	銅賞	ハズレ
A	A	C	B	D
B	A	D	C	B
C	B	D	A	C
D	B	A	B	C

このように，この仮定の場合，金賞B，銀賞A，銅賞C，ハズレDとなる。

答　③

No.3

条件エより，B≠赤，黒。
条件オより，C≠黒。
よって，黒色の車はすべてA社製である。

答　①

No.4

	部	課	係	主
A				
B	×			
C		×	×	
D	×	×		

条件イ，ウ，エを表にすると左図の通り。
ここで，AかBが課長だが，Bが課長だと条件イ，エと矛盾する。
よって，A＝課長。必然的にC＝部長。

	部	課	係	主
A	×	○	×	×
B	×	×	○	×
C	○	×	×	×
D	×	×	×	○

係長はBかDだが，Dだと条件ア，エと矛盾する。
よって，B＝係長，D＝主任。

以上から，確実にいえるのは③。

答　③

No.5

	ゾ	カ	キ	ラ
A		×		
B	×		○	
C	×			
D	○		×	

条件から分かるのは表の通り。

	ゾ	カ	キ	ラ
A	○	×	×	○
B	×	×	○	○
C	×	○	×	○
D	○	○	×	×

条件ウより，A～C3人に共通して好きな動物はキリンかライオンになるが，Aのもう1種類がゾウとなるため，キリンの場合条件カに反する。
よって，3人共通の動物はライオンであり，必然的にCはカバ好きとなる。
また，条件エより，Dのもう1種類はカバで確定する。

よって，確実にいえるのは②。

答　②

No.6

ア～オの条件から，以下のようにわかる。

	り	み	桃	梨	計
A	×		×		1
B			×		1
C	×	×	○	×	1
D	×		×		1
E		×	×		1
計	1	1	1	2	5

※　AとDは違う果物
※　BもしくはEがりんご

(1)　Bがりんごを選んだと仮定すると，以下のようになる。

	り	み	桃	梨	計
A	×		×		1
B	○	×	×	×	1
C	×	×	○	×	1
D	×		×		1
E	×	×	×	○	1
計	1	1	1	2	5

※　A＝みかんのときD＝梨，
　　A＝梨のときD＝みかんとなる。

(2) Eがりんごを選んだと仮定すると，以下のようになる。

	り	み	桃	梨	計
A	×		×		1
B	×	×	×	○	1
C	×	×	○	×	1
D	×		×		1
E	○	×	×	×	1
計	1	1	1	2	5

※　A＝みかんのときD＝梨，

　　A＝梨のときD＝みかんとなる。

答　**④**

No.7

条件から，以下のような表ができる。

	赤	青	緑	白	黒
A	×		×		
B	×	×			
C	×			×	
D	○	×	×	×	×
E	×				

「①Aは青，Bは白が好きである」という条件を加えると，

	赤	青	緑	白	黒
A	×	○	×	×	×
B	×	×	×	○	×
C	×	×		×	
D	○	×	×	×	×
E	×	×		×	

C，Eについて好きな色が特定されない。

「②Aは青，Eは白が好きである」という条件を加えると，

	赤	青	緑	白	黒
A	×	○	×	×	×
B	×	×		×	
C	×	×		×	
D	○	×	×	×	×
E	×	×	×	○	×

B，Cについて好きな色が特定されない。

「③Bは白，Cは黒が好きである」という条件を加えると，

	赤	青	緑	白	黒
A	×	○	×	×	×
B	×	×	×	○	×
C	×	×	×	×	○
D	○	×	×	×	×
E	×	×	○	×	×

以上のように特定される。

「④Cは青，Dは赤が好きである」「⑤Dは赤，Eは黒が好きである」については，Dは赤が好きなことがすでにわかっているので，

④のとき

	赤	青	緑	白	黒
A	×	×	×		
B	×	×			
C	×	○	×	×	×
D	○	×	×	×	×
E	×	×			

⑤のとき

	赤	青	緑	白	黒
A	×		×		×
B	×	×			×
C	×			×	×
D	○	×	×	×	×
E	×	×	×	×	○

以上のように，1つしか条件が加わらず，3人について好きな色が特定されない。

よって，全員について好きな色が特定される条件は③のみである。

答　③

No.8

条件を図にすると以下のようになる。

　カレー　＞　A，E（＝ケーキ）＞寿司

　A，C＞刺身

　Eは刺身，カレーより背が高い

　B，C≠カレー

以上より，以下のようになる。

	天	刺	寿	カ	ケ
A		×	×	×	
B				×	
C		×		×	
D					
E		×	×	×	×

よって，Eは天ぷらとなり，そうするとAがケーキだとわかる。さらに印をつけると以下のようになる。

	天	刺	寿	カ	ケ
A	×	×	×	×	○
B	×	○	×	×	×
C	×	×	○	×	×
D	×	×	×	○	×
E	○	×	×	×	×

この結果と最初の表を組み合わせると，以下のようになる。

カレー＞ケーキ＝天ぷら＞寿司＞刺身

　　D　　　A　　　E　　　C　　　B

答　①

考えられる組み合わせは次の2通りである。

A	○	
B	○	
C	○	
D		○
E		○
F		○

A		○
B	○	
C	○	
D		○
E		○
F	○	

答　④

No.10

条件から，以下のようになる。

	月曜日		火曜日		水曜日		計
	掃	給	掃	給	掃	給	
A	×	○	○	×	×	○	3
B		×	○	×		×	
C	○	×	×	×	○	×	2
D	×	○	×	×	×	○	2
E		×	×	○		×	
F		×	×	○		×	
計	2	2	2	2	2	2	12

よって，確実にいえるのは④のみである。

答　④

No.11

条件から以下のようになる。

	ハンバーグ	グラタン	オムライス	カレー	コーヒー	紅茶	オレンジ	コーラ
A	×	×	○	×	×	×	○	×
B	○	×	×	×	×	○	×	×
C	×	○	×	×	×	×	×	○
D	×	×	×	○	○	×	×	×
コーヒー	×	×	×	○				
紅茶	○	×	×	×				
オレンジ	×	×	○	×				
コーラ	×	○	×	×				

答　⑤

No.12

条件からわかることを表にする。

	春　日	筑紫野	鳥　栖	久留米	八　女	大牟田	○：停車，×：通過
A	○	×	×	×	○	×	
B	×	○	×				
C	○	×					
D	×	×					
E	○	×					
F	×	○	×				

→この中の2パターンが停車

条件5から確定

まず，春日駅に停車するCパターンとEパターンから考える。

条件5の後半部分から，この2つのパターンで鳥栖，久留米，大牟田の各駅に行くことができるようにしなければならず，隣の駅には停車できないので，鳥栖駅に停車するパターンと久留米駅に停車するパターンは分ける必要がある。また，条件4と条件5から，どちらかのパターンのみ大牟田に停車する。

ここでは仮にCパターンが鳥栖駅停車，Eパターンが久留米駅停車として，ここまでを表にする。

	春　日	筑紫野	鳥　栖	久留米	八　女	大牟田	○：停車，×：通過
A	○	×	×	×	○	×	
B	×	○	×				
C	○	×	○	×			どちらかが停車
D	×	×					
E	○	×	×	○	×		
F	×	○	×				

次に，筑紫野駅に停車するBパターンとFパターンを考えると，この2つで久留米，八女，大牟田に停車するパターンを作らなければならない。そうすると，1つが久留米，大牟田に停車し，もう1つが八女のみに停車することになる。また，これで大牟田駅に停車する2パターンが確定するので，Dパターンは大牟田駅には停車しない。

Bパターン＝久留米，大牟田停車，Fパターン＝八女停車として表を作る。

	春　日	筑紫野	鳥　栖	久留米	八　女	大牟田	○：停車，×：通過
A	○	×	×	×	○	×	
B	×	○	×	○	×	○	
C	○	×	○	×			どちらかが停車
D	×	×				×	
E	○	×	×	○	×		
F	×	○	×	×	○	×	

あとは鳥栖駅から八女駅と大牟田駅に行くパターンを考えればよい。

この状況でDパターンの停車駅を考えると，条件6から鳥栖駅と八女駅に停車することになる。また，Dパターンが大牟田に停車しない以上，Cパターンが大牟田に停車しなければ，鳥栖から大牟田に行く新幹線がない。

よって，次のように表が完成する。

	春　日	筑紫野	鳥　栖	久留米	八　女	大牟田	○：停車，×：通過
A	○	×	×	×	○	×	
B	×	○	×	○	×	○	
C	○	×	○	×	×	○	
D	×	×	○	×	○	×	
E	○	×	×	○	×	×	
F	×	○	×	×	○	×	

逆あり　逆あり

答　③

基本問題　（問題，本文 82 ページ）

No.1

A→黒のコート
　　→≠ C→B or D̸のコート
　　　　　　└→持って帰ったのは黒いコートで，Dのコートはグレー
B→≠ D＝グレー　　　　　　　　　↓
　　↓　　　　　　　　　　　Aが持って帰ったのはBのコート
　A or C̸のコート　　　　　　「2人ずつ会って交換すると元に戻る」ので
　　　　　　　　　　　　　　A ←→ B，C ←→ D が確定する。

答　④

No.2

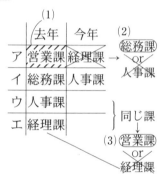

(1)　「去年は全員違う課に所属していた」ので，アが去年「営業課」だったことが確定。

(2)　アの今年は「社員全員の所属課が替わった＝営業課ではない」ことと，「経理課ではない」ことから総務課か人事課。しかし，「ウ，エのみ同じ課」でイが「人事課」であることから，「ア＝総務課」。

(3)　ウとエは営業課か経理課だが，経理課だと，エが「社員全員の所属課が替わった」という条件に反するので，ウとエは「営業課」。

答　④

No.3

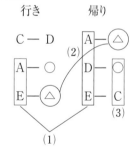

(1)　条件2から，A・D・Eを違うバイクに乗せ，行きのAとEの相手はBかFわからないので，仮に○と△にしておく。

(2)　条件3から，Aの帰りの相手は△。

(3)　条件4から，D，Eの帰りの相手はそれぞれ○とCで確定。（○・△はB or Fだが，どちらがどちらかは判明しない。）

答　③

No.4

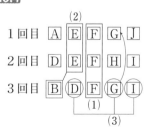

出たカードをアルファベット順に並べかえると，左のようになる。「表に出ているカードの裏側は見えない」ということを考えて，カードを見ていく。

(1)　3回とも F が出ているので，F の裏側は3回とも出ていないアルファベットになる。C 以外は1回以上出てきているので，F の裏は C 。

(2) 表裏は同時に出ないので，Ｅの裏は「1回目，2回目では見えず，3回目でのみ見えたもの」になる。Ｂ以外はないので，Ｅの裏はＢ。

(3) 3回目で，Ｄ・Ｇ・Ｉが同時に見えているので，この3枚は同じカードではない。またＧは，1回目で出ているので，Ｇの裏は，「1回目では見えず，2回目で見えたもの」になる。そうするとＧの裏はＨ。

Ｄとｌの裏は，ＡかＪだが，どちらがどちらの裏かはわからない。

答 ⑤

No.5

条件ア〜エから，以下のようにわかる。

	母	娘
A	×	○
B	×	○
C	×	○
D	○	×
E	○	×
F	○	×
計	3	3

身長
  A ＝ D
  C ＝ E ＝ F
  B

また，条件オより6人の身長は以下のような順番になっている。

          B（娘）
      A（娘）＝ D（母）
    C（娘）＝ E（母）＝ F（母）

※ ＣとＤは親子だが，他のペアはどちらのパターンでも成立する。

      A（娘）＝ D（母）
          B（娘）
    C（娘）＝ E（母）＝ F（母）

※ ＣとＤは親子だが，他のペアはどちらのパターンでも成立する。

答 ④

No.6

条件をまとめると，以下の通り。

ア．A ： 3人と合う
イ．B → A，C
ウ．D → だれもいない
エ．E →
   D ←

条件ウとエを考えると，
1．Ｄが来たのが，A，B，Cのあとだった。
2．Ｄが最初に来て，だれもいなかった。
の2つが考えられる。

1の場合

条件アとイから，AはDとEのどちらかと会っていなければならない。

A，B，Cのあとにが来たとすると，AはDとも，その後に来たEとも会っていないことになる。

したがって，これはあり得ない。

2の場合

もし，Dのあとにとが入ってきて，AがDと会っていた場合，条件イをふまえて考えると，AはEとも会っていることになる。そうするとAは4人に会っているので，条件に反する。

以上のことから，考えられる流れは以下のとおり。

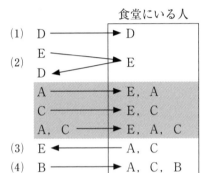

食堂にいる人

(2)と(3)の間の　　　部は，AとCのどちらが先に入ってきたか，もしくは一緒に来たかはわからない。

Eは食堂でBとは会っていない。

答 ⑤

演習問題（問題，本文85ページ）

No.1

ペアの女子の方を基準にして考えていく。

　女子がBの場合　→　男子はA

　女子がDの場合　→　男子はE

よって，Cは試合に出る可能性がない。

答 ③

No.2

条件から，下図のようになる。

	500	400	300	200	100
A	×	○	×	×	×
B	○	×	×	×	×
C	×	×	×	○	×
D	×	×	×	×	○
E	×	×	○	×	×

答 ①

No.3

Aのカードに対して，それぞれBが出したカードを考える。

※　（　）は勝敗を示す。

　　　A　　　　　B

3（○）　→　　2（3が勝てるカードは2だけなので）

5（○）　→　　4（5が勝てるカードは2を除けば4だけなので）

11（×）　→　12（11が負けるカードは12だけなので）

9（×）　→　10（9が負けるカードは12を除けば10だけなので）

1（×）　→　6，8（どちらでも成立する）

7（?）　→　8，6（Aが1を出したとき，Bが6を出せば8，8ならば6）

以上のように，Aが7を出したとき，Bが出す可能性があるのは6か8である。

答　③

No.4

まず「同じ種類のケーキを2つ以上買った人はいない」「1つだけケーキを買った人はいない」という条件から，組み合わせは以下のように考えられる。

　（※　シ＝ショートケーキ，チ＝チーズケーキ，モ＝モンブラン，ガ＝ガトーショコラ）

　(1)　4つ買った場合　…　シ・チ・モ・ガ

　(2)　3つ買った場合　…　シ・チ・モ，シ・チ・ガ，シ・モ・ガ，チ・モ・ガ

　(3)　2つ買った場合　…　シ・チ，シ・モ，シ・ガ，チ・モ，チ・ガ，モ・ガ

ここから，「ショートケーキとモンブランを両方買った人は，チーズケーキとガトーショコラも買った」「チーズケーキを買った人は，3つ以上ケーキを買った」という条件に合わないものを削除していく。

　シ・チ・モ・ガ

　~~シ・チ・モ~~，シ・チ・ガ，~~シ・モ・ガ~~，チ・モ・ガ

　~~シ・チ~~，~~シ・モ~~，シ・ガ，~~チ・モ~~，~~チ・ガ~~，モ・ガ

　よって，すべての人が買ったケーキはガトーショコラだとわかる。

答　④

No.5

デザートが3種類，飲み物が2種類だから，セットの組み合わせは6種類である。

さらに「6人はそれぞれ異なる組み合わせのセットを注文した」という条件から，

⑴それぞれのデザートを注文したのは2人ずつ，⑵それぞれの飲み物を注文したのは3人ずつということがわかる。

このことを基に，表を作成すると以下のようになる。

	デザート	飲み物
A	プリン	コーヒー
B	※	コーヒー
C	プリン	紅茶
D	※	コーヒー
E	※	紅茶
F	※	紅茶

※ 　Bがアイスクリームを注文したとき，D，Eはケーキ，Fはアイスクリーム。

　　Bがケーキを注文したとき，D，Eはアイスクリーム，Fはケーキ。

よって，確実にいえるのは⑤のみである。

答　⑤

No.6

	1回目	2回目	3回目	
A	チョキ	グー	チョキ	← パー　なし
B	グー	チョキ		
C	パー	チョキ		← グー　なし
D	グー	グー	チョキ	← パー　なし
E	グー	グー	グー	← チョキなし

△2回目は，Aはグーしかない。

　Bはパーかチョキだが，Cがチョキしかないのでもチョキ。

　3人勝ったわけだからDとEもグー。

△3回目は，

　Aはチョキしかない。

　Eはチョキがないのでパーかグー。

　Dはパーがないのでチョキかグー。

△1人勝ち残るためには，

　EはグーでDはチョキ。

　Eの優勝である。

答　⑤

No.7

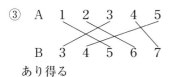

① A 1 2 3 4 5
    B 3 4 5 6 7
3引き分けまでにしかならない

② A 1 2 3 4 5
    B 3 4 5 6 7
3引き分けにすると2敗になる

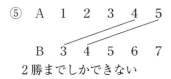

③ A 1 2 3 4 5
    B 3 4 5 6 7
あり得る

④ A 1 2 3 4 5
    B 3 4 5 6 7
2勝にすると3敗になる

⑤ A 1 2 3 4 5
    B 3 4 5 6 7
2勝までしかできない

答　③

No.8

「3人ともすべての種類の飴を最低1個は持っている」ことと，条件アから以下のようにわかる。

	オ	イ	メ	計
A	4	1	1	6
B	1			6
C	1			6
計	6	6	6	18

また，条件イを基に表を埋めていくと以下のようになる。

	オ	イ	メ	計
A	4	1	1	6
B	1	3	2	6
C	1	2	3	6
計	6	6	6	18

答　④

No.9

条件から，以下のような表ができる。

	月	火	水	木	金	土	日
肉	○	×	○	×	×	×	○
魚	×	×	○	×	○	×	○
野菜	○	※	○	※	×	※	×

※　野菜のもう1日の特売日は，火曜・木曜・土曜のいずれかである。

よって，確実にいえるのは②のみである。

答　②

A	B	C
5	4	3
3以上	3以上	1

「AとBがCの3倍以上食べた」となっているので，Cは1個しか食べていないことになる。

次に，最初の条件からCは2個残したわけだから，AかBが1個残したことになる。

つまり，

表Ⅰ

	A	B	C
	4	4	1
残	1	0	2

表Ⅱ

	A	B	C
	5	3	1
残	0	1	2

以上の2通りが考えられる。

①②④　表Ⅱでは○だが，表Ⅰでは×

③　　　表Ⅰでは○だが，表Ⅱでは×

答　⑤

条件から分かるのは以下の通り。

	A	B	C	D	E	F	
A					×	×	┓同順位
B					×	○	┛
C					○	×	2勝3敗
D					×	×	
E	○	○	×	○		○	4勝1敗
F	○	×	○	○	×		3勝2敗

ここで試合数が15，C，E，Fの勝利数が9，AとBが同順位＝同じ勝利数であることを考えると，AとBの勝利数は1勝，2勝，3勝のいずれかであることが分かる。

a．AとBが1勝の場合

　　Dが4勝となるが，Dは最高でも3勝にしかならないので不適。

b．AとBが2勝の場合

　　Dも2勝で，A，B，C，Dの4人が2勝3敗となり，「同順位は4人以上いない」の条件に反する。

c．AとBが3勝の場合

　　AはB，C，Dに勝ち，BはC，Dに勝っている。

　　表も矛盾なく完成する。

	A	B	C	D	E	F
A		○	○	○	×	×
B	×		○	○	×	○
C	×	×		○	○	×
D	×	×	×		×	×
E	○	○	×	○		○
F	○	×	○	○	×	

したがって，正しいのは①。

答　①

No.12

条件をまとめると，以下のようになる。

A（1, a, b）　　a + b = 10
B（3, c, d）　　c + d = 9

考えられる組み合わせは，以下の2通りである。

A（1, 2, 8）のとき，B（3, 4, 5），C（6, 7, 9）
A（1, 4, 6）のとき，B（3, 2, 7），C（5, 8, 9）

よって，どちらの場合も含まれるのは9のみである。

答　⑤

No.13

飴は合計14個あり，「全員が飴を3個か4個取っており，その中にはいちご味の飴が少なくとも1個入っている」「Aはメロン味の飴を2個取った」「Dは飴を4個取った」という条件から，下図のようになる。

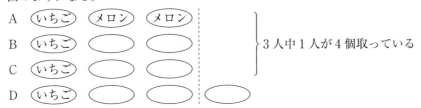

次に「Bは3種類すべての飴を同数取った」という条件を，飴3個か4個で満たすには，それぞれの味を1個ずつ取るしかない。同様に「Cはいちご味の飴とオレンジ味の飴を同数取った」という条件を，飴3個か4個で満たすには，両方の味を2個ずつ取るしかない。

答　⑤

No.14

	1	2	3	4	正解
A	○	○	×	×	4
B	○	○	○	×	3
C	×	×	×	×	2
D	○ ×	× ○	○ ×	○ ○	1 3
E	○	○	○	○	2

Bの ○ × × × に対しては，

Dが × ○ × × の○がどの位置でもEの○が2つになるので，条件により不適。

したがって，Bは ○ ○ ○ ×

するとDは， ○ × ○ ○ か ○ ○ × ○

したがって，Eは ○ ○ ○ ○

答 ④

No.15

パンの種類は不明だが，組み合わせは以下のようになる。

　A（a, a, b）　B（a, a, b）　C（a, b, b）

AとBの交換の方法は2種類考えられる。

(1)Aが（a, a），Bが（a, b）を交換した場合

　組み合わせは以下のようになる。

　A（a, b, b）　B（a, a, a）　C（a, b, b）

　ここで，BとCの交換について

　・Bの（a, a）とCの（a, b）を交換すると，

　　A（a, b, b）　B（a, a, b）　C（a, a, b）となり，

　　BとCの組み合わせが同じになるので，問題に合わない。

　・Bの（a, a）とCの（b, b）を交換すると，

　　A（a, b, b）　B（a, b, b）　C（a, a, a）となり，

　　AとBの組み合わせが同じになるので，問題に合わない。

　よって(1)の仮定は問題に合わない。

(2)Aが（a, b），Bが（a, a）を交換した場合

　組み合わせは以下のようになる。

　A（a, a, a）　B（a, b, b）　C（a, b, b）

　ここで，BとCの交換について

　・Bの（a, b）とCの（b, b）を交換すると，

　　A（a, a, a）　B（b, b, b）　C（a, a, b）となり，

　　これは問題に合っている。

　・Bの（b, b）とCの（a, b）を交換すると，

A （a, a, a） B （a, a, b） C （b, b, b） となり，
これは問題に合っている。

答 ①

No.16

第1回戦の条件より，カードを取った人が1人or2人ということが判明するので，以下の2つの
パターンが考えられる。

	a	b	c	d	e
第1回戦	○○○				
第2回戦	○	○	○	○	
第3回戦		○	○	○	○○

	a	b	c	d	e
第1回戦	○○	○			
第2回戦	○◌		◌	◌	
第3回戦		○	○	○	○○

◌ は a，c，d どこかの可能性あり。

答 ①

No.17

Bは1回しか間違っていないので，Bがどの回で間違ったのかを考える。

(1) 1回目で間違った場合

	1回目	2回目	3回目	4回目	5回目
正解	白	白	白	赤	赤

　このとき，Cの得点は10点になるから，これは問題に合っている。

(2) 2回目で間違った場合

	1回目	2回目	3回目	4回目	5回目
正解	赤	赤	白	赤	赤

　このとき，Cの得点は30点になるから，これは誤りである。

(3) 3回目で間違った場合

	1回目	2回目	3回目	4回目	5回目
正解	赤	白	赤	赤	赤

　このとき，Cの得点は10点になるから，これは問題に合っている。

⑷　4回目で間違った場合

	1回目	2回目	3回目	4回目	5回目
正解	赤	白	白	白	赤

このとき，Cの得点は30点になるから，これは誤りである。

⑸　5回目で間違った場合

	1回目	2回目	3回目	4回目	5回目
正解	赤	白	白	赤	白

このとき，Cの得点は30点になるから，これは誤りである。

以上から，正解は⑴白・白・白・赤・赤か，⑶赤・白・赤・赤・赤のどちらかである。Dの得点は⑴のとき30点，⑶のときも30点となる。

答　④

No.18

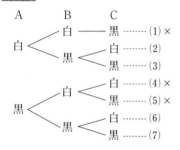

考えられるカードの組み合わせはこの7通り。

⑴の場合：AがBの「白」を見た段階で「C＝黒」がAにわかる。⇨×

⑷の場合：BがCの「白」を見た段階で「A＝黒」がBにわかる。⇨×

⑸の場合：もし「A＝白」ならば，Aは「C＝黒」がわかる。⇨Aが「わからない」ということは，「A＝黒」がBにわかる。⇨×

以上のことから，AとCのカードの色は確定しないが，「B＝黒」は確定する。

答　④

No.19

問題の状況を図にすると，以下のようになる。

	A駅	B駅	C駅	D駅	E駅	F駅	G駅	H駅
降りた人		アと○		カ	イorウ	キ	2人	

　　　　　片方はこれより前で降りる ←⏤

・オはクが降りた後に降りる

B駅からC駅までの間に降りたア以外の1人（図の○）を除いて，G駅までに降りたのは全部で7人。よってH駅で1人降りている。

条件1から，クが降りたのはA～C駅の間かG駅になるが，B～C駅で降りた○がクだとすると，条件2に矛盾が生じてしまうので×。したがって，クはG駅で降りているので，H駅で降りたのはオ。またB～C駅で降りた○は，イかウのどちらかということになり，ここまで出ていないエがG駅で降りたもう1人となる。

— 40 —

まとめると，

	A駅	B駅	C駅	D駅	E駅	F駅	G駅	H駅
降りた人		アと*イorウ*		カ	*イorウ*	キ	エ・ク	オ

↑E駅で降りなかった方

答　⑤

第6章　対応関係 (4) 嘘つき問題

基本問題（問題，本文112ページ）

No.1

AとBの発言は矛盾しており，BとCの発言も矛盾する。他方AとCの発言は矛盾しない。嘘をついているのは1人だけなので，Bが嘘をついていることがわかる。

Bの発言を正確なものに直すと，「Aは演劇部ではなく，Cは美術部ではない」となる。

また，AとBの証言より，A＝美術部，B＝茶道部，C＝演劇部となる。

答　③

No.2

優　勝　者

発言者		A	B	C	D	E
	A	×	×	×	×	○
	B	×	×	×	○	×
	C	○	○	×	○	○
	D	○	○	○	×	○
	E	○	×	×	×	×

左表中，斜線部が全員の発言を本当として埋めたところ（Dは「Bの発言は嘘」から，「Dは優勝していない」となる），それ以外は各人の発言の逆を埋めたものである。そうすると，Cが優勝者ならばDの発言のみが本当になり，題意に適する。

答　③

No.3

発言者		A	B	C
	A	⊗	╱	
	B		╱	⊗
	C			⊗

○は本当　╱は嘘

<u>他の大</u>←条件からこれは嘘。

Bの「私はしていない」は嘘で，犯人はBである。

答　③

— 41 —

No.4

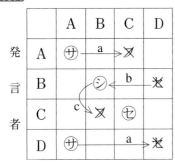

	A	B	C	D
発言者 A	㋚	→a→	✕	
発言者 B		㋛	←b←	✕
発言者 C		c ✕	㋜	
発言者 D	㋚	→a→		✕

各人の発言を表にして，Aの発言を場合分けする。

(1) Aの「私はサード」が本当の場合
 a．Dの「A＝サード」も本当になり，それぞれの
  もう1つの発言が嘘になる。
 b．Dの「私＝セカンド」が嘘なので，Bの「D＝
  セカンド」も嘘。よって「B＝ショート」は本当。
 c．「B＝ショート」なのでCの言った「B＝ファー
  スト」は嘘。必然的に「C＝セカンド」となり，
  表が矛盾なく完成する。(Dはファーストになる。)

(2) Aの「C＝ファースト」が本当の場合
 Cの言った「私はセカンド」が嘘になるので，もう
 1つの発言「B＝ファースト」が本当になる。そう
 すると，「C＝ファースト」の条件に矛盾する。した
 がって誤り。

答 ①

No.5

既婚者である者

	A	B	C	D	E	F	G	H	I
発言者 A	✕	✕	✕	✕	○	✕	✕	✕	○
発言者 B	✕	○	✕	✕	✕	✕	✕	✕	✕
発言者 C	✕	✕	✕	✕	✕	✕	✕	✕	○
発言者 D	○	○	○	○	○	○	○	○	✕
発言者 E	○	○	○	○	✕	○	○	○	✕
発言者 F	○	○	○	○	✕	○	○	○	✕
発言者 G	✕	○	✕	✕	✕	✕	✕	✕	✕
発言者 H	○	✕	○	○	○	○	○	○	○
発言者 I	✕	✕	✕	✕	✕	✕	✕	✕	○

左表中斜線部が各人の発言を本当として
埋めたところ（Fは「E＝本当」と言っ
ているので，Eと同じ），それ以外は各人
の発言の逆を埋めたものである。Bが結
婚しているとすると5人の証言が，Eが
結婚しているとすると3人の証言が本当
となり，「4人が本当」という問題条件に
当てはまらない。よって既婚者の可能性
がないのはBとE。

答 ③

― 42 ―

No.6

まず，Aの発言が本当だと仮定すると，

A：○　→　D：×　→　B：○　→　C：×

次に，Aの発言が嘘だと仮定すると，

A：×　→　D：○　→　B：×　→　C：○

あり得る組み合わせは以上の2通りである。

答　①

演習問題（問題，本文115ページ）

No.1

CとDの発言は矛盾するので，どちらかが嘘をついていることになる。

(1)　Cが嘘をついている場合

A	B	C	D
緑	※	※	黄

※BとCは赤か青のいずれか

(2)　Dが嘘をついている場合

A	B	C	D
緑	※	黄	※

※BとDは赤か青のいずれか

よって確実にいえるのは①のみである。

答　①

No.2

発言を順に見ていくと，以下のようになる。

A ≠ 野球部　　　　　　　　　　→　サッカー部（Bが茶道部，Cが科学部なので）

B ≠ 野球部・サッカー部　　　　→　茶道部（Cが科学部なので）

C ≠ 野球部・サッカー部・茶道部　→　科学部

D　　　　　　　　　　　　　　→　野球部（他の3人が決定すれば自動的に決まる）

答　②

No.3

	A	B	C	D	E
発 A			○		
言 B	○				
者 C			×		
D				×	
E		○			

→

	A	B	C	D	E
A	×	×	○	×	×
B	○	×	×	×	×
C	○	○	×	○	○
D	○	○	○	×	○
E	×	○	×	×	×

↑
1人だけ本当とすればDということになる。

答　④

No.4

A：B，Cが欠点

B：Aが欠点

C：B，Dは欠点ではない

D：Bが欠点

Aが欠点ではないとすると，「B，Cが欠点」との発言から，A，Dが本当，B，Cが嘘となる。そうすると，Dの「Bが欠点」は本当だし，Bの「Aが欠点」，Cの「Bは欠点ではない」はいずれも嘘となるので，矛盾なく成立する。

よって，欠点ではない者はAとD。

答　③

No.5

「あり得る組み合わせ」なので，各選択肢から考える。

①A組とC組が夫婦

　A組の発言から，B組は夫婦。そうするとC組が婚約者となり矛盾する。

②B組とD組が夫婦

　B組の発言からC組＝婚約者。

　C組の発言のうち「D組は夫婦」は本当なので，「E組が夫婦」が嘘となり，E組＝婚約者。

　（E組の「C組は夫婦」が嘘なので，E組＝婚約者ともいえる。）

　一方，A組の「C組は夫婦」との発言から，A組は婚約者となり，Dの発言が本当＝D組は夫婦となる。

　したがって，B組とD組が夫婦は成立する。

③C組とE組が夫婦

　C組の「D組は夫婦」とE組の「D組は婚約者」が矛盾している。

④D組とA組が夫婦

　D組の「A組は婚約者」がすでに矛盾している。

⑤E組とB組

　B組の「C組は婚約者」とE組の「C組は夫婦」が矛盾している。

答　②

No.6

まず，すべての証言を本当だとして，一番悪かった人＝○として表を書く。

		A	B	C	D	E	F	G
発言者	A	×	×	×				×
	B	×	×		×	×		
	C	○			○			
	D	○				○	○	
	E		○	○				○
	F		○	○				
	G					×	×	

次に，表の空欄を横に見て，それぞれの証言の逆（AならばD，E，Fに○，CならばB，C，E，

— 44 —

F，Gに×）を入れる。

	A	B	C	D	E	F	G
A	×	×	×	○	○	○	×
B	×	×	○	×	×	○	○
C	○	×	×	○	×	×	×
D	○	×	×	×	○	○	×
E	×	○	○	×	×	×	○
F	×	○	○	×	×	×	×
G	○	○	○	○	×	×	○

最後に，この表を縦に見る。例えば，Aが一番点数が悪かった場合，○が付いているC，D，G
が本当のことを言い，×が付いている残りの4人が嘘をついていることになる。

条件が「3人が嘘をついている」なので，縦に見たとき，×が3つ付いている人間が一番点数が
悪かったことになる。

したがって，一番点数が悪かったのはCとなる。

答　②

No.7

すべての発言が本当であるとして，対応表を作る。

	1	2	3	4	5
A	D				A
B		B	E		
C		C	D		
D		E	D		
E				E	B

Cの発言「C＝2位」が本当の場合，「D＝3位」がうそ。
そうすると，Dの発言が両方ともうそになるため矛盾する。
よって，Cの「D＝3位」が本当。

	1	2	3	4	5
A	✕				Ⓐ
B		Ⓑ	✕		
C		✕	Ⓓ		
D		✕	Ⓓ		
E				Ⓔ	✕

Bの発言は「E＝3位」がうそとなるため，「B＝2位」が本
当。そうすると，Eの「B＝5位」がうそになるため，「E
＝4位」が本当。
また，Aの「D＝1位」はうそなので，「A＝5位」が本当。
必然的にC＝1位となる。
よって，確実にいえるのは①。

答　①

— 45 —

基本問題（問題，本文129ページ）

No.1

```
    左                      右
      ○  ○  ○  ○  ○  ○
1.  ㋓  ㋒  ㋑  ㋐  ㋕  オ    →条件 d に矛盾
2.  ㋕  ㋒  ㋑  ㋐  ㋓  オ    …○
3.  オ  ㋓  ㋒  ㋑  ㋐  ㋕
4.  オ  ㋕  ㋒  ㋑  ㋐  ㋓
```
条件 b が当てはまらない

条件 c からエとカの位置は左の4通り。
条件 a からア，イ，ウの位置は㋒・㋑・㋐となるので，それを当てはめる。

答　①

No.2

・A→E………ア
・Dの後にB…イ
・C→D………ウ
・Dの後にE…エ

アとエから　Dの後にA→E…オ
オとウから　C→D　A→E
イから　　　B or B

答　②

No.3

```
    1位 2位 3位 4位 5位 6位
     ○  ○  A  ○  ○  ○
1.  ㋫      A      ㋓
2.  C  ㋫  A  B  D  ㋔
```
どちらかが1位

EがAより遅く，EとFの間に3人が入る順位は，左の2通り。
→CとDの間にFが入らない＝×

答　③

No.4

重←―――→軽
○○D○○
条件aから
どちらかがA

⇒

条件bからC＞E＞Bを当てはめると
　　　　↓
重←―――→軽
○○D E B

A↔C　└―Dより重い2人のうち，1人がAのため，EとBは
どちらかが　　ここにしか入らない
一番重い

答　③

No.5

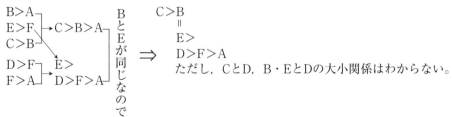

答　⑤

No.6

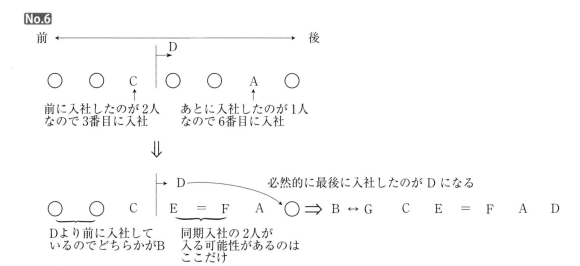

前 ←——————————————→ 後

○　○　C│ D　○　○　A　○

前に入社したのが2人　　あとに入社したのが1人
なので3番目に入社　　　なので6番目に入社

⇓

　　　┌→ D　　　　　必然的に最後に入社したのが D になる
○　○　C│ E＝F　A →○ ⇒ B↔G　C　E＝F　A　D

Dより前に入社して　　同期入社の2人が
いるのでどちらかがB　入る可能性があるのは
　　　　　　　　　　ここだけ

答　⑤

演習問題（問題，本文132ページ）

No.1

　条件から，点数順に6人を並べると以下のようになる。

E　＞　F　＞　A　＞　B・C
　　　　　　Dはこの間のどこかに入る

答　⑤

No.2

　条件より，順位は以下のようになる。

	1回目	2回目
A	1	5
B	6	2
C	3	1
D	4	4
E	2	3
F	5	6

答　③

No.3

まずA～Cの発言から，身長は高い順に以下のようになる。

    D ＞ A ＞ B

    C，Eは　E＞C　でこの間のどこかに入る

これに①の発言が加わった場合，

    D ＞ A ＞ E ＞ C ＞ B　の1通りしかなく，順位が確定する。

②の発言だと，B ＞ C　となり，条件に合わない。

③の発言が加わった場合，

    E ＞ C ＞ D ＞ A ＞ B

    E ＞ D ＞ C ＞ A ＞ B

    E ＞ D ＞ A ＞ C ＞ B　の3通りが考えられ，順位は確定しない。

④の発言が加わった場合，

    D ＞ E ＞ C ＞ A ＞ B

    D ＞ E ＞ A ＞ C ＞ B　の2通りが考えられ，順位は確定しない。

⑤の発言だと，③と同様に順位は確定しない。

答　①

No.4

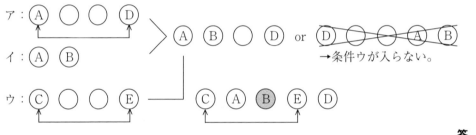

答　②

No.5

条件より，以下のようになる。

10点	20点	30点	40点	50点
D	C	B	E	A

1組の生徒はBとEで，平均点35点。2組の生徒はAとCとDで平均点26点。

答　②

No.6

条件2と条件3から，B，C，D，Fの身長の大小関係は，以下のようになる。

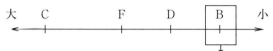

Bがこの位置でないと条件3に当てはまらない

条件1から，以下の3パターンが考えられる。

→ このパターンだと，条件4に当てはまらない
= ×

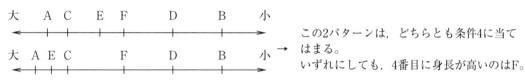

→ この2パターンは，どちらとも条件4に当てはまる。
いずれにしても，4番目に身長が高いのはF。

答 ⑤

No.7

ア～エの条件をまとめると，以下のようになる。

```
              B  >  D  がどこかに入る
 兄 ： AかC > ? > ? > ?
                       ↕ 同じ
 弟 ：  ? > ? > ? > AかBかC
```

1番若い兄はD以外であることから，D兄は3番目に年上，B兄は2番目に年上とするしかない。また，1番年下の兄がBでなくなったことから，1番年下の兄および弟はAかCである。

```
 兄 ： AかC > B > D > AかC
                     ↕ 同じ
 弟 ：  ?    > ? > ? > AかC
```
よって，確実にいえるものは②のみである。

答 ②

No.8

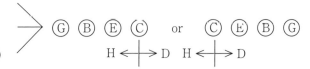

- Ⓕ Ⓐ Ⓗ or Ⓗ Ⓐ Ⓕ
- Ⓑ Ⓖ or Ⓖ Ⓑ
- Ⓗ → Ⓒ → Ⓓ
- Ⓑ Ⓔ Ⓒ or Ⓒ Ⓔ Ⓑ

Ⓖ Ⓑ Ⓔ Ⓒ　or　Ⓒ Ⓔ Ⓑ Ⓖ
H ←┼→ D　H ←┼→ D

①②⑤　Ⓗ Ⓐ Ⓕ Ⓖ Ⓑ Ⓔ Ⓒ Ⓓ でも成立する⇒×

③　　　Ⓗ Ⓐ Ⓕ Ⓒ Ⓔ Ⓑ Ⓖ Ⓓ でも成立する⇒×

④　　　Ⓕ Ⓐ Ⓗ Ⓒ Ⓔ Ⓑ Ⓖ Ⓓ で成立⇒○

答　④

No.9

「あ」の発言から

a：「あ」が1番,「A」が4番

b：「あ」が2番,「A」が5番

の2通りが考えられる。

これに「い」の発言を加えると, 考えられる順番は, 以下の2通り。

a：あ ○ い Ⓐ ○
　　どちらかがB

b：○ あ い ○ Ⓐ
　　どちらかがB

「う」の発言から「う」のあとに少なくとも2人が乗ってきているので「aの5番目」と「bの4番目」はあり得ない。また「aの2番目＝う」とすると, Cが入るはずのところにAがいるため, aは成立しない。

よって「bの1番目＝う」,「bのい＝C」が確定する。

したがって, 確実にいえるのは⑤。

答　⑤

No.10

白	黒	計
13	12	25

A 5, B 5, C 5, D 5, E 5
白カード

$$\left.\begin{matrix}\text{ア}\\\text{イ}\end{matrix}\right\}C > E = B$$

$$\left.\begin{matrix}\text{ウ}\\\text{エ}\end{matrix}\right\}\begin{matrix}D > A\\B > A\end{matrix}$$

$$C > E = B > A$$
$$D\qquad\quad > A$$

上の条件から白いカードの配分は，次のとおり。

A	B	C	D	E
1	2	4	4	2
1	2	3	5	2
1	2	5	3	2
1	3	4	2	3

この4通りしかない。

答 ④

No.11

「物理を勉強する日と世界史を勉強する日の間には4日ある」「日本史を勉強した日の翌日に世界史を勉強する」という条件から，考えられるのは3パターンである。

(1) 日曜に物理，木曜に日本史，金曜に世界史の場合

曜日	日	月	火	水	木	金	土
教科	物理				日本史	世界史	

空いた箇所に，数学→国語→生物の順で，かつ火曜に国語・数学が入らないようにあてはめるには，以下のようにするしかない。

曜日	日	月	火	水	木	金	土
教科	物理	数学	英語	国語	日本史	世界史	生物

(2) 月曜に物理，金曜に日本史，土曜に世界史の場合

曜日	日	月	火	水	木	金	土
教科		物理				日本史	世界史

空いた箇所に，数学→国語→生物の順で，かつ火曜に国語・数学が入らないようにあてはめるには，以下のようにするしかない。

曜日	日	月	火	水	木	金	土
教科	数学	物理	英語	国語	生物	日本史	世界史

(3)日曜に日本史，月曜に世界史，土曜に物理の場合

曜日	日	月	火	水	木	金	土
教科	日本史	世界史					物理

空いた箇所に，数学→国語→生物の順で，かつ火曜に国語・数学が入らないようにあてはめるには，以下のようにするしかない。

曜日	日	月	火	水	木	金	土
教科	日本史	世界史	英語	数学	国語	生物	物理

よって，3パターンに共通するのは火曜日の英語のみである。

答 ③

No.12

(1) 最初にアを実行した場合
    C A G E
    D B F H   … Aは1番前に来るので，条件に合わない。

(2) 最初にイを実行した場合
    A C
    B D
    E G
    F H   … Aは1番前に来るので，条件に合わない。

(3) 最初にウを実行した場合
    B D F H   … Aは前から2番目になるので，条件に合っている。
    A C E G   よって，最初はウになる。

(a) 2番目にアを実行した場合
    D B H F
    C A G E   … 1番前にHが来るので，条件に合っている。

(b) 2番目にイを実行した場合
    B D
    A C
    F H   … Hは前から3番目になるので，条件に合わない。
    E G   よって，2番目はアになる。

以上から，ウ→ア→イの順番になる。

答 ④

第8章　順位・順序 (2) 数値

基本問題（問題，本文 149 ページ）

No.1

順序よく数値線を埋めていくと，下のようになる。

したがって，72000÷1000＝72〔時間〕

答　⑤

No.2

条件から，考えられるのは以下の2通りである。

(1)

$$\overset{3}{\overbrace{D \ - \ B \ - \ E}} \ - \ \underset{2}{\underbrace{A \ - \ \overset{10}{\overbrace{C \ - \ F}}}}$$

(2)

$$\overset{3}{\overbrace{D \ - \ B \ - \ E}} \ - \ \underset{2}{\underbrace{A \ - \ F}} \ - \ \overset{10}{\overbrace{C}}$$

よって確実にいえるのは，①のみである。

答　①

No.3

始業時刻を基準点とする。

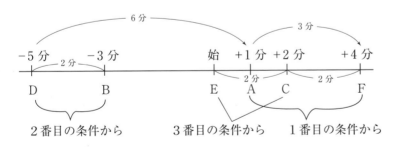

答　④

No.4

　PM 4：10を基準点とする。

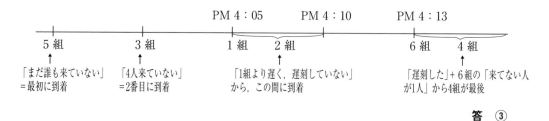

　　　　　　　　　　　　　　　　　　　　　　　　　　　　　　答　③

No.5

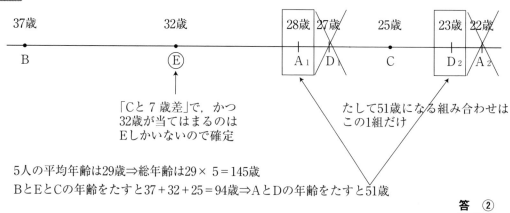

　5人の平均年齢は29歳⇒総年齢は29×5＝145歳

　BとEとCの年齢をたすと37＋32＋25＝94歳⇒AとDの年齢をたすと51歳

　　　　　　　　　　　　　　　　　　　　　　　　　　　　　　答　②

演習問題（問題，本文152ページ）

No.1

　4人の平均点は50点なので，4人の合計点は　50×4＝200

　Aの得点をaとして，B，C，Dの得点を表すと，

　　B＝a±20　C＝a±10　D＝a－10　となる。

　⑴　B＝a＋20，C＝a＋10のとき

　　　A＋B＋C＋D＝a＋a＋20＋a＋10＋a－10

　　　　　　　　　　＝4a＋20＝200

　　　　　　　　　　　　4a＝180

　　　　　　　　　　　　　a＝45

　　　よって，a＝45，B＝65，C＝55，D＝35となる。

　⑵　B＝a＋20，C＝a－10のとき

　　　A＋B＋C＋D＝a＋a＋20＋a－10＋a－10

　　　　　　　　　　＝4a＝200

　　　　　　　　　　　a＝50

　　　よって，a＝50，B＝70，C＝40，D＝40となる。

(3)　B ＝ a － 20，C ＝ a ＋ 10 のとき
$$A + B + C + D = a + a - 20 + a + 10 + a - 10$$
$$= 4\,a - 20 = 200$$
$$4\,a = 220$$
$$a = 55$$
　　　よって，a ＝ 55，B ＝ 35，C ＝ 65，D ＝ 45 となる。
(4) B ＝ a － 20，C ＝ a － 10 のとき
$$A + B + C + D = a + a - 20 + a - 10 + a - 10$$
$$= 4\,a - 40 = 200$$
$$4\,a = 240$$
$$a = 60$$
　　　よって，a ＝ 60，B ＝ 40，C ＝ 50，D ＝ 50 となる。
　よって，(2)の B ＝ 70 が最も高いことになる。

答　②

No.2

条件より，以下のようになる。

	国語	数学	計
A	89	63	152
B	84 か 94	57 か 69	153
C	52		
計	225 ※1		450 ※2

※1　平均 75 点より　　75 × 3 ＝ 225
※2　平均 150 点より　150 × 3 ＝ 450

さらに表を埋めていくと，

	国語	数学	計
A	89	63	152
B	84	69	153
C	52	93	145
計	225	225	450

答　⑤

No.3

条件を式で表すと，
かぼちゃ ＝ 大根 ＋ 120 …………(1)
ピーマン ＝ かぼちゃ － 30 ……(2)
人参 ＝ 大根 × 2 － 40 …………(3)
(1)，(2)から
ピーマン ＝ 大根 ＋ 120 － 30 ＝ 大根 ＋ 90
(1)，(3)から
　人参 ＝（かぼちゃ － 120）× 2 － 40 ＝ かぼちゃ × 2 － 280

かぼちゃの価格が160円とすると，

　　大根＝40円　　　ピーマン＝130円　　　人参＝40円

かぼちゃの価格が250円とすると，

　　大根＝130円　　　ピーマン＝220円　　　人参＝220円

かぼちゃの価格が160〜250円の範囲で設定されれば，かぼちゃの価格が最も高い。

答　⑤

No.4

まず，必ず兄＞弟であることから以下のようになる（数字は年齢差）。

兄＼弟	5	10	17	20
11	6	1	×	×
18	13	8	1	×
23	18	13	6	3
35	30	25	18	15

また，最も年齢差のある兄弟が25歳差であることから，以下のようになる。

兄＼弟	5	10	17	20
11	6	1	×	×
18	13	8	1	×
23	18	13	6	3
35	30	25	18	15

答　⑤

No.5

最初の2つの条件から下の2つのケースが考えられる。

　　　11　12　13　14　15

　ア．B　　D　E　　A

　イ．　　B　D　E　　A

最後の条件でCとDの年齢差は2歳となっているのでイ．のケースが正しい。

すなわち，

　　　11　12　13　14　15

　　　C　B　D　E　　A

したがって，Cは11歳。

答　①

No.6

$$条件\begin{cases} A + 3 = B = C - 3 \\ C + 2 = D \\ C + D = 16 \\ \qquad C = E \pm 3 \end{cases}$$

まず，$C + D = 16$ を考えてみる。

$1 \sim 10$ までの数で，和が 16 になる組み合わせは，

$\left.\begin{matrix} 10 と 6 \\ 9 と 7 \end{matrix}\right\}$ の 2 組しかない。

$C + 2 = D$ だから，

$\qquad C = 7$

$\qquad D = 9$

すると $B = 4$

$\qquad A = 1$

E は 4 か 10 だが，すでに $B = 4$ が確定しているから，$E = 10$

$A + B + C + D + E = 31$

1　　4　　7　　9　　10

答 ⑤

No.7

B を基準に考える。

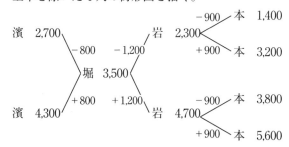

A ～ E の点数をそれぞれ A・B・C・D・E とすると，平均点は，

$(A + B + C + D + E) \div 5$

これが C の「-7」未満にならなければならない。

B は「± 0」，E は「$+$」，C は「-7」なので，これを満たす A と D の組み合わせは「$A = -10$」，「$D = -22$」以外にない。

よって，順位は $E \to B \to C \to A \to D$

答 ⑤

No.8

上本を除いた 4 人の樹形図を描く。

堀の年収が 3,500 万円なので，2 番目になる可能性がある年収は，「濱崎の 4,300 万円」，「堀の 3,500

万円」，「岩城の 4,700 万円」，「本田の 5,600 万円」の 4 つである。（「本田の 3,800 万円」は，その時の岩城の年収が 4,700 万円になるため，2 番目になることはない。）

5 人の平均年収が 4,400 万円なので，総年収は 4400 万円 × 5 ＝ 22000 万円（＝ 2 億 2,000 万円）それぞれの場合について，この総年収になるような組み合わせを考えればよい。

1．「本田の年収 5,600 万円」が 2 番目の場合

　上本の年収は 6,600 万円。このときの岩城の年収は 4,700 万円。堀の年収は 3,500 万円なので，この 4 人の年収のすべてをたすと，

　　6600 万円 ＋ 5600 万円 ＋ 4700 万円 ＋ 3500 万円 ＝ 20400 万円（＝ 2 億 400 万円）

　残りは 22000 万円 － 20400 万円 ＝ 1600 万円となり，濱崎の年収に合わない。

　したがって，これは誤り。

2．「岩城の年収 4,700 万円」が 2 番目の場合

　上本の年収は 5,700 万円。本田の年収は（5,600 万円だとこれが 2 番目になってしまうため）3,800 万円。これに堀の年収を合わせると

　　5700 万円 ＋ 4700 万円 ＋ 3800 万円 ＋ 3500 万円 ＝ 17700 万円（＝ 1 億 7,700 万円）

　残りは 22000 万円 － 17700 万円 ＝ 4300 万円となり，濱崎の年収と一致する。

　したがって，

　上本：5,700 万円

　岩城：4,700 万円

　濱崎：4,300 万円

　本田：3,800 万円

　　堀：3,500 万円

　が正しい組み合わせ。

答　②

No.9

A～E の収穫したみかんの数を，それぞれ A～E で表すと，ア～オの条件より以下の式ができる。

$$B + C + D + E = 32 \quad \cdots (1)$$
$$D + E = 15 \quad \cdots (2)$$
$$A + D = 11 \quad \cdots (3)$$
$$A + C + D + E = 29 \quad \cdots (4)$$
$$A + E = 12 \quad \cdots (5)$$

　(1)－(2)より，B ＋ C ＝ 17　B ＝ 17 － C

　(4)－(2)より，A ＋ C ＝ 14　A ＝ 14 － C

　(4)－(3)より，C ＋ E ＝ 18　E ＝ 18 － C

　(4)－(5)より，C ＋ D ＝ 17　D ＝ 17 － C

これらを(1)に代入して，

$$B + C + D + E = 17 - C + C + 17 - C + 18 - C$$
$$= 52 - 2C = 32$$
$$2C = 20$$
$$C = 10$$

よって，A ＝ 4，B ＝ 7，C ＝ 10，D ＝ 7，E ＝ 8 となる。

答　①

No.10

条件より，以下のようになる。

$$
\begin{array}{cccccc}
F & \to & C & \to & E & \qquad B \to A \to D \\
& 1 & \lfloor \to A \rfloor & 8 & & 2 \qquad 3
\end{array}
$$

以上を組み合わせると以下のようになる。

$$
\begin{array}{ccccccccccc}
& 2 & & 1 & & 1 & & 3 & & 5 \\
F & \to & B & \to & C & \to & A & \to & D & \to & E
\end{array}
$$

答 ③

No.11

A〜Eの身長をそれぞれa〜eで表すと，「最も背が高いのはC，最も背が低いのはDで，2人の身長差は23cmだった」という条件から，$c-d=23$　となる。

次にBの身長は161cmだから，$c-b=10$ より $c=171$。$c-d=23$ より $d=148$。$a-d=7$ より $a=155$。

また，5人の平均身長は160cmだから，$a+b+c+d+e=160 \times 5$

$$
155 + 161 + 171 + 148 + e = 800
$$
$$
e = 800 - 635
$$
$$
e = 165
$$

答 ⑤

No.12

Aのタイムを基準（0）として，他の5人のタイムを考えると，以下のようになる。

A：0
B：2，−2
C：5，−5
D：B＝2のとき3，1　　B＝−2のとき−1，−3
E：C＝5のとき4，6　　C＝−5のとき−4，−6
F：C＝5，E＝4のとき6，2　　C＝5，E＝6のとき8，4
　　C＝−5，E＝−4のとき−2，−6　　C＝−5，E＝−6のとき−4，−8

よって，同じタイムになり得るのはBとFである。

答 ②

No.13

条件より，考えられるのは以下の4通りになる。

$$
\begin{array}{ccccccccc}
B & - & D & - & C & - & A & - & E \\
& 3 & & 5 & & 1 & & 1 &
\end{array}
\qquad
\begin{array}{ccccccccc}
B & - & C & - & A & - & E & - & D \\
& 8 & & 1 & & 1 & & 3 &
\end{array}
$$

$$
\begin{array}{ccccccccc}
E & - & A & - & C & - & D & - & B \\
& 1 & & 1 & & 5 & & 3 &
\end{array}
\qquad
\begin{array}{ccccccccc}
D & - & E & - & A & - & C & - & B \\
& 3 & & 1 & & 1 & & 8 &
\end{array}
$$

よって，確実にいえるのは③のみである。

答 ③

条件を樹形図にする。

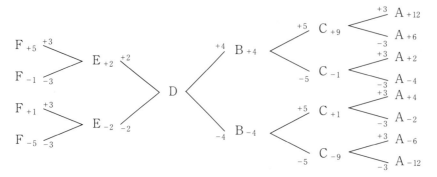

この中で同じ年齢になるのは，以下の通り。

F	E	D	B	C	A
＋5 or －1	＋2	±0	＋4	－1	＋2
－1	＋2	±0	＋4	－1	＋2 or －4
＋1 or －5	－2	±0	－4	＋1	－2
＋1	－2	±0	－4	＋1	＋4 or －2

したがって，確実にいえるのは⑤。

答　⑤

No.15

本を読んでいる間を ⟨═══⟩ ，上下巻の間の待ち時間を ◆━━▶ として，まとめる。

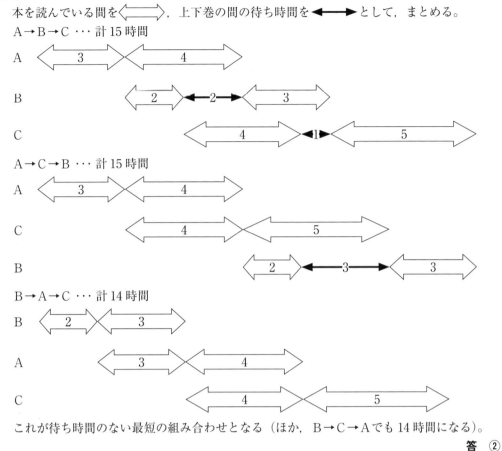

A→B→C ··· 計 15 時間

A　　3　　4

B　　2　◆2▶　3

C　　4　◀1▶　5

A→C→B ··· 計 15 時間

A　　3　　4

C　　4　　5

B　　2　◆3▶　3

B→A→C ··· 計 14 時間

B　　2　　3

A　　3　　4

C　　4　　5

これが待ち時間のない最短の組み合わせとなる（ほか，B→C→Aでも14時間になる）。

答　②

No.16

条件より，以下のようになる。

	Aの時計	Bの時計	Cの時計	実際の時刻	時計のずれ
A到着時	10：00				
B到着時	10：01	10：13			
C到着時	10：03		10：14	10：00	14分進

Aの時計の時刻から，更に表を埋めていくと，以下のようになる。

	Aの時計	Bの時計	Cの時計	実際の時刻	時計のずれ
A到着時	10：00			9：57	3分進
B到着時	10：01	10：13		9：58	15分進
C到着時	10：03		10：14	10：00	14分進

答　③

| 腕 | 7：50 | 9：00 | 11：20 |

時報と合っていた

| 掛 | 7：55 | | 11：34 |

腕　　7：50 ～ 11：20　　3 時間 30 分経過

掛　　7：55 ～ 11：34　　3 時間 39 分経過

　　3 時間 30 分 = 210 分

　　3 時間 39 分 = 219 分

9 時は腕時計では 70 分目であり,

$$\frac{70}{210} = \frac{1}{3}$$

210 分の $\frac{1}{3}$ を過ぎたところである。

したがって,

　　219 ÷ 3 = 73

掛時計では 73 分経過しているので,

　　7 時 55 分から 73 分目は 9 時 8 分である。

答　②

問題文より, 実際の時刻と時計の指す時刻は以下の通りである。

実際の時刻	時計の時刻	時計のずれ
0：00	23：55	5 分遅れ
12：00	11：52	8 分遅れ
16：00		

よって, 実際の時刻が 12 時間経過すると, 時計はさらに 3 分遅れることがわかる。

また, 12〔時間〕÷ 3〔分〕= 4〔時間〕だから, 4 時間ごとに 1 分遅れることがわかる。

よって, さらに 4 時間経過した 16 時には, さらに 1 分遅れて実際の時刻より 9 分遅れになることがわかる。

答　③

A が起床してからの経過を表にすると,

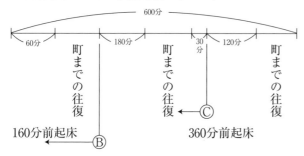

町まで3往復している。

町までの往復に要する時間は，

$$600 分 - （60 + 180 + 30 + 120） = 210 分$$

$$210 分 \div 3 = 70 分 \quad である。$$

Bの起床時間は，Aの起きる30分前である。

Cの起床時間は，Aが起床してからCに電話した時間より360分前なので，

$$60 + 70 + 180 + 70 + 30 = 410$$

$$410 - 360 = 50$$

Aが起きて50分後である。

したがって，BとCの起床時間の差は 30 + 50 = 80 である。

答　④

第9章　順位・順序 ⑶ 追い越し・親族関係

演習問題（問題，本文168ページ）

No.1

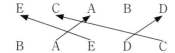

今回	E		C	A		B		D
前回	B		A	E		D		C

答　②

No.2

条件より，以下のようになる。

出発時：　E　→　B　→　A　→　C　→　D
到着時：　A　→　B　→　C　→　D　→　E

答　④

No.3

まず，A，B，Dの順位から確認していく。

5km地点でAの前にはB1人しかおらず，後ろにいるのはC，D，Eの3人だけなので，Aが「1人を追い抜き，3人に追い抜かれた」とすると，順番は以下のようになる。

$$\underset{\text{C，D，Eが入る}}{\underline{? \to ? \to ?}} \to A \to B$$

次に，Bは5km地点で先頭だったが，4人つまり他の全員に追い抜かれたと証言している。よって，Bの順位は最下位となり，Aの証言と一致する。

また，Dは5km地点で最下位だったものの，4人つまり他の全員を追い越したと証言しているので，1番にゴールしたとわかる。

$$D \to \underset{\text{C，Eが入る}}{\underline{? \to ?}} \to A \to B$$

続いて，証言のあいまいなC，Eについて考える。

5km地点でCの前にはA，B，Eの3人がおり，3人を追い抜いたと証言しているから，Cの順位はA，B，Eよりは上ということになる。

$$D \to C \to E \to A \to B$$

また，5km地点でEの前にはA，Bの2人がおり，2人を追い抜いたと証言しているから，Eの順位はA，Bよりは上ということになり，これはCの証言と矛盾しない。

答　③

No.4

順を追って見ていくとわかりやすい。

【30分後】　A，p，B，q，r，x

　A，Bの順位はわかるが，他の4人はわからないので便宜上p，q，r，xとしておく。

【1時間後】　C，A，q，B，x，r

　それぞれ1つずつ順位が動くので，p，A，q，B，x，r　となり，

　結果Cが1位なのだから，p＝Cとなる。

【90分後】　C，B，x，A，q，D

　A・Bは2つずつ順位が動き，Cは変わらないので，

　C，※，？，A，？，※（※のいずれかがB）となる。

　このときq・r・xを2つずつ動かそうとすると，rだけは2つ動くことができない。よって，r＝Dとなる。

【2時間後】　F，A，C，B，E，D

　A・B・Cは2つずつ順位が変わり，Dは変わらないので，

　？，A，C，B，？，D　となる。

　このときq・xを2つずつ動かそうとすると，qは2つ動かすことができない。

　よって，q＝E，x＝Fとなる。

答　⑤

No.5

条件に従って家系図を描くと，以下のようになる。

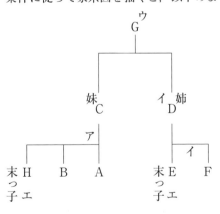

答　⑤

No.6

条件に従って家系図を描くと，以下のようになる（○は配偶者）。

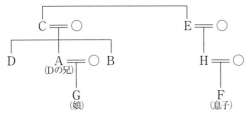

これをふまえて，各選択肢を見ていく。
① CはEと兄弟姉妹関係にはあるが，Cが弟かどうかわからない。
② DはBと兄弟姉妹関係にはあるが，Dが弟かどうかわからない。
③ DはCの子供だが，息子か娘かはわからない。
④ 正しい。
⑤ HはEの子供だが，息子か娘かはわからない。

答 ④

第 10 章 位置

基本問題（問題，本文 182 ページ）

No.1

一番上の条件を入れると，「真向かい」が入るのが図中◎のみ。ここにBかDが入るので，他の者の席がわかる。

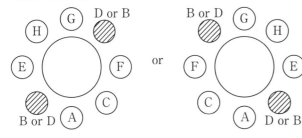

答 ②

No.2

安藤を基準に大池を入れると，向かい合っている所は図中◎部のみ。ここで場合分けすると，席が確定する。

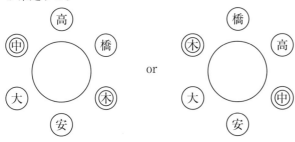

答 ③

まず，「Aの隣にはBとD，正面にはEが座っている」という証言が嘘なので，Aの隣はCかE
かFで，正面にはE以外が座っているということになる。

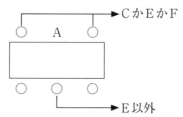

次に，「Bの隣にはCとF，正面にはAが座っている」という証言が嘘なので，Bの隣はAか
DかE，正面はA以外ということになる。また，Aの隣はBではないことが確認されているので，
AとBとは違う列に座っているとわかる。さらに，Bの正面はAではないことから，Bの位置は
以下のようになる。また，Aの正面はE以外であることから，Bの隣はDだとわかる。

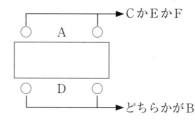

答 ②

No.4

Aの証言から考えられるのは，以下の4通り。

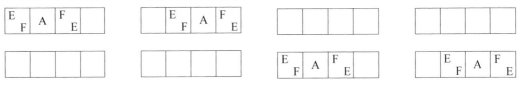

いずれの場合も，Aとは反対側の4つに $\boxed{\begin{smallmatrix}G\\H\end{smallmatrix}\ B\ \begin{smallmatrix}H\\G\end{smallmatrix}}$ が入る。

また，Cの発言からC，E，Fの位置が下の4つに定まる。

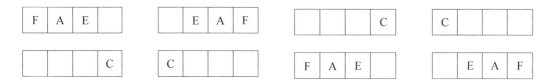

Dの証言をふまえながら，B，D，G，Hの面接会場を入れると，下の4つに確定する。

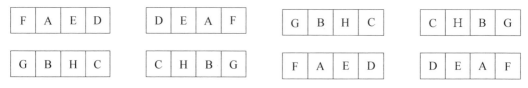

答 ④

No.5

並び順は以下のようになる。

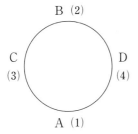

B (2)

C
(3)

D
(4)

A (1)

※数字は年齢の順番を表す

答　①

No.6

18歳は向かい合って座れず，窓側に座れるのが1人なので，18歳3人は通路を挟んで，横一列に座らなければならない。そうすると，考えられる位置は，

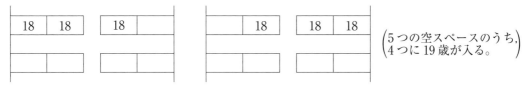

$\left(\begin{array}{l}5\text{つの空スペースのうち,}\\4\text{つに}19\text{歳が入る。}\end{array}\right)$

図のような左右対象と，上下を逆にした計4通り。
したがって，④が正しい。

答　④

No.7

並び順とメニューは以下のようになる。

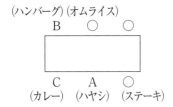

(ハンバーグ) (オムライス)
B　　○　　○

C　　A　　○
(カレー)　(ハヤシ)　(ステーキ)

答　③

演習問題 （問題，本文187ページ）

No.1

並び方は以下の2通りである。

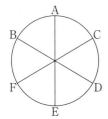

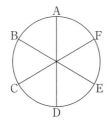

答　⑤

No.2

銀			デ
		商	
			X
	Y		

デパート……a
公園…………b
商社…………c
銀行…………d

}とする。

まずdは下の位置しかない。

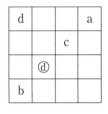

d			a
		c	
	ⓓ		
b			

ここがすぐ決まる →

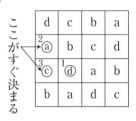

d	c	b	a
²ⓐ	b	c	d
³ⓒ	¹ⓓ	a	b
b	a	d	c

あとは左右を見ながら書き込み，上右図のようになる。
Xには公園，Yにはデパートが入る。

答 ①

No.3

条件を満たす座り方は，以下の2パターンがある。

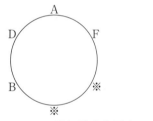

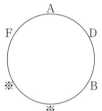

※にはCかEかのいずれかが入る。

答 ②

No.4

「Aの斜め前にはBとF，Eの斜め前にはCとF」と，どちらにもFが入っているから，AとEは共にFの向かい側に座っており，逆にB，F，CはA，Eの向かい側に座っていることがわかる。また，3人ずつで座っているのだから，DはA，Eと同じ側に座っている。

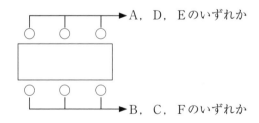

→ A，D，Eのいずれか

→ B，C，Fのいずれか

また，Aの斜め前にはBとFが座っているのだから，正面には残りのCが座っており，同様にEの向かい側にはB，消去法でDの正面にはFが座っているとわかる。

答 ④

No.5

条件イ，ウを，Bを中心に場合分けする。

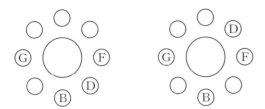

それぞれ真向いが空いているのは1か所なので，そこに条件アが入るが，条件エよりGの隣はE
でその真向いがAとなる。残りにCとHが入る。

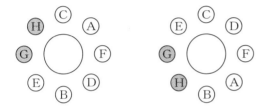

したがって，確実にいえるのは⑤。

答 ⑤

No.6

条件から，背の高い順に5人を並べると以下のようになる。

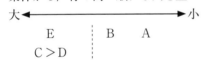

大 ←――――――→ 小

E ┊ B A

C＞D

※E，C，DはBよりは大きいが，EとC，Dの大小関係はわからない。

よって，確実にわかるのはBが4番目に大きいことと，Aが最も小さいことのみである。

答 ②

No.7

条件を図にすると以下のようになる。

この間にいる

| A | B | C | D | E | F | G | H |

■部分にはいない　　この間にいる

以上より，兄弟はEとFだとわかる。

答 ③

ｂから考えられる並び方は4通り。
　　1．Ｆ○○○○Ｄ○
　　2．Ｄ○○○○Ｆ○
　　3．○Ｆ○○○○Ｄ
　　4．○Ｄ○○○○Ｆ
またａとｃから考えられる並び方は,
　Ｇ　Ｃ　Ａ○　Ｅ
となり，これが当てはめられなければならない。3と4ははめられないので消去し，1と2で考えると,
　1.Ｆ　Ｂ　Ｇ　Ｃ　Ａ　Ｄ　Ｅ
　2.Ｄ　Ｂ　Ｇ　Ｃ　Ａ　Ｆ　Ｅ
となる。しかし，1．はｄの条件に反しているので2．が正しい並び方となる。

答　①

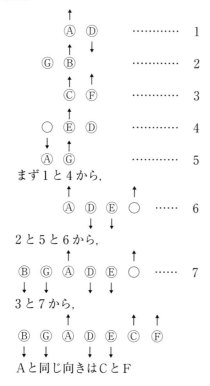

まず1と4から,

2と5と6から,

3と7から,

Ａと同じ向きはＣとＦ

答　③

No.10

並び方は以下の8通りである。

A，C，B，E，D　　D，E，B，C，A

C，E，A，D，B　　B，D，A，E，C

B，C，A，E，D　　D，E，A，C，B

C，E，B，D，A　　A，D，B，E，C

Dは前から1番目，2番目，4番目，5番目のいずれかなので，④は誤りである。

答　④

No.11

条件から，配置は以下のようになる。

	5列目	6列目	7列目	8列目	9列目
4行目		C			D
5行目	B			E	
6行目			F		
7行目	A				
8行目					

答　④

No.12

問題文から以下のようになる。　　　2種類の饅頭に挟まれているBとFがわかる。

さらにEもわかる。　　　　　DとHもわかる。　　　　最後にGがわかる。

答　③

A，D，Eの3人が各班の班長を務めていることから，3人はそれぞれ違う班ということになる。また，人数は全部で7人であり，各班の人数は2人か3人だから，2人の班が2班，3人の班が1班ということになる。

次に，AはBとCとは別の班であり，BはCとDとは別の班であることから，以下のようになる。

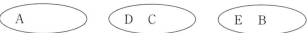

そして，CとFは別の班で，Cの所属する班は3人で構成されていることから，以下のようになる。

答　②

No.14

数字に置き換えて考えてみる。

1			
2			
3			
4			

まず，1の配置についてのみ考える。

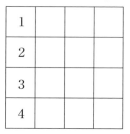

表1　　　　　　　　表2　　　　　　　表3

「縦・横・斜めのどの4枚をとっても4色のタイルが1枚ずつ」という問題の条件上，表1の■に1が入ることはない。そうすると，左から2列目に入る1は，表2もしくは表3の位置になる。

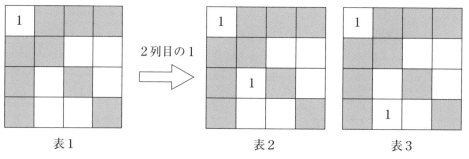

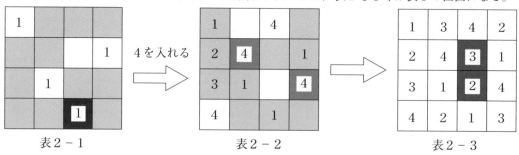

表2−1　　　　　　　表2−2　　　　　　　表2−3

一番下の段の左から2列目に1が入ることはないので，一番下の段の1の位置が決まり（表2－1の■），必然的に2段目の1の位置が決まる。

次に4を入れる（表2－2）。□に4が入ることはないので，2段目と一番右の列（表2－2の■）に4が入る。必然的に一番上の段の4の位置も決まる。

ここで2段目の3と3段目の2の位置（表2－3の■）が決まる。あとは順次2と3を入れると，表2－3のように完成する。

2. 表3の場合

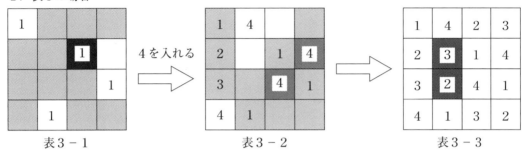

一番下の段の左から3列目に1が入ることはないので，上から2段目の1の位置が決まり（表3－1の■），必然的に3段目の1の位置が決まる。

次に4を入れる（表3－2）。□に4が入ることはないので，3段目と一番右の列（表3－2の■）に4が入る。必然的に一番上の段の4の位置も決まる。

ここで2段目の3と3段目の2の位置（表3－3の■）が決まる。あとは順次2と3を入れると，表3－3のように完成する。

以上のことをふまえてこの問題を考えると，1＝赤で2＝青，3，4は白・黄のどちらかが入り，表2のパターンならA＝赤，B＝白or黄，表3のパターンならA＝白or黄，B＝青である。

いずれの場合も，赤と青の組み合わせにはならない。

答 ②

No.15

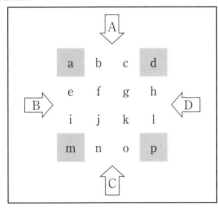

条件を満たす配置は左図の通りである。残りの1本はbかcかのいずれかであり，どちらでも成立する。

※■は花が咲いている木

答 ④

No.16

条件Aを図示すると 使／× 条件Dを図示すると ×／使

これを組み合わせると，3列ある席は 使/×/使 か ×/使/× になっていたことになる。

条件Bから，1列目の座り方は，以下の4通りが考えられる。

ア ○× ×○
イ ×○ ○×
ウ ○× ○×
エ ×○ ×○

上記アの場合　　　　上記イの場合

ここは ×○/○× か ○×/×○ か ○○/×× ← 条件Cから確定

上記ウの場合　　　上記エの場合

ここは ○/× か ×/○

ポイントになるのは，条件AとD。

いずれの条件の場合でも，参加国は8か国になる。

答　①

No.17

条件ア，イ，ウから

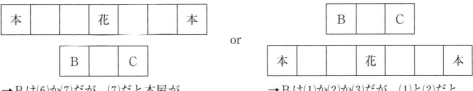

→Bは(6)か(7)だが，(7)だと本屋が　　　　→Bは(1)か(2)か(3)だが，(1)と(2)だと
　入らない　　　　　　　　　　　　　　　本屋が入らない

これに条件カを加えると，

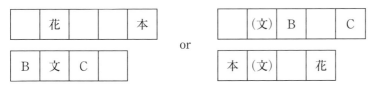

次に条件エ，オから，A，D，Eの店は花屋，本屋，文房具屋のいずれかで，BとCの店はいずれかが靴屋になる。

＊Bが靴屋の場合（同時にCは時計屋）

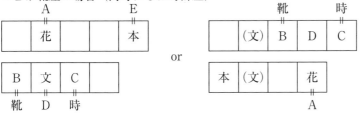

→A，D，Eの店も決まり，　　　→Dが文房具屋にならない⇒×
　条件に一致する⇒○

＊Cが靴屋の場合（同時にBは時計屋）

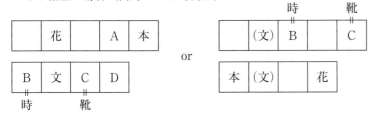

→A，Dが花屋にも本屋　　　　→条件エ，オが入らない⇒×
　にもならない⇒×

したがって，確実にいえるのは⑤。

答 ⑤

基本問題（問題，本文204ページ）

No.1

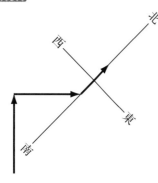

問題に従って進行方向を書き，それに方位を重ねると，左のようになる。

したがって，最初に向かっていた方向は北西。

答　⑤

No.2

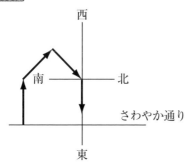

答　②

No.3

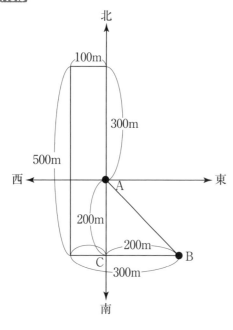

問題に従って図を描くと，左のようになる。

A点の真南の点をCとすると，

　　AC = 200m，　CB = 200m

Cから見てBは真東なので，

△ABCは直角二等辺三角形。

よって∠CAB = 45°となり，BからAを見ると，北西になる。

答　⑤

No.4

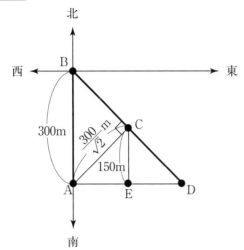

Bを基準に考える。

Aの家はBの家の南300mにあり，Cの家はAの家の北東にあるのだから，∠BAC＝45°。

なおかつ条件からAC＝BCとなるので，△ABCは∠C＝90°の直角二等辺三角形になり，∠ABC＝45°なので，Cの家はBの家の南東にある。

Dの家は「Aの東，Bの南東」から，BCの延長線と，Aから東に向かって伸ばした線の交点。

そうすると，∠CAD＝∠CDA＝45°になるので，△ACDも∠C＝90°の直角二等辺三角形。

AB＝300mから，$CA = \dfrac{300}{\sqrt{2}}$〔m〕

Cから南に150mいった所がEの家なので，CEの長さを1とすると，

$$1 : x = 150 : \dfrac{300}{\sqrt{2}}$$

$$150\,x = \dfrac{300}{\sqrt{2}}$$

$$x = \dfrac{2}{\sqrt{2}} = \dfrac{2\sqrt{2}}{2} = \sqrt{2}$$

となり，△CEAは直角二等辺三角形。

したがって，EはADの線上にあるので，Aの家から見ると<u>東側</u>。

答　①

演習問題（問題，本文206ページ）

No.1

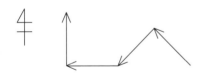

上図から，最初に歩いていた方向は北西。

答　②

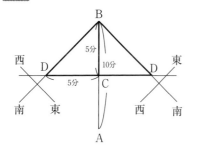

AとBの中間点をCとする。

CB間の移動時間は5分。

南に走った後，最初の進行方向に対して直角になるように曲った地点（図のD）からCまでも5分。

自転車の速さは一定なのでCBとDCの距離は同じ。

よって，△BCDは直角二等辺三角形になる。B→Dが南なので，考えられるのは左図の2通り。

したがって，北東か北西。

答　④

No.3

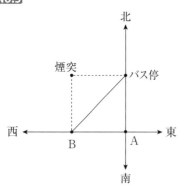

答　②

No.4

与えられた条件を図示する（図中▨は博物館のある区域，▰は美術館のある区域）。

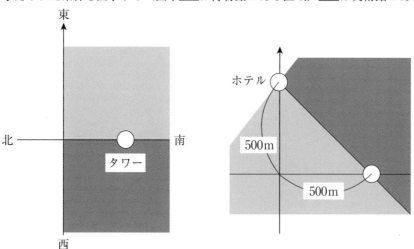

この条件から，博物館と美術館の実際の位置は，それぞれが重なった区域になる。

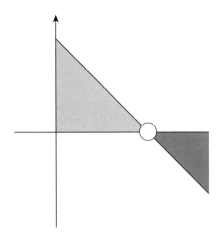

よって，タワーから美術館を見ると南西と南の間に見える。

答　③

No.5

問題を図示すると，以下のようになる。

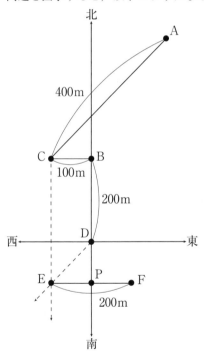

① 図のＢＰの距離が300mであることから考えても，明らかに200m以上離れている。

② Ｃ銀行とＥ銀行の間は300m。

③ 図の△ＤＰＥは直角二等辺三角形なので，ＤＥの距離は $100\sqrt{2} ≒ 141.4$m となり，100m以上である。

④⑤ 最も東，最も北ともにＡ銀行。

答　③

No.6

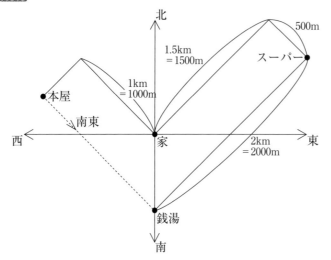

問題に従って図を描くと，左図のようになる。
したがって南。

答 ②

No.7

基準点を定めて，それぞれを座標上に書き表す。

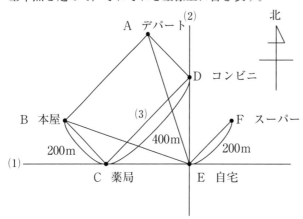

1．自宅を基準点にとると，条件aと条件bから薬局は(1)の線上，コンビニは(2)の線上にあり，また条件cからスーパーの位置は確定する。

2．条件fから，線(1)上に任意に薬局を置き，そこから線(2)に向けて北東方向（この図では右斜め45°）に線を引く（線(3)）。線(2)と線(3)の交点がコンビニになる。

3．条件dより，本屋は薬局の北西200mにあるので，本屋の位置が確定する。

4．条件bと条件eからコンビニから北西線，本屋から北東線を引き，その交点がデパートになる。

それぞれの建物をデパート＝A，本屋＝B，薬局＝C，コンビニ＝D，自宅＝E，スーパー＝Fとする。

CとDの位置関係から，

∠DCE＝∠EDC＝45°

これにより，△ECDは直角二等辺三角形になるので，

　　　E C = E D
　また A B C D は長方形になるので，
　　　A D = 200m
以上のことから，
　　　∠A D E = ∠B C E = 90° +45° = 135°
∴ 2 辺とその間の角が等しいので，
　　　△A D E ≡ △B C E
よって自宅から本屋の直線距離と，自宅からデパートの直線距離は等しい。

答　①

第 12 章　集合

基本問題（問題，本文 218 ページ）

No.1

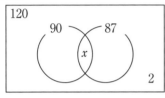

$$120 = 90 + 87 - x + 2$$
$$x = 179 - 120 = 59$$

答　④

No.2

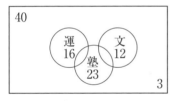

$$40 - 3 = 16 + 12 + x$$
$$x = 9$$

答　④

No.3

：両方に反対している人がいないとき，

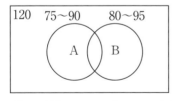

$$75 + 80 - 120 \leqq x \leqq 90 + 95 - 120$$
$$35 \leqq x \leqq 65$$

：両方に反対している人がいるとき，

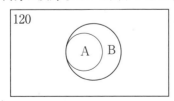

両方に賛成している議員が最も多くなるのは，A に賛成している 90 人が B に賛成しているとき，
よって，$35 \leqq x \leqq 65$, $x \leqq 90$　より，
$35 \leqq x \leqq 90$

答　①

No.4

なるべくダブらないようにして考えると，

	1	2	3	4	5	6	7	8	9	10	11	12	13	14	15
電池	○	○	○	○	○	○	○	○	○	○	○	○			
スマートフォン							○	○	○	○	○	○	○	○	○
ＦＡＸ	○	○	○	○	○	○	○							○	○

このように，必ず1軒は3つともおいてある店がある。

したがって②。

答　②

演習問題（問題，本文220ページ）

No.1

以下のようにベン図を描き，式を立てて h を求める。

$a + b + c + \cdots + h = 120$ ……①

$g = 14$　　　　　　　　……②

　$a + b + c = 33$　　　……③

　$a + d + e + g = 72$　……④

　$b + d + f + g = 42$　……⑤

　$c + e + f + g = 55$　……⑥

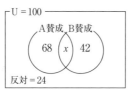

④＋⑤＋⑥

　$a + b + c + 2(d + e + f) + 3g = 169$

②より，$g = 14$，

③より，$a + b + c = 33$ だから，

　$d + e + f = \dfrac{169 - 42 - 33}{2}$

∴　$d + e + f = 47$

①より，

　$h = 120 - (a + b + c) - (d + e + f) - g = 26$〔人〕

答　⑤

No.2

問題をベン図に直すと，以下のようになる。

右図より，

$68 + 42 - x = 100 - 24$

　　　$-x = 76 - 110$

　　　$x = 34$

答　④

No.3

単なる算数として解いてみると，次の式が成り立つ。

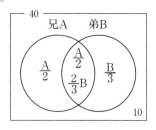

$$\begin{cases} \dfrac{A}{2} + \dfrac{A}{2} + \dfrac{B}{3} = 30 & \cdots\cdots\cdots ① \\[2mm] \dfrac{A}{2} = \dfrac{2}{3}B & \cdots\cdots\cdots\cdots ② \end{cases}$$

②より $A = \dfrac{4}{3}B$

①に代入して，

$$\dfrac{5}{3}B = 30$$

$$B = 18 \quad よって，\dfrac{A}{2} = 12$$

答 **②**

No.4

ベン図は右の通り。

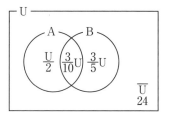

$$U - \left(\dfrac{U}{2} + \dfrac{3}{5}U - \dfrac{3}{10}U \right) = 24$$

の式が成り立つ。

$$U\left(1 - \dfrac{5 + 6 - 3}{10} \right) = 24$$

$$U \times \dfrac{2}{10} = 24$$

$$U = 120$$

答 **②**

No.5

テレビを見た人は，

$$50 - 12 = 38$$

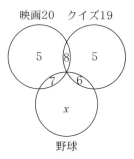

野球中継のみを見た人を x とすると，

$$5 + 8 + 5 + 6 + 7 + x = 38$$
$$x = 7$$

よって，野球中継を見た人は，

$$7 + 7 + 6 = 20$$

答 **③**

No.6

1から31までの数字の中で，3の倍数であり，かつ5の倍数でもある数字は 15, 30 の2つのみである。

答 **②**

No.7

3か所すべてに行ったことがある者を，最も少なくするには以下のようになる。

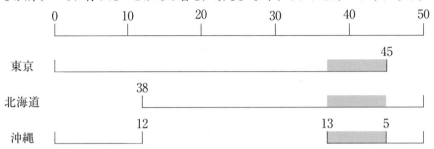

以上のように，少なくとも8人は3か所すべてに行ったことになる。

答　③

No.8

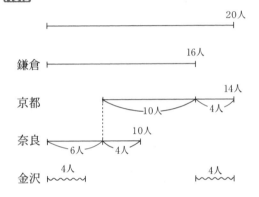

ダブリが最も少ないように線図を引いてみる。
① 限らない
② 限らない
③ 正解（ダブリは最低10人）
④ 4人いる
⑤ 0人の場合もある

答　③

No.9

それぞれの人数から延べ人数を計算すると，25 + 18 + 10 + 6 = 59〔人〕
延べ人数は，2種類の資格を持っている者は2人，3種類の資格を持っている者は3人，全部の資格〔4つ〕を持っている者は4人として計算するので，ダブっている人数分を引くことで実際の人数がでる。
つまり実際の人数は
　　59 − 13 − 4 − 4 − 1 − 1 − 1 = 35〔人〕
クラスに40人の生徒がいるので，資格を持っていない生徒は
　　40 − 35 = 5〔人〕
また，2種類以上の資格を持っている者が13 + 4 + 1 = 18〔人〕いるので，1種類しか資格を持っていない生徒は
　　35 − 18 = 17〔人〕

答　④

第13章　魔方陣

基本問題（問題，本文230ページ）

No.1

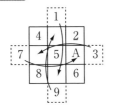

3×3の魔方陣である。
図のように配置すればよい。

答　④

No.2

魔方陣の一種である。

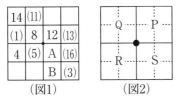

（図1）　（図2）

まず，中心に関して対称なものの中で解がないか探してみる。
1列の数の和は，

$$\frac{1}{4}(1 + 2 + \cdots + 16) = 34$$

これ以外に，①中心の印に関して対称な位置になる数の和は17であることと，②図2の4つのブロックP，Q，R，Sにある4つの数の和は，いずれも34であることを用いて，
①から(5)，(13)，(3)が定まる。

次に 34 − (8 + 12 + 13) = (1)
再び①から，(16)が定まる。
②から，A + B = 34 − (16 + 3) = 15

14	11	7	2
1	8	12	13
4	5	9	16
15	10	6	3

〔別解〕①からA = 9，②からQにおいて，
　　　　34 − (14 + 1 + 8) = 11
　　　①から，B = 17 − 11 = 6
　　　　　∴　A + B = 15 としてもよい。

答　④

No.3

図の中央の円は，縦，横，斜めのいずれの和にも入る。したがって，中央の数字を除いて，両端の数字の和が同じになればよい。
左図のように組み合わせると，10が4個でき，5が余る。これと図を考えると，中央に5を入れ，残り4つの組み合わせを適当に入れればよい。

答　③

演習問題（問題，本文 231 ページ）

No.1

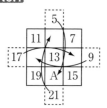

図のように配置すればよい。

答　①

No.2

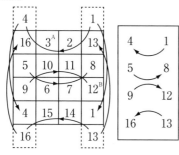

カーブするのは左図の通り。

1 から 16 までの和は 136

各列の和は $\dfrac{136}{4} = 34$

したがって，A + B = 15

答　②

No.3

まず　　　　　次に　　　　　完成

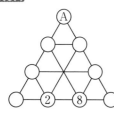

したがって，A + B = 6

答　②

No.4

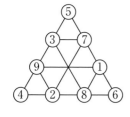

1 から 9 までの和は 45。したがって，各三角形の頂点の数の和は 15。

(ア) 15 になるために 8 と組み合わされる数は，

6 と 1

~~5 と 2~~

4 と 3

の 3 通りだが，2 はすでに使われているので (6, 1) (4, 3) の 2 組のみ。

(イ) 2 と組み合わされる数は，

9 と 4

~~8 と 5~~

7 と 6

の 2 組のみ。

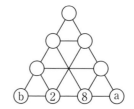

— 86 —

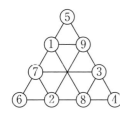

右図のaは8とも2とも組み合わされる数だから、(ア)(イ)に共通な数でなければならない。つまり6か4である。bも同様となるので、a、bは6と4（4と6）である。

したがって、Aは5。

答　③

No.5

連結された4つの数の和が等しいということであるので、(1 + 2 + 3 + 4 + 5 + 6 + 8 + 9 + 10 + 12)×2 が5つの直線で串差しにされた数の総和である。（1つの数が2回カウントされていることに注意）

　　(1 + 2……) × 2 = 60 × 2 = 120

　　注（1 + 2…… + 10 = 55 で 7 と 12 が入れ替わっているだけ）

連結線が5つあるので、1つの連結線の合計は $\dfrac{120}{5} = 24$ である。

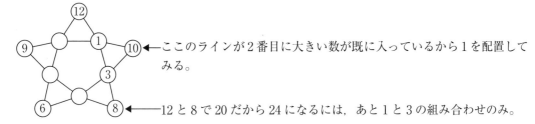

ここのラインが2番目に大きい数が既に入っているから1を配置してみる。

12と8で20だから24になるには、あと1と3の組み合わせのみ。

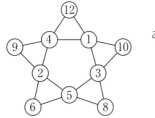

あとは左図のように数が入っていく。

答　⑤

基本問題（問題，本文244ページ）

No.1

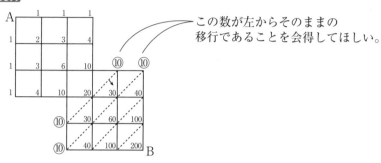

この数が左からそのままの
移行であることを会得してほしい。

答　④

No.2

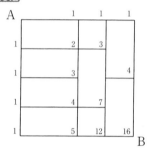

最短距離は16通りである。

答　①

No.3

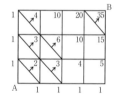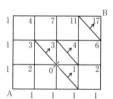

AからBの最短距離は通れない所がなければ35通りである。

しかし，C点が通れないのでC点を0として加算していくと17通りしかない。

したがって，その差は18通りである。

答　③

No.4

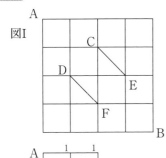

CE，DFのバイパス（斜線）がなければ縦4，横4の計8が最短距離になる。しかし，バイパスができたため縦1，横1を減らし，バイパス（斜線）を通るようにしなければ最短距離にならない。

したがって，図Ⅱのようなコースとなる。

合計18通り

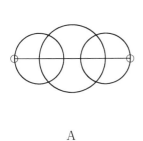

答　①

No.5

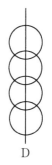

| A | B | C | D |

BとCは奇数線の交点（○）が4か所あるので，一筆書きできない。

答　②

No.6

○：3本線の交点＝2か所
△：4本線の交点＝3か所

①〜③は，線の数と交点の数が一致しない。

⑤は，線の数と交点の数は一致するが，4本線の交点が上に2か所あり，交点の位置が一致しない。

答　④

No.7

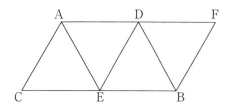

左図のように C, D, E, Fとおくと,

$$
A \begin{cases} C — E — B \\ D \begin{cases} B \\ E — B \\ F — B \end{cases} \\ E \begin{cases} B \\ D — B \end{cases} \end{cases} \Bigg\} 6通り
$$

答 ④

演習問題（問題. 本文 247 ページ）

No.1

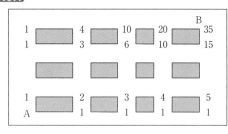

答 ⑤

No.2

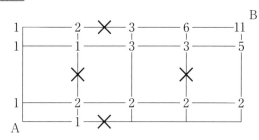

答 ⑤

No.3

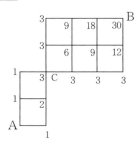 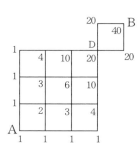 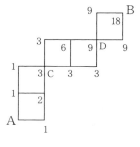

$$
\left. \begin{array}{l} A \to C \to B \\ A \to D \to B \end{array} \right\} 30 + 40 = 70
$$

したがって, 70 - 18 = 52

この合計には, A→C→D→Bが2度数えられている。

答 ①

No.4

必ずバイパス１つは通らなければ最短経路にならない。次の２通りとなる。

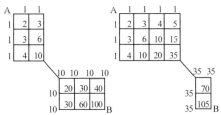

合計　205 通り

答　②

No.5

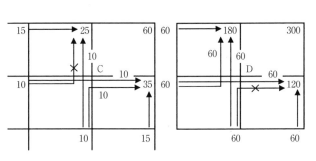

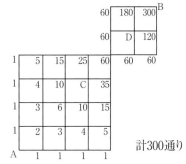

計300通り

答　④

No.6

矢印のところに注意。

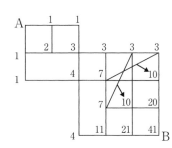

計 41 通り

答　③

No.7

④に３本線の交点が４つあるので一筆書きできない。他はすべて２つ以下だから，一筆書きできる。

答　④

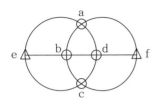

条件の平面図は
(1) 4線の交点4つ（a～d）と3線の交点2つ（e，f）で構成。
(2) 3線の交点は，4線の交点と1つずつ交わっている（eとa，b，c，fとa，d，c）。

A

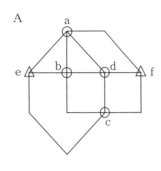

E

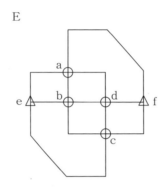

答　②

No.9

① AはX地点に行くまで5×8＝40分かかり，12時55分に着いたのだから12時15分に出発している。
② BはY地点までに5×3＝15分，Y地点の本屋で5分，Y地点からX地点までに5×5＝25分で，合計45分かかる。13時ちょうどにX地点に到着したので，12時15分に出発している。
③ 上記より正解。
④ Z地点を経過する経路は6×6＝36通り。
⑤ Y地点への道筋が3通り，Y地点からX地点までの道筋が10通りで3×10＝30通り。

答　③

No.10

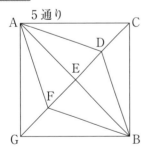

A→C→B　｜
D→B　　｜
E→B　　｝5通り
F→B　　｜
G→B　　｜

A→D→C→B　｜
B　　　　　｜
E→B　　　　｝5通り
F→B　　　　｜
G→B　　　　｜

同様にして，Aから5通りの選択があり5×5＝25通りが正しい。

答　①

—92—

No.11

以下のように，各バス停に記号を付ける。

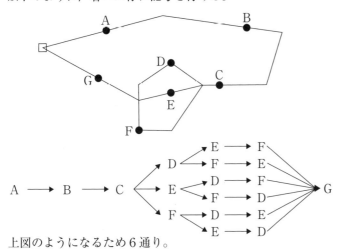

上図のようになるため6通り。

答　③

No.12

24分間でA地点からB地点に移動するには8ブロック歩けばよいから，横方向に5ブロック進む中で，縦方向に3ブロック進めばよい。

縦方向に進む道は6本あるから，$_6C_3 = 20$で20通り。

答　②

No.13

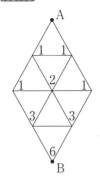

答　②

No.14

小さい正方形の1辺は，下図のような直角二等辺三角形の斜辺なので，$50\sqrt{2}$ m。

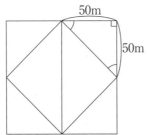

また，この図形は奇数点が2つの図形なので，一筆書きの始点と終点が異なり，点Bが終点とな

る。

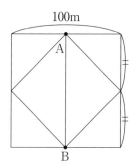

よって，すべての辺の和に加えて，点Bから点Aへ戻る距離を加えた長さが答えになる。

$$100 \times 4 + 50\sqrt{2} \times 4 + 100 + 100 = 600 + 200\sqrt{2}$$

答 ④

第15章　手順

演習問題（問題，本文259ページ）

No.1

24個のビー玉に1個混じったのだから，ビー玉は全部で25個。

混じったビー玉が重いことがわかっているので，以下の要領で天秤にかける。

1．25個のビー玉を9個・9個・7個の3つのグループに分ける。

2．9個・9個のグループを天秤にかける。

A　つり合わなかった場合　　　　　　　B　つり合った場合

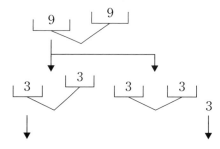　　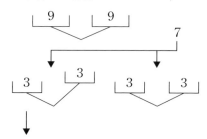

　　天秤が下がったほうに，重いビー玉がある。

　　下がった9個のグループを3個ずつの3つのグループに分け，そのうち2グループを天秤にかける。

　　つり合わなければ下がったグループの3つを，つり合えば残ったグループの3つを調べれば，混じったビー玉がわかる。

　　7個のグループの中に重いビー玉がある。

　　これを3・3・1のグループに分け，3個・3個のグループを天秤にかける。

　　つり合えば残しておいた1つが，つり合わなければ，下がったグループの3つを調べれば，混じったビー玉がわかる。

結果，3回天秤を使えば混じったビー玉がわかる。

答 ①

No.2

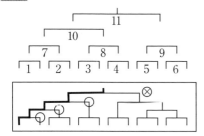

トーナメント戦と同じである。組み合わせ方は何通りもあるが原理は同様である。まず，最も重い玉を選び出すのに11回の天秤操作が必要。次に二番目を選ぶには，左図で⊗のついた玉が二番目のように見えるが，⊗の玉と，最も重かった玉と1,2,3回目に天秤にかけられた○の玉との比較をしなければ二番目はわからない。4つの中から1つを選び出す3回の天秤操作が必要。計14回

答　④

No.3

7個の玉の状態を分類すると，次の3つのパターンになる。（グループa，b，cの3つに分ける。）
●が重い玉である。

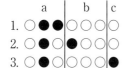

aグループとbグループをまず天秤にかける。（1回目）
1．平均がとれたら2のケースである。この時はaグループの中の任意の2つを取り出して天秤にかければ重い玉を判別できる。（2回目）
bグループも同様である。（3回目）
2．平均がとれず傾いたら1と3のケースである。重い方のグループから任意の2つを取り出して天秤にかける。（2回目）
平均したらその中の1個と残りの1個を天秤にかけ，
前者が重ければ平均した2つが重い玉である。
後者が重ければその玉とcとが重い玉である。（3回目）
いずれにしても3回である。

答　②

No.4

いくつかの中から1つの重い異物を選び出すには4個から9個までだと2回の天秤操作ですむ。28の4から9までの数の中で割り切れる最大の数が「7」なので，28個を7個ずつの4つのグループに分ける。
7個ずつを上図のように2回の天秤操作をすると，どのグループの中に重いものが混じっているかがわかる。あとはそのグループを3・3・1に分ければ，あと2回の操作で重いものが判明する。したがって合計4回で終了。

答　④

No.5

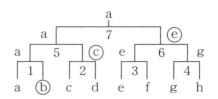

一番重いのと二番目に重いのを選び出す。トーナメント戦と同じになる。

例えば上図のように天秤にかけていくと，eとc，bのどちらが重いか（二番目）が二番目を決めることになる。eとcでcが重ければcが二番目になるが，必ずしもそうはならないので，さらにeとbとを天秤にかけて決定しなければならないかもしれない。

したがって，7 + 2 = 9〔回〕

答　③

第16章　曜日

演習問題（問題，本文 269 ページ）

No.1

(1)　「ある月」が 31 日あり，翌月も 31 日ある場合

よってこの場合，月曜日，火曜日，水曜日，木曜日は 4 回しかない。

(2)　「ある月」が 31 日あり，翌月は 30 日しかない場合

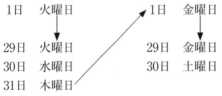

よってこの場合，日曜日，月曜日，火曜日，水曜日，木曜日は 4 回しかない。

(3)　「ある月」は 30 日しかなく，翌月は 31 日ある場合

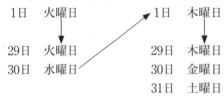

よってこの場合，日曜日，月曜日，火曜日，水曜日は 4 回しかない。

よって，確実に 4 回しかないのは月曜日，火曜日，水曜日である。

答　②

No.2

'12　1／1　(日)→ 12/31 (月)

　　　　　　　　　　うるう年＝2曜日ずれ

'13　1／1　(火)→ 12/31 (火)

　　　　　　　　　　平年＝1曜日ずれ

'14　1／1　(水)

'15　1／1　(木)

'16　1／1　(金)

答　⑤

No.3

1年後の同じ日の曜日は，1曜日進める。（例：2005年9月12日は月曜日）

うるう年の2月29日をまたぐ場合は，さらに1曜日進める。

したがって，「年数＋うるう年の年数」分，曜日を進めればよい。

2004年9月12日以降，2019年9月12日（15歳の誕生日）までに，2008年，2012年，2016年と3回うるう年の2月29日をまたぐ。

したがって，15 ＋ 3 ＝ 18曜日進める。

18 ÷ 7 ＝ 2...4 なので，木曜日。

答　④

No.4

資材Aは5日おきに運ばれてきているので，次回の搬入は6日後。つまり，6日ごとに運ばれてきている。資材Bは7日ごとに運ばれてくるので，6と7の最小公倍数を考えれば，次にこの2つが同時に運ばれてくる日がわかる。

6と7の最小公倍数は42なので，42日後。

　　　42 ÷ 7 ＝ 6

7で割り切れるので，同じ曜日。

よって金曜日。

答　⑤

No.5

20年で＋20曜日。間にうるう年が5回あるので＋5曜日。

よって全部で＋25曜日。

　　25 ÷ 7 ＝ 3...4

火曜日から4曜日ずれるので土曜日。

答　⑤

No.6

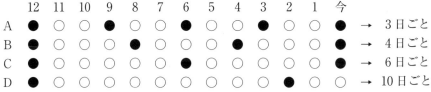

最小公倍数を求めると 60 になり，最初の日から「60 日後」に 4 人が揃う。

今が 12 日後なので，60 − 12 = 48〔日後〕

答　④

第17章　その他の問題

演習問題（問題，本文 273 ページ）

No.1

2^0，2^1，2^2，2^3，2^4，にそれぞれ 0 をかけるか，1 をかけるかを示している。

例）$10100 \cdots 2^0 \times 1 + 2^1 \times 0 + 2^2 \times 1 + 2^3 \times 0 + 2^4 \times 0 = 5$

よって，01010 は $2^0 \times 0 + 2^1 \times 1 + 2^2 \times 0 + 2^3 \times 1 + 2^4 \times 0 = 10$

答　④

No.2

条件を表にすると，以下のようになる。

		1 年	2 年
男子	スマートフォンあり		⎫2 名
	スマートフォンなし	⎱2 名	
女子	スマートフォンなし	⎰	1 名
	スマートフォンあり		
		5 名	5 名

5 名 → 2 名
3 名

		1 年	2 年
男子	スマートフォンあり	(3)：2 名	(7)：1 名
	スマートフォンなし	(4)：1 名	(6)：1 名
女子	スマートフォンなし	(5)：1 名	1 名
	スマートフォンあり	(2)：1 名	(1)：2 名

(1)　2 年生が 5 名で，2 年生の男子役員が 2 名，2 年の女子役員でスマートフォンを持っていない者が 1 名なので，2 年の女子役員でスマートフォンを持っている者が 2 名。

(2)　スマートフォンを持っている女子役員が 3 名なので，(1)より，1 年の女子役員でスマートフォンを持っている者が 1 名。

(3)　1 年生が 5 名で，スマートフォンを持っていない者が 2 名いるので，(2)より，1 年の男子役員でスマートフォンを持っている者が 2 名。

(4)　男子役員が 5 名で，2 年男子が 2 名いるので，(3)より，1 年の男子役員でスマートフォンを持っていない者が 1 名。

(5) 1年の役員でスマートフォンを持っていない者が2名なので，(4)より，1年の女子役員でスマートフォンを持っていない者が1名。

(6) スマートフォンを持っていない男子役員が2名いるので，(5)より，2年の男子役員でスマートフォンを持っていない者が1名。

(7) 残った1名は，2年の男子役員でスマートフォンを持っている者になる。

答 ①

No.3

まず，男子の人数を a，女子の人数を b とすると，

$a + b = 250$

$b = 250 - a \cdots (1)$

$(0.5a + 0.1b) \times \dfrac{1}{250} \times 100 = 30.8$

(1)を代入して，

$(0.5a + 25 - 0.1a) \times \dfrac{1}{250} \times 100 = 30.8$

$(0.4a + 25) \times \dfrac{2}{5} = 30.8$

$0.4a + 25 = 77$

$0.4a = 52$

$a = 130, \quad b = 120$

① $130 \times 0.3 = 39$〔人〕だから誤りである。

② 前述の通り，男子が130人，女子が120人なので誤り。

③ 京都に行く女子の人数を x とすると，

$(130 \times 0.2 + x) \times \dfrac{1}{250} \times 100 = 29.6$

$(26 + x) \times \dfrac{2}{5} = 29.6$

$26 + x = 74$

$x = 48$〔人〕

よって行き先が国内の生徒の合計は

$130 \times 0.7 + 120 \times 0.1 + 48 = 151$〔人〕

③は誤りである。

④ 北海道に行く女子が10%，京都に行く女子は48人だから40%なので，韓国に行く女子は $100 - (10 + 40) = 50$〔%〕である。よって④は誤り。

⑤ 前述の通り48人なので，これが正解。

答 ⑤

No.4

48人のトーナメントなので，47戦行われる。

1日5試合なので，$47 \div 5 = 9 \ldots 2$

決勝戦は最終戦だから，10日目に行われる。

答 ③

条件から，点数の大小関係を整理すると以下のようになる。

 アより B＞D，C＞A

 イと最後の条件より B＞E＞A，D＞E＞C

 よって，B＞D＞E＞C＞A

 さらに，ウより B＞F＞D＞E＞C＞A または B＞D＞F＞E＞C＞A が確定する。

答 ④

No.6

イチゴ味の飴が x 個，メロン味の飴が y 個，オレンジ味の飴が z 個あるとすると，

 $(1)\, x : y = 1 : 2$

   $y = 2x$

  x, y は整数なので，

  $(x,\ y) = (1,\ 2),\ (2,\ 4),\ (3,\ 6),\ (4,\ 8)\cdots$

 $(2)\, y - 2 : z = 3 : 1$

   $3z = y - 2$

   $y = 3z + 2$

  y, z は整数なので，

  $(y,\ z) = (5,\ 1),\ (8,\ 2),\ (11,\ 3),\ (14,\ 4)\cdots$

(1), (2) より，x, y, z のすべてが整数で条件が成立する最小の数は $(x,\ y,\ z) = (4,\ 8,\ 2)$ である。

答 ②

No.7

A～Cのおにぎりの重さを，それぞれ a～c で表すと，条件は以下のようになる。

 $2a + b = 4c\ \rightarrow\ b = 4c - 2a$

 $b + 3c = 3a\ \rightarrow\ b = 3a - 3c$

b を消去して，$4c - 2a = 3a - 3c$

     $5a = 7c$

     $a = \dfrac{7}{5}c$

よって，$b = 4c - \dfrac{14}{5}c$

   $= \dfrac{6}{5}c$

① $a = \dfrac{7}{5}c$, $b = \dfrac{6}{5}c$ なので誤り。

②について，$3a + 2c = \dfrac{21}{5}c + 3c$

     $= \dfrac{36}{5}c$

   $5b = 6c$

よって②は誤りである。

③について，$5a + 5b = 7c + 6c$

$$= 13c$$

よって③が正解である。

④ $b = \dfrac{6}{5}c$ なので誤り。

⑤について，$5b + 2c = 6c + 2c$

$$= 8c$$

$$6a = \dfrac{42}{5}c$$

よって⑤は誤りである。

答　③

No.8

Aは a 枚，Bは b 枚，Cは c 枚とする。

A ⟶ B　　　　　B ⟶ C

$a - b$　　　$b + b = 2b$　　　$2b - c$　　　$c + c = 2c$

C ⟶ A

⇩

$2c - (a - b)^2$　　$a - b + (a - b)^2$

以上から，

$$a - b + (a - b)^2 = 2c - (a - b)^2 = 2b - c = \dfrac{60}{3}$$

$$(a - b)(1 + a - b) = 20 \quad \cdots\cdots (1)$$

$$2c - (a - b)^2 = 20 \quad \cdots\cdots (2)$$

$$2b - c = 20 \quad \cdots\cdots (3)$$

(1)から，

$$(a - b)(a - b + 1) = 20$$

$$\uparrow \qquad\quad \uparrow$$

$$4 \qquad\quad 5 \quad — \quad これしか考えられない。$$

$$a - b = 4$$

これを(2)に代入すれば

$$2c - 16 = 20$$

$$2c = 36$$

$$c = 18$$

(3)から，

$$2b - 18 = 20$$

$$b = 19$$

答　②

No.9

10，12，15 の3つの数字を足したり引いたりして，求められる数字が計ることのできる数字ということになる。

① ×

② ×

③ $10 + 15 - 12 = 13$

④　×
⑤　×

答　③

No.10

3人の年齢について，$a < x < y$　とすると，

$$a + x = y \quad \cdots (1)$$
$$a + y = 1.5x \cdots (2)$$

(1)を(2)に代入して，

$$a + a + x = 1.5x$$
$$2a = 0.5x$$
$$x = 4a \quad \cdots (3)$$

(3)を(1)に代入して，

$$a + 4a = y$$
$$y = 5a$$

x, yのいずれがBおよびCの年齢なのかはわからないので，④と⑤は不正解。
①および③は条件に合わないので不正解。
②のみ $5 \times 2 = 10$ となるので，条件に合っている。

答　②

No.11

男性客については，パンを1個だけ食べて80円支払った人が3人，2個以上食べて100円支払った人が10人いるから，$80 \times 3 + 100 \times 10 = 1240$ で，男性客のみの売上は1,240円である。
よって，女性客のみの売上は，$2420 - 1240 = 1180$ だから，1,180円である。女性客の支払った料金は，1人あたり80円か100円かのいずれかであるから，成立し得る組み合わせは，

(1) 80〔円〕× 1〔人〕+ 100〔円〕× 11〔人〕= 1180〔円〕
(2) 80〔円〕× 6〔人〕+ 100〔円〕× 7〔人〕= 1180〔円〕
(3) 80〔円〕× 11〔人〕+ 100〔円〕× 3〔人〕= 1180〔円〕　の3通り。

求めたいのは80円支払った人が最大になる場合なので，11人が正解になる。

答　④

No.12

1歳　男 a　女 a'
2歳　男 b　女 b'
3歳　男 c　女 c'
4歳　男 d　女 d'

$$a = a' + 12$$
$$b = b' + 6 = a + 9$$
$$c = c' - 8 = b - 12$$
$$d = d' = c' + 2$$
$$a + a' + b + b' + c + c' + \underbrace{d + d'}_{2d} = 376$$

a を軸に整理すると，

― 102 ―

$$a' = a - 12 \qquad b = a + 9 \qquad b' = a + 3 \qquad c = a - 3 \qquad c' = a + 5$$

$$\left.\begin{array}{c} d \\ d' \end{array}\right\} = a + 7$$

$$a + a - 12 + a + 9 + a + 3 + a - 3 + a + 5 + 2a + 14 = 376$$

$$8a + 16 = 376$$

$$8a = 360$$

$$a = 45$$

$$\therefore \quad a' = 33$$

答 ③

No.13

東京出身者の人数を t，大阪出身者の人数を o，名古屋出身者の人数を n，北海道出身者の人数を h，福岡出身者の人数を f で表すと，以下のような式ができる。

$t = o + 3 \cdots (1)$

$n = h + 4 \cdots (2)$

$f = n + h - 5 \cdots (3)$

$t = h + f + 2 \cdots (4)$

(1)を(4)に代入すると，$o + 3 = h + f + 2$

$$= h + n + h - 5 + 2$$

$$= 2h - 3 + h + 4$$

$$= 3h + 1$$

$$o = 3h - 2$$

よって，$h = 1$ のとき $o = 1$，$h = 2$ のとき $o = 4$，$h = 3$ のとき $o = 7$，$h = 4$ のとき $o = 10$，$h = 5$ のとき 13，$h = 6$ のとき $o = 16$ となる。

選択肢の中であり得るのは 7 人のみ。

答 ②

No.14

1台目の車が出発して，キャンプ場で子供たちを降ろし，また公民館に戻ってきて子供たちを乗せて出発するのに，$30 + 5 + 30 + 5 = 70$ なので 70 分かかる。この間に 10 分間隔で車を出すのだから，$70 \div 10 = 7$ で 7 台必要。子供たちは 100 人以上いるから，7 台出発する前に子供たちがいなくなるということはない。

答 ④

No.15

(1) 水を入れ始めてから穴Aに達する前までの間

　　水は1分あたり 3L の速さで溜まり続ける。

(2) 穴Aに達してから穴Bに達する前までの間

　　水道からは1分あたり 3L の速さで水が流れ，穴Aから1分あたり 1L の水が排出されるので，1分あたり 2L の速さで水が溜まり続ける。

(3) 穴Bに達してから水が溢れるまでの間

　　水道からは1分あたり 3L の速さで水が流れ，穴AとBから合わせて1分あたり 2L の水が排出されるので，1分あたり 1L の速さで水が溜まり続ける。また，水が器いっぱいに溜まると，

— 103 —

あとは溢れるだけなので水深は一定になる。

よって，次第に溜まる速度（＝グラフの傾き）が3段階に分かれて緩やかになっていき，最終的には水深が一定になるグラフが正解である。

答　①

No.16

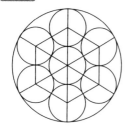

図のとおり直径6cmの円の中には直径2cmの1円硬貨が7枚入る。

答　④

No.17

合計が比較的少ない列，または多い列に手がかりが隠されていることが多い。計200円の列B，F，J，Nはすべて50円。

次に500円以上の列を見てみると700円，800円，650円，750円の列があり，それらの交点（A，K）（C，I）が500円と推測できる。ここで場合分けをしてみると，

（A，K）が500円の場合

この場合にはC，G，Oが各100円となるが，その際A（500円），B（50円），C（100円）の3つですでに計650円となり不適。

となれば，（C，I）が500円と確定する。あとは一気に埋まっていく。

50	50	500	50
50	50	100	50
500	50	100	100
100	50	100	50

答　⑤

No.18

36g，27g，9gは3の倍数，100gは3の倍数でないので，この3種類では100gは作れない。5gを1個使っても，残り95gで3の倍数ではないのでダメ。5gを2個使えば，残り90gになるのでOKである。90gを作るには，

$\left.\begin{array}{l} 36g \times 2個 = 72g \\ 9g \times 2個 = 18g \end{array}\right\}$ 90gになるが，合計6個の分銅を使うので×

$\left.\begin{array}{l} 27g \times 2個 = 54g \\ 36g \times 1個 = 36g \end{array}\right\}$ 27g2個と36g1個で90g，5g2個で計5個で○

答　②

No.19

$\left[\begin{array}{l} \text{A列}\cdots\text{整理番号を6で割ったとき，余りが1になる} \\ \text{B列}\cdots\text{整理番号を6で割ったとき，余りが2になる} \\ \text{C列}\cdots\text{整理番号を6で割ったとき，余りが3になる} \\ \text{D列}\cdots\text{整理番号を6で割ったとき，余りが4になる} \\ \text{E列}\cdots\text{整理番号を6で割ったとき，余りが5になる} \\ \text{F列}\cdots\text{整理番号が6の倍数} \end{array}\right.$

以上のことから選択肢を見ていくと，

① 117番と236番：×

117 ÷ 6 = 19...3　だからC列

236 ÷ 6 = 39...2　だからB列

② 235番と458番：×

235 ÷ 6 = 39...1　だからA列

458 ÷ 6 = 76...2　だからB列

③ 313番と253番：○

313 ÷ 6 = 52...1　だからA列

253 ÷ 6 = 42...1　だからA列

④ 348番と530番：×

348 ÷ 6 = 58　　　だからF列

530 ÷ 6 = 88...2　だからB列

⑤ 497番と553番：×

497 ÷ 6 = 82...5　だからE列

553 ÷ 6 = 92...1　だからA列

答　③

No.20

マスの中の左の上下をかけ，右上をたすと，右下になる。

$3 \times 5 + 7 = 22$

$1 \times 0 + 2 = 2$

よって，$A \times 11 + 10 = 65$

$A = 5$

答　⑤

No.21

まずAのカードは（3，5），Cのカードは（1，11）しかあり得ない。

次にBのカードの積は36だから，Bのカードは（3，12）か（4，9）のどちらかだが，3はAのカードなので（4，9）となる。

また，Dのカードの積は12だから，Dのカードは（1，12）か（2，6）か（3，4）のいずれかだが，1はC，4はBがそれぞれ持っているので（2，6）となる。

よって，Fが持つ可能性のあるカードは7，8，10，12である。

答　④

No.22

逆から考える。

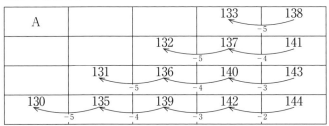

縦，横とも 12 脚なので，最後の受験番号は，

$12 \times 12 = 144$

そこから逆に数字を埋めていくと上図のような法則性があることがわかる。

よってAは，

$138 - 5 - 6 - 7 - 8 = 112$

答 ②

No.23

25	24	23	22	
	18	19	20	21
17	16	15	14	
	10	11	12	13
9	8	7	6	
1	2	3	4	5
一郎	次郎	三郎	四郎	五郎

一郎は，1，9，17，25・・・と 1 から始まって 8 を足していった数字になっている。よって，奇数にしかならないので条件に合わない。

次郎は 2，10，18・・・と 2 から始まって 8 を足していった数字か，8，16，24・・・と 8 の倍数になる数のどちらかである。

三郎は 3，7，11，15・・・と 3 から始まって 4 を足していった数字になっており，奇数にしかならないので条件に合わない。

四郎は 4，12，20・・・と 4 から始まって 8 を足していった数か，6，14，22・・・と 6 から始まって 8 を足していった数かのどちらかである。

五郎は 5，13，21・・・と 5 から始まって 8 を足していった数になっており，奇数にしかならないので条件に合わない。

ここで 3600〔秒〕は，$3600 \div 8 = 450$ で 8 の倍数だから，3600 秒目に立っているのは次郎である。

答 ②

No.24

$A + B = 4$ から，AとBはそれぞれ 1 か 3 のどちらか。

$A + C = 12$ から，Aに 1 は入らないのでA = 3，B = 1，C = 9

次に，$B + D + H = 7$ においてB = 1 なので，$D + H = 6$ となり，異なる整数でたして 6 になるのは「1 と 5」か「2 と 4」だが，B = 1 なのでDとHはそれぞれ 2 か 4 のどちらか。

H = 4 の場合，$H + I = 7$ からI = 3 だが，$E + I = 12$ からE = 9 となり，C = 9 なので不適。

よって，H = 2，D = 4

$H + I = 7$ からI = 5

$E + I = 12$ からE = 7

以上から，$F + G = 34 - 9 - 4 - 7 = 14$

答 ④

第18章　平面図形 (1) 平面構成

基本問題（問題，本文 289 ページ）

No.1

↑
忘れがちである。

計 6 個

答 ③

No.2

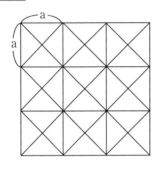

1 辺を3aとする。

1 辺 a の正方形は9個

1 辺 2 a の正方形は4個

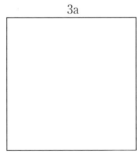

1 辺 3 a の正方形は1個

1 辺 $\frac{1}{\sqrt{2}}$ a の正方形は12個

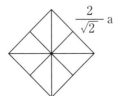

1 辺 $\frac{2}{\sqrt{2}}$ a の正方形は 5 個

計31個

答 ④

・・・・3個

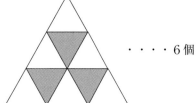

・・・・6個

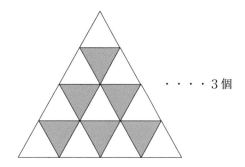

・・・・3個

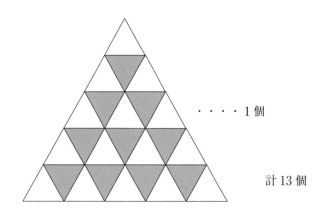

・・・・1個

計 13 個

答 ②

No.4

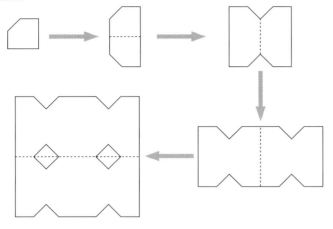

答　①

演習問題（問題，本文291ページ）

No.1

(1)　最も小さい三角形・・・16個

(2)　小さい三角形4個からなる三角形・・・7個

(3)　小さい三角形9個からなる三角形・・・3個

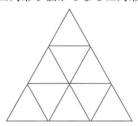

(4)　小さい三角形16個からなる三角形・・・1個

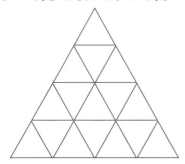

よって，合計27個。

答　③

最も小さい三角形・・・8個

小さい三角形2つからなる三角形・・・4個

小さい三角形4つからなる三角形・・・4個

よって，合計16個。

答　③

⑴　分割線のない四角形・・・3個

⑵　2分割された四角形・・・4個

⑶　3分割された四角形・・・2個

⑷　4分割された四角形・・・2個

⑸　6分割された四角形・・・1個

よって，合計12個。

答　③

 ←────── 分割線のない直角三角形　8個

 ←────── 分割線1本の直角三角形　4個

 ←────── 分割線3本の直角三角形　4個

計16個

答　⑤

No.5

25 個　　16 個　　　9 個　　　　4 個　　　　　　1 個　　　　　　計 55 個

答　④

No.6

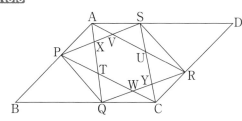

Aを含む平行四辺形は，
　ＡＢＣＤ，ＡＴＣＵ，ＡＰＣＲ，ＡＱＣＳ
Pを含む平行四辺形は，
　ＰＱＲＳ，ＰＷＲＶ
Qを含む平行四辺形は，
　ＱＹＳＸ
計 7 個

答　④

No.7

(1)　最小の正方形···9個

(2)　最小の正方形の対角線を辺とする正方形···4個

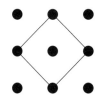

(3)　最小の正方形の2辺分を1辺とする正方形···4個

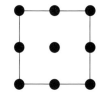

(4) 最大の正方形···1個

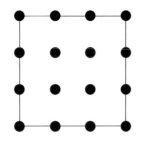

(5) 下図のような正方形···2個

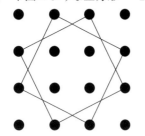

よって，合計 20 個。

答　③

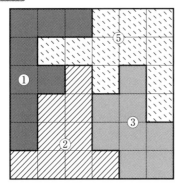

答　④

No.9

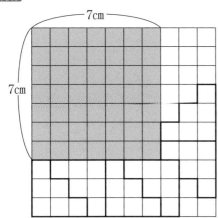

$7 \times 7 = 49 \ 〔cm^2〕$

答　④

No.10

答　⑤

①

②

③

④

直角二等辺三角形4つでは，60°の角ができないので正三角形にはならない。

同じ三角形4つを使うならば，左図のように，正三角形4つだとできる。

⑤

答　④

No.12

7枚の紙がすべて見えているので，並べた順番を考えると下図のようになる。（■は重なっている部分）

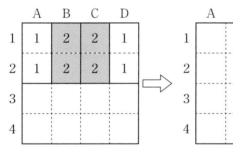

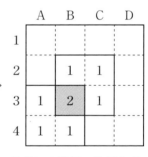

左から順に3枚並べる　　次に4枚目5枚目を並べる　　最後に6枚目7枚目を並べる

したがって，最も多く重なっているのは，C−2。

答　③

No.13

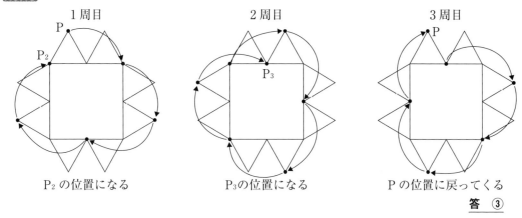

1周目

P
P₂

P₂ の位置になる

2周目

P₃

P₃の位置になる

3周目

P

Pの位置に戻ってくる

答 ③

No.14

小さい正方形の面積が 1 とすると，できあがる正方形の面積は 18 になる。$3\sqrt{2} \times 3\sqrt{2} = 18$ なので，できあがる正方形の 1 辺の長さは $3\sqrt{2}$ である。

小さい正方形 1 個の面積を 1 とするとき，小さい正方形 1 辺の長さは 1 だから，対角線の長さは $\sqrt{2}$ になり，$3\sqrt{2}$ は対角線の長さ 3 本分になる。

図を切断することによって，$3\sqrt{2}$ を正方形を構成できるだけ（つまり 4 本）作っているのは②のみである。

答 ②

No.15

図の小さい正方形の面積を 1 とすると，図Ａの ▨ 部分の面積は 10 になる。

各選択肢の ▨ 部分の面積は① 8，② 6，③ 12，④ 10，⑤ 13 で，同じ面積なのは④のみである。

答 ④

No.16

折り目を元に戻していくとわかりやすい。

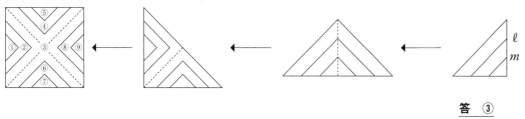

① ② ③ ⑧ ⑨
⑤
④
⑥
⑦

ℓ
m

答 ③

No.17

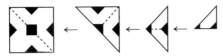

答 ④

No.18

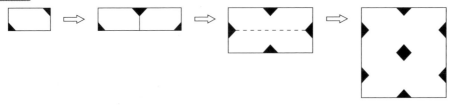

答 ①

No.19

折り目を順に開いていくと，以下のようになる。

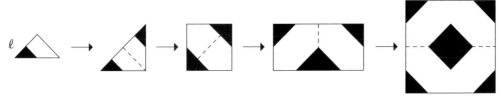

答 ⑤

No.20

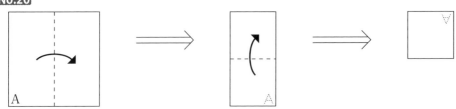

1枚目の裏　　　　2枚目の表

答 ②

No.21

答 ②

第 19 章　平面図形 (2) 軌跡

基本問題（問題，本文 307 ページ）

No.1

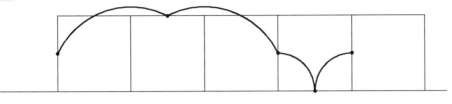

答　①

No.2

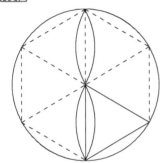

答　⑤

No.3

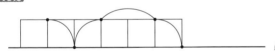

答　③

No.4

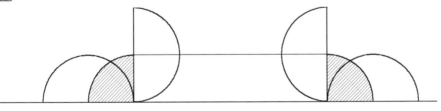

軌跡の両端（斜線部）は，半径 5cm の $\dfrac{1}{4}$ 円が 2 つなので，

$$5^2 \times \pi \times \frac{1}{4} \times 2 = \frac{25}{2}\pi \ \text{(cm}^2\text{)}$$

中の長方形は，縦が 5cm，横は直径 10cm の半円の円周なので，

$$5 \times 10 \times \pi \times \frac{1}{2} = 25\,\pi \ \text{(cm}^2\text{)}$$

したがって，

$$\frac{25}{2}\pi + 25\pi = \frac{75}{2}\pi = 37.5\pi \ (\text{cm}^2)$$

答 ③

No.5

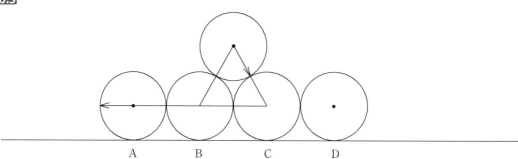

円上の円の回転は、「円周上の回転＋内円の移動角」になる。

上の図で見ると、円Aが円B・Cの上まで移動したとき、その回転数は

円周上の回転：120°＋内円における移動角：120° ＝ 240° となる。

（円Aに描いた矢印は、円B・C上では図のようになる。）

同じように回転して、Dの位置まで行くのだから、

$$240° + 240° = 480° = \frac{4}{3} \text{回転}$$

答 ②

演習問題（問題、本文 310 ページ）

No.1

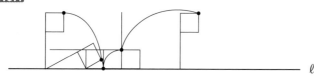

答 ②

No.2

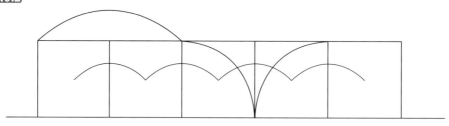

答 ④

No.3

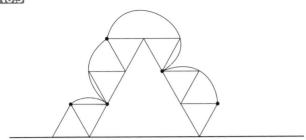

答 ④

No.4

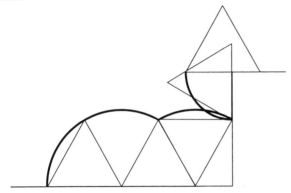

答 ⑤

No.5

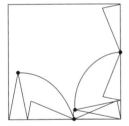

答 ⑤

No.6

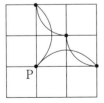

答 ④

No.7

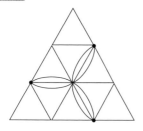

答　①

No.8

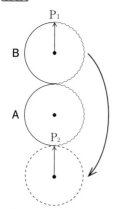

〜〜の部分が密着して回転して行く。ちょうど半円周を経たところが真下である。P_1 は P_2 の位置に来る。

答　④

No.9

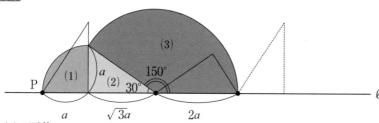

(1)の面積

$$a \times a \times \varpi \times \frac{1}{4} = \frac{1}{4}\varpi a^2$$

(2)の面積

$$\sqrt{3}\,a \times a \times \frac{1}{2} = \frac{\sqrt{3}}{2}\,a^2$$

(3)の面積

$$2a \times 2a \times \varpi \times \frac{150°}{360°} = 4\varpi a^2 \times \frac{5}{12}$$

$$= \frac{5}{3}\varpi a^2$$

よって求める面積は,

$$\frac{1}{4}\varpi a^2 + \frac{\sqrt{3}}{2}\,a^2 + \frac{5}{3}\varpi a^2 = \frac{23}{12}\varpi a^2 + \frac{\sqrt{3}}{2}\,a^2$$

答　①

No.10

答　③

第20章　立体図形 (1) 正多面体

基本問題（問題，本文 332 ページ）

No.1

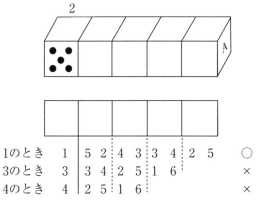

1番左のサイコロと2番目のサイコロとが接している面の目は2以外はすべて可能。ただし，接している面の和が6となっているから6は除外。したがって，1，3，4の3通りとなる。

各々の場合について進めてみる。

1のとき	1	5	2	4	3	3	4	2	5	○
3のとき	3	3	4	2	5	1	6			×
4のとき	4	2	5	1	6					×

答　⑤

図Ⅰ

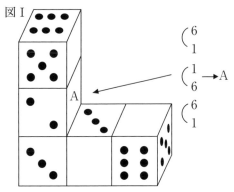

$\begin{pmatrix} 6 \\ 1 \end{pmatrix}$

$\begin{pmatrix} 1 \\ 6 \end{pmatrix} \rightarrow$ A

$\begin{pmatrix} 6 \\ 1 \end{pmatrix}$

テキスト326ページでも述べたように，対面の和が7の標準サイコロは2通りなので，この場合もすぐには確定できない。

図Ⅱ

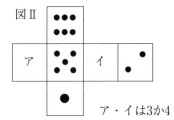

ア・イは3か4

図Ⅱのアが4，イが3の場合

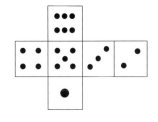

のとき

$\begin{pmatrix} 6 \\ 1 \end{pmatrix}$

$\begin{pmatrix} 1 \\ 6 \end{pmatrix} \rightarrow$ A

$\begin{pmatrix} 6 \\ 1 \end{pmatrix}$ 2・2——5・5——5

対面の和が10で不適

図Ⅱのアが3，イが4の場合

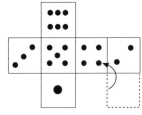

のとき

$\begin{pmatrix} 6 \\ 1 \end{pmatrix}$

$\begin{pmatrix} 1 \\ 6 \end{pmatrix} \rightarrow$ A

$\begin{pmatrix} 6 \\ 1 \end{pmatrix}$ 5・5——2・2——5

対面の和が7で成立

したがってAは，左回りは 1→2→4

答 ③

No.3

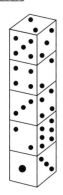

2が3つ見えているので2を真ん中にして考えてみる。

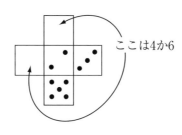

ここは4か6

まずここが4だったら　　　　6だったら

図Ⅰ

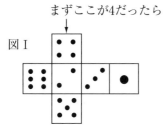

図Ⅱ

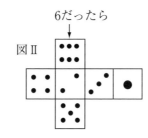

以上の2通りが考えられる。ただし，図Ⅱは3と4が対面になり，3段目のサイコロと矛盾するので不適。

上から順に，接している面は…　1 3　　6 2　　1 5　　4 5 = 27

答　⑤

No.4

⑤

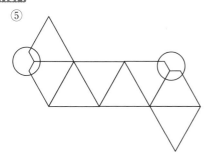

答　⑤

正十二面体の平行な辺は下図の通り。

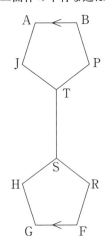

答　④

No.6

正二十面体の平行な面は，「4面離れた5つ目の面」になる。

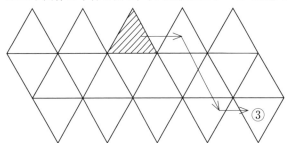

答　③

No.7

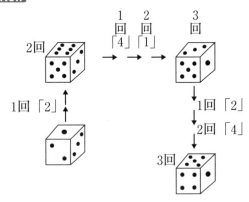

答　④

演習問題（問題，本文 336 ページ）

No.1

　展開図を組み立てると，黒く塗られた部分は互いに接する。よって条件に合うのは④のみである。

答　④

No.2

　選択肢をすべて展開し比較する。

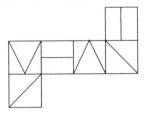

① 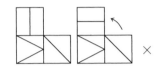 ×

② ○

③ 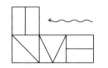 ×

④ ×

⑤ 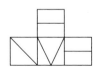 ×

答　②

No.3

展開図を組み立てると以下のようになる。

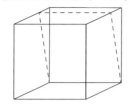

答　②

No.4

展開図を組み立てると以下のようになる。

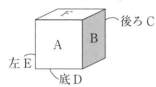

答　⑤

No.5

それぞれの展開図を組み立てていくと，字の位置・向き共に正しいのは③のみである。

答　③

No.6

Xの位置に入るのは，それぞれ以下のようになる。

　ア，B　　　イ，E　　　ウ，C　　　エ，D

よって，Xに入ることがないのはAかFである。

答　⑤

No.7

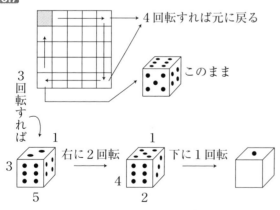

答　①

No.8

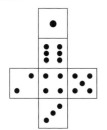

$1 \cdot 4 = 5$
$3 \cdot 6 = 9$
$2 \cdot 5 = 7$
対面が以上の組み合わせ

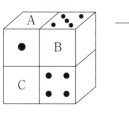 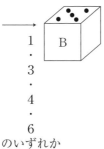

$1 \cdot 3 \cdot 4 \cdot 6$
のいずれか

もし 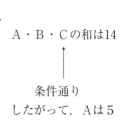 だったら,

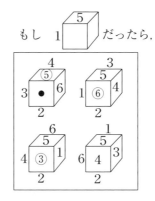

A・B・Cの和は14
↑
条件通り
したがって, Aは5

答 ④

No.9

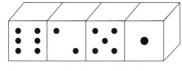

$9 = 6と3 \quad 5と4$
$7 = 5と2 \quad 6と1$
$5 = 4と1 \quad 2と3$

この2通り

→ この場合だと
$1 + 3 + 4 + 6 = 14$

→ この場合だと
$3 + 5 + 2 + 4 = 14$
いずれも14

答 ③

No.10

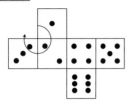

一番上のサイコロから考えると，
展開図は上のようになる。

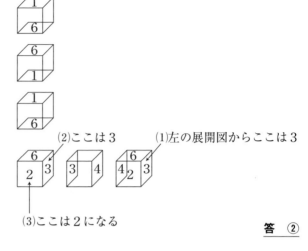

(2)ここは3　　(1)左の展開図からここは3

(3)ここは2になる

答　②

No.11

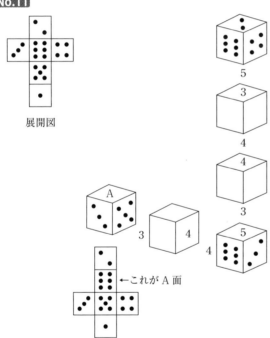

展開図

←これがA面

答　④

No.12

問題の上段左にあるサイコロの展開図をベースにする。

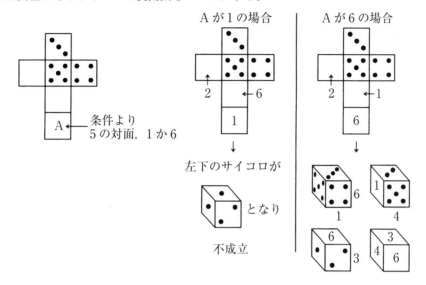

Aが1の場合　Aが6の場合

条件より
5の対面，1か6

左下のサイコロが

となり

不成立

答　⑤

No.13

サイコロBは，1，2，3が時計回りになっている。
（この場合，4，5，6も時計回りになる。）

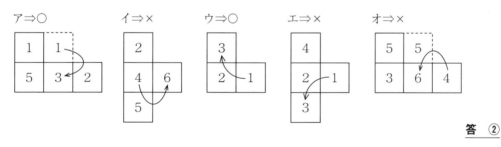

ア⇒○　　イ⇒×　　ウ⇒○　　エ⇒×　　オ⇒×

答　②

No.14

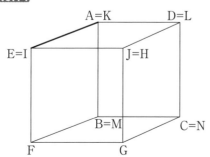

答　②

展開図のそれぞれの辺は，下図のように接する。

（同じ記号の辺同士が接する）

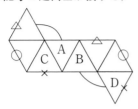

答　①

選択肢上，矢印がついているのはA〜Dの4面。これを下の要領で動かす。

こうすると，A，B，Cは1つの山になるが，Dは違う山になる。

したがって，D面に矢印がある②と④は誤り。

この展開図になるのは①。

答　①

正十二面体の頂点の数は20だから，その20に各々三角形ができて頂点が2つ増えることになるので，合計60の頂点になる。辺の数は各3つ計60辺増える。元の十二面体の辺の数は30辺あったから，計90辺となる。

答　④

No.18

まず，正六面体の中心を結んでできる図形は，下図のように正八面体になる（立体A）。

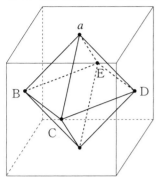

次に正八面体の中心を結んだ図形を上からと横から見ると，下図のようになる。

　正八面体　上から見た図

　正八面体　横から見た図

このことから立体Bは正六面体であることがわかる。

したがって，立体B（正六面体）の各面の中心を結んでできる立体Cは正八面体である。

答　③

第21章　立体図形（2）立体の構造

基本問題（問題，本文357ページ）

No.1

各段ごとにチェックする。

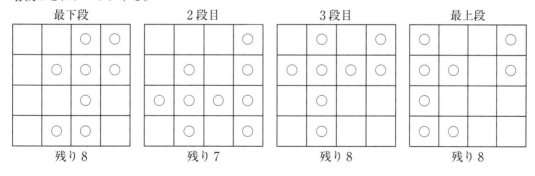

$8 + 7 + 8 + 8 = 31$

答　③

No.2

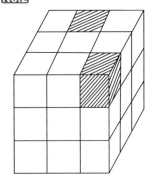

全面塗られた 10 個の中で，8 つは角に使用すれば露出した 3 面は黒である。残りの 2 個は辺に使用すれば 2 面だけは黒となる。ただし，2 面露出の立方体は計 12 個あるから <u>10 個は 1 面のみ黒</u>ということになる。

1 面露出の立方体は 6 個だから，すべて 1 面塗られたもので充当できる。

露出面は合計 54 面あるから，54 − 10 = <u>44</u>

44 面が黒である。

答 ①

No.3

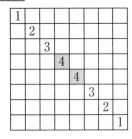

左図の数字の段数を積み上げれば正面図，側面図共指定されたとおりになり計 20 個（最小）。

また，最多は 64 + 36 + 16 + 4 = 120 個となる。

答 ①

No.4

③はできない。

① ② ④ ⑤

答 ③

演習問題（問題，本文 359 ページ）

No.1

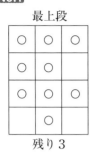

最上段	2段目	3段目
残り 3	残り 4	残り 5　　計 12 個

答　②

No.2

一番下の段＝7個　　下から2段目＝10個　　下から3段目＝7個　　上から2段目＝12個　　一番上の段＝3個

貫通しているのは 7 ＋ 10 ＋ 7 ＋ 12 ＋ 3 ＝ 39〔個〕

小立方体は 5 × 5 × 5 ＝ 125〔個〕あるので，

125 － 39 ＝ 86〔個〕

答　④

No.3

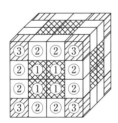

1 面：4 個×6 面 = 24 個

2 面：24 個

3 面：8 個

答　④

No.4

5面を赤く塗ったあと，下図のように32個が取り外される。

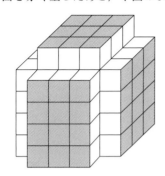

上図の白い面と底面に青色を塗ると，赤青2色とも塗られている立方体は，

上面：真ん中の1個を除いた8個

側面：中の2個を除いた10個×4面＝40個

合計　48個

答　②

No.5

図示された立方体は，

　2面が塗られた立方体　4個

　1面が塗られた立方体　24個　からなる。

これを元に選択肢の立方体の構成を見ていくと，

　①　2面×4，1面×20　作成可

　②，④，⑤　3面が塗られた立方体があるので不可

　③　2面が塗られた立方体が7個あるので不可

答　①

No.6

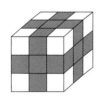

赤い面をできるだけ見えないように14個を配置すると，以下のようになる。

・1面だけ見える：6個　　・2面見える：7個

よって7×2＋6＝20cm²

答　②

No.7

例えば以下のようにすれば，16 個だけで条件を満たすことができる。

（○が赤い立方体を置く部分）

上から1段目	上から2段目	上から3段目	上から4段目

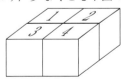

答　①

No.8

上の段との差

		上の段との差
1段目：	1	
2段目：	5	4
3段目：	13	8
4段目：	25	12
5段目：	41	16
6段目：	61	20
7段目：	85	24
計　：	231	

答　②

No.9

1 段目1 個，2 段目4 個，3 段目9 個···という風に，各段の立方体の数は段数の二乗になっている。

よって，$1 + 4 + 9 + 4 \times 4 + 5 \times 5 + 6 \times 6 = 1 + 4 + 9 + 16 + 25 + 36$
$$= 91$$

答　③

No.10

平面図より，少なくとも下図のように立方体を並べなければならない。

これら4 つの立方体の上に置く立方体の並べ方は，以下の通り。（数字は立方体を置く位置を示す）

(1，4)，(2，3) →回転すると同じ

(1，2，3)，(1，2，4)，(1，3，4)，(2，3，4) →回転すると同じ

(1，2，3，4)

よって，3 通り。

答　①

以下のように置けば，3つの図を満たすことができる。

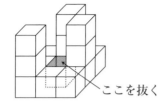

ここを抜く

1個	3個	1個
1個	0個	3個
3個	1個	1個

上から見た個数

したがって，14個。

答 ③

No.12

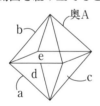

4 × 4 の平面図を描いて考える。
図のようにおけば，最小の数になる。
したがって，10個。

答 ⑤

No.13

問題の展開図を組み立てると以下のようになる。

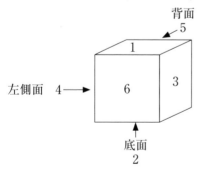

答 ④

No.14

展開図を組み立てると，以下のようになる。

背面
5

1

左側面 4 →

6

3

底面
2

よって，右側の立方体と接するのは3の面。3の面を左側面，5の面を上面におくと背面は1になるから，立方体を矢印の方向から見ると1が見える。

答 ①

No.15

問題の三角柱の展開図は以下のようになる。

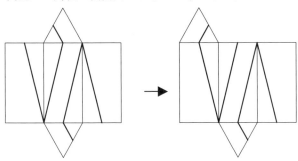

答　①

No.16

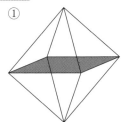
①

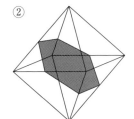
②

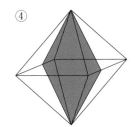
④

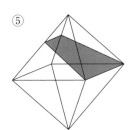
⑤

答　③

No.17

2面を切断すると，立体は以下のようになる。

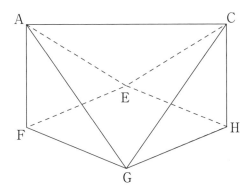

答　⑤

No.18

A B ∥ E F ∥ D C

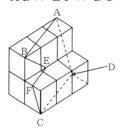

答 ③

No.19

$3 \times 3 \times 3 = 27$　奇数は×

$4 \times 4 \times 4 = 64$　4の倍数は○

選択肢から判断して，これ以上はない。

16個使用

答 ④

No.20

条件に合うのは以下のような立体である。

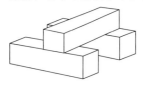

答 ①

No.21

①は正面図，②は平面図，③は左からの側面図，④は右からの側面図である。

答 ⑤

No.22

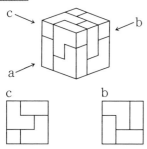

答 ④

No.23

図Ⅰの方向を変えてみると，下図のようになっている。

よって，真ん中のみ立方体のない④が正解。

答　④

No.24

矢印の方向に90°回転させた正面図は，左側面から見た図に等しい。

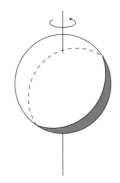

答　②

No.25

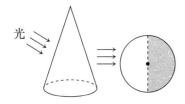

上から見ると円すい全体は，左のように見える。

右半分は影だから答は①。

答　①

第2編　資料解釈

第1章　資料解釈の基礎

割合　基本問題　（問題，本文 379 ページ）

No.1

(1)	264
(2)	2,064
(3)	78
(4)	750
(5)	2,100
(6)	23.8
(7)	135
(8)	12.5
(9)	5,000
(10)	15・21・36

No.2

(1)	561
(2)	5,986
(3)	720
(4)	45
(5)	5,200
(6)	862
(7)	60
(8)	17
(9)	6・5
(10)	34.4

No.3

(1)	15.6%
(2)	125 名
(3)	39%
(4)	66,127 人
(5)	2.5 倍

演習問題　（問題，本文 395 ページ）

No.1

① A国：65 － 59 ＝ 6〔万人〕
　B国：49 － 40 ＝ 9〔万人〕
　C国：56 － 51 ＝ 5〔万人〕

D国：42 － 62 ＝ － 20〔万人〕
最も多く上回っているのはB国である。

② 正しい。

③ ①から正しい。

④ 入国者：23 ÷ 51 ≒ 45.1%
　出国者：21 ÷ 56 ≒ 37.5%
　正しい。

⑤ A国：59 ＋ 65 ＝ 124〔万人〕
　B国：40 ＋ 49 ＝ 89〔万人〕
　C国：51 ＋ 56 ＝ 107〔万人〕
　D国：62 ＋ 42 ＝ 104〔万人〕
　最も少ないのはB国である。

答　⑤

No.2

まず，各国の3品目の輸出総額を求めると，
日　　本：29668 ＋ 43378 ＋ 285923 ＝ 358969
アメリカ：69819 ＋ 63249 ＋ 368881 ＝ 501949
イギリス：33400 ＋ 32516 ＋ 126409 ＝ 192325
ド　イ　ツ：67246 ＋ 75461 ＋ 263695 ＝ 406402
フランス：39647 ＋ 43125 ＋ 130197 ＝ 212969
これから各国の機械類の割合を求めると，
日　　本：285923 ÷ 358969 ≒ 0.797 ≒ 79.7%
アメリカ：368881 ÷ 501949 ≒ 0.735 ≒ 73.5%
イギリス：126409 ÷ 192325 ≒ 0.657 ≒ 65.7%
ド　イ　ツ：263695 ÷ 406402 ≒ 0.649 ≒ 64.9%
フランス：130197 ÷ 212969 ≒ 0.611 ≒ 61.1%
この計算から，最も割合が大きいのは日本。

答　①

No.3

① 2030 年のドイツの推定人口：約 7,800 万人
　2030 年のスペインの推定人口：約 3,600 万人。
　7800 ÷ 3600 ＝ 2.12
　2 倍以上である。正しい。

② この 5 か国の人口が減少傾向にあるからといって，他のヨーロッパ各国の人口が

減少するかどうかは，このグラフからは判断できない。

③ 2020年のフランスの推定人口：約6,200万人

2020年のドイツの推定人口：約8,000万人

6,200万 ÷ 8,000万 = 0.775 = 77.5%

80%以上にはならない。

④ 2000年の5か国の総人口：

82 + 60 + 59 + 57 + 40 = 298〔百万人〕

= 2億9,800万人

2040年の5か国の総人口：

75 + 63 + 60 + 47 + 34 = 279〔百万人〕

= 2億7,900万人

279 ÷ 298 ≒ 0.936 = 93.6%

90%を割り込んではいない。

⑤ イギリスは2010～2020年にかけて，いったん人口が上昇している。

答　①

No.4

① A県：5760 × 0.296 ≒ 1705

B県：17332 × 0.323 ≒ 5598

計　7,303件

② A県：5760 × 0.101 ≒ 582

B県：17332 × 0.111 ≒ 1924

計　2,506件

①のA県の「夫婦のみ」の世帯数よりも多い。正しい。

③ A県：5760 × 0.584 ≒ 3364

B県：17332 × 0.546 ≒ 9463

計　12,827件

A県とB県の核家族世帯の合計数は5760 + 17332 = 23092なので，

12827 ÷ 23092 ≒ 0.555 = 55.5%

60%以上ではない。

④ A県：5760 × 0.019 ≒ 109

B県：17332 × 0.02 ≒ 347

約3分の1である。

※割合がほぼ一緒で，総数が約3分の1である，というところからもわかる。

⑤ B県のほうが核家族の世帯数は多いが，人口が多いかはわからない。

答　②

No.5

「人口性比」は「女性100人に対する男性人口」なので，算出方法は

$$人口性比 = \frac{男性人口}{女性人口} \times 100 である。$$

したがって，男性人口は女性人口×人口性比で求められる。

それぞれの県の男性人口と総人口を求めると，

佐賀県の男性人口：461 × 0.895 ≒ 413

　　　　　総人口：461 + 413 = 874

長崎県の男性人口：800 × 0.885 = 708

　　　　　総人口：800 + 708 = 1508

熊本県の男性人口：981 × 0.894 ≒ 877

　　　　　総人口：981 + 877 = 1858

大分県の男性人口：645 × 0.891 ≒ 575

　　　　　総人口：645 + 575 = 1220

宮崎県の男性人口：617 × 0.891 ≒ 550

　　　　　総人口：617 + 550 = 1167

以上の計算結果から，正しいのは⑤である。

答　⑤

No.6

① ＧＤＰは「人口×1人当たりＧＤＰ」で求められる。

インド：1008.9 × 460.7 ≒ 464800

インドネシア：212.1 × 728.1 ≒ 154430

韓　国：46.7 × 9657.5 ≒ 451005

シンガポール：4.0 × 22948.1 ≒ 91792

タ　イ：62.8 × 1960.2 ≒ 123101

ＧＤＰが最も多いのは，インドである。

② 「ＧＤＰが人口に比例して多くなっている」とは，人口が多いほどＧＤＰが多いということである。ＧＤＰ2位の韓国は，人口では4位。

③ ＧＤＰに対する輸出額の割合は「輸出額÷ＧＤＰ」で求められる。

インド：42101 ÷ 464800 ≒ 0.091 = 9.1%

インドネシア：62124 ÷ 154430 ≒ 0.402 = 40.2%

韓　国：172268 ÷ 451005 ≒ 0.382 = 38.2%

シンガポール：137875 ÷ 91792 ≒ 1.502 = 150.2%

タ　イ：69057 ÷ 123101 ≒ 0.561 = 56.1%

正しい。

※ＧＤＰよりも輸出額が多いのはシンガポールだけなので，計算しなくても正しいとわかる。

④ 人口１人当たりの輸出額は「輸出額÷人口」で求められる。

インド：42101 ÷ 1008.9 ≒ 41.7
インドネシア：62124 ÷ 212.1 ≒ 292.9
韓　国：172268 ÷ 46.7 ≒ 3688.8
シンガポール：137875 ÷ 4.0 ≒ 34468.8
タ　イ：69057 ÷ 62.8 ≒ 1099.6

２番目に多いのは韓国。

⑤ ③の計算で9.1％だとわかる。10％を超えていない。

答　③

No.7

A：他の９か国の受取額の合計は，22,716百万ドル。誤り。

B：中国に対する日本の供与は60％を超えており，他に60％を超えている供与もない。正しい。

C：アメリカ計：13,710 百万ドル
　　日　　本計：6,841 百万ドル
　　イギリス計：3,370 百万ドル
　　正しい。

答　③

第２章　構成比

演習問題（問題，本文405ページ）

No.1

※この解説は，売り上げの単位を万円で表記する。

① ４階の売り上げ：
４月：15000 × 0.127 = 1905
５月：17500 × 0.115 = 2012.5
６月：20000 × 0.121 = 2420
７月：25000 × 0.112 = 2800
毎月増加している。正しい。

② １階の売り上げ：
６月：20000 × 0.160 = 3200
７月：25000 × 0.141 = 3525

７月の売り上げの方が多い。

③ ２階の売り上げ：
４月：15000 × 0.056 = 840
５月：17500 × 0.061 = 1067.5
６月：20000 × 0.066 = 1320
７月：25000 × 0.071 = 1775
各月の差を求めると，毎月ほぼ同じ金額ずつ上昇しているとはいえない。

④ ６月の売り上げ：
３階：20000 × 0.142 = 2840
６階：20000 × 0.097 = 1940
差は900万円である。

⑤ ７階の売り上げ：
４月：15000 × 0.123 = 1845
７月：25000 × 0.107 = 2675
増加率：2675 ÷ 1845 − 1 ≒ 0.450 = 45.0％
50％を超えていない。

答　①

No.2

① 285 × 0.762 ≒ 217.2　正しい。

② D国：471 × 0.228 ≒ 107.4
A国：1723 × 0.07 ≒ 120.6
A国の方が多い。

③ A国：1723 × 0.322 ≒ 554.8
D国：471 × 0.409 ≒ 192.6
E国：120 × 0.738 ≒ 88.6
A国，D国，E国の順で多い。

④ ③から明らかに違う。

⑤ A国の魚粉・魚油：1723 × 0.139 ≒ 239.5
B国の魚粉・魚油：526 × 0.923 ≒ 485.5
B国の方が多い。

答　①

No.3

① 栃木県：57769 × 0.038 ≒ 2195
群馬県：57938 × 0.041 ≒ 2375
群馬県のほうが多い。
※群馬県のほうが総事業所数が多く，割合も多いので，計算しなくてもわかる。

② 454813 × 0.035 ≒ 15918
15,000 件を上回っている。正しい。

③ 計算すると，公務・その他の事業所数は

東京都が最も多いが，公務員の数が多いかどうかはわからない。

④ 埼玉県：228741 × 0.352 ≒ 80517
千葉県：205355 × 0.348 ≒ 71464
80517 － 71464 ＝ 9053
差は 10,000 件未満である。

⑤ 神奈川県：293185 × 0.451 ≒ 132226
茨 城 県：85924 × 0.437 ≒ 37549
東 京 都：454813 × 0.451 ≒ 205121
神奈川県と茨城県のサービス業の事業所数を合わせても，東京都の事業所数には及ばない。

答　②

No.4

① 1975年：335.9 × 0.195 ≒　65.5
2010年：467.8 × 0.278 ≒ 130
増加率：130 ÷ 65.5 － 1 ≒ 0.985 ＝ 98.5%
95% 以上である。正しい。

② 1975 年：335.9 × 0.186 ≒ 62.5
2010 年：467.8 × 0.188 ≒ 87.9
87.9 － 62.5 ＝ 25.4〔万件〕
25 万件以上違うので，ほぼ変わらないとはいえない。
※割合がほぼ同じで，総数が 130 万件以上違うので，世帯数がほぼ変わらないことはありえない。計算しなくても消去できる選択肢である。

③ 1975 年：335.9 × 0.247 ≒ 83.0
2010 年：467.8 × 0.169 ≒ 79.1
83.0 － 79.1 ＝ 3.9〔万件〕
5 万件未満である。

④ 1975 年：335.9 × 0.026 ≒ 8.7
2010 年：467.8 × 0.013 ≒ 6.1
8.7 ÷ 6.1 ≒ 1.4
1.4 倍程度である。
※これも②と同様，割合が 2 倍で総数が違うので，2 倍になることはありえない。

⑤ 2010 年の世帯人員 2 人：
467.8 × 0.251 ≒ 117.4
1975 年の世帯人員 6 人：
335.9 × 0.061 ≒ 20.5
117.4 ÷ 20.5 ≒ 5.7

6 倍未満である。

答　①

No.5

① 2010 年：85727 × 0.65 ≒ 55723
2011 年：98988 × 0.61 ≒ 60383
2012 年：104628 × 0.581 ≒ 60789
2013 年：106613 × 0.61 ≒ 65034
2014 年：109150 × 0.613 ≒ 66909
火力による発電量は，年々増加している。正しい。

② 2010 年：85727 × 0.112 ≒　9601
2012 年：104628 × 0.098 ≒ 10254
2012 年が最も多い。

③ 2011 年：98988 × 0.294 ≒ 29102
2011 年は，まだ 300 億 kW に達していない。

④ 2011年：98988 × 0.004 ≒ 396
2011年には，3 億 kW を突破している。

⑤ 水　力：106613 × 0.09 ≒　9595
原子力：106613 × 0.297 ≒ 31664
9595 ÷ 31664 ≒ 0.303 ＝ 30.3%
4 分の 1 以下 ＝ 25% 以下だが，それを超えている。

答　①

No.6

① 252519 × 0.186 ≒ 46969
¥50,000 未満である。

② 35 ～ 39 歳：295892 × 0.082 ≒ 24263
40 ～ 44 歳：329472 × 0.06 ≒ 19768
2 つの差は ¥4,500 ほどだが，35 ～ 39 歳の方が高い。

③ 25 ～ 29 歳：252519 × 0.03 ≒　7576
30 ～ 34 歳：266558 × 0.033 ≒　8796
35 ～ 39 歳：295892 × 0.036 ≒ 10652
40 ～ 44 歳：329472 × 0.032 ≒ 10543
45 ～ 49 歳：369324 × 0.031 ≒ 11449
50 ～ 54 歳：377295 × 0.032 ≒ 12073
55 ～ 59 歳：342602 × 0.039 ≒ 13361
55 ～ 59 歳が最も多い。正しい。
※すべてを計算していたら時間がかかるので，ある程度めどをつけてから計算す

る。

この問題ならば,

a．25 〜 29 歳は消費支出も割合も最も少ないので，計算しない。

b．40 〜 44 歳は，50 〜 54 歳と割合が同じで消費支出が少ないので，最も多くなることはない。

c．30 〜 34 歳は，40 〜 44 歳と比べて消費支出が¥60,000 以上違うが，割合は0.1％しか違わない。これが最も多くなる可能性は薄い。

などの理由で，選択肢を省いていく。

④ 25 〜 29 歳から 45 〜 49 歳までは，年齢が上がるほど光熱・水道費の支出額は大きくなっているが，

50 〜 54 歳：377295 × 0.063 ≒ 23770

55 〜 59 歳：342602 × 0.066 ≒ 22612

年齢が上がるほど支出額が大きくなっているわけではない。

⑤ 369324 × 0.226 ≒ 83467

¥85,000 未満である。

答　③

No.7

それぞれの実数値は以下の通り（数値は少数点以下第 2 位を四捨五入）。

	2016 年	2017 年	2018 年	2019 年
オーストラリア	1,652.8	1,300.4	1,217.3	2,003.6
ド　イ　ツ	1,293.5	1,327.9	101.8	1,719.0
オ ラ ン ダ	2,698.1	2,385.8	1,730.0	6,147.4
そ　の　他	888.5	495.9	865.0	1,514.1

① 2019 年が最も多い。

② 1293.5 + 1327.9 + 101.8 + 1719.0 = 4442.2
4,600 トンを下回っている。正しい。

③ オランダは減少している。

④ 2018 年の輸入量のほうが少ない。

⑤ 1730 ÷ 2698.1 ≒ 0.6　下回っている。

答　②

No.8

各年の認知件数：1995 年 = 191,852

2000 年 = 226,460

2005 年 = 192,561

2010 年 = 212,451

2015 年 = 312,305

すべての項目をたすと数値は出るが，このグラフは積み上げ式の棒グラフなので，グラフ左の数値が各年の認知件数になる。したがって，時間がない場合，そこから大まかな数値を読み取って計算する。

① 64508 ÷ 192561 ≒ 0.335 = 33.5%
35%未満である。

② 1995年：8441 ÷ 191852 ≒ 0.044 = 4.4%
2000年：7473 ÷ 226460 ≒ 0.033 = 3.3%
2005年：5969 ÷ 192561 ≒ 0.031 = 3.1%
2010年：6798 ÷ 212451 ≒ 0.032 = 3.2%
2015年：10618 ÷ 312305 ≒ 0.034 = 3.4%
最も構成比が高いのは，1995 年である。

③ 2010 年：6161 ÷ 212451 ≒ 0.029 = 2.9%
この年だけ，3%を超えていない。

④ 64335 ÷ 312305 ≒ 0.206 = 20.6%
20%以上である。正しい。

⑤ 2000 年：
70656 ÷ 226460 ≒ 0.312 = 31.2%
2015 年：
172393 ÷ 312305 ≒ 0.552 = 55.2%
その他の認知件数は倍以上だが，構成比は倍以下である。

答　④

No.9

① 日本への総入国者数 ＝

アジア地区に国籍を持つ入国者数
──────────────────
総入国者数に対するアジア地区の割合

で求められる。

日本の総入国者数 ＝
3675574 ÷ 0.637 ≒ 5770132
570 万人を超えている。

② 中国国籍：3675574 × 0.144 ≒ 529283
台湾国籍：3675574 × 0.248 ≒ 911542
香港国籍：3675574 × 0.037 ≒ 135996
529283 + 911542 + 135996 = 1576821

150万人を超えている。

〔別解〕

先に構成比を足して，それに総数をかけてもよい。

$3675574 × (0.144 + 0.248 + 0.037) =$
$3675574 × 0.429 ≒ 1576821$

③ 韓国国籍の入国者数：

$3675574 × 0.401 ≒ 1473905$

日本の総入国者数は①を参照。

$1473905 ÷ 5770132 ≒ 0.255 = 25.5\%$

26%未満である。

④ タ　　　イ：$3675574 × 0.024 ≒ 88214$

シンガポール：$3675574 × 0.021 ≒ 77187$

$88214 - 77187 = 11027$

差は1万人以上である。

〔別解〕

これも②と同様，先に構成比を引いて，それに総数をかけてもよい。

$3675574 × (0.024 - 0.021) =$
$3675574 × 0.003 ≒ 11027$

⑤ $3675574 × 0.054 ≒ 198481$

20万人未満なので，誤っている。

答　⑤

第3章　増減率

演習問題（問題，本文418ページ）

No.1

① $1930 ÷ 1280 - 1 ≒ 0.508 = 50.8\%$

50%を上回っている。正しい。

② 3月のメリーゴーラウンド：

$510 - 260 = 250$

3月のジェットコースター：

$1490 - 1100 = 390$

3月のジェットコースターの方が多い。

③ この表からは，対前年度増加率はわからない。

④ $690 ÷ 480 - 1 ≒ 0.438 = 43.8\%$

45%を下回っている。

⑤ ゴーカート：$900 - 550 = 350$

観　覧　車：$980 - 620 = 360$

同じではない。

答　①

No.2

① E県：$1375 ÷ 1305 - 1 ≒ 0.054 = 5.4\%$

A県：$1222 ÷ 1156 - 1 ≒ 0.057 = 5.7\%$

A県の方が増加率が高い。

② C県が人口が増加しているのに対し，F県の人口は横ばい。

F県の増加率は0%なので，計算しなくてもF県の人口増加率の方が低い。

③ A県：$1287 ÷ 1222 - 1 ≒ 0.053 = 5.3\%$

A県のみ5%を超えている。

④ A県：$1343 ÷ 1080 - 1 ≒ 0.244 = 24.4\%$

B県：$2644 ÷ 2527 - 1 ≒ 0.046 =\ \ 4.6\%$

C県：$8805 ÷ 8437 - 1 ≒ 0.044 =\ \ 4.4\%$

D県：$5551 ÷ 5145 - 1 ≒ 0.079 =\ \ 7.9\%$

E県：$1443 ÷ 1209 - 1 ≒ 0.194 = 19.4\%$

F県：$1070 ÷ 1087 - 1 ≒ -0.016$
$\qquad\qquad = -1.6\%$

最も高いのはA県である。正しい。

⑤ ④の計算から，F県だけマイナスになっている。

答　④

No.3

① 1960〜1970年の男性：

$63.60 ÷ 50.06 - 1 ≒ 0.270 = 27.0\%$

1960〜1970年の女性：

$67.75 ÷ 53.96 - 1 ≒ 0.256 = 25.6\%$

これ以外はすべて10%すら超えていない。正しい。

※このグラフでは，増加率の大小は線の傾きで表される。すなわち，傾きが急であるほど増加率が高い。

② 1980年の差：$72.92 - 67.74 = 5.18$

1990年の差：$76.89 - 71.73 = 5.16$

この調査年のみ差が減少している。

③ 男性：$77.72 ÷ 50.06 - 1 ≒ 0.553 = 55.3\%$

女性：$84.60 ÷ 53.96 - 1 ≒ 0.568 = 56.8\%$

女性の方が増加率が高い。

④ 1980〜1990年の男性：

$71.73 ÷ 67.74 - 1 ≒ 0.059 = 5.9\%$

1980 ～ 1990 年の女性：

$76.89 \div 72.92 - 1 \fallingdotseq 0.054 = 5.4\%$

1980 ～ 1990 年と，選択肢①の調査年（1960 ～ 1970 年）は，男性の方が増加率が高い。

⑤ 男性：$76.38 \div 75.92 - 1 \fallingdotseq 0.006 = 0.6\%$

女性：$82.85 \div 81.90 - 1 \fallingdotseq 0.012 = 1.2\%$

男性の増加率は，1%を超えていない。

答 ①

No.4

① 2013 年の対前年度増加率：

$1533 \div 1468 - 1 \fallingdotseq 0.0443 = 4.43\%$

2014 年の対前年度増加率：

$1609 \div 1533 - 1 \fallingdotseq 0.0496 = 4.96\%$

いずれも 5%を下回っている。正しい。

② 「減少率が15%を上回る」とは，－15%よりマイナスが大きいということ。

$765 \div 892 - 1 \fallingdotseq - 0.1424 = - 14.24\%$

－15%を上回っていない。

③ 2013 年：$1533 \times 0.185 \fallingdotseq 283.6$

2014 年：$1609 \times 0.171 \fallingdotseq 275.1$

2013 年の方が多い。

④ 2011 年：$892 \times 0.215 \fallingdotseq 191.8$

2013 年：$811 \times 0.241 \fallingdotseq 195.5$

2013 年の方が多い。

⑤ ③より，2014 年は対前年比でマイナスになっている。

答 ①

No.5

① 英語検定：$20186 \div 3 \fallingdotseq 6729$

簿記検定：$6997 \div 2 \fallingdotseq 3499$

$6729 \div 3499 \fallingdotseq 1.9$

約 1.9 倍で，2 倍未満である。

② 2014 年：$2105 \times 0.149 \div 2 \fallingdotseq 157$

2015 年：$2091 \times 0.193 \div 2 \fallingdotseq 202$

増加率：$202 \div 157 - 1 \fallingdotseq 0.287 = 28.7\%$

30%に達していない。正しい。

③ 2014 年：$4699 \times 0.422 \fallingdotseq 1983$

2015 年：$4981 \times 0.433 \fallingdotseq 2157$

増加率：$2157 \div 1983 - 1 \fallingdotseq 0.088 = 8.8\%$

10%未満である。

④ 2014 年：$17430 \times 0.633 \div 4 \fallingdotseq 2758$

2015 年：$16559 \times 0.674 \div 4 \fallingdotseq 2790$

$2790 - 2758 = 32$

50 人以上ではない。

⑤ 2014 年の漢字検定は④参照。

2015 年の秘書検定は②参照。

$2758 \div 202 \fallingdotseq 13.7$

約 13.7 倍で，15 倍未満である。

答 ②

No.6

$対前月増加率 = \dfrac{今月の製造数}{前月の製造数} - 1$ で表される。

この式から，前月の製造数を算出するために式変形すると，

$\dfrac{今月の製造数}{前月の製造数} = 対前月増減率 + 1$

$前月の製造数 = \dfrac{今月の製造数}{対前月増減率 + 1}$

$= 今月の製造数 \div (対前月増加率 +1)$

この式に当てはめて，あ～おの 1 月の製造数を計算すると，

あ：$24259 \div (0.011 + 1) \fallingdotseq 23995$

い：$25693 \div (0.021 + 1) \fallingdotseq 25165$

う：$24285 \div (0.012 + 1) \fallingdotseq 23997$

え：$21085 \div (- 0.053 + 1) \fallingdotseq 22265$

お：$26091 \div (0.046 + 1) \fallingdotseq 24944$

1 月の製造数が最も多かったのは「い」である。

答 ②

No.7

① 失業者総数に対する男性の割合は男性の失業者数÷失業者総数で求められる。

2010 年：$135 \div 230 \fallingdotseq 0.587 = 58.7\%$

2011 年：$168 \div 279 \fallingdotseq 0.602 = 60.2\%$

2012 年：$194 \div 317 \fallingdotseq 0.612 = 61.2\%$

2013 年：$195 \div 321 \fallingdotseq 0.608 = 60.8\%$

2014 年：$215 \div 346 \fallingdotseq 0.621 = 62.1\%$

2012 ～ 2013 年にかけて減少している。

② 男性が減少している年（2012 ～ 2013 年）

③ 2011年：279 ÷ 230 − 1 ≒ 0.213 = 21.3%
　　2012年：317 ÷ 279 − 1 ≒ 0.136 = 13.6%
　　2013年：321 ÷ 317 − 1 ≒ 0.013 = 1.3%
　　2014年：346 ÷ 321 − 1 ≒ 0.078 = 7.8%
　　2014年の対前年度増加率は，2013年を上
　　回っている。

④ 男性：194 ÷ 168 − 1 ≒ 0.155 = 15.5%
　　女性：123 ÷ 111 − 1 ≒ 0.108 = 10.8%
　　男性の方が高い。

⑤ 総失業者数：346 ÷ 321 − 1 ≒ 0.078 = 7.8%
　　男性失業者：215 ÷ 195 − 1 ≒ 0.103 = 10.3%
　　女性失業者：131 ÷ 126 − 1 ≒ 0.040 = 4.0%
　　正しい。

答 ⑤

No.8

それぞれの数値の算出方法は以下のとおり。

$$自然増加率 = \frac{自然増加数}{2013年度の人口} より$$

$$自然増加率 × 2013年度の人口 =$$
$$\frac{自然増加数 × \cancel{2013年度の人口}}{\cancel{2013年度の人口}}$$

∴**自然増加数 = 自然増加率 × 2013年度の人口**
　社会増加数 = 社会増加率 × 2013年度の人口

また，$社会増加率 = \frac{社会増加数}{2013年度の人口} より$

$社会増加率 = \frac{人口増加数 − 自然増加数}{2013年度の人口}$

$= \frac{人口増加数}{2013年度の人口} − \frac{自然増加数}{2013年度の人口}$

$= \frac{人口増加数}{2013年度の人口} − 自然増加率$

$\frac{人口増加数}{2013年度の人口}$ は，人口増加率のことなので

人口増加率 = 自然増加率 + 社会増加率
人口増加数 = 人口増加率 × 2013年度の人口
　　　　　　= 自然増加数 + 社会増加数

以上のことをふまえると

① 自然増加率と社会増加率を足してプラス
　になれば人口増加，マイナスならば人口
　減少になる。プラスになるのは福岡県と
　沖縄県，それ以外の県はマイナスになる。

② − 0.2% + (− 4.0%) = − 4.2%
　1507 × (− 0.042) ≒ − 63.3 = − 63300
　6万人以上減少している。

③ 1339 × 0.065 ≒ 87.0 = 87000
　8万5千人を超えている。

④ 自然増加率がマイナス＝人口が自然減少
　していることになる。計算するのは自然
　増加率がマイナスになっている県，つま
　り長崎・大分・鹿児島の3県である。
　長崎県：1507 × (− 0.002) ≒ − 3.0
　大分県：1219 × (− 0.004) ≒ − 4.9
　鹿児島県：1779 × (− 0.008) ≒ − 14.2
　鹿児島県が最も減少している。

⑤ 2014年度の人口 =
　2013年度の人口 + 人口増加（減少）数
　熊本県の人口増加数：
　1858 × (0.003 − 0.015) ≒ − 22.3 = − 22300
　2014年度の熊本県の人口：
　1858000 − 22300 = 1835700
　180万人を割り込んでいない。したがっ
　て，これが誤りである。

答 ⑤

第4章　指数

演習問題（問題，本文433ページ）

No.1

A：397400 × 0.542 ≒ 215391
　¥215,000以上である。正しい。

B：ドイツ：397400 × 0.839 ≒ 333419
　イギリス：397400 × 0.726 ≒ 288512
　333419 − 288512 = 44907
　¥45,000以下である。誤り。

C：397400 × 0.673 ≒ 267450
　267450 ÷ 105 ≒ 2547.1
　約$2,547なので，$2,500以上である。
　正しい。

したがって，正しいのはAとCである。

答 ④

No.2

① 14000 ÷ 9000 × 100 ≒ 155.6
　155を超えている。正しい。

② 88000 ÷ 144000 × 100 ≒ 61.1
60 を超えている。

③ 広島県：60000 ÷ 45000 × 100 ≒ 133.3
岡山県：59000 ÷ 45000 × 100 ≒ 131.1
岡山県も 130 を超えている。

④ 20000 ÷ 59000 × 100 ≒ 33.9
35 未満である。

⑤ 岡山県：209000 ÷ 62000 × 100 ≒ 337.1
広島県：278000 ÷ 62000 × 100 ≒ 448.4
448.4 − 337.1 = 111.3
差が 110 を超えている。

答　①

No.3

①② 各国の 20 ～ 24 歳の平均時給を 100 として表しているため，自国の年齢別の比較はできても，他国との比較はできない。

③ 「各国の～平均時給が同じならば」という前提があるので，この場合は各国の指数で，実数値の比較ができる。最も高いのはD国。正しい。

④ 各国とも 20 ～ 24 歳の平均時給の指数は 100 である。計算しなくても，指数が最も大きくなっているものが増加率が最も高い。したがって，D国の増加率が最も高い。

⑤ 153 ÷ 145 − 1 ≒ 0.055 = 5.5%
5%を超えている。

答　③

No.4

① 3.1 × 1.09 = 3.379
3.4 人を上回っていない。

② 町　　村：1.38 × 1.181 ≒ 1.63
小都市Ａ：1.38 × 1.094 ≒ 1.51
小都市Ａも，有業人員平均が 1.5 人を超えている。

③ 317751 × 0.916 ≒ 291060
¥290,000 を上回っている。正しい。

④ 中都市：1.38
小都市Ａは②参照。
1.51 − 1.38 = 0.13
0.2 人以上ではない。

⑤ 町村：317751 × 0.953 ≒ 302817
317751 − 302817 = 14934
¥15,000 未満である。

答　③

No.5

① 国際郵便の通常：50 × 0.2 × 1.2 = 12.0
国内郵便の小包：50 × 0.16 × 1.4 = 11.2
国際郵便の通常の方が多い。正しい。

② 50 × (0.6 × 1.25 + 0.16 × 1.4 + 0.2 × 1.2 + 0.04 × 0.8) = 62.3 〔億件〕

③ 25000 × (1.25 − 1.10) = 3750 の増加。

④ 国際郵便の小包の取扱件数は変わらないが，総件数が異なるのでその割合は異なる。

⑤ 2015 年の取扱総件数：
50 × (0.6 × 1.5 + 0.16 × 1.6 + 0.2 × 2 + 0.04 × 0.8) = 79.4
国際郵便の通常の割合：
50 × 0.2 × 2 ÷ 79.4 ≒ 0.252
約 25% = 4 分の 1 強。

答　④

No.6

①④ 各国の工業生産量はわからない。

② 2010 ～ 2012 年にかけて増加している。

③ 2010 年の工業生産指数がおよそ 101，2011 年がおよそ 115 なので
115 ÷ 101 − 1 ≒ 0.139 = 13.9%　正しい。

⑤ このグラフからは判断できない。

答　③

No.7

① 同業種の生産量の比較はできるが，他業種との生産量は比較できない。

② 2015 年の指数は 100 なので
100 ÷ 109.5 − 1 ≒ − 0.087 = − 8.7%
10%を超えていない。

③ 79.3 ÷ 72.6 − 1 ≒ 0.092 = 9.2%
10%未満である。

④ それぞれの業種の 2015 年における生産量を 100 としているこのグラフは，同業種ならば指数がそのまま実数値の比較に

なりうる。したがって，実数値でも 2000 年と 2005 年の木材・木製品の生産量はほぼ変わらない。

⑤ 2000 年の生産量指数＝

$$\frac{2000 \text{ 年の生産量}}{2015 \text{ 年の生産量}} \times 100$$

これを式変形して，2015 年の家具・装備品の生産量を求めると，

$$2015 \text{ 年の生産量} = \frac{2000 \text{ 年の生産量}}{2000 \text{ 年の指数} \div 100}$$

$= 1000000 \div 1.396 \fallingdotseq 716332$

2010 年の家具・装備品の生産量：
$716332 \times 1.284 \fallingdotseq 919770$
90 万 t を超えている。正しい。

〔別解〕

$$\frac{2010 \text{ 年の指数}}{2000 \text{ 年の指数}} \times 2000 \text{ 年の実数値}$$

$= 128.4 \div 139.6 \times 1000000 \fallingdotseq 919771$

答　⑤

No.8

① 2008 年の従業員数を 100 とすると，2013 年の従業員数は，
$100 \times (1 - 0.013) \times (1 - 0.021) \times (1 - 0.04) \times (1 - 0.002) \times (1 + 0.031) \fallingdotseq 95.4$
2008 年より減っている。正しい。

②⑤　このグラフは，縦軸に増加率をとっている。したがって，グラフの傾きが右下がりになっていても，増加率がプラスにある限り実数値は増加しているし，傾きが右上がりになっていても，増加率がマイナスにある限り実数値は減少している。

③ 2010 年の出荷額を 100 とすると，2012 年の出荷額は，
$100 \times (1 - 0.044) \times (1 + 0.032) \fallingdotseq 98.7$
2010 年よりも少ない。

④ 2008 年の事業所数を 100 とすると，2012 年の事業所数は，
$100 \times (1 - 0.02) \times (1 - 0.035) \times (1 - 0.059) \times (1 + 0.064) \fallingdotseq 94.7$
2008 年よりも少ない。

〔※①③④の省略算〕

①：$100 \times \{1 + (-0.013 - 0.021 - 0.04 - 0.002 + 0.031)\} = 95.5$

③：$100 \times \{1 + (-0.044 + 0.032)\} = 98.8$

④：$100 \times \{1 + (-0.02 - 0.035 - 0.059 + 0.064)\} = 95.0$

答　①

第5章　特殊なグラフ

演習問題　（問題，本文 446 ページ）

No.1

それぞれの数値を読み取った結果は，以下の通り。

	穀　物	魚介類	指数計
2005 年	107	100	207
2006 年	111	98	209
2007 年	104	97	201
2008 年	103	99	202
2009 年	103	101	204
2010 年	102	102	204
2011 年	101	103	204
2012 年	100	100	200
2013 年	98	99	197
2014 年	97	98	195

答　②

No.2

① このレーダーチャートは，各死因別に 2005 年の死亡者数を 100 として表している。したがって，同一項目（各死因）では指数の大小がそのまま実数値の大小として表される。それをふまえて老衰の項目を見ると，指数が年を追うごとに減少している。正しい。

② 同一項目ならば指数で実数値が比較できるが，他項目（違う死因）の場合は指数で実数値の比較はできない。

③ もしこの選択肢が正しいならば，1985 年の指数は 50 以下になっていなければならない。グラフをみると，明らかに 50 を超えている。

④ 「不慮の事故」による死亡者とは，思いがけない事故による死亡者がすべて含まれる（天災による死亡・殺人事件の被害者など）。

確かに，不慮の事故による死亡者が最も多いのは 1985 年だが，交通事故による死亡者が最も多いかどうかはわからない。

⑤ グラフを読むと，1995 年のがんによる死亡者の指数は，50 と 100 の真ん中（75）ぐらい。
一方，2015 年は 150 を明らかに割り込んでいる。2 倍以上にはならない。

答 ①

No.3

三角グラフの読み方については，テキスト参照。
① 高知，埼玉，長崎，秋田の 4 県。
② 高知県は少し超えているが，奈良県は明らかに超えていない。
③ 高知県が超えている。
④ 建造物の割合はほぼ同じだが，絵画・彫刻の割合はかなり差がある。
⑤ 正しい。

答 ⑤

No.4

累積相対度数のグラフは，各階級の度数を，数値の小さい方（この問題の場合は年齢の低い方）から加えたグラフである。例えば東京都の 15 〜 19 歳のところが 17％になっているが，これは「19 歳以下の人口が 17％」ということで，15 〜 19 歳の人口割合はこの割合から 0 〜 14 歳の割合を引いたもの，17％ − 12％ ＝ 5％ ということになる。これをふまえて考える。
① $900000 \times 0.28 = 252000$
26 万人を超えていない。
② $12000000 \times (0.56 - 0.25) = 3720000$
380 万人未満である。
③ 東京都：$12000000 \times (1 - 0.84) = 1920000$
佐賀県： $900000 \times (1 - 0.79) = 189000$
$1920000 \div 189000 = 10.12$
10 倍を超えている。正しい。
④ $12000000 \times 0.84 = 10080000$
1,000 万人を超えている。
⑤ $900000 \times (0.68 - 0.52) = 144000$
14 万人を超えている。

答 ③

No.5

① 2016 年のほうが大きい。
② 東京：$119 \div 102 - 1 = 0.167 = 16.7\%$
20％以下である。
③ 2021 年：$102 \div 124 = 0.823 = 82.3\%$
2016 年：$100 \div 119 = 0.840 = 84.0\%$
下回っている。正しい。
④ 降水量の実数値は分からない。
⑤ 福岡：$124 \div 119 - 1 = 0.042 = 4.2\%$
②より，東京のほうが大きい。

答 ③

No.6

① 300 万円以下の世帯は全体の 15％ほど。
1,000 万円以上の世帯は，$100 - 92 = 8\%$ ほどなので，ほぼ同数にはならない。
② 300 万円の世帯の目盛が約 15％，800 万円のそれが約 85％なので，
$85 - 15 = 70$
全世帯の約 70％である。
③ 800 万円の世帯の目盛が約 85％なので，上位 15％である。
④ 250 万円の世帯の目盛が 10％ぐらいになっている。正しい。
⑤ 500 万円の世帯の目盛が 50％を超えているので，500 万円以上の世帯は半数以下である。

答 ④

MEMO